郭沫若
Guo Moruo

士與仕的長長背影

賈振勇 著

目　次

小引　能招人罵是奇才

　　關於郭沫若這個人，要說的話實在太多。

　　早在他以詩文鳴世後，就深深地吸引了世人的目光。

　　20世紀30年代，在「遠東第一大都市」上海，在十里洋場的燈紅酒綠裏，已成名文壇的沈從文評論說：「郭沫若。這是一個熟人，彷彿差不多所有年輕中學生大學生皆不缺少認識的機會。對於這個人的作品，讀得很多，且對於這作者致生特別興趣，這樣的讀者也一定有的。」[1]

　　在他死後的短短幾天內，冰心就寫出悼念文章，說他像一顆巨星，「拖著萬丈光芒從我們頭上飛逝了，隕落了」，說「他永遠在廣漠的宇宙中，橫空飛馳」。冰心以富有詩意的筆觸，述說著郭沫若那首「迎風向海上飛馳」的《星空》，說自己在初生的朝雲映照下，來寫悼念文字，幾次住筆沉吟，感慨小小的筆，實在寫不盡他的熱情潮湧，才調縱橫的一生，前進的一生，革命的一生和創造的一生。[2]

　　的確，他是20世紀中國歷史上的一個「熟人」。

　　說是聲名顯赫也好，說是聲名狼藉也罷，他的名譽，他的聲望，暫且不論是非曲直、抑揚褒貶，郭沫若這個名字，真的是「彷彿差不多」到了家喻戶曉、婦孺皆知的地步。

---

[1]　沈從文：《論郭沫若》，載李霖編《郭沫若評傳》，上海現代書局1932年版。
[2]　冰心：《悼郭老》，載《悼念郭老》，三聯書店1979年版。

人們不但領略過他那些大氣磅礡、才華橫溢的光彩華章，也領教過他那些粗製濫造、庸俗不堪的應景篇什。人們驚訝地注視過他那光芒四射、天馬行空的超凡才華，也不屑地鄙夷他那趨炎附勢、聞風而動的阿諛逢迎。

人們嘆服於他那特立獨行、狂放不羈的創造精神和浪漫激情，為他那胸中波瀾、筆底風雷和文采風流所傾倒。可是，人們也感慨於他那屢變善變、亦步亦趨的實用態度，為他那馴服、盲從和台前木偶般的「顯赫」表演而不屑。

這是如此一個眾說紛紜的人。

有人說，他是才華卓具、學識淵博的天才人物，是中國新文化運動的主將，是帶領大家一道前進的嚮導，是繼魯迅之後中國文化戰線的又一面光輝的旗幟，是中國廣大科學文化教育工作者和廣大知識份子學習的榜樣。有人說，他是可悲的文化弄臣，是以話語英雄形象欺世盜名的文化草莽，是拿文化藝術換取政治恩遇、霸氣十足的文化老大，是瞎話連篇、邀寵獻媚、「倡優畜之」的「班頭」，是獨立精神泯滅、文化人格喪失的文學侍從。

有人說，他是一個目無餘子的桂冠詩人，是一個與時俱進的文化巨人，是一個複雜的存在，是中國社會、中國歷史大動盪、大變革的轉型時代中國文人知識份子的典型，許許多多的風風雨雨、是是非非、恩恩怨怨，似乎都可以在他傳奇、浪漫的生涯中尋找到蹤跡。有人說，郭沫若「缺鈣」，風骨喪失，圓滑世故，有著雙重人格，帶著雙重面具，他在歷史風口浪尖上的所作所為，不但是他個人的悲劇，而且是對一代文人知識份子名節情操的污辱，斷不配領受千百年來中國文人知識份子薪火相傳的清譽。

郭沫若，到底是一個怎樣的人呢？

至少，他不是微不足道的凡夫俗子，更非不足掛齒的草芥微塵。

至少，他那濃縮世間百態幾多影像的一生，絕非平淡無奇，而是波瀾

四起，常人莫及。

他一來到這個世界，呱呱墜地之時，彷彿就與眾不同。據他自己說：

> 我是生在陰曆九月尾上，日期是二十七。我是午時生的。聽
> 說我生的時候是腳先下地。這大約是我的一生成為了反逆者的第一
> 步，或者也可以說我生到世間上來第一步便把路走錯了。
>
> 我倒生下來，在那樣偏僻的鄉間，在那全無助產知識的時代，
> 我母親和我都沒有受厄，可以說多少是一個奇蹟。[3]

在那個蒙昧的時代，那樣簡陋的鄉野，這的確稱得上是一個奇蹟。混沌無知之時，就險遭滅頂之災，這似乎是上蒼在預言：此子大難不死，逢凶化吉，將來必成大器。

20多年後，浪漫豪放的青年郭沫若，挾著同樣浪漫豪放的《女神》橫空出世了。他高唱著「鳳凰」、高唱著「天狗」，一路高蹈而來，一出手，便震撼了「五四」文壇，被譽為「空谷足音」、「文壇霹靂手」、「現代第一詩人」。這個曾經聲稱以打倒偶像為職志的人，很快就被人、特別是青年人，追捧為偶像。

直到今天，當人們追復「五四」這個現代中國的青春時刻，當人們回望那盛況空前、群情激昂的文人知識份子的狂歡節，當人們感懷那個逝去時代的精神遺跡，特別是當人們在悠悠歷史長河之中，尋覓最能體現狂飆突進、酣暢淋漓、大氣磅礴、徹徹底底的「五四」精神時，便不能不提及《女神》，便不能不提及郭沫若。因為那時，正如聞一多所說，「若講新詩，郭沫若君的詩才配稱新」，「最要緊的是他的精神完全是時代的精神──二十世紀底精神。」[4]

---

[3]　《郭沫若全集》文學編第11卷，人民文學出版社1992年版，第17-18頁。
[4]　《百家論郭沫若》，成都出版社1992年版，第45頁。

　　當然，他不是一個墨守成規、持中守成的人。他很快便告別個性至上、藝術至上的信條，拋棄藝術之宮和象牙之塔，一轉身，迅速登上了馬克思主義的「寶筏」，「『斬釘截鐵』的高舉起第四階級文學的鮮紅旗幟」[5]，在理論和創作方面雙管齊下，成為中國革命文學最早的一批呼籲者、吶喊者、推動者和創造者。

　　他更不是一個安分守己、坐享其成的人。他已經不滿足於詩人、作家的閃亮桂冠，更不滿足於教授、學長的耀眼頭銜。文學的園地，學術的園地，已經無法容納他那心懷天下的雄心壯志，他要到更廣闊的天地、更洶湧的潮頭去衝浪。「寧為百夫長，勝作一書生」，於是，世間有了戎裝煥發的郭沫若，有了戰刀揮舞的郭沫若，有了天翻地覆慨而慷的郭沫若。

　　於是，我們看到了戎馬倥傯之際，在屈子行吟處躊躇滿志的郭沫若，看到了戰火紛飛之時，在武昌城頭慷慨激昂的郭沫若。那出生入死，那刀光血影，為「戎馬書生」郭沫若非凡的一生，憑添了幾多豪情、幾多壯麗。彷彿，千古風流集於一身；彷彿，談笑間、檣櫓灰飛煙滅。雄關漫道，鐵馬秋風，揮鞭山河，縱情天地，此時的郭沫若，該是何等的激越、何等的豪邁！

　　到中流擊水的郭沫若，是多麼的幸運。他不但在生死之間多次化險為夷，更是在短短數月內屢獲升遷。多少軍人浴血奮戰、夢寐以求，甚至是馬革裹屍也難以企及的燦爛將星，在郭沫若，是唾手而得，他一躍由上校升為中將。而且，郭沫若更是得到了當時中國最有權勢的人物蔣介石的青睞。彼時的蔣介石已具領袖行狀，頗為在意等級秩序、政治禮儀，可是對郭沫若，不但堪稱是禮賢下士、禮遇有加，而且更以高官厚祿相誘，欲收郭沫若為第一文膽。無論是炫目的虛名，還是不菲的實利，郭沫若伸手即得。

　　然而，風華正茂、血氣方剛的郭沫若，視富貴如浮雲、視王侯如糞

土。他不但拒絕了多少人豔羨不已的蔣總司令的一番美意，反而在國共分裂之際，公然反蔣；不但鄙棄榮華富貴，而且不顧身家安危，在青年紛紛變蠱多的年代，以非凡的勇氣，寫下了傳頌一時的討蔣檄文——《請看今日之蔣介石》。這是何等的激揚文字，這是何等的書生意氣，這是何等的揮斥方遒！

但世運難逆，群雄逐鹿之態勢漸弱、軍閥紛爭之烽火漸息，中國的社會政治大局漸定。蔣介石定鼎中原之日，曾幾何時風光無限的郭沫若，卻不得不倉皇出逃日本。昨天還在大革命的洪流中躍馬揮刀，今天卻不得不在日本憲警的監視下，蟄居異國他鄉。

「去國十年餘淚血」，在流亡生涯的困頓險惡中，郭沫若不但沒有消沉萎頓，反而自銘其志：「大夫去楚，香草美人。公子囚秦，說難孤憤。我遭其厄，媿其無文。爰將金玉，自勵堅貞。」江戶川畔、櫻花樹下，詩人、革命家的激情，轉換成學者的沉毅和堅忍，他徜徉於中國古代社會的漫漫典籍裏，埋首於斑駁的青銅、甲骨堆中，會通古今、融貫中西，依據馬克思主義理論，重新闡釋和說明了中國古代社會的歷史發展體系，其世界級的學術成果，可謂是石破天驚，堪讓一時之洛陽紙貴。「舉世浮沉渾似海，了無風處浪頭高」，亡命天涯、去國懷鄉的歲月，造就了名動天下的一代學者郭沫若。

「信美非吾土，奮飛病未能。」流亡海外的郭沫若，並未沉湎於所謂的「清福」[6]。當無恥日寇侵犯我中華之時，他凜然彰顯血性男兒本色：毀家紓難、別婦拋雛、哭吐精誠、投筆請纓，毅然決然返回狼煙滾滾、烽火連天的祖國。由他領銜的國民政府軍事委員會政治部第三廳，被時人譽為「名流內閣」、「人才內閣」。他不但親赴前線激勵士氣，更以中國文化界領袖的聲望，鼓舞全民抗日的熱情。

---

[6]　國難當頭之時，有人曾指責郭沫若在海外十年的生活，是逃避革命、享清福。

更為重要的是，這一時期的郭沫若，成為國共兩黨爭相「禮遇」的「統戰」對象。郭沫若也進退有據、遊刃有餘地周旋於國共兩黨領袖和要人的頻頻示好之中。在這場針對郭沫若的人才爭奪戰中，國民黨方面明顯處於下風。且不說政見、理念的分歧，也不說過去的恩怨是非，僅僅就對社會形象、社會角色的期待而言，國民黨顯然蠢笨至極，因為區區一廳長，不過是一祿蠹、一政客，而郭沫若早在北伐時期，就已掛中將軍銜。可是，除了加官進爵，共產黨幾乎是全方位，都對郭沫若採取了無微不至的措施。尤其是將郭沫若樹為繼魯迅之後中國新文化的領袖，顯然是棋高一招。當然，與他在政界的所作所為交相輝映，在抗戰時期，郭沫若浪漫的文學才情，又一次噴薄而出，他的文學創造精神，又達到了另一個巔峰狀態。於是，在巴山蜀水的山城重慶，有了「滿腔熱力」的「雷電頌」，有了「別有精神」的「雷電頌」，有了義憤沖天的「雷電頌」。

這個時期之後，郭沫若作為中國革命文化界領袖的形象，在政黨和自我的雙重塑造中，開始明晰的、堅定的浮出歷史水面。自此之後，郭沫若更加非常自覺地躍入了浩浩蕩蕩、順之則昌、逆之則亡的歷史潮流中。然而，儘管以後郭沫若的聲望日隆、地位愈高，但是，可供他自由選擇的創造空間，卻日益狹窄，可供他自由抉擇的機遇，也日漸消弭。他那豪放不羈、浪漫張揚的性格與脾性，也不得不漸漸收斂，終至於無可奈何、落花流水。這，大概就是郭沫若在最後的一段人生歲月中所面臨境況。

古人云：「直使天驚真快事，能招人罵是奇才」。

郭沫若最後的一段人生歲月，是他最為世人詬病、最富爭議的一段生命歷程。

特別是最近20多年以來，當代文人知識份子們，動不動就拿他「說事」。世人對他的認識和評價，可謂毀譽交加，充滿了諸多「數不清、理還亂」的是非愛憎。

　　世人經常引為談資的，常常是他在風雲詭譎的政治動盪之中的所作所為，以及他生命歷程中那諸多白雲蒼狗般的情感漩渦。甚至是街頭巷尾引車賣漿者，一句「流氓＋才子」的羨慕與不屑，似乎也表明了對他的「熟稔」。

　　然而，他的所作所為，畢竟是凡夫俗子們難以望其項背的。

　　人們稱他為詩人、作家、學者、社會政治活動家，可是他同時也是一個兒子、丈夫、父親、朋友、甚至是情人。他曾稱讚歌德（Goethe）是一個光芒四射的「球形」天才，其實，他在20世紀中國歷史上，對於這一稱號似乎也當之無愧。當然，他身上似乎也不缺乏歌德式的「庸俗」，甚至是有過之而無不及。

　　早年，他曾以文學社團領袖和學術領袖的身份，縱橫馳騁於思想文化界，又以社會賢達的政治身份，周旋於國共兩黨之間，在險惡的政治風浪中，坐看雲起雲落。中華人民共和國成立之後，他高居廟堂、位居高官，人大副委員長、政協副主席、政務院副總理等等，這些炙手可熱的頭銜，使他身價百倍。他以一介書生和一介文人知識份子，獲得了可能是20世紀中國文人知識份子所能獲得的最高的政治地位和社會聲譽。

　　他曾經有過的風華絕代、豪邁詩風，是多麼令人神往？他曾經有過的縱橫馳騁、登高一呼，是多麼令人激動？他曾經有過的聰穎天資、卓越學識，是多麼令人折服？他曾經有過的激情四射、浪漫風流，是多麼令人豔羨？可是對於1949年之後的郭沫若，世人卻對他的文化人格發出了強有力的道德詰問。許多對郭沫若進行同情式研究的資深學者，對此，也往往流露出無奈和不安，只能發出「高處不勝寒」的惋惜。

　　「子非魚，安知魚之樂？」當然，子非魚，亦安知魚之苦、魚之悲？

　　對於一個具有多重社會身份、多重文化心理和多重衝突性格結構的百年風雲人物郭沫若，他的喜怒哀樂、他的悲歡苦欣，真的讓人感歎「如魚飲水，冷暖自知」。古人云：人生一世、草木一秋，又云：人過留名，雁

過留聲。人在紅塵凡界，或永垂不朽，或默默無聞，或流芳百世，或遺臭萬年，或冬蟲夏鳴，或驢鳴狗吠，或叱吒風雲，或悒鬱困頓。可是無論怎樣，這短短的一生，總是渺小如滄海之一粟、迅忽如宇宙之須臾。能如彗星般一閃而過者，亦屬鳳毛麟角。

浪漫、豪放的李白，曾恃酒狂呼：「自古聖賢皆寂寞，惟有飲者留其名。」其實，李白只說對了一半。什麼聖哲先賢，什麼英雄豪傑，什麼大忠大善，什麼大奸大惡，和凡夫俗子、匹夫匹婦、乃至草木蟲魚一樣，最終的歸宿，無非是那寂滅的黑暗深淵。因為，在死亡面前，世法同一、眾生平等。

所不同的是，那些歷史上叱吒風雲的人物，在歷史長河的大浪淘沙中，化成了歷史的標記，化作了後世的談資。可是，逝者長已矣，托體同山阿，滾滾紅塵中的悲歡離合、陰晴圓缺，轉眼已在身後。所謂「爾曹身與名俱滅，不廢江河萬古流」是也。

所以，自古逝者皆寂寞，惟有論者長嗡營。

所以，闡說歷史人物，評論世間往事，只是生者和來者的事情。

所以，對於郭沫若這個人，你無論怎樣評價他，無論是堂堂皇皇的溢美之辭，還是不絕於耳的滾滾罵名，對於他本人來說，早已是過眼雲煙、前塵往事。他已經聽不到世間的眾聲喧嘩，也不會在意歷史的轟鳴回聲。

因為，他已經死了，死在一個呼喚春天的年代。

但是，他畢竟是一個可以影響後世的歷史人物。

後者和來者，還要聆聽他在歷史深處發出的遙遙迴響。

一、「革命文化的班頭」

　　要聆聽郭沫若後半生歲月的迴響，似乎還應該追溯到一個十分重要的年份。

　　這個年份，就是1941年。因為這一年，郭沫若整整五十歲。而在中國傳統文化的系譜中，五十歲是一個「知天命」的年份。

　　五十歲，既是生理年輪的一個標誌，也是生命精神歷程的一個分水嶺。郭沫若所推崇的孔夫子就常常說：「假我數年，五十以學易，可以無大過矣。」又說：「四十、五十而無聞焉，斯亦不足畏也。」對於郭沫若而言，在他適值五十歲生日時，是如何認識這一天命之年的？是知命？是抗命？還是順命？

　　這一年的九月二十五日，他為自己編定了《五十年簡譜》。

　　現在看來，這份年譜真堪稱是簡譜──簡略、粗疏至極，甚至連他慣常流露筆端的澎湃激情，在這裏也幾乎沒有絲毫的影蹤，倒是頗有點類似呆板的流水帳目。他在《中國古代社會研究》自序的開篇，曾經說過：「對於未來社會的待望逼迫著我們不能不生出清算過往社會的要求。古人說：『前事不忘，後事之師。』認清楚過往的來程也正好決定我們未來的去向。」[1] 不知郭沫若在回首、梳理自己五十年人生的來程時，有沒有「清算過往」、「知古鑒今」的意圖。一般來看，照中國人的文化傳統心理進行推測和分析（他在婉謝友人關於舉行祝壽活動的提議時，亦提及

---

[1]　《郭沫若全集》歷史編第1卷，人民出版社1982年版，第6頁。

「舊規矩」），這份年譜是否意味著和象徵著郭沫若要棄舊圖新、順天知命呢？

不知道郭沫若在他當年的日記，或其他文字記載中有沒有提及。不過，即使有，我們也無法看到。[2]但是，潘梓年在郭沫若50壽辰時，寫了一篇祝賀文章，記載了一件有趣的事：

> 二十六年的夏天，我在上海第一次看到了郭沫若先生。那時他是剛從海外被「七七」炮聲召回到祖國，我也剛從莫愁湖畔「喬遷」黃浦江頭，由五年「窗下」而投入團結抗戰的陣營，談話中知道彼此還有「同年之雅」。當時，他拿出吉士牌香煙一包相餉，笑道：在他第一次回國落拓滬濱時，曾和友人二三閒逛城隍廟，有個拆字先生攔著他要替他相面，說他命運不凡，到四十六歲就要交運。今年恰是四十六歲，看來，我們有此獻身祖國的機會，還是命中註定的呢。當時在座還有別的朋友，聽他說到這個故事，不覺大家都笑了起來。現在又匆匆過了四年有半，國家已年逾「而立」，自己也年達「知命」，對我們祖國，對我們自己，到底是怎樣一個命運，大概已可以知道清楚；能夠走上解放自由的道路，卻也可以說得是「命運不凡」！[3]

且不說，郭沫若談論此逸聞趣事，立意如何。相隔漫長十多年的歲月滄桑，竟然還能記起閒逛之時，偶遇的測字先生的預言，看來郭沫若對命

---

[2]　據刊登在《新文學史料》1982年第4期周尊攘的《郭沫若和青年陳明遠》一文記載，郭沫若告訴陳明遠說：「我以前搞過的東西，大抵都丟了。我有好幾次把東西丟完。在大革命中丟過一次，在亡命赴日本時丟光過一次，在盧溝橋事變由日本逃回又丟光過一次。你要我以前的資料，我是毫無保留的。」不知郭沫若所說的「毫無保留」，包不包括50歲生日前後的。就目前的研究境況推測，即使存世，估計一般人也是很難得識廬山真面目的。

[3]　潘梓年：《詩才・史學・書征氣度》，1941年11月16日《新華日報》。

運之事，還是應該有所感觸的，或者說至少不是無動於衷的。

其實，郭沫若本人對此事一直耿耿於懷，屢屢發感慨於筆端。他在發表於1925年8月上海《學藝》第7卷第1期的《湖心亭》中，詳細記載了「算命」的過程：

  ——「喂，先生，我看你閣下很有貴人氣象啦！」

  當我正在無可如何對這碑亭相龍面的時候，旁邊一位看相的人倒在相我的尊面了。

  ——「怎見得？」

  ——「唔，請你把眼鏡取下來。」

  我把眼鏡取下來了，看相的人用著指頭在我的面孔上指畫起來。

  ——「唔，『明堂清明，眼仁黑白分明，只是眼神還有點混濁，內室還有點不清。』——你先生心裏有點不如意，是不是呢？看眼可以看心象呢，嚇嚇嚇。但是一交春就好了，今天是二十八，再隔十二天便要交運了。『明年鴻鈞運轉。四十六歲交大運。』不要緊的，不要緊的，你的厄運就要過了。『左眉高，右眉低』，乃是揚眉吐氣之象。『頭部豐滿，額部寬敞，東西相稱，四方四正』，你將來成名在北，收利在南呢！到晚年來更好，『人中長長，上闊下張』，你這是長生之相。唉！先生，你的相真好，不是我愚老奉承，我愚老廣走江湖，上到湖廣，下走南洋，南北二京，東西十八行省，我愚老都是走遍了的，都沒有看見過像你閣下這樣的好相呢。請你把手伸出來我看看。」

  我把右手伸給他。

  ——「不對，要左手。……啊，你這手色比臉色更好了。『中指為龍，賓主相稱，二指為主，四指為賓』，你這是魚龍得水之相。只是小指太短，將來提防有小人暗算。這一層，你閣下可要留

意，但是不要緊的。你這手掌很好，『乾坤艮震，巽離坤兌，中央為明堂，坐明堂而聽四方，四通八達』，你閣下將來要名成利就，沒有一件事情不好的呢。嘛嘛嘛⋯⋯」

測字先生的相面術靈驗與否，我們暫且不論。可是，郭沫若的生活和人生境況，在30歲（也就是第一次回國落拓滬濱時）和46歲或者50歲時，顯然有天淵之別。遙想1921年，急於回國大顯身手、創造名山事業的郭沫若，對於大上海，應該是充滿了無限的幻想與憧憬。4月3日，海輪剛剛駛入黃浦江口，郭沫若就詩興大發：

平和之鄉喲！

　　我的父母之邦！

岸草那麼青翠！

　　流水這般嫩黃！

可是登岸之後，現實的遭遇，很快讓他如夢初醒。在第二天寫的《上海印象》中，滿目都是讓他「淚流」、讓他「作嘔」的「屍」、「肉」、「骷髏」和「靈柩」，而且，採用迴旋、反覆的詩歌手法，訴說自己的憤懣：「我從夢中驚醒了。／Disillusion（幻滅）的悲哀喲！」似乎在僅僅不到一天的時間裏，郭沫若的內心世界，就經歷了如此巨大的心理反差，而且憤激之情溢於言表、形之於詩。

儘管不能排除詩人浪漫、敏感的性格和氣質使然，但理想與現實的巨大落差，是實實在在的擺在了郭沫若眼前。抵滬之前，或許憧憬著歸國後的盛況，即使沒有社會各界的夾道歡迎，總也不會少了鮮花、掌聲甚至美女吧？非但如此，反而真真切切體驗到了世態真相的教訓，尤其是資本家的利慾薰心。在日本，是飽嚐慣了東洋鬼子的氣，歸國吧，又倍受資本家

的盤剝和利用，這怎能不叫郭沫若、乃至他的創造社的難兄難弟們，「異常悲憤」？

　　對於郭沫若回國落魄滬濱的窘困境況，連徐志摩、胡適等人都為之一歎。

　　徐志摩曾在1923年9月底，邀請胡適、陶知行、汪精衛、馬君武等一行10人，到老家海寧觀錢塘江潮。期間，經停上海，於10月11日和胡適之、朱經農，一同造訪郭沫若。徐志摩在日記中記下了當時的情景：

> 與適之經農，步行去民厚里一二一號訪沫若，久覓始得其居。沫若自應門，手抱襁褓兒，跣足，敝服（舊學生服），狀殊憔悴，然廣額寬頤，怡和可識。入門有客在，中有田漢，亦抱小兒，轉顧間已出門引去，僅記其面狹長。沫若居至隘，陳設亦雜，小孩屢雜其間，傾跌須父撫慰，涕泗亦須父揩拭，皆不能說華語；廚下木屐聲卓卓可聞，大約即其日婦。坐定寒暄已，仿吾亦下樓，殊不話談，適之雖勉尋話端發濟枯窘，而主客間似有冰結，移時不渙。沫若時含笑睨視，不識何意。經農竟噤不吐一字，實亦無從端啟。五時半辭出，適之亦甚訝此會之窘，云上次有達夫時，其居亦稍整潔，談話亦較融洽。然以四手而維持一日刊，一月刊，一季刊，其情況必不甚愉適，且其生計亦不裕，或竟窘，無怪其以狂叛自居。[4]

　　在當時名聞大江南北、正風光無限、且生活優裕的胡適之、徐志摩眼中，郭沫若已經聲震文壇，其生計似乎不該如此，可其生存境況竟然如此之糟糕：家中沒有僕人伺候，自己開門迎客也就罷了，可是衣食住行，亂七八糟、逼仄不堪，且衣著破落，形容憔悴。這些，照胡適、徐志摩們的推想，似乎是不應如此。

---

[4]　《徐志摩全集》第5卷，廣西民族出版社1991年版，第396頁。

　　當時在美國留學的聞一多，得知郭沫若在泰東書局所遭遇的困境後，更是為他心目中的「現代第一詩人」大鳴不平。他在1923年11月30日給家弟聞家驤的信中，憤怒的寫道：「昨與友人梁實秋談，得知郭沫若在滬賣文為生，每日只辣椒炒黃豆一碗佐飯，飯盡尤不飽腹，乃飲茶以止饑。以郭君之才學，在當今新文學界應首屈一指，而窮困至此。世間豈有公理哉？」[5]

　　以雄才自負的郭沫若，在困窘中，是否也會仰天長歎：天理何在？公道何在？

　　或許，那測字先生的一凡吉言，能稍稍寬慰落拓滬濱、賣文為生的郭沫若，能讓遭世人冷落的郭沫若，心理暫獲平衡。以至於去國十多年後，再次回滬的郭沫若，在談笑間，就順手拈出了這椿似乎「荒誕不經」的往事。

　　但，「士別三日，當刮目相看」。

　　1937年歸國的郭沫若，與1921年歸國的郭沫若，已經不可同日而語。「今晨因接南京來電，囑我致書，謂委員長有所借重，乞速歸。」郁達夫的一紙信函，意味著郭沫若是應當時中國最高領袖的召喚，意氣風發、躊躇滿志，歸國襄贊國事、應對戰局的。

　　去國前，通緝令懸頂，係國家重犯。歸國後，是國家和社會的顯要和名流。與16年前歸國相比，恍若換了人間。與十年前被迫流忘相比，更有天壤之別。1937年9月24日，郭沫若見到了「久違」十餘年的老朋友——中國最有權勢的政治人物蔣介石。郭沫若對於這次會面，作了較為詳細地記錄：

---

[5]　《聞一多全集》第12卷，湖北人民出版社1993年版，第196頁。

剛進廳堂門，穿著深灰色的中國袍子的蔣介石遠遠由左首走出，呈著滿臉的笑容，眼睛分外的亮。

——你來了。你的精神比從前更好。蔣一面和藹地說著，一面和我握手。

廳堂相當寬敞。當門不遠處，橫放著一張條桌，蔣背著門在正中的一把大椅子上坐著，叫我到桌對面的正首就座。我說，我的聽覺不靈敏，希望能夠坐近得一點。於是我便在左側的一個沙發椅上坐下了。

——你的神采比從前更好，蔣又這樣向我說了一遍。看來比從前更年輕了，貴庚是？

——是壬辰年生的，今年四十六歲。

蔣的態度是號稱有威可畏的，有好些人立在他的面前不知不覺地手便要顫慄，但他對我照例是格外的和藹。北伐時是這樣，十年來的今日第一次見面也依然是這樣。這使我感到輕鬆。[6]

在這次會面中，兩人會談的範圍非常廣泛，比如甲骨文和金文研究，比如郭沫若的家眷問題，郭沫若個人的一些私事，還問郭沫若為什麼到日本去。當然，蔣介石表達了一個非常重要的意圖：希望郭沫若留在南京，聯繫朋友做些宣傳工作，多多做些文章，並許諾給郭沫若一個相當的職務（這，或許是這次會面最核心的問題）。對於這次會面，郭沫若只記載下了蔣介石事無鉅細的詢問，至於還有沒有涉及其他的問題，就不得而知

---

[6]　郭沫若《在轟炸中來去》，載《郭沫若全集》文學編第13卷，人民文學出版社1992年版。另：郭沫若在這次會見後，寫了《蔣委員長會見記》一文，收入當時出版的《抗戰將領訪問記》。經對照，兩文見蔣的描述，基本一致。另外，有人認為這次南京見蔣，是郭沫若政治履歷上的「污點」，因為郭向蔣表示「懺悔過去的罪過」、「獻身黨國」、「將功折罪」之類，這些有待進一步考證落實。其實，說些應酬話，也是理所當然。如若事實如此，也無可厚非，每個人都有自由表達和選擇的自由，當時國共合作，共產黨也是將蔣奉為全國領袖的。

了。無論如何，應該看到的是，對於這次會面，面對當時「有威可畏」的
中國最高領袖，郭沫若的感覺，應當是相當「輕鬆」的，而且告辭時，蔣
介石一直將郭沫若送至大門口。這當然是一種難得的禮遇。

「是壬辰年生的，今年四十六歲。」當郭沫若在和藹如故的蔣介石面
前，脫口報出自己的生辰時，腦海中不知有沒有浮現逛城隍廟、遇測字先
生時的情景。但是，有一點可以肯定的是，郭沫若對當年測字先生預言他
在四十六歲時「交大運」一事，始終是耿耿於懷的。他不但在與潘梓年等
友朋會面時，暢談此事，而且屢次在文章中提及。

《由日本回來了》[7]一文，脫稿於1937年8月1日。這篇文章的篇末，提
及相面之事：「自己是壬辰年生的，今年四十六歲。想起了十幾年前，在
上海城隍廟曾被一位看相的人開過玩笑，說我四十六歲交大運。此事是記
在我的一篇雜文《湖心亭》裏面的。忽然憶及，頓覺奇驗。」

他在是年9月下旬寫的《在轟炸中來去》[8]中，更是屢屢提及「交大
運」之事：1937年9月20日，受陳誠邀請，到前線給戰績最佳的某師「訓
話」，因為前方就是日寇，對於安全問題陳誠是頗為擔心的，「他在一
次長時間的沉默之後，突然對我這樣說：今晚要託你的洪福才好。」郭
沫若一時沒明白是怎麼一回事，陳誠解釋說「你自己的文章上不是說，說
你今年要交大運？」郭沫若一聽便恍然大悟，知道陳誠讀過《由日本回來
了》。事情也真湊巧，「正在訓話途中，轟然一聲落下了一個炸彈，離集
合處不遠」。以至於陳誠在歸途中，再次對郭沫若說：「今晚真是託了你
的洪福，假使那個炸彈投在隊伍的正中，豈不是一場大禍？」

至於是不是託了「交大運」的洪福，才避免了危險，那只有上蒼知
道。可是，郭沫若顯然對自己「交大運」，是「心有戚戚焉」的，他自
己借題發揮道：「是的，我自己近來都有點相信命運了，就是我自己託

---

[7]　《郭沫若全集》文學編第13卷，人民文學出版社1992年版。
[8]　《郭沫若全集》文學編第13卷，人民文學出版社1992年版。

福的事實在很多，這怕是託的國家民族的福吧？所謂『國家將興，必有祥楨』，我看，似乎是有些道理的，但這道理，我現在還沒有功夫去參透。」

有沒有功夫去參透其中的道理，或可不論。但非常明顯的是，郭沫若將自己的命運和國家民族的命運聯繫起來，顯然是有著高度的政治敏感與政治自覺意識的。這種聯繫，決非是「國家興亡、匹夫有責」的泛泛之論，而是抗戰救亡、戰火紛飛之時的郭沫若，已經非常清楚地意識到，自己在整個國家、社會政治格局、社會評價系統中的位置和作用，已經不可忽視。

此時的郭沫若，早已遠非等閒之輩，而是成了舉國矚目的公眾人物，其一言一行，都有可能產生強烈的社會影響。一介草民，可以老死戶牖，而不求聞達於世。可是郭沫若不能，他的命運，早已經和中國社會波濤洶湧的政治洪流，緊密聯繫在了一起。除非他袖手世外，否則，應了那句古話：人在江湖，身不由己。更何況，此時郭沫若的雄心壯志，非但絲毫不減當年，而且大有「青出於藍而勝於藍」之勢呢？

照常理推測，郭沫若對自己的社會定位，應該是有所希冀的，而且有著相當大的選擇空間。當然，各種政治勢力、社會集團，對郭沫若也是意圖有所借重。在他46歲稍後的幾年中，郭沫若的身影，頻繁出現在中國社會特別是上層社會的各種社會活動中。當時，中國黨、政、軍乃至各界的諸多上層人士，或為舊雨、或為新知，或相識恨晚、或投契已久。即以國共兩黨政治要人為例：國民黨方面，有蔣介石、汪精衛、孫科、張群、張發奎、陳誠、馮玉祥、薛岳、黃琪翔、周至柔、錢大鈞、陳布雷、于右任、邵力子、陳明樞、張道藩……；共產黨方面，有毛澤東、周恩來、王若飛、鄧穎超、葉挺、王明、朱德、賀龍、博古、董必武、林伯渠、葉劍英……。其他政治勢力和社會各界的名流與賢達，更是不一而足。

面對當時中國複雜多變、前途莫測的政治格局，特別是面對國共兩黨

熱切的期望和爭相的「禮遇」與「示好」，郭沫若是不能無動於衷的，他不能不作出自己的選擇。這種選擇，無論是初衷不改、一以貫之，還是審時度勢、相時而動，是主動也好，是被動也罷，郭沫若必須選擇所應該依附、所應該歸屬的政治勢力（他有重新選擇的機會），是箭在弦上。選擇的結果，世人皆知，毋庸多談。

但在選擇與被選擇的過程和細節中，是大有文章可循的。與國民黨方面的廳長職位、中將軍銜、乃至上層人士的讚美之詞相比，共產黨方面對郭沫若的「定位」，顯然不知要高明多少倍。據當時擔任周恩來聯絡員的吳奚如回憶：「1938年夏，黨中央根據周恩來同志的建議，作出黨內決定：以郭沫若為魯迅的繼承者，中國革命文化界的領袖，並由全國各地黨組織向黨內外傳達，以奠定郭沫若同志的文化界領袖的地位。」[9] 以一個在中國政治格局中舉足輕重的政黨的黨內決定的形式，將郭沫若奉為中國革命文化界的領袖、並向黨內外傳達，以奠定郭沫若文化界領袖的地位，這不能不說是一個充滿了「政治智慧」的舉動。

毛澤東的《魯迅論——在「陝公」紀念大會上的演辭》，曾在1938年3月重慶的《七月》雜誌上發表，文中說：「魯迅在中國的價值，據我看要算是中國的第一等聖人，孔子是封建社會的聖人，魯迅是新中國的聖人。」[10] 黨決定「以郭沫若為魯迅的繼承者」，是否可以做出如下揣測：郭沫若也有資格，被認為是「中國的第一等聖人」、「新中國的聖人」呢？

對於共產黨的所作所為，郭沫若顯然也是投之以桃，報之以李。據于立群記載，早在1938年，郭沫若就寫過一首《陝北謠》：

9　吳奚如：《郭沫若同志和黨的關係》，載《新文學史料》1980年第2期。

10　中國社會科學院文學研究所魯迅研究室編《1913-1983魯迅研究學術論著資料彙編2[1936-1939]》，中國文聯出版公司1986年版。

陝北陝北朋友多，

請君代問近如何？

華南也想扭秧歌。

陝北陝北太陽紅，

拯救祖國出牢籠，

新天鎮日漾東風。[11]

郭沫若怎樣應對國共雙方，暫且不說。

可能，那位測字先生真的是具有先見之明。

因為從46歲起，郭沫若開始以一介文人，在風雲變幻的中國政治生活中，左右逢源了。當然，那「交大運」的巔峰狀態，是在1941年。

這一年，郭沫若恰逢五十歲的生日。或許在這一年，郭沫若的聲望，乃至人生的成就感，達到了他生命中的最高峰。因為自此以後，他在自由狀態之下進行選擇、從而獲得成就感，進而達到人生巔峰狀態，這樣的機遇就非常罕見了。

1941年11月16日，以及此前此後的一段時光，應該是郭沫若生命流程中，最為光彩奪目、濃彩重墨的一段錦瑟華章。中國各黨派、各社會政治組織的領袖，文化界以及其他各界人士，都懷著不同的心情和期望，關注著那場在山城重慶和全國其他地方舉行的慶祝郭沫若五十華誕的盛況。這場祝壽活動，當然並非尋常的華筵宴飲、觥籌交錯，亦非私人間的迎來送往、捧場道賀，而是一場充滿了政治內涵、並具有社會象徵意義的文化行為。

關於組織這次祝壽活動的直接機緣，據當時擔任國民政府軍事委員會

---

[11] 于立群：《難忘的往事》，《郭沫若研究專集1》，四川人民出版社1984年版。

政治部文化工作委員會副主任、實為中共黨員的陽翰笙日後回憶：

　　記得那是在1941年10月上旬的一天。我正在重慶天官府街郭老的家裏。那時郭老是政治部文化工作委員會主任，我是副主任。當郭老和我正在商談工作的時候，周恩來同志欣然而至。他是經常到這裏來的，經常在這裏向我們傳達黨中央文件的精神，佈置任務，聽取彙報，為我們解決困難問題。這天他來，面帶笑容，他那炯炯有神的眼睛看了看郭老，然後他興致勃勃地向我們提出，要慶祝郭老的創作二十五週年紀念和五十生辰。郭老很自謙地說：「我沒有什麼重大貢獻，不必了吧！」恩來同志說：「為你作壽是一場意義重大的政治鬥爭；為你舉行創作二十五週年紀念又是一場重大的文化鬥爭。通過這次鬥爭，我們可以發動一切民主進步力量來衝破敵人的政治上和文化上的法西斯統治。」我高興的問到：「那末誰來負責搞這件事？」恩來同志說：「還是由你來負責搞吧！」我說：「我現在正在忙『中華劇藝社』演戲的事，碰到的困難很多，行嗎？」「行！還是你出來好！」恩來同志說。他又接著說：「我們這次要舉行全國性的紀念活動。估計這事情問題不大。但我們必須建立一個廣泛的統一戰線的籌備組織，由各方面的人來參加籌備工作，不能單獨由『文工會』來出面。」

　　隨即恩來同志要我代為起草一個南方局通知成都、昆明、桂林，還有延安以及香港等地黨組織的一份電報。電報說明這次紀念的意義、內容和方式等等。我寫好後當即遞給他看。他看了以後說：「政治意義還要再加強一點，我再改改。」說著就把稿子放進了他的上衣口袋。[12]

---

[12] 陽翰笙：《回憶郭老創作二十五週年紀念和五十壽辰的慶祝活動》，《新文學史料》1980年第2期。

很顯然，共產黨方面在組織這次活動的台前幕後，作了大量細緻、繁瑣的工作。至於哪些是大張旗鼓公開進行的，哪些是祕密組織串聯的，或可不論。但經過一番聲勢浩大的社會動員，一個高規格、陣容龐大的籌備委員會，建立了起來，40位社會各界最有社會影響力的頭面人物，名列發起人：馮玉祥、孫科、邵力子、陳布雷、張治中、張道藩、黃琪翔、沈鈞儒、陶行之、黃炎培、章伯鈞、羅隆基、王崑崙、屈武、周恩來……

11月16日這一天，《新華日報》、《中央日報》、《大公報》、《新民報》、《新蜀報》、《華商報》、《解放日報》等當時最有影響的一批報刊，紛紛刊發賀文、賀詩、賀電、賀辭，不少報刊特闢專號或特輯，連篇累牘發表各類文章以示祝賀。

在舉行祝壽茶話會的中蘇文化協會，郭沫若的畫像，與屈原、李白、杜甫、魯迅、歌德、高爾基、托爾斯泰、普希金、雪萊等世界級文化名人的畫像，一起懸掛在粉牆上，而且闢有三間專室，展覽郭沫若的各項成就和照片。在紀念茶話會上，馮玉祥、沈鈞儒、周恩來、張道藩、張申府、黃炎培等等社會各界的頂級人物紛紛發言，盛讚郭沫若輝煌的人生歷程和業績。出席活動者達數百人（有說是500餘人，有說是800餘人，還有說是2000餘人）。

在各地的慶祝活動中，除了那些熱情洋溢的講話、發言，在重慶，郭沫若的劇作《棠棣之花》精心上演；在延安，有魯藝學生集體演出的大合唱《鳳凰涅槃》；在桂林，有祝壽歌《南山之什》，以及以郭沫若歸國抗戰為題材的話劇《英雄的插曲》；在香港，文化界近百人集會慶賀，柳亞子興奮地高呼：「郭沫若先生萬壽！民族解放萬壽！」；在新加坡，郁達夫、胡愈之領銜發起大型聚餐會，200餘人頻頻舉杯，遙祝郭沫若：「先生永生，民族永生！」

這次祝壽活動，一直持續到12月才告結束。有關祝賀、紀念的各類文

章，陸續在全國各地的報刊雜誌上刊發，長達半年之久才告停息。

關於這場祝壽活動，無論是在重慶，還是延安、桂林、香港、新加坡等地，用「盛況空前」一詞來形容，不但毫不為過，而且是恰如其分。對一個以文章名世而又達於世的人來說，人生境況達到此種地步，實屬罕見。可以想見，這場活動的主角郭沫若，身臨此情此景之時，該是何等的興奮、何等的自豪！古人在形容達至巔峰狀態時，常說：人生至此，夫復何求？當時茫茫中國大地，有幾人（特別是文化人）能得以享受人世間的這種盛譽？不知五十華誕初度的郭沫若，當時作何遐想？不知他是否想起落拓滬濱時相面先生的那番預言？

來而無往非禮也，郭沫若對社會各界的隆情厚誼，是非常的感念。

他在致香港、延安、桂林等地友好及文化界的謝電中，說：「五十之年，毫無建樹，猶蒙紀念，彌深慚愧，然一息尚存，誓當為文化與革命奮鬥到底，尚祈時賜鞭撻。郭沫若叩。」[13] 同時亦作詩酬唱，答謝友人。在與柳亞子唱和的七律前，有小序，序末云「兼謝各方諸友好」。詩中充滿了感慨與謙虛：

> 千百賓朋笑語嘩，
> 柳州為我筆生花。
> 詩魂詩骨皆如玉，
> 天南天北共飲茶。
> 金石何緣能壽世？
> 文章自恨未成家。
> 只餘耿耿精誠在，
> 一瓣心香敬國華。[14]

---

[13] 1941年11月18日《桂林日報》及1941年11月21日《解放日報》。
[14] 《郭沫若全集》文學編第2卷，人民文學出版社1982年版，第309頁。

當然，最讓郭沫若感動、且大有知音之感慨的，非周恩來和他那篇著名的文章莫屬。毫無疑問，在慶祝郭沫若五十壽辰的活動中，周恩來擔當了總設計師、總策劃的角色。而且，周恩來的所作所為，不單單是出於和郭沫若的私人友情。更重要的，周恩來是以一個政黨重要領袖的身份，直接指揮了這一活動，在最大程度上調動和發揮了這一活動的政治目的和意義。

目前，我們尚未知道，當時在延安的中共中央，對這一活動有何指示和命令。可以肯定的是，這次活動和那篇文章，絕非僅僅代表周恩來的個人情意，而是代表了中共中央的政治意願。這樣來看，周恩來玉成此事，並發長文褒揚，且不說當時的政治效果如何，在郭沫若的生命歷程中（特別是他的後半生），就顯得尤其意味深長。

那篇文章名曰《我要說的話》，發表在1941年11月16日《新華日報》的頭版。

據周恩來開篇所述：他很早就立願寫一篇專文獻給郭沫若，五個月前還在準備研讀郭沫若的著作，因戰事、疾病、雜務等原因，專文沒有做成。壽辰之日臨近，又不想「無言」，故「打破了一向作文的慣例」，說一說「平常所常說的話」。

這篇文章立論的框架，與1938年夏天的那個黨內決定，是一脈相承的，也是「平常所常說的話」的集中和正式的展現，即全面論述郭沫若何以成為「魯迅的繼承者」、「革命文化界的領袖」（在《我要說的話》中換成了「革命文化的班頭」）。這篇文章中常為世人所引用的話如下：

> 魯迅自稱是「革命軍馬前卒」，郭沫若就是革命隊伍中人。魯迅是
> 新文化運動的導師，郭沫若便是新文化運動的主將。魯迅如果是將
> 沒有路的路開闢出來的先鋒，郭沫若便是帶著大家一道前進的嚮

導。魯迅先生已不在世了，他的遺範尚存，我們會愈感覺到在新文化戰線上，郭先生帶著我們一道奮鬥的親切，而且我們也永遠祝福他帶著我們奮鬥到底的。

在這篇文章中，周恩來著重談了郭沫若的三個特點：「第一是豐富的革命熱情」、「第二是深邃的研究精神」、「第三是勇敢的戰鬥生活」。（在文章中，周恩來也簡略涉及了革命文化陣營的一些爭端，比如創造社與魯迅的論戰，認為「那真是不應該的了」。又認為，在「戰鬥性」方面，比之「魯迅韌性的戰鬥」，「這是連郭先生都會感到要加以發揚的」。）認為，這是「最值得我們大家學習的三點」。當然文章的結束語更為熱情洋溢：

> 魯迅先生死了，魯迅的方向就是大家的方向！
> 郭沫若先生今尚健在，五十歲僅僅半百，決不能成老，抗戰需要他的熱情、研究和戰鬥，他的前途還很遠大，光明也正照耀著他。我祝他前進，永遠的前進，更帶著我們大家一道前進！

這篇文章對郭沫若評價之高蹈、語氣之恭敬，足以讓郭沫若感懷繫之、銘刻在心、沒齒不忘。當時，郭沫若就對祕書翁澤永感歎說：「魯迅曾經給瞿秋白寫過一幅對聯，上聯是『人生得一知己足矣』，我十分欣賞這一句，這也適合表達我和周公的關係，不過還不足以表達我的全部心情。」[15]

這次祝壽活動和這篇文章，之所以在郭沫若的評價史上具有舉足輕重的作用，顯得意義重大、意味深長，關鍵在於將郭沫若的生命流程，納入到了中國共產黨建構的革命文化系譜中，或者說，將「新文化」、「革

---

[15] 翁植耘等：《在反動堡壘裏的鬥爭》，重慶出版社1982年版，第38頁。

命」視野中的郭沫若，整體納入到了中國共產黨的新民主主義文化體系
中。通過對郭沫若五十年人生行徑，進行總結性的政治歷史敘事，不但就
此奠定了郭沫若在革命文化中的卓越地位，闡明了郭沫若自身就構成了革
命文化的一個重要部分，而且鮮明的昭示了郭沫若努力的方向，就是中國
革命文化的方向，是其他人（尤其是文人知識份子）學習的榜樣和典型。

　　顯然，中國共產黨通過這次祝壽活動，實施了一次對黨內外文人知識
份子的號召和集結，從而為自己的政治綱領和政治目標的實現，吸引和網
羅文化人才。日後，新中國主流政治和文化系統對郭沫若的定位和評價，
將以此作為衡量的基礎。

　　五十壽辰之後的郭沫若，顯然沒有辜負周恩來代表中國共產黨對他
的厚望，在以後國家和社會發展的驚濤駭浪中，更加自覺地立於時代的潮
頭，成了一個名副其實的「革命文化的班頭」。

　　要知道，文人知識份子是現代思想精神資源的佈道者，在以「黨治」
為主要政治運作形式的現代中國，文人知識份子與現代革命的互動關係，
對現代中國思想文化體系的形成，有著重要意義。政治革命成功的關鍵，
在於民心向背。一個政黨一個階級不可能完全依靠暴力，獲得社會各階層
的廣泛贊同，必須有一套宣傳、說服機制，向社會各階層言說政治革命的
合理性與合法性，獲得理解與支持。文人知識份子是最有資格實踐這一功
能的社會力量。共產黨政治革命，依據列寧的社會主義意識只能依靠知識
份子從外部灌輸進去的理論，高度重視和利用文人知識份子宣傳馬克思主
義意識形態的作用。一旦文人知識份子支持社會政治革命，意味著他們將
會在自己熟悉和擅長的領域，履行宣傳、教育和說服的職能，以專業的權
威身份，將他們所接受的信仰學說和價值觀念，向社會各階層廣泛傳播和
推廣。

　　這類文人知識份子，兼具知識人和政治人的雙重社會角色。成為這類
文人知識份子，最為基本的條件有二：一是必須擁有和掌握那些被社會評

判系統所認可的知識和精神資源，成為一個或多個專業領域的精英，具有
向社會發言的權威；其次，自願加入到政治鬥爭的行列，成為某一黨派的
工作人員，為該黨派實現政治理想服務。用葛蘭西（Antonio Gramsci）的
話來說，是「有機知識份子」，用弗・茲納涅茨基（Florian W. Znaniecki）
的術語來看，是「黨派聖哲」[16]，即依賴一種或多種專業的精神和知識資
源，為某一黨派或集團的政治實踐和目標，提供意識形態闡釋和評判的
文人知識份子。其基本任務和職責就在於，證明和宣傳新秩序相對於舊
秩序的絕對優越性，從而使該黨派或集團的政治鬥爭達到思想精神上的合
法化、合理化，得到社會大多數成員的認同、贊成和支持。而「一個社會
集團的霸權地位表現在以下兩個方面，即『統治』和『智識與道德的領導
權』。一個社會集團統治著它往往會『清除』或者甚至會以武力來制服
的敵對集團。一個社會集團能夠也必須在贏得政權之前開始行使『領導
權』（這就是贏得政權的首要條件之一）；當它行使政權的時候就最終
成了統治者，但它即使是牢牢地掌握住了政權，也必須繼續以往的『領
導』。」[17]

　　在以政黨政治為主要政治運作形式的現代中國社會，郭沫若以「士」
入「仕」，以文人知識份子和社會活動家的雙重身份活躍於社會舞臺，充
當了這種歷史境遇中的一個自覺的、典型的「有機知識份子」或曰「黨派
聖哲」。

　　郭沫若的這次歷史性的、標誌性的抉擇，顯然不能僅僅從政治行為的
角度考量，更遠非政治機會主義所能解釋。因為即使僅僅從追求「理想」
角度考慮，這在郭沫若的精神和思想歷程中也是一脈相承的。他在《女
神》序詩中，就曾大聲表白：

---

[16] 參見安東尼・奧葛蘭西《獄中札記》（中國社會科學出版社2000年版）和弗・茲納
　　涅茨基《知識人的社會角色》（譯林出版社2000年版）的有關論述。
[17] 安東尼・奧葛蘭西：《獄中札記》，中國社會科學出版社2000年版，第38頁。

我是個無產階級者：

因為我除個赤條條的我外，

什麼私有財產也沒有。

《女神》是我自己產生出來的，

或許可以說是我的私有，

但是，我願意成個共產主義者，

所以我把它公開了。[18]

　　郭沫若寫這段序詩的時間，是1921年5月26日，中國共產黨尚未成立。

　　或許正如周恩來所說的：光明正照耀著他。郭沫若也在憧憬著一個「誓當為文化與革命奮鬥到底」的光明前景的到來。這光明前景，或許是天國，或許是烏托邦，用政治術語來說，是「新中國」。那時，它在人們的心目中到底應該是什麼樣？信奉這一理想的人們，正憑藉著自己的經驗與理想，孜孜不倦的建構著、塑造著這一人間天國的模樣和形狀。

　　然而，要想知道李子的味道，還需親自品嚐。

---

[18]　《郭沫若全集》文學編第1卷，人民文學出版年1982版，第3頁。

二、「北來真個見光明」

　　1948年11月23日夜，等待已久的郭沫若，化名丁汝常，由香港乘華中輪北上。這是一次順理成章和水到渠成的重大政治行動。

　　沈從文在《論郭沫若》中曾經評價說：「他沉默的努力，永不放棄那英雄主義者的雄強自信，他看準了時代的變，知道這變中怎麼樣可以把自己放在時代前面，他就這樣做。他在那不拒新的時代一點上，與在較先一時代中稱為我們青年人做了許多事情的梁任公先生很有相近的地方。都是『吸收新思潮而不傷食』的一個人。可佩服處也就只是這一點。……讓我們把郭沫若的名字位置在英雄上，詩人上，煽動者或任何名分上，加以同情和尊敬。」[1]且不說沈從文本意如何，郭沫若的確是一個時常挺立浪頭而不敗的時代弄潮兒。這次北上，就是郭沫若在「時代的變」中，「把自己放在時代的前面」——作為中國最重要的民主人士和社會賢達之一，受中國共產黨的邀請，參與籌畫新中國的成立。

　　這距他1947年11月16日抵達香港，僅僅有一年零一週。

　　1947年的10月，中國人民解放軍發表宣言，號召打倒蔣介石、解放全中國。共產黨已經開始為奪取全國的勝利、籌建新中國作全方位的準備。此時中國社會的政治大勢和社會前途，已經非常明朗。郭沫若是在中共黨組織特派的葉以群的護送下抵港的，他當然非常清楚自己在以後歲月中的政治職責與社會使命。

---

[1]　沈從文：《論郭沫若》，李霖編《郭沫若評傳》，上海現代書局1932年版。

在香港一年有餘的歲月裏，郭沫若在黨的指引和領導下，作為一個典型的「有機知識份子」或曰「黨派聖哲」，已經開始履行共產黨在贏得政權之前，在中國思想文化界行使「智識與道德的領導權」。在離滬抵港之際，他曾做七律《再用魯迅韻書懷》[2]，以詩明志：

成仁有志此其時，

效死猶欣鬢未絲。

五十六年餘骸骨，

八千里路赴雲旗。

謳歌土地翻身日，

創造工農革命詩。

北極不移先導在，

長風浩蕩送征衣。

又作五絕一首：「十載一來復，於今又毀家。毀家何為者？為建新中華。」[3]

在港期間的1948年，郭沫若不辭勞苦的參加各種政治活動，撰寫各種文章，發表各種談話，「為建新中華」而積極奔走、呼號。在一次由香港《華商報》組織的「目前新形勢與新政協」座談會上，郭沫若侃侃而談：「舉凡對人民革命有必須的事，為中共所不能說，不便說，不好說的就由我們說出來」，「不怕做尾巴，也不怕人給我一頂紅帽子。做尾巴，戴紅帽子我倒覺得光榮」。[4]「做尾巴，戴紅帽子」的比喻和自擬，表達了郭沫若在港期間的鮮明政治取向，更形象地展現了郭沫若自覺追求的社會角色和社會形象。

---

[2]　《郭沫若全集》文學編第2卷，人民文學出版社1982年版，第145頁。

[3]　龔繼民、方仁念：《郭沫若年譜》，天津人民出版社1992年版，第718頁

[4]　1948年5月16日香港《華商報》。

如果將在港期間郭沫若的言行粗略劃分的話，大致可分為文藝和政治兩方面。

文藝活動方面，主要有《一年來中國文藝運動及其傾向》、《開拓新詩歌的路》、《斥反動文藝》、《文藝活動的總方向》、《當前的文藝教育》、《〈白毛女〉何來白》等等一系列表達「人民至上，革命至上！生活第一，意識第一！戰友集中，火力集中」[5] 的文章，既義正詞嚴的駁斥、批判為國民黨所代表的各種反動勢力「服務」的各類文藝現象、文藝界人物，又從政治意識形態的高度，述說、介紹和宣傳為共產黨政治鬥爭、為人民服務的文藝。

政治活動方面，郭沫若出席了各類集會、座談會，以答記者問、談話、演說、宣言等形式，呼籲「今天我們作為中國人民，最迫切的任務是加速使這個空前絕後的壞政府垮臺」[6]，響應中共中央的號召，迎接人民革命的偉大勝利，為中國共產黨領導的新中國的成立，作輿論準備。

此時此地，郭沫若的渴盼、激動和遐想溢於言表，其情緒和心態，即使在今天亦可想而知。林煥平記載了一段頗有代表性和象徵性的場景：1948年11月初，郭沫若應邀到香港南方學院演講，在長時間的熱烈掌聲中，郭沫若健步登臺，發表演說——

　　「同學們！你們這裏有許多好老師，你們得到這樣好的學習機會，是很幸福的。」

　　會場又響起了熱烈的掌聲。接著，他婉約地分析了解放戰爭的勝利發展的形勢。然後又說：

　　「同學們！你們白天做工，晚上讀書，這種刻苦、勤奮的精

5　此話，為郭沫若應邀出席文藝生活社香港分社舉辦的文藝月會時，在演講中所說。原載於1948年3月香港《文藝生活》副刊海外版第2期。

6　1948年1月20日香港《華商報》。

神，是很可寶貴的。新中國在東方噴薄欲出了。建設新中國的神聖職責，落在年輕人的肩上。同學們！希望你們愛祖國，愛學習，學知識，練本領，為偉大的祖國貢獻力量。」

又一陣像南海濤聲似的鼓掌。

最後，郭老以偉大詩人的語言和情感，以高昂的聲調，像詩朗誦一樣說：

「冬天來了！難道春天還會遠嗎？」

「讓我們舉起雙臂，歡呼新中國的春天的來臨吧！」

全體師生的愛國激情被郭老煽起來了。大家以響徹雲霄的掌聲，表示回應郭老的召喚。[7]

郭沫若的言行表明，他在以後歲月中的基本政治姿態，實際上在香港期間已初步形成了。正如周而復所描述的，「對於黨的號召和指示，郭老總是堅決貫徹執行的。黨的指示是他行動的指南針」，在香港，郭沫若以極大的政治熱情和期待，「熱烈響應黨中央的號召，迎接不久將在地平線上出現的新中國的航船的桅杆」。[8]

這一天很快就到來了。

隨著戰局的迅速發展，籌建新中國提上了中國共產黨的議事日程。建立新政權，除了統一全黨思想、號召黨領導下的全體人員同心同德外，尚需贏得其他階層、其他界別的社會力量的認可、贊成和支援。當年那些游離於國共兩黨之外的民主黨派和無黨派人士，成為黨外社會力量的代表和象徵。在中共的邀請和安排下，他們欣然北上，襄贊新政權的建立。郭沫若理所當然是這群人之中、屈指可數的最高層次中的一位。

---

[7] 林煥平：《深切地懷念　沉痛的哀悼──寫於驚聞郭沫若同志病逝之後》，《新文學史料》1979年第2輯。

[8] 周而復：《緬懷郭老》，《新文學史料》1980年第2期。

　　離港前的這一天晚上，郭沫若偕于立群先往馮裕芳家。在馮家。看到玻璃櫃裏養的金魚，郭沫若觸景生情，頗為感慨，遂作詩一首：

> 平生作金魚，
>
> 慣供人玩味，
>
> 今夕變蛟龍，
>
> 破空且飛去。[9]

　　且不論郭沫若體驗到的是何種人生況味。但細細品味此詩，大有「漫卷詩書喜欲狂」、「青春做伴好還鄉」的欣喜，更有「仰天大笑出門去，我輩豈是蓬蒿人」的躊躇。

　　在這一天，郭沫若還寫下了由十首五言古詩組成的《赴解放區留別立群》[10]，其首是：

> 此身非我身，
>
> 乃是君所有。
>
> 慷慨付人民，
>
> 謝君許我走。

其尾曰：

> 中華全解放，
>
> 無用待一年。

9　郭平英、郭庶英、張澄寰、王廷芳輯：《沫若佚詩廿五首》，載1979年6月10日《光明日報》。

10　《郭沫若全集》文學編第2卷，人民出版社1982年版。

　　毛公已宣告，

　　瞬息即團圓。

　　該組詩，既情意綿綿，又彰顯政治內涵。革命加戀愛，一個都不少。

　　儘管有于立群無法同行的遺憾，但郭沫若的北上之旅，還是充滿了歡聲笑語。

　　為解航海旅途的乏味，郭沫若與同行者馬敘倫、翦伯贊等人，飲酒賦詩、談笑博弈、酬唱作答，而且共同編輯了一份《波浪壁報》，在同行者中間傳閱、欣賞，自娛自樂。除了可想而知的激動與企盼之外，乘海輪一路載歌載行的郭沫若，深諳「詩言志」的傳統之道。在「老輪爬路比牛遲」的海上辛苦之旅，他頻頻有詩歌問世。在這些詩歌中，即有紀實，又有抒情，更有政治寓懷。

　　詩興、雅致頗高的郭沫若，情動於中，發之為聲，形諸於詩。這些詩歌，其境界和意境，均可以說營造了一種王國維所謂的「有我之境」，即「以我觀物，故物皆著我之色彩。」

　　本來是「欲以防偶然」的金戒指，在郭沫若的眼中有了更深的用途：

　　鳳飛岐山嶺，

　　銜環獻毛公。

　　取之自人民，

　　請為人民用。[11]

　　25日，離港的第三天，速度較慢的海輪，在航行中遇到大海浪，郭沫若焦急無比：

---

[11]　郭沫若：《金環吟》，《郭沫若全集》文學編第2卷，人民出版社1982年版，第146頁。

群鷗鎮日繞船飛，

遠望岸山似不移。

六日寧波猶未到，

老輪爬路比牛遲。

當海輪駛過長江口，北上的路途越來越縮短時，郭沫若的眼中，又呈現另一種景象：

輪頭北過長江口，

頓見風平浪亦平。

諒是海洋同解放，

魚龍安穩頌光明。[12]

26日，當馬敘倫因為妻女沒有同行，寫了兩首五律表達遺憾之時，郭沫若當晚即作《和夷老二首》[13]，勸慰馬敘倫「暫遠天倫樂，期平路哭聲」，因為「攬轡澄清志，才疏苦未酬」，而嶄新前景，就是「新民欣有慶，指顧定中州」。

12月1日，郭沫若一行抵達安東（今丹東）石城島。進入解放區後，郭沫若欣喜之情更是溢於言表，作七絕《船泊石城島畔雜成》[14]四首以述懷，其首為：

---

[12] 郭沫若：《舟行阻風》，《郭沫若全集》文學編第2卷，人民出版社1982年版，第147頁。

[13] 郭平英、郭庶英、張澄寰、王廷芳輯：《沫若佚詩廿五首》，載1979年6月10日《光明日報》。

[14] 《郭沫若全集》文學編第2卷，人民出版社1982年版，第148頁。

天馬行空良可擬，
踏破驚濤萬里程。
自慶新生彌十日，
北來真個見光明。

其尾又云：

彩陶此地曾傳出，
傲殺東瀛考古家。
今日我來欣作主，
咖啡飲罷再添茶。

　　到了解放區，郭沫若一行遇到的，可以說到處是鮮花和掌聲。不僅衣食住行受到了中共當地黨政軍的優裕款待，而且作為貴客到處參觀訪問，體驗到了與香港、與國統區截然不同的嶄新社會氣象和景觀。郭沫若身臨其境，一時之間，彷彿不是「主人」，又勝似「主人」。

　　1949年元旦，郭沫若完成了記述從香港乘船北上整個行程的《北上紀行》[15]。《北上紀行》由十首五律組成，以郭沫若最擅長的詩歌這種語言和情感表達方式，記載了一路北上的所見所聞、所思所想、所欲所求，可稱之為「歌以詠志」式的長篇敘事抒情組詩。該組詩的每一首，皆以「我今真解放，×××××」的反覆疊唱形式結尾。比如第一首，述說登舟北上的情懷時，還有些許的忐忑不安：「我今真解放，何以答民麻？」第二首記述在船上的歡顏笑語時說：「我今真解放，彷彿又童年。」第七首記述在五龍背溫泉洗浴後說：「我今真解放，塵垢蛻如蟬。」第十首記述進

---

[15]　《郭沫若全集》文學編第2卷，人民出版社1982年版，第151-154頁。

入瀋陽後，目睹威武的軍隊和載歌載舞的群眾歡慶場面，說：「我今真解放，莫怪太癲狂。」這一組詩，敘事、抒情、感懷、言志兼而有之，較為全面、完整地展現了郭沫若北上及初到解放區時的思想、情感和志向。

當然了，郭沫若北上可不是來參觀紀遊的，誠如他說的，「今日我來欣作主」。

1月22日，郭沫若與李濟深、沈鈞儒、馬敘倫、譚平山等五十五人，聯名發表《我們對於時局的意見》，表示願在中國共產黨的領導下，團結一致，爭取民主的新中國早日實現。

1月26日，中共東北局、東北行政委員會、人民解放軍東北軍區以及東北各界人民，為赴平參加新政協路經東北解放區的這些中國最顯赫的民主黨派和社會賢達舉行盛大歡迎會。在大會上，郭沫若萬分激動，暢敘來東北解放區的喜悅心情，放聲朗誦自己的詩作：「我來彷彿歸故鄉，此日中行亦似狂」，「於今北國成靈鎖，從此中華絕帝王」，更以詩人般的熱情表示：「以毛澤東主席的意見為意見」，「決心為實現人民的公意，爭取真正的和平而徹底奮鬥」，在黨的領導下將革命進行到底。[16]

2月1日，與李濟深、沈鈞儒、馬敘倫、譚平山、彭澤民、章伯鈞、茅盾、許廣平等五十六人，聯名致電中共最高領導毛澤東、朱德：「同人等已先後進入解放區，疊奉捷音，不勝振奮。竊願竭力追隨，加緊團結，為中國之建設奮鬥到底。」次日即收到朱、毛覆電：「此次人民解放戰爭之所以勝利，是由於全國人民不畏強權，團結奮鬥，各民主黨派各人民團體一致奮起，相與協力」，「諸先生長期為民主事業而努力，現在到達解放區，必能使建設新中國的共同事業獲得迅速的成功。特電布覆，敬表歡迎」。[17]電函來往之間，顯示了雙方的相互借重之意。

---

[16] 龔繼民、方仁念：《郭沫若傳》（北京十月文藝出版社1988年版，第382頁）和《郭沫若年譜》（天津人民出版社1992年版，第755頁。）

[17] 王錦厚：《毛澤東論郭沫若》（上），《郭沫若學刊》，2004年第2期。

1949年2月25日，在中共的安排下，郭沫若與李濟深、沈鈞儒、馬敘倫等35人，先於毛澤東等中共最高領導人，到達當時稱之為北平的北京城。火車抵達北平東站後，郭沫若一行即受到了當時在北平的中共黨政軍最高級別的領導林彪、羅榮桓、聶榮臻、董必武、薄一波、葉劍英、彭真等人的熱烈歡迎。在稍事休息之後的次日，中共北平市委和北平市人民政府就在中南海懷仁堂舉行盛會，歡迎這些籌建新中國不可或缺的各界最高層的民主人士和社會賢達。郭沫若作為最重要的代表之一登臺發言，表示：「毛主席領導的人民武力，使中國人民翻了身，使我郭沫若也翻了一個身，我真是感謝無盡」，自己將把所有力量、精神和生命「無條件拿出來」，為完成革命事業、建設新中國「鞠躬盡瘁」[18]，並依舊以詩人難以自抑的熱情，當場獻上日前才寫就的詩《抵北平感懷》：

> 多少人民血，
> 換來此殊榮。
> 思之淚欲墮，
> 歡笑不成聲。[19]

可以說，抵京後的郭沫若，開始正式介入到新政權的策劃與籌建中了。

新政權的策劃和籌建工作，當然是頗為繁雜的。既有大政方針的制定，亦有細枝末節的推敲，可以說是事無鉅細，均須詳細考慮、周密準備。主政者吸收、邀請郭沫若、李濟深、沈鈞儒、張瀾、黃炎培、陳叔通等民主人士和社會賢達參與其事，既有對新政協召開所應具有的廣泛代表性、新政權建立所需要的社會力量的現實合法性等政治層面的考慮，也

---

[18] 郭沫若：《鞏固人民的光榮，並把它擴展到海南島》，1949年3月1日《人民日報》。

[19] 郭平英、郭庶英、張澄寰、王廷芳輯：《沫若佚詩廿五首》，1979年6月10日《光明日報》。

確實需要這些除中共之外的社會各界最有影響的人物,在各方面「人盡其才、物盡其用」,出工出力、出謀劃策,更要使這些在國民黨政權下不甚得志的重量級社會代表,感到受重用,進而使之「士為知己者死」,為新政權所用。

中共「馬上得天下」是高手,經驗豐富、驍勇善戰,但成為執政黨後,治天下的經驗卻不甚多,毛澤東「一張白紙」的說法恰如其分。創造更美、更好的圖畫,尚需社會各階層齊心協力、眾志成城。古往今來,王朝更迭、政權轉換,吸收容納前朝、前政權聲望顯著的人士參政,大概係中外社會演化史上常見之現象。中共新政權的建立亦不例外,須借助那些聲望較高的民主人士和社會賢達,達到整合各種社會資源和社會力量的目的,贏得全體社會成員的認可、贊同和支持,實現全社會的「緊密團結」和「同心同德」。

郭沫若是作為無黨派人士,特別是代表教、科、文諸界別的無黨派人士的頭面人物,參與新中國的組織和籌備活動以及其他各類國事、政務活動的。

比如在3月15日,中共中央和解放軍總部遷至北平,毛澤東、劉少奇、周恩來、朱德、任弼時等五大中央政治局常委,由西柏坡飛抵北京西苑機場。郭沫若與黃炎培、陳叔通、馬寅初同前往迎接,而且乘第三號小汽車隨毛澤東等五大常委參加閱兵式。數萬大軍一字排開,全副武裝,威武雄壯,無比壯觀。儘管是跟隨毛澤東等中共黨政軍首腦檢閱人民解放軍,但這陣勢、這場面,對文人郭沫若來說,似乎還是平生未有[20],不知他有沒有想起古代文人「沙場秋點兵」的豪邁憧憬。

就在這天的夜晚,毛澤東以中共黨政軍最高領導人的身份,在北京香山雙清別墅設宴,款待當時最有名望的民主人士和各界賢達、名宿二十

---

[20]　查閱有關資料,在北伐時或抗戰中,郭沫若有勞軍之舉,卻未見有參加大閱兵的記載。如有,還請方家和識者賜教。

餘人，既有追述前誼、重修舊好，又有暢敘國是、商談政策，觥籌交錯之間、噓寒問暖之際，亦是其樂融融。郭沫若當然是其中的翹楚——既是這二十餘人中身份、地位較高、較特殊者，又是與毛澤東私人關係少數較為密切者之一。

進入北京城的郭沫若，處在繁雜、忙碌而興奮的狀態，已成家常便飯。與他當年在國民黨蔣介石手下當廳長時的心態和情緒相比，不可同日而語。那時，台前要應付國民黨的挑三揀四，幕後要接受共產黨的出謀劃策。面對庸常、繁瑣的事務，自己有時非常厭倦、煩躁和無奈。可是今天，參與國事、政事的郭沫若，意氣風發、興致勃勃，不厭其煩或者說樂此不彼地參加各種歡宴、聚會、訪談和會議，似乎真的如他在《赴解放留別立群》中所說，已將此身「慷慨付人民」，自珍自愛也不是因為別的，而是「非為愛此身，為民愛器械」，主動、自覺地將自己擺在了人民的「器械」的位置上。

無論是心甘情願，還是表態，或者是兼而有之，在1949年的中國政治舞臺上，郭沫若是一個經常顯山露水、名字頻頻見諸報端的名流。他在3月1日給老朋友李初梨夫婦的信中，就約略流露出一些行狀和心跡：「到了這邊以後的情形，想來你們在報上已經看見了。我們住在北京飯店，我住219室，異常寬大，一個人住著，就像陷進了海裏的一樣」。當然，郭沫若還向李初梨夫婦透露了自己工作前景的一點資訊：「我將來的工作，聽說是在研究方面，那是很好的，對於我這個聾子是再適當也沒有了。」[21] 可以推測的是，郭沫若所聽說的這個消息的來源，當屬一位舉足輕重的中共高層領導，很可能不是毛澤東就是周恩來。

如果郭沫若對李初梨夫婦沒有保留的話，在個人前途尚未明朗的前提下，那麼他是否更應該一如既往的積極努力呢？

---

[21]　黃淳浩編：《郭沫若書信集》（上），中國社會科學出版社1992年版，第632頁。

以3月份的主要活動為例。

1日，他應邀出席中華全國學生第十四屆代表大會開幕式，發表講話並表達祝賀之意。

3日，出席華北人民政府文化藝術工作委員會在北京飯店召開的歡迎赴京的文藝界人士茶話會，號召文藝工作者「建全自己的靈魂，建立革命的人生觀，學習毛澤東思想」。

5日，作《在毛澤東旗幟下》，該文在7日的《人民日報》發表。

作為專家權威和政界顯要，他出席軍管會討論接受故宮的座談會，闡述文物保管和適用的原則，痛斥國民黨盜運故宮的國寶。該座談會紀要以《座談文物保管使用，痛斥國民黨盜運古物》為題，發表在17日的《人民日報》上。

22日，出席解放區和國統區文藝工作者的聚會，與文藝界人士共商召開全國文學藝術工作者代表大會的籌備事宜，被推舉為籌備委員會主任。

24日下午，應邀出席在中南海懷仁堂召開的中國婦女代表大會，盛讚中國婦女在解放戰爭以來做出的偉大貢獻。晚上，前往北京飯店，參加出席巴黎世界擁護和平大會的各人民團體代表會議，被選為世界擁護和平大會中國代表團團長。

26日，出席中國學術工作者協會理事會議。

28日，被確定為世界擁護和平大會籌備委員會主席團副主席。

29日，率領中國代表團，啟程赴巴黎出席世界擁護和平大會。

從應邀出席的各種類型的會議來看，他可不是像張天翼小說中的人物華威先生那樣，四處趕會、拋頭露面，而是與他在社會評價系統中的角色定位——無黨派人士、著名文人，有著直接的對應式聯繫，甚至可以說與他個人的政治前景息息相連。

在1949年的上半年，郭沫若參加的最勞累也是最風光的事，大概莫過於率領中國代表團出席世界擁護和平大會。這既是郭沫若平生第一次代表

一個國家和民族出席世界性的大會，也是尚未正式成立的新中國的第一次
重大外事活動。代表團從北京出發，在國內經停天津、瀋陽、哈爾濱等城
市，受到當地黨政軍的熱烈歡迎，郭沫若是行行重行行、發言復演講，一
路表達著團結世界上一切和平民主力量、向全世界傳播新中國人民聲音的
願望。在國外經停莫斯科、布拉格時，受到了這些社會主義陣營國家有關
部門的熱情款待。由於法國政府限制中國代表團入境，世界擁護和平大會
決定在巴黎和布拉格設立兩個會場，於4月20日同時開幕，兩個會場同聲
傳遞聲音。

　　郭沫若率中國代表團，參加在布拉格舉行的會議，被選為主席團成
員。在世界擁護和平大會常設委員會第一次會議上，被選為主席團副主
席。其景況，被田漢寫進了詩中：

> 在布拉格會場
> 　你可以聽到
> 　　居里的演講；
> 在巴黎會場
> 　　照樣有郭沫若的怒吼。[22]

　　這些，或許都是意料之中的。在這次冗長的外事活動中，最令郭沫若
激動和感慨的，大概是4月23日。這一天的下午，郭沫若在布拉格大會上
發表演說。也就是這一天，人民解放軍百萬雄師過長江、佔領南京的消息
傳來，郭沫若當場宣佈後，會場上歡騰一片。異常興奮和激動的郭沫若，
一邊接受各國友人的祝賀、擁抱，一邊和大家一起高呼：新中國萬歲！毛
澤東萬歲！晚上，數百成千的布拉格群眾和各國友人，在中國代表團駐地

---

[22]　《田漢文集》，中國戲劇出版社1983年版，第6頁。

歡呼「中國！中國！」。郭沫若興奮至極、無法入睡，眼含熱淚對代表團
其他成員說：「黨中央多麼英明的決策啊！沒想到就在今天把紅旗插上了
蔣介石的總統府！真叫國際上震驚，使我們中國人民揚眉吐氣！」[23]

代表團從3月29日下午啟程，到5月10日歸國，歷時近一個半月。當郭
沫若一行於5月25日回到北京後，受到了周恩來、林伯渠、董必武、葉劍
英以及北京十萬群眾的盛大歡迎，在北平市長致詞後，郭沫若發表了熱情
洋溢的講話。其盛況同樣被田漢寫進了詩中：

> 北中國的夕陽
>
> 透過樹梢
>
> 用金黃的唇
>
> 吻著郭沫若
>
> 吻著抱著鮮花的代表們，
>
> 吻著山一樣海一樣的群眾，
>
> 吻著懸有人民領袖巨像的
>
> 紅色的宮牆。
>
> 郭沫若的每一句話
>
> 引起驟雨般鼓掌，
>
> ……[24]

無論從國家還是個人角度，這次外事和政治活動，都堪使郭沫若感
到「揚眉吐氣」。如果說這次出訪是一個非常精彩的花絮，那麼郭沫若在
1949年的重頭戲，就是作為最高層次的民主黨派和無黨派人士，參與新政
協的籌備召開、新政權的籌備與建立。

---

[23] 錢三強：《憶我尊敬的長者——郭老》，1982年11月17日《光明日報》。
[24] 《田漢文集》，中國戲劇出版社1983年版，第21頁。

　　6月11日晚，郭沫若與李濟深、黃炎培、沈鈞儒、周建人等，趕往香山雙清別墅，與毛澤東、周恩來商討新政協的籌備事宜。6月15日至19日，郭沫若代表無黨派人士，出席新政治協商會議籌備會議，發表講話盛讚新政協，強調「在全心全意為人民服務的中國共產黨和毛主席領導下，在毛主席所提倡的新民主主義的照耀之下，我們要永遠走著上坡路，而永遠不會下降。」[25] 在這次新政協籌備會全體會議上，郭沫若被推舉為籌備會常務委員會副主任，主任為毛澤東，其他的副主任有周恩來、李濟深、沈鈞儒、陳叔通等人。

　　籌備會常委會下設六個小組，第一小組負責擬定參加新政協的單位和名額，第二小組負責起草新政協組織法，第三小組負責起草新政協共同綱領，第四小組負責起草中央人民政府組織法，第五小組負責起草新政協宣言，第六小組負責擬定國旗、國徽、國歌、國都、紀年方案。郭沫若以文人的本色與特長，眾望所歸的被推舉為第五小組組長，負責和召集起草最具門面和廣告色彩的新政協宣言。

　　當然，郭沫若是能者多勞，在國名、國旗、國歌的商討中也是大顯身手。既曾聯名馬敘倫等人提交議案，堅決要求取消國名「中華人民共和國」後面附加的「中華民國」的簡稱，又曾主張在徵集和設計國旗、國徽、國歌歌詞時，應注重中國的地理、民族、歷史、文化等特徵。而且，還身體力行的設計了一面國旗，底色為紅色，左上一顆黃色五角星代表中共的領導，中間兩條黃槓象徵黃河長江（對這一國旗式樣，張治中是堅決反對。兩人還因為郭沫若《洪波曲》所述抗戰期間「長沙縱火」事件，齟齬不斷）。他既寫了《新華頌》作為國歌應徵稿，《義勇軍進行曲》作為國歌被初步敲定後，又被大家推舉修改歌詞。在徵集、篩選、設計和確立新政權的這些國家標誌過程中，郭沫若真是盡心盡力、踴躍參加。據當

---

[25]　1949年6月20日《人民日報》。

年一位在郭沫若手下工作的人回憶，在出席新政協大會的過程中，郭沫若「經常慷慨陳詞，歌頌黨和毛主席在中國革命實踐中的偉大功勳，他那熱情的語言，使聽者無不動容」。[26]

在1949年的政治社會中，郭沫若漸漸被推舉為教、科、文領域的領銜者，這與郭沫若早先聽說的「研究方面的工作」似乎是緊密相關的。在參與莊嚴、繁忙的國事活動的同時，郭沫若社會角色的定位日趨明朗，他的活動也漸入佳境。

儘管郭沫若對新中國文藝方面的組織、人事等事宜，並非大權在握，但作為新中國文藝界的第一文人，他的象徵作用是任何人都不能忽視的。而且，郭沫若也總是能順應潮流，用生花妙筆，來撰寫政治意向堅決的文章，用熱烈的演講、談話，為新政權的方針和政策鼓與呼。

在1949年下半年，郭沫若參加的另一項重要活動，就是參加、主持第一次文代會。在6月30日中華全國文學藝術工作者代表大會預備會上，他被推舉為總主席。在7月2日召開的代表大會上，作為主席團成員、總主席致開幕詞。在開幕詞中，他慶賀各路文藝戰士「集中在毛主席的勝利的旗幟下，會師北平」。最重要的是，郭沫若以總主席的身份，為文代會定下了政治基調，即以毛澤東《在延安文藝座談會上的講話》作為「文藝運動的總指標」，號召「一切進步的文學藝術工作者團結起來，接受毛主席的指示，創造為人民服務的文藝！打擊並消滅一切有形無形的敵人，使新民主主義的建設獲得全面勝利。」[27]

他又在7月3日的大會上，作總報告《為建設新中國的人民文藝而奮鬥》[28]。這份報告的具體寫作情況我們不得而知，但非常明顯，這絕非僅僅是郭沫若一個人的看法，而是具有新政權為以後文藝活動「立法」的味

---

[26] 王繼權、童煒剛：《郭沫若年譜》（上），江蘇人民出版社1983年版，第606頁。

[27] 1949年7月3日《人民日報》所載《郭沫若先生開幕詞》。

[28] 《郭沫若全集》文學編第17卷，人民文學出版社1989年版。

道（當然周揚等人的報告更有此意），郭沫若充當了新政權的文藝政策發言人。這份報告是以毛澤東的文藝思想、特別是《新民主主義論》為政治藍本的，因此報告最主要的政治目的，就在於說明和闡發新政權在文藝上的政治意識形態要求。

這個報告的主要內容有三：一為「我們文藝運動的性質」，認為「『五四』運動以後的新文化已經不是資產階級領導的舊民主主義的文化，而是無產階級領導的人民大眾反帝反封建的新民主主義的文化；『五四』運動以後的新文藝已經不是資產階級領導的舊民主主義的文藝，而是無產階級領導的人民大眾反帝反封建的新民主主義的文藝」。二為「文藝界的統一戰線問題」，「三十年來的新文藝運動主要是無產階級領導的統一戰線的文藝運動」，號召文藝工作者「在政治上團結起來」，「完全達到文藝為人民服務的共同目標」。三為「今後全國文藝工作的任務」，號召全體文藝工作者，「和全國人民一起為徹底打倒帝國主義、封建主義和官僚資本主義，建設新民主主義的人民民主共和國而奮鬥」，「要深入現實，表現和讚揚人民大眾的勤勞英勇，創造富有進步的思想內容和高尚的道德品質、為人民大眾所喜聞樂見的人民文藝，是文學藝術發揮教育民眾的偉大效能」，「要掃除半殖民地半封建的舊文學舊藝術的殘餘勢力，肅清帝國主義國家資產階級文藝和中國封建主義文藝的影響」。報告的最後，是熱烈而又令群情激昂、且能表達心思和姿態的總結性口號：

　　一切反帝反封建反官僚資本的文學藝術工作者團結起來！
　　為徹底完成新民主主義的政治革命而奮鬥！
　　為徹底完成新民主主義的文化革命文藝革命而奮鬥！
　　中國人民萬歲！
　　人民的文學藝術勝利萬歲！
　　偉大人民領袖、人民文藝的導師毛主席萬歲！

　　這種心思和姿態的最直白、最世俗的表達，是在7月6日毛澤東在文代
會上致辭、周恩來作政治報告之後。郭沫若當即代表與會人員表態：「我
們誠懇的全部接受周副主席給我們的指示，努力改造自己，向人民學習，
學習我們所不熟悉的東西，老老實實，恭恭敬敬的學習，熱誠地做毛主席
的學生。」並向毛澤東鞠躬致敬，毛澤東也還之以禮。[29]

　　在這次文代會上，郭沫若當選為中華全國文學藝術工作者聯合會全國
委員會主席。自此，郭沫若作為新中國第一文人的地位和角色，以法定的
組織形式確定下來，儘管各類文件和決議中，並沒有出現這樣一個頗具民
間和私人話語色彩的稱謂。

　　在同一時期，郭沫若繁忙的身影，還頻頻出現在其他重要的社會政治
活動中：中華第一次自然科學工作者代表大會籌備會、中國社會科學工作
者代表會發起人會議、中蘇友好協會發起人會議、慶祝中國電影工作者協
會成立宴會，等等。此類活動，在普通人眼中，堪稱是應接不暇、難以應
付，可對郭沫若來說卻是樂此不彼。

　　這一年的郭沫若可謂是意氣風發、風光無限。

　　不過在這一年郭沫若的政治生活中，最重要、最激動的事情，要數開
國大典前後。

---

[29]　參見1949年7月7日《人民日報》、《解放日報》的相關報導。

三、「新華頌」

　　1949年10月1日下午，郭沫若跟隨毛澤東等中共高級領導人，登上了天安門城樓，出席中華人民共和國開國大典。在這一天，能夠有資格登上天安門城樓的人，都堪稱是新政權黨、政、軍和其他黨派、社會政治組織的最高層次的頭面人物。

　　打天下、得天下者，在雄偉莊嚴的皇家城樓上，昭告天下、宣佈勝利，是順理成章之事。可是郭沫若等其他黨派和社會政治組織的人士，能夠參加這樣一種改朝換代式的隆重儀式，並且是以這個新政權的領導人身份參加，就不單單是一種無尚的殊榮了，而且還意味著一種不言而喻的承認，一種隱含歸順意義的象徵。就今天保存下來的影像資料來看，郭沫若儘管不是站在最顯赫的地方，但其位置應該是非常居中的。在開國大典的閱兵式上，郭沫若還和毛澤東多次站在一起觀看、交談。需要再次指出的是，郭沫若的社會地位和所享受的政治禮儀，是與宋慶齡、李濟深、張瀾等人一個級別的。也就是說，在新政權的政治禮儀框架中，這些黨外人士所享受的待遇和榮譽，應該僅次於毛澤東等中共高層的少數領導人。

　　今天，我們已經很難揣測這些人當時的真實感受了。我們唯一可以揣測的就是：當一個人受到空前隆重的禮遇和尊重之後，這個人最通常的反應是什麼？

　　由於無法知道郭沫若在這一天前後的日記中，是怎樣描述自己的心情和感受的，他的真實的情感和思緒，或許就隨著歷史的風塵飄揚而去了。

但願郭沫若的日記和書信等資料被發掘出來的那一天，我們能夠從中窺測到彼時郭沫若的某些真實感受。

毫無疑問，郭沫若作為象徵性社會角色的地位，是舉足輕重的。且不說郭沫若在各種政治會議、政治集會上的頻頻發言和表態，有三件事就可以大略顯示出其重要性之一斑。

一是，9月30日午後，到中南海頤年堂毛澤東住所，與毛澤東、周恩來、李立三、李濟深、沈鈞儒、陳叔通、黃炎培共八人，商討、修正毛澤東自己起草的就職公告。如果可以簡單類比的話，在封建社會中，就職公告就是登基詔書，是新朝代、新政權第一重要的政治文件，對於這類文書的修正，豈能允許凡夫俗子加以染指？

二是，在開國大典典禮上，郭沫若作為民主黨派和無黨派人士的代表，向毛澤東敬獻錦旗：我們永遠跟你走。在開國大典這樣超級隆重的國家儀式上，這有點類似一方諸侯、封疆大吏或廟堂之重臣，向國君表示忠心和忠誠，與封建社會廟堂之上的三跪九拜禮儀異曲同工（現代社會當然要有現代的形式）。普通百姓和級別較低的官員豈有此種登堂入室的資格？

三是，開國大典後不久，在中共的黨報（亦是迄今中國政治規格最顯赫的報紙）《人民日報》上，發表了郭沫若曾經當作國歌歌詞來寫的詩歌──《新華頌》：

一

人民中國，屹立亞東。

光芒萬丈，輻射寰空。

艱難締造慶成功，

五星紅旗遍地紅。

生者眾，物產豐，

工農長作主人翁。
使我光榮祖國，
穩步走向大同。

二
人民品質，勤勞英勇。
鞏固國防，革新傳統。
堅強領導由中共，
無產階級急先鋒。
工業化，氣如虹，
耕者有田天下公。
使我光榮祖國，
穩步走向大同。

三
人民專政，民主集中。
光明磊落，領袖雍容。
江河洋海流新頌，
崑崙長聳最高峰。
多種族，如弟兄，
四面八方自由風。
使我光榮祖國，
穩步走向大同。

　　就該詩歌的整體內容，詩歌作者的社會身份，詩歌發表的載體等方面綜合來看，《新華頌》堪稱是新政權的第一頌詩。這首詩，是郭沫若獻給

新政權的最恰當、符合廣泛社會認同心理的禮物。眾望所歸的新政權的第一文人，在新政權最權威的宣傳載體上，不孚眾望地以自己最拿手的技能和本領，來歌頌新政權的誕生、憧憬新社會的未來，這本身就構成了新政權政治儀式的一個組成部分，而且各方面、各環節的匹配，堪稱是相得益彰。

值得一提的是，在1977年出版的《沫若詩詞選》中，作者進行了修改（《郭沫若全集》文學編第3卷所收錄者，係1977年《沫若詩詞選》中修改後的版本）。比如，「工業化」成了「現代化」，「四面八方自由風」變為「千秋萬歲頌東風」。如果說這些修改，是郭沫若政治上「與時俱進」的表現，那麼「耕者有田天下公」改為「國際歌聲入九重」，刪掉每節最後迴旋重疊吟唱的兩句「使我光榮祖國，／穩步走向大同」，是出於什麼考慮呢？

從詩藝的角度看，這些修改和刪除部分，非但不是多餘的，而且可以使詩歌內容嫁接傳統與現代，詩歌的音韻、節奏起伏有致，增強詩歌的藝術感染力。那麼，是否是因為這些內容有「舊」的色彩，與新的意識形態要求不協調呢？是「厚今薄古」的價值取向發生作用？還是「批林批孔」的浪潮令郭沫若心有餘悸呢？[1] 其實仔細考量，通過「刪改」這一技術細節，不但可以看到作者本人心態的微妙變化，還可以洞察社會政治文化語境的變遷。

---

[1] 馮錫剛在談及《沫若詩詞選》的修改時，這樣認為：「這部選集的一些修改確乎不如人意，反映出作者受『文革』之苦的影響。如《滿江紅·贊南京路上好八連》，原結句是：『六億人都學好八連，大同早。』改本為：『六億人都學好八連，人人好。』原句雖說不上有多少詩意，但終究不犯複，改本則彆腳之至。緣何視『大同』為禁區？蓋1967年批判劉少奇《論共產黨修養》，毛澤東在審定的批判文章中曾增寫過否定《禮運·大同篇》和康有為的《大同書》的文字。」（參見馮錫剛：《郭沫若的晚年歲月》，中央文獻出版社2004年版，第395-396頁）此亦可視為《新華頌》刪改的原因之一。

　　文學的功能，在中國文化傳統中，往往被劃分為言志與載道。其實
二者的分野，並非涇渭分明，有時是一分為二，有時又合二為一。對郭沫
若來說，建國前特別是「五四」時期，言志的分量重一些，建國後則非常
明顯的傾向於載道。所以，文學成為郭沫若參與世事、言說自我的利器。
當然，作為一個主觀感情色彩強烈的文人，郭沫若的浪漫氣質，似乎是轉
移、擴散了，遠遠超出了文學領域的自律要求，世間的一切彷彿都披上了
郭沫若的政治主觀色彩。所作詩文也僅僅限於形式意義，其本意似乎更多
的是在展現政治姿態，表達政治意願。

　　比如，在10月17日，郭沫若寫了一首詩《魯迅先生笑了》：在詩中所
述的（郭沫若近來經歷的）許多重大時刻，魯迅的臉色已經不再像平常那
樣苦澀了，而是和暖如春地、豁朗而有內涵地在笑——毛澤東3月25日到
北京時，魯迅笑了；4月23日世界和平大會上，魯迅笑了；7月1日中共28週
年紀念大會上，魯迅笑了；7月6日中國文聯大會上，魯迅笑了；9月21日新
政協第一次大會上，魯迅笑了；10月1日開國大典上，魯迅笑了。

　　如果就詩論詩，這可稱為「借人言志」。用此寫作技巧和手法，似無
不可。但借魯迅言志，似乎讓人感到有些不倫不類。眾所周知，儘管魯迅
和郭沫若是中國共產黨樹立的衣鉢相繼的中國新文化的典型，但兩人無論
是私交還是公誼，都不甚融洽。作為現代中國文學史、文化史上的兩大巨
頭，過去兩人不但未曾謀面，而且睽違已久、時有齟齬。不用說其他史料
記載，僅在他們本人的文章、書信、日記中，就有很多相互譏諷、詰難的
話語言辭。

　　魯迅死後，郭沫若姿態頗高，其「大哉魯迅」的讚譽[2]，也決不能排
除郭沫若發自內心深處的真誠。但至於魯迅是否會像郭沫若在詩歌中所想

---

[2]　郭沫若在魯迅死後的態度（特別是私下的態度）頗可玩味。在紀念魯迅的諸多活動
　　中，郭沫若都需要出來發表演講或談話，據林林記載，1937年紀念魯迅逝世週年紀
　　念大會前，林林奉命邀請郭沫若出席並發表講話時，郭沫若在應允的同時，還對他
　　說「我又得說魯迅的好話」。林林：《這是黨喇叭的精神——憶郭沫若同志》，
　　《新文學史料》1979年第2輯。

像的那樣「笑了」，那只有天知、地知、地下的魯迅自知。關於建國後魯迅的命運問題，或者說魯迅如果活到建國後會怎麼樣，曾幾度是人們討論的熱門話題。人們有許多揣測：比如進監獄或者殺頭說（文革中就有詩句「倘若魯迅依舊在，天安門前等殺頭」流傳），比如有人講毛澤東說過，以魯迅的脾性，最多也就當一個文聯主席，還有人說魯迅會選擇沉默。但像郭沫若這樣形象化的詩意暢想，也算是一家之言。

不過，照我們今天看到的歷史風雲來推測，魯迅如果不改一改他那張「苦澀」的臉，那麼下場還真不好說。魯迅也只有像郭沫若說的「笑了」，才有資格繼續充當新文化運動的主將。但照魯迅生前的脾性和精神邏輯來推測，這有可能麼？《魯迅先生笑了》是否是謬託知己？

當然，歷史是不能夠假想的。

魯迅沒有品嚐李子的機會，但是郭沫若有。

所以《魯迅先生笑了》，其實不是魯迅笑了，而是郭沫若笑了。

因為，此時此刻的郭沫若，達到了他一生中政治生命的巔峰狀態——1949年10月9日下午，在中國人民政治協商會議全國委員會第一次會議上，當選為全國政協副主席。1949年10月19日下午，在中央人民政府委員會第三次會議上，被任命為政務院副總理兼文化教育委員會主任。1949年11月1日，擔任新組建的中國科學院院長。

在中國的文化傳統中，以士致仕者，當食君之祿、忠君之事，而且要在其位、謀其政。儘管已經跨入了社會主義時代，郭沫若似乎也不能超脫出這個綿延已久的傳統思想和思維模式。他的公開的言與行，必然要符合自己所肩負的社會政治角色的規定和要求，或者說，郭沫若所擔當的社會政治角色的要求，必然要超越於私人意願之上。如果私人意願與社會政治角色相契合，那麼郭沫若的感受應當是舒適與愜意的；如果私人意願與社會政治角色不協調或發生抵觸，那麼勢必會引發內心世界的緊張與衝突。否則，私人意願突破了社會政治角色的規定，其後果是可想而知的。

在建國初期的幾年中，郭沫若的私人意願與其擔當的社會政治角色，應該說基本上是相協調的，甚至可以說是步調一致。這不但不難理解，而且就郭沫若長期以來的政治追求來說，是水到渠成之舉。在1917年寫給弟弟的信中，郭沫若就表達過志在天下的意願：「然而盛衰治亂，一切皆有天數存焉，風雲緊迫，正醞釀豪傑之時，新國少年，皆當存攬轡澄清之志氣也。」[3] 如今經30餘年奮鬥之後，在人生的各個領域都堪稱達到了極致，又怎能不自覺依附和感激助己成功的政治力量呢？如果郭沫若的私人意願和社會主流政治導向發生衝突，那顯然是有悖常理。

任何一個政黨、一個階級通過暴力獲得政權之後，不可能永遠依靠暴力來維持社會的正常運轉，必然要通過種種其他的手段，來緩解過去疾風驟雨時代積累下的矛盾，實現全社會的和解與團結，調動全社會的力量為實現該政黨、該階級的政治理想服務。就建國後幾年的實際狀況而言，新政權的生存和發展環境是不令人樂觀的。外部，是一個充斥著大量敵意的國際政治環境，遏制和封鎖往往令新政權捉襟見肘；內部，需要從新民主主義革命階段推進到社會主義階段，妥善處理社會各階層的矛盾並非一蹴而就。因此，在面臨百廢待興的社會重建任務時，就需要社會各個環節的人士，上下一心、各司其職、團結奮鬥。贊同新政權政治取向和價值觀念者，自然而然地要支持和幫助新政權實現遠大的政治目標。

在建國初期，毛澤東等中共領導人，就提出過「三年準備、十年建設」的社會發展戰略。所謂「三年準備、十年建設」的設想，就是在三年之內做好政治、經濟、軍事、文化等各方面的準備，以後進入十年建設時期，而後過渡到社會主義社會，最後進入共產主義社會。

儘管50年代初期，社會內部的敵對和緊張態勢相對有所緩和，意識形態鬥爭也不再似建國前的劍拔弩張。但必須清楚的是，對於一個政權來

---

[3]　黃淳浩編：《郭沫若書信集》（上），中國社會科學出版社1992年版，第71頁。

說，意識形態宣傳和控制，是鞏固和維護其統治的最重要的職能之一。掌握政權的政黨，必然謀求在意識形態領域建立領導權，構築一套完整、有效的教育、說服體系，在鞏固、維持其統治的同時，向社會全體成員宣傳自己的政治綱領和目標，盡可能贏得社會全體成員某種形式的認同、贊成、支持和效忠。

因此，意識形態方面的準備，就當時的意識形態要求來說，大約可分為三個方面：一是痛斥舊政權的反動性、腐朽性及其滅亡的必然性，二是頌揚新政權產生的合理性、統治的合法性，三是虛構一個更為美好的社會藍圖、調動所有社會力量為之赴湯蹈火。對於意識形態的自身要求來說，則是要建立一個新的意識形態系統。如果可以一言以蔽之，那麼這種意識形態要求和系統，可以簡單的稱之為「社會主義」或「共產主義」。因此，建國後中共在開展大規模的社會主義改造運動的同時，也發起了大規模的意識形態攻勢，其主要目的就在於將思想、文化、教育、宣傳、出版、新聞等等諸領域的領導權，牢牢掌握在黨和國家的統一控制之下，確立馬列主義、毛澤東思想在全國人民心目中的精神指南地位。

這種政黨意識形態向國家意識形態轉變的訴求，全方位體現於國家建設和發展進程中。

在制度和體制領域，在政府體制中設立文化教育委員會，負責管理和指導文化部、教育部、科學院、新聞總署、出版總署等部門；在黨的系統中，中共中央宣傳部統管意識形態領域的所有具體工作，擬定黨在思想、文化、教育、新聞傳播、出版發行等意識形態各領域的具體方針政策，通過政府部門的黨組，落實為政府行為。很明顯，這種意識形態管理格局和體制的核心領導，是黨的各級意識形態主管。在這種意識形態管理網路的體制保證下，黨的意識形態要求，以國家意識形態的形式得以推行和實現，一場大規模的思想改造運動勢在必行。

在大規模的有計劃、有目的、有步驟的思想改造運動中，文人知識份

子是主要的改造對象。當時中國文人知識份子的數量約為200萬人，大致可分為三類：一是有著光榮革命履歷的紅色文人知識份子，這類文人知識份子解放前就是革命中人，解放後大部分出任各級黨政部門的相關領導職務；二是來自當年國統區的文人知識份子，這類知識份子人數眾多，且大多數曾在國民黨時期供職，可以說是當時的中產階級，或者說曾經是白色文人知識份子；三是國民黨時期培養的青年學生。在這三類人中，第一類文人知識份子，不但不是被改造的主要對象，而且因為長期以來就是黨的意識形態的執行者和推行者，因此在思想改造運動中，不但早已具有「革命」的世界觀，而且大多還充當了改造者的角色。那麼，被改造的主要對象就剩下二、三類，特別是第二類文人知識份子。

這類知識份子，在國民黨統治時期的職業，多為教授、學者、專家、醫生、工程師、記者、作家、藝術家等，他們的思想傾向在新的國家意識形態框架中，被判定為是資產階級、小資產階級世界觀、社會觀和人生觀。其實，這類文人知識份子的構成相當複雜，有的在解放前同情共產黨的政治革命和社會革命，有的持中立、觀望的態度，有的憧憬國共之外的第三條道路，還有的充當了幫忙、幫閒的角色。但從無產階級與資產階級水火不容的二元對立的意識形態視野來看，他（她）們在政治立場、價值觀念、思想傾向等方面，與新的國家意識形態要求是背道而馳、至少是不協調的，必須按照馬列主義、毛澤東思想的規範，進行徹底改造。

思想改造運動作為黨執政的既定方針，早在1949年制定的《中國人民政治協商會議共同綱領》中，就有明確表現：給青年知識份子和舊知識份子以革命的政治教育，以適應革命工作和國家建設工作的廣泛需要。

1951年秋，北京大學校長馬寅初首先在北大教師中發起思想改造運動，毛澤東獲悉後，在馬寅初的來信上批示，「這種學習很好，可請幾個同志去講演」。

　　1951年9月29日，周恩來受中共中央委派，作了《關於知識份子的改造問題》的報告，從立場問題、態度問題、為誰服務問題、思想問題、知識問題、民主問題、批評與自我批評等七個方面，闡述了知識份子如何改造落後的思想，如何取得革命的立場、觀點和方法，如何肅清封建買辦思想和資產階級、小資產階級思想。

　　10月23日，毛澤東在一屆政協三次會議上又強調：「思想改造，首先是各種知識份子的思想改造運動，是我國在各方面徹底實現民主改革和逐步實行工業化的重要條件之一。」[4]

　　於是，這場大規模的思想改造運動從上到下，在教育界、文藝界、科學界、民主黨派和無黨派、工商界、宗教界等知識份子成堆的地方，轟轟烈烈地展開。

　　文人知識份子們經過「下水洗澡」、「脫褲子割尾巴」，既承受了思想政治壓力下的自我貶抑，又表達了急於甩掉歷史包袱、緊跟政治形勢的「進步」心理。經過自我檢討，老實寫材料，大會小會批評與自我批評，群眾和組織上從嚴審查，從寬做出適當的結論等階段，絕大多數文人知識份子們都得以「人人過關」。這場改造運動，到1952年秋基本結束。

　　這場全國規模的知識份子思想改造運動，不過是中共行使國家意識形態職能的一次集中展現。事實上，意識形態方面的轉變，在新舊政權更迭之際，就已經悄然發生了——文人知識份子如何跟上時代的步伐、適應新的政治環境，新政權如何改造文人知識份子並納入自己的運行、管理體系，這些問題隨著新政權的建立，就已經開始尋求解決之道了。

　　無論是為了生存還是為了進步，是為了愛國還是為了理想，大多數文人知識份子對新政權是歌頌有加，儘管也有不少人心存疑慮、憂心忡忡，比如郭沫若當年在《斥反動文藝》中批判的沈從文、蕭乾、朱光潛等人。

---

[4]　《毛澤東文集》第6卷，人民出版社1999年版，第184頁。

那些有名有姓、有頭有臉的文人知識份子，在焦慮和興奮交織的心態下，有幾人沒有表態？幾人沒有讚美之詞？說是自願也好，違心也罷，大多數文人知識份子對新政權、新時代的頌揚、憧憬以及焦灼的心態和表現，已是揮之不去的歷史事實。

在作為新政權社會改造重要組成部分的思想改造進程中，郭沫若是比較特殊的一位。一方面，郭沫若的政治取向，長期以來和共產黨政治革命的目標一致，為黨做過大量工作，且和中共高層領導毛澤東、周恩來私交甚密；另一方面，又來自於國統區，並擔任過國民黨政府的高官，和國民黨方面的許多軍政大員亦非泛泛之交。這種較為特殊的政治歷史，使他既非屬於解放區知識份子類型，也非屬於國統區知識份子類型。反過來說呢，又兼具了紅、白兩類文人知識份子的身份，對這兩類文人知識份子來說都可稱為模範。

顯然，郭沫若在意識形態領域的姿態，是令人矚目的。在繁忙、瑣碎的行政事務中，郭沫若是作為一種社會政治力量的代表參與其事，可以具有說添磚加瓦與門面招牌的效能。從社會評判機制認可的社會角色和形象定位來看，郭沫若在思想文化戰線，或者說意識形態領域的所作所為，代表了一種思想動向、一種政治態度，特別是對本來同類的文人知識份子們。郭沫若由士致仕本身就具有一種示範效應，再加諸為國家和政黨意識形態衝鋒陷陣，就不能不顯示出文人知識份子與政治的某種相互取捨的糾葛。

位高祿重，對於郭沫若而言，不僅僅是知恩圖報，而且意味著一種責任和義務。對郭沫若來說，在意識形態領域是可以大顯身手、大有可為的，他本人不但深信不疑，而且是勉力自覺為之。他在1949年11月回覆張聞天親屬張羹梅詢問時，就有「古人云『國而忘家，公而忘私』，懸為道德之最高標準。」[5]之語，似乎不僅僅是勸解和安慰之意，亦可表露其認可

5　黃淳浩編：《郭沫若書信集》（下），中國社會科學出版社1992年版，第1頁。

的道德尺度和價值標準。言行是思想和意願的表徵。建國後，郭沫若以高亢的姿態，在國務、政務、外事等領域揚其所長，全身心投入到了火熱的社會重建和政治轉型過程中。

應當看到，郭沫若的很多言行披著公職色彩，係職務行為，很難分清私人意願到底占多大比重。其實，彼時作為「士」的郭沫若，與作為「仕」的郭沫若，已經合二為一了，私人意願和國家、政黨意志，幾乎發生了疊合。

郭沫若在思想文化領域或者說意識形態領域充當先鋒，可謂是不遺餘力。這主要表現為全力推崇馬克思主義、特別是毛澤東思想，在各種場合、通過各種載體，頻頻將之描述和塑造為全民、全國的思想精神指南，為使馬列主義毛澤東思想能夠「武裝」全民的頭腦盡職盡責。比如，在1949年10月6日發表的《對於〈新建社〉讀者要說得最重要的一兩句話》中，就強調：「認真學習馬列主義，掌握近現代技術，切實地從事新的建設，但要首先放下一個大包袱，便是知識份子的妄自尊大。」[6]10月14日為《河北教育》創刊題辭：「學習毛澤東活用馬列主義的思想，使後一代青年都成為建國的基石和棟樑。」[7]在1951年至1952年的知識份子思想改造運動中，他出任中國科學院研究人員學習委員會主任委員和政協全國委員會學習委員會委員，屢屢以領導人的身份闡說思想改造的重要性，分析、批判知識份子的所謂錯誤思想，並號召大家放下包袱、努力進行思想改造。正如他在1952年5月23日發表在《人民日報》上的一篇文章題目所標示的那樣：在毛澤東的旗幟下長遠做一名文化尖兵。

當然，最能令人信服、並集中體現郭沫若思想變化和政治動向的，當屬他最擅長的文、史諸領域。如果說，在各種會議、各種場合的講話、表態和題詞之類，帶有明顯的職務色彩，那麼在文學創作和史學研究領域，

6　龔繼民、方仁念：《郭沫若年譜》，天津人民出版社1992年版，第777頁
7　龔繼民、方仁念：《郭沫若年譜》，天津人民出版社1992年版，第778頁

體現個人意願的空間是軟性的、相對自由的。這也是他作為專業權威人士，可以身先士卒、以身作則的領域。

《新華頌》是建國之初創作的一部有名的詩集，集中體現了郭沫若通過文學形式，表達意識形態衝動的意圖。毋庸在這部詩集追尋什麼「文學」的意蘊和審美的享受，因為這部詩集不過是以文學創作形式來，體現政治告白，詩歌創作的主要目的，不是為了表達濃濃的詩意，而是蛻變為政治思想的工具，為創作主體抒發政治感懷、表達政治意向服務。稱之為詩歌體的政治文告，似乎更為恰切一些。客觀地說，這種以政治敘事、政治抒情、政治感懷為主要內容的詩歌，或許只有在一個政治可以移情為審美的泛政治文化語境中，才可以被人們當作詩歌來接受，並認為是理所當然的。

評判詩歌的標準，往往複雜多變且各言其是。所以從詩歌本身的維度，只能大略區分好的詩歌和壞的詩歌。一首歌只要具備了詩歌的形式，人們就很難剝奪它作為詩歌的資格。就《新華頌》來說，詩歌寫作的形式和手法要求，還是比較完備的，因此當作詩歌來對待似無不可。但是，無論是作者還是讀者，似乎又沒有誰會將之當作純粹的詩歌來對待，詩人的本色、詩歌的本色，已經退居次要的位置，更令人關注的是詩歌要表達什麼，這當然就是《新華頌》的主題——歌頌新誕生的中華人民共和國、共產黨和毛澤東，焦點在於一個「頌」字。

在《新華頌》中，除了《新華頌》和《魯迅先生笑了》，還有慶祝史達林七十壽辰的《集體力量的結晶》，為祝賀毛澤東與史達林會見作的《史無先例的大事》，歌頌列寧的《光榮歸於列寧》，為兒童寫的《六一頌》，歌頌新中國一年來成就的《突飛猛進的一年》，歌頌抗美援朝的《火燒紙老虎》、《鴨綠江》，紀念中共建黨三十週年的《頂天立地的巨人》，歌頌毛澤東本人的《毛澤東的旗幟迎風飄揚》，以及記述參加世界和平大會的《多謝》、《報告》、《光榮與使命》、《在理

智的光輝中》、《西伯利亞車中》、《亞太和會籌備期中有贈》、《慶亞太和會》、《記世界人民和平大會》等詩篇。當然還有兩首堪稱順口溜的《學文化》和《防治棉蚜蟲歌》，特別是《學文化》中的「蘇聯老大哥，真是頂呱呱，／中國老二哥，一定要學他」兩句，常常被人引為笑談。

如果不涉及詩歌內容、僅僅就詩歌的「寫作技術」而論，一些詩歌的手法和描寫，還是可以的。比如，比喻史達林和毛澤東會晤：「一個東方又加上了一個東方，／一朵紅星又加上了一朵紅星，／雙重的太陽照臨著整個世界，／從此後會失掉了作惡的夜陰。」再比如，形容和想像建國一週年的突飛猛進變化的盛況：「天安門前的大廣場一片汪洋，／勝利的歡呼聲連天的海濤激蕩，／剛出土的太陽還在吐著光芒，／毛主席的宣告響透著四面八方。」政治情感通過詩歌形式，得到了釋放，甚至比單純的政治表態，更能令人接受。可以認為，在《新華頌》的一些少數詩篇中，政治述說意願和詩歌技術處理，達到了一定程度的融合。

就詩意與韻味層面來說，《新華頌》的一些運用古典詩歌體裁寫就的詩歌，倒是有不少的詩意，比如《亞太和會籌備期中有贈》：

其一

蕭蕭鳴銀鳩，

飛來四大洲。

太平洋上路，

風浪莫驚鷗。

其二

垣上離離草，

迎風左右飄。

若無松柏志，

超越不為高。

　　儘管亞太和會是一次政治和外事活動，但這首詩卻不再將直白的政治敘事、政治告白和政治抒情一覽無餘的書寫；雖然僅僅寫了一種姿態、一種風度、一種心情，但已具備了詩歌的意境和韻味；雖然貌似遠離了政治，但如果和詩歌的題目相對應，那麼政治姿態和政治意願也就盎然而生了。郭沫若的同鄉兼老朋友何魯，對這類詩句頗為讚賞：「不是身臨其境，不是大手筆，是萬萬寫不出這樣的佳句的。」[8]

　　像這樣的政治和詩意較好融合起來的詩歌或者詩句，在《新華頌》中是較為少見的。而且，奇怪的是，多為古體詩。再如《西伯利亞車中》中的「海寇只今期蕩掃，崑崙關外淨烽煙」，「萬歲高呼三進酒，凱歌齊唱醉流霞」，《慶亞太和會》中的「佇化干戈為玉帛，人人咸唱《東方紅》」，這類的詩句還是頗能令人玩味的。

　　仔細考究，就詩歌內容來說，亦無外乎歌頌之旨，內涵上似乎沒有多大可值得琢磨的。可是其藝術性，為什麼比那些自由體詩，顯得更高一籌呢？這似乎應歸功於作者寫作古體詩的嫻熟技巧，以及古典詩歌形式本身帶來的可以增值的藝術效應。或許是詩歌的形式及言辭，能令人產生一種延伸的美感吧。因為語言與形式本身，不單純是創作主體意願與情感的對應式表達，而且還積澱著豐厚的歷史文化資訊，有時，能夠產生不以創作主體意志為轉移的意義闡釋和增值效應。

　　事實上，郭沫若本人對詩歌與政治的關係有著清醒的認識。

　　在1950年6月4日回覆讀者吳宮草的信中，對吳宮草關於詩歌《「六一」頌》的意見逐條加以辯解的同時，郭沫若認為：「我寫出那首詩，只

---

[8]　何培炎：《郭沫若與何魯》，《沫水》1982年第1期。

是想表示我對於兒童的愛護，並促進世間對於兒童的愛護，倒根本沒有當成文藝作品來看。」[9]或許，這種認識和意圖才是創作《新華頌》大部分詩篇的關鍵心理動機。至於其他詩歌，是否也是為了表達某種政治姿態、有沒有當作文藝作品來看待，作為國家領導人的郭沫若，是無法作出明確表態的。但在私人通信中，他卻對陳明遠說：

> 確實如你所指摘的：《新華頌》裏沒有多少「新意」。我自己還要加上一句：甚至沒有一首可以稱得上是「新詩」！所有的只是老掉牙的四言、五言、七言老調，再有就是一些分行印出來的講演辭。……你擔心你的意見「提得太尖銳、怕老師接受不了」嗎？但我自己要說得比你更加尖銳，我要說，根本就算不上是什麼文藝作品！這都是我的真心話。[10]

當然，《新華頌》畢竟採取了一種詩歌的寫作形式，況且郭沫若時常好有偏激、誇張之語，如果都不當成詩歌來看待，郭沫若內心深處，可能也未必完全贊同。

這與他的文藝觀、詩學觀有著直接的聯繫。1950年春天，一個叫吳韻風的讀者給《文藝報》寫信，對郭沫若「為什麼在『五四』前後頂大膽寫

9　龔繼民、方仁念：《郭沫若年譜》，天津人民出版社1992年版，第795-796頁。

10　黃淳浩編：《郭沫若書信集》（下），中國社會科學出版社1992年版，第79頁。郭沫若寫給陳明遠書信的真偽問題，是這些年坊間爭論的焦點，衝突雙方各說各有理，甚至一度走上法庭。有一點可以認定的是，並不是所有的信都有偽造現象，而且黃淳浩先生在編輯時，很多信都註明是「據手抄件編入」。這些手抄件，是郭沫若寫完信後由秘書謄抄的手抄件？還是當年葉以群幫陳明遠抄錄的三份手抄件之一？這涉及很多謎團，只能盼望以後甄別清楚了。筆者曾就此問題，致信請教黃淳浩先生，黃先生答覆說不是郭沫若秘書手抄件，而是陳明遠提供的手抄件。

新詩的人又轉到寫舊詩來」發出疑問，並要求把「這一轉變關鍵」說明。
郭沫若在是年4月19日的回信[11]中，闡述和表達了彼時他的詩學觀念：

> 　　單從形式上來談詩的新舊，在我看來，是有點問題的。主要還
> 須得看內容，還須得看作者的思想和立場，作品的對象和作用。
>
> 　　假使作者是反動派，而內容是為落後勢力歌頌，或對進步勢力
> 誹謗，即使作品所採取的是未來派、立體派、達達派的形式，我們
> 斷不能說它就是「新詩」。
>
> 　　又假使作者是革命家，而內容是對落後勢力搏擊，或為進步勢
> 力歌頌，即使作品所採取的是舊式的詩或詞的形式，我們也斷不能
> 說它就是「舊詩」。
> 　　……
>
> 　　寫作新詩歌始終是今天的主要的道路。詩歌工作者的任務是要
> 建立為人民服務的新的民族形式。這須得我們在思想上建立革命的
> 人生觀，在生活上充實服務的體驗，而在形式上則當就現存的民歌
> 民謠中求得民族的語言規律和生活情調而施以新的加工，或發揮新
> 的創造。要這樣才可能有足以代表新時代的真正的新詩出現。
> 　　……

　　這種以詩歌所表達內容的進步與落後，來判定詩歌新舊之分的標準，
是郭沫若長期以來（特別是創造社「轉換方向」之後）詩學觀念的重要組
成部分。早在1930年寫的文章《文學革命之回顧》[12]中，對「五四」文學

---

[11]　黃淳浩編：《郭沫若書信集》（下），中國社會科學出版社1992年版，第7-9頁。這
　　　封信以《論寫舊詩詞》為題，發表在1950年5月10日《文藝報》第2卷第4期上。
[12]　《郭沫若全集》文學編第16卷，人民文學出版社1989年版。

革命是「由文言轉為白話」的一般認識，郭沫若就斥為「最膚淺、最皮相的俗見」，認為「第一義是意識的革命，第二義才是形式的革命」，「文以載道」的公式一點都沒有錯，「道」，就是時代的社會意識。

所以，郭沫若本人的詩歌觀念，也應當成為理解《新華頌》等詩歌寫作的一把鑰匙。但從藝術性、審美性角度，如何評判它的價值，就郭沫若本人的藝術素養來說，他不可能對這些詩歌的藝術品位，沒有一個清醒的認識。問題的關鍵，不是懂與不懂、知道與不知道的問題，而是說與不說、追求與排斥的問題。

應該說，這種以意識形態訴求為最高目的創作心態，在他的史學研究中表現更為清晰。

郭沫若建國初期幾年的史學研究成果，主要集中在《奴隸制時代》一書中，主要有《奴隸制時代》、《蜥蜴的殘夢》、《讀了〈記殷周殉人之史實〉》、《申述一下關於殷代殉人的問題》、《關於周代社會的商討》、《關於奴隸與農奴的糾葛》、《墨家節葬不非殉》、《發掘中所見的周代殉葬情形》等篇目。

與解放前《中國古代社會研究》、《青銅時代》、《十批判書》簡單相比照，在這些史學論文中，郭沫若依然將馬克思主義學說，作為研究的終極價值規範。在分析、考察中國上古社會時代的諸多問題時，理論框架依然如故，但是理論激情有所減弱，對史料的甄別和認識漸趨僵化，意識形態闡釋的強制性衝動日趨增強。且不論對歷史事實客觀性、真實性的尊重程度如何，這些研究成果中的意識形態話語霸權色彩，已經比較突出了。

例如，在評論郭寶鈞《記殷周殉人之史實》時，除了具體的學術辯駁外，目的和重點在於強調馬列主義指導歷史研究的真理性和正確性：「今天研究中國的歷史或從事地下的發掘，不掌握著馬克思列寧主義的方法是得不到正確的結論的。郭寶鈞先生這篇文字的缺陷，其主要關鍵，便是缺

乏馬克思列寧主義的掌握。寶鈞先生對於社會發展史雖然有了初步的接觸，但從舊史學的束縛中並未得到解脫。因此，他雖然抱著一大堆奴隸社會的材料，卻不敢下出奴隸社會的判斷。反過來，僅靠這一小撮單位不同的材料，卻又下出殷、周不同的大判斷來了。」[13]

再比如討論秘文甫《中國古代社會的早熟性》時，更是強調了馬克思主義「放之四海而皆準」的理論先行性和絕對真理性：「我們今天既承認了馬克思主義學說是真理，社會發展可以劃分為五個時期，在我們中國就不能要求例外。特別在我們中國的古代是沒有受到什麼強烈的外來影響的，因此要做古代社會的研究，中國應該是最好的標本。假使經過仔細周到的研究，而中國的古代發展和馬克思的學說不盡相符，那便可能是馬克思學說有欠妥當的地方。但我們今天能夠這樣說嗎？不能夠。為什麼不能夠？是說馬克思學說是教條，不敢違背嗎？不是，而是我們的研究根本就還不仔細，不周到。」[14]

今天我們已經知道，馬克思關於人類社會五階段的發展規律，主要是以歐洲社會為研究對象得出的結論，對東方社會特別是中國古代社會是作為例外來處理的，因為沒有掌握充足的材料，馬克思用了「亞細亞生產方式」這一術語，並沒有給出明確的結論。當然，馬克思主義關於社會發展五階段論的觀點，適合不適合中國古代社會的實際狀況，作為一個學術問題來看，各種可能性都有可能存在，也是一個非常值得討論的學術命題。但問題的關鍵，不在於學術論題和學術討論本身，而在於治史的政治傾向性。

就郭沫若這些學術研究來看，在史學研究領域樹立馬克思主義的意識形態權威，似乎更是當務之急。這些論著的字裏行間，充斥著對馬克思主義的絕對信仰——毋庸探討馬克思主義理論本身的對與錯，只需在它的

---

[13]　《郭沫若全集》歷史編第3卷，人民出版社1984年版，第82-83頁。

[14]　《郭沫若全集》歷史編第3卷，人民出版社1984年版，第109頁。

指導下，更深入的研究材料即可。正如郭沫若所申明的：「我不否認中國
社會發展的某種程度的特殊性，但我卻堅決相信馬克思、恩格斯所揭發的
社會發展的一般規律是絕對正確的。我們中國社會的發展是經過了原始社
會、奴隸制、封建制而來的，證明馬克思主義學說確實是放諸四海而皆
準。雖然在今天，我們在劃分階段上還不能取得一致，那是由於我們所佔
有的古代材料還不十分充分，也由於還須得有一段時間來等待大家的意識
的澄清。」[15]

　　顯然，強調馬克思主義意識形態在史學研究中的指導地位，是郭沫若
建國初期，乃至以後史學研究的一個非常重要的政治意圖。他在1951年5月
10日致開封中國新史學研究分會的信中，就明白無誤的表達了他的治史傾
向：「必須精通辯證唯物主義與歷史唯物主義才能治好歷史，也猶如必須
精通烹調術才能治好烹調。」[16]

　　郭沫若曾有詩曰：「我今真解放，自愧乏長才。」

　　其實，新政權在鞏固和發展的進程中，特別是在樹立社會主義意識形
態正統地位的過程中，正需要郭沫若充分來展示他的「長才」。

---

[15]　《郭沫若全集》歷史編第3卷，人民出版社1984年版，第112-113頁。

[16]　黃淳浩編：《郭沫若書信集》（下），中國社會科學出版社1992年版，第18頁。

四、「聯繫著武訓批判的自我檢討」

　　人們經常指摘郭沫若好「跟風」、好「唯上」，其實這種判斷太過粗淺，再者個中真實狀況也未必完全如此，特別是在20世紀50年代早期和中期。

　　其中的原因非常複雜，既有相對寬鬆的政治環境使長期處於緊張狀態的社會焦灼心理得以緩解，也有個人政治理念取向和國家意識形態要求產生的共鳴，還有人生和社會政治理想漸趨實現所帶來的刺激，當然更有郭沫若長期游走於政界邊緣所形成的政治生存智慧和技巧等因素。

　　眾所周知，從晚清以來的幾代中國社會精英們，儘管政治觀點、社會理想、人生追求等等，懸殊很大，甚至截然相反。但是，追求創建一個獨立、強大的現代民族國家的目標，幾乎可以說是一致的。中國社會各階層、特別是各階層精英分子們的民族自強、民族自尊追求，在1949年達到了一個嶄新層次，人們渴慕已久的統一的現代民族國家出現了。戰亂頻仍、民不聊生的時代過去了，喪權辱國、割地賠款的民族恥辱成為了歷史，國家貧弱、列強覷覦的黑暗狀況一去不復返，一盤散沙、積弱已久的中國，一躍成為一個統一的走向強盛的民族共同體。因此，僅僅是「國家統一」這一耀眼成就的本身，就可以使社會各階層的人們，產生強大的向心力和凝聚力，煥發出熱情和責任感，參與到國家和社會的建設中。

　　另外，50年代早期和中期，中共內部的相對團結和穩定，中共實行的統一戰線策略，平和穩健的社會政治、經濟發展綱領，等等大政方針，對那個時期寬鬆的政治環境與氛圍的形成，具有舉足輕重的決定性作用。正

如編撰《劍橋中華人民共和國史》的專家們所評論的那樣：

> 統一本身使黨得到愛國的知識精英的支援，和平的重建也使更多的
> 群眾鬆了口氣。還有一個傳統的因素在發揮影響，即大家都把中華
> 人民共和國視為一個新的朝代而接受，都認為它有權建立自己的正
> 統體系。另一個有利的情況是，幾乎所有的人——特別是城市中產
> 階級——都不信任國民黨。甚至連工業資產階級這類人都歡迎共產
> 黨，雖然他們對共產黨的最終目標有足夠的理由感到害怕。至少是
> 在城市，民眾對中共的希望和接納，不僅是環境的產物，也是中共
> 安撫重要集團以及全體民眾的持續不斷的努力的結果。[1]

　　種種原因和跡象顯示，中國共產黨以及所建立的新政府，由於統戰政
策的順利實施、對黨外社會力量的倚重等因素，在較短的時間裏就獲得了
廣泛的合法性社會基礎，贏得了社會各階層最大程度的認同與支持。

　　在爭取和團結民主黨派、無黨派人士以及高級知識份子方面，中共奉
行的統一戰線策略和民主集中制工作原則的成功實施，是一個相當關鍵的
因素。僅就第一屆中央人民政府的人事安排來看：中央人民政府的6位副
主席中，有3位是民主黨派和無黨派人士；中央人民政府56委員中，有27
人是民主黨派和無黨派人士；政務院設4位副總理，兩位是民主黨派和無
黨派人士（郭沫若與黃炎培）；15位政務委員中，民主黨派和無黨派人士
占了9位；另外，在政務院所屬的30多個部、委級的高級政治職位中，有
相當多的民主黨派和無黨派人士出任正職或副職。民主黨派、無黨派人士
乃至高級知識份子出任政府要職的數量，與中共黨員的人數堪稱是平分秋
色（這次政府職位分配，向民主黨派、無黨派人士、投降的前政府高官等

---

[1]　《劍橋中華人民共和國史（1949-1965）》，上海人民出版社1990年版，第81頁。

社會名流的傾斜，導致了黨內、軍內一些人士特別是中高層的強烈不滿與反對，當時就開始流傳許多表達抗議的順口溜，比如：早革命，不如晚革命；晚革命不如反革命）。

在對待民主黨派、無黨派人士以及高級知識份子方面，50年代初期和中期的中共，稱得上是「禮賢下士」。比如著名的民主人士黃炎培先生，曾歷經晚清、民國兩個時代，對政界官場的腐敗黑暗，深惡痛絕，為潔身自好，曾立誓決不從政做官。新政權建立後，在中共虛位以待的情況下，也無意出任新政府的官職。周恩來兩次親自登門拜訪相勸，最終黃炎培為中共的誠意所打動，欣然出任政務院副總理。

這種政府人事安排的好處，是顯而易見的：一是，通過這些具有廣泛社會影響的黨外人士的典型和示範作用，團結和帶動社會各階級、各階層，參與到社會建設與發展進程中；二是，吸納這些人及其所代表的階級、階層參與國家政治管理，既可以彌補中共初掌政權時管理經驗的不足，又可以為之提供有力的知識和智力資源的支撐；三是，有利於調整曾處於緊張態勢的社會各階級、各階層的關係，為實現從新民主主義到社會主義的過渡，創造穩定、和諧、平緩的社會政治環境。當時政治權力的運作，還是具有「民主」色彩的，「雖然政治權力顯然操縱於中共手中，但這些職位也不僅僅是個形式，實際上，在中華人民共和國早期，中共經常真誠地聽取這些有威望的黨外人士的建議。」[2] 這種判斷顯然是有道理的，而且也基本合乎事實。

即使僅僅從個人利益的角度來看，那些「有威望的黨外人士」所獲得的，也稱得上是名至而實歸。經過幾十年浴血廝殺盼來勝利的許多黨內革命「功臣」，就其所獲得職位的顯赫而言，也比不上那些有威望的黨外人士的「唾手而得」。所以，對那些民主黨派、無黨派人士、高級知識份子

---

[2]　《劍橋中華人民共和國史（1949-1965）》，上海人民出版社1990年版，第82頁。

等黨外人士來說，無論是於情於理，還是於公於私，除了投桃報李之外，似乎很難作出不合作或對抗性的選擇。

因此，在那個時代的民主黨派、無黨派人士和高級知識份子中，存在著較為普遍的「歌功頌德」現象。無論從那個層面來說，這都是一種自然而然、合乎邏輯的反應，無論是發自內心深處，還是另有隱衷，都是可以理解的。顯然，在那樣一種政治環境和狀況下，郭沫若的「跟風」、「唯上」，既不是唯一的現象，也不能簡單理解為是一種政治機會主義的選擇。至少，對新政權的信任、個人主體作用的充分展現、對未來社會發展前景的憧憬等因素，都發揮了相當的作用，使「跟風」、「唯上」這種現象，具有了較為普遍的社會心理文化基礎。

但是切莫忘記的是，這種情形發生在「過渡時期」。

即使在這樣的一個時期，黨和黨外人士相互借重的關係也並非如蜜月般甜蜜。

民主黨派和無黨派等黨外人士，大多數是高級知識份子，而黨和知識份子的關係又是一個頗為複雜命題。文人知識份子們在教、科、文、衛、體方面的知識與才華，是黨鞏固政權、建設國家所需要的；可是，從意識形態價值尺度來看，文人知識份子對黨的階級基礎來說，是「非我族類」，在政治可靠度、信任度上是值得懷疑的。黨與知識份子的這種兩難困境，在當代中國的歷史上，存在長達數十年並延續至今，雙方的進退攻守頗令人玩味。

郭沫若建國後參與文藝界活動的熱情與力度，與解放前相比，儘管已大大減弱，但由於社會身份和社會角色的要求，又必須經常出來表態。因此，專門而具體的從這一視角，來考察50年代早期和中期的郭沫若，特別是在50年代早期和中期，當持續不斷的思想改造運動變得規模越來越大時，就更顯得意義深遠而且意味深長。

在新中國早期，對文人知識份子進行意識形態征服和改造的事件中，

首先應該提及的是對電影《武訓傳》的批判。這也是郭沫若建國後遇到的頭一樁公開「自我否定」的「跟風」、「唯上」事件，其「瞠然自失」之後自我「調整」之迅速，令時人和後人「瞠然若失」。

武訓（1838-1896年），山東堂邑人，清末著名的教育家。武訓出身貧寒，雖深處社會底層，但他立誓「行乞興學」，用自污、自賤和苦行的方式乞求財物，歷盡屈辱為貧苦窮人的孩子創辦「義學」。武訓的事蹟在清末時代，就受到了當時社會各界的讚譽，被稱譽為「千古奇丐」，此後長期在文化、教育界以及民間傳為美談。

建國前很多文化名人，如陶行知、柳亞子、李公樸、鄧初民、黃炎培等，對武訓是褒揚有加。特別是陶行知，還為武訓寫過傳記性質的《義學傳》。據說延安時期的毛澤東，在多次講話中，也讚揚過「武訓精神」，其用意在於，以武訓的堅忍鼓勵士氣。郭沫若亦屬解放前讚美武訓的名人之列。

在解放前，陶行知先生是宣傳、弘揚武訓事蹟最有力、最積極的文化名人。郭沫若對陶行知推崇備至，譽之為「人民的領袖，民主的戰士」、「時代的導師，教育的鉅子」、「兩千年前的孔子，兩千年後的陶行知」、「孫中山死後的一位孫中山」、「真善美三者具備的『完人』」。在陶行知先生的帶動和影響下，郭沫若加入到了宣傳、弘揚武訓的行列中，在電影《武訓傳》遭批判前，一直高度評價武訓。特別是在1945年12月，領銜發起了武訓107誕辰紀念會；12月1日，為《新華日報》紀念武訓特刊題詞：「武訓是中國的斐士托洛齊，中國人民應當到處為他樹銅像」；在12月5日舉行的擴大紀念大會上，又發表講話，讚譽武訓為「聖人」，其苦行獻身教育，是「博施於民而能濟眾」[3]。

3　龔繼民、方仁念：《郭沫若年譜》，天津人民出版社1992年版，第633頁。

可以說，在電影《武訓傳》遭批判之前，在陶行知先生的宣傳和影響下，讚揚武訓「行乞興學」精神，是文化界、教育界、知識界等社會各界的主流評價傾向。國民黨時期，在重慶中央電影製片廠任導演的孫瑜，曾有意拍攝電影《武訓傳》，並根據陶行知的《義學傳》等材料，完成了電影文學劇本。

政權更迭之後，孫瑜等人一直想繼續將《武訓傳》搬上銀幕，而且也非常注意政治上的正確性，多次與政治領導人溝通並請示，意圖獲得政治上和資金的支持。1949年7月，第一屆文代會期間，孫瑜面見周恩來，請示批准拍攝《武訓傳》的事宜。當時郭沫若也在場。周恩來對於電影的拍攝，提出三點政治建議：（一）站穩階級立場；（二）武訓成名後，統治階級即加以籠絡利用；（三）武訓最後對興學的懷疑。[4] 郭沫若在7月26日出席慶祝中國電影工作者協會的宴會上，還為孫瑜簽名留念。

當時，夏衍是上海文藝界的主管領導。《夏衍傳》的作者，也記述了批准《武訓傳》拍攝前後的一些情況，「上海解放後不久，『崑崙』的老闆任宗德與孫瑜、趙丹就到市文化局找夏衍，提出拖延了多年的《武訓傳》的拍攝工作想要重新上馬，『崑崙』有人才，有資金，有廠棚，完全具備開拍條件，並向夏衍提出兩個請求：一、請求文化局貸款三億元（折合現人民幣三萬元）；二、要求夏衍審定及修改劇本。」不知當時他們在尋求夏衍支持時，有沒有打著郭沫若的旗號，夏衍聽了他們的要求後，「對這兩條都拒絕了。要錢，沒有，文化局窮得很。如果說郭沫若先生對這個題材感興趣，那就向政務院或文教委申請好了。」「最後夏衍替他們出了一個主意：你們既然已經向中央文教委備過案，最好是你們跑一趟北京，這樣貸款和審定劇本可以由文教委決定。任、孫等人依言行事，過了

4　馮錫剛：《「瞠然自失」的檢討──郭沫若與武訓批判》，《郭沫若與二十世紀中國文化》，福建人民出版社2002年版，第144頁。

十多天，任宗德就喜滋滋地跑來告訴他，錢借到了，劇本送中宣部，也說沒有問題。」[5]

可見，電影《武訓傳》的拍攝，完全遵循了政治審批程序，經過了中宣部、政務院文教委的批准，並得到了包括周恩來在內的許多政治領導人的首肯。從各種跡象來推斷，郭沫若也是支持投拍《武訓傳》的。

主創人員以及相關領導和人員，在政治上十分謹慎。該片首先在上海通過了華東局黨政領導的審查：「由於這是國家重點投資的影片，送審的時候，上海市委宣傳部和文化局還特別謹慎地請了華東局的領導共同審查。出乎意料的是，試映的當天，不但舒同、馮定（華東局宣傳部副部長）、黃源（華東軍政委員會文化部副部長）、姚溱（上海市委宣傳部副部長）、于伶（文化局副局長）等主要分管領導到場，饒漱石也來了。饒平時不苟言笑，很少與文藝界人士打交道。他這次親臨放映場就夠讓人驚訝了，而且在影片放映完之後，素來面無表情的他居然笑容滿面，站起來和孫瑜、趙丹握手，連連說：『好，好。』祝賀他們成功。他是華東第一號實權人物，這一表態，實際上就是一錘定音：《武訓傳》是一步好影片了。」[6]

電影在北京公映前，孫瑜又專門攜帶影片到中南海，供中央領導審查批准。觀看過影片的有周恩來、朱德、劉少奇、胡喬木等大大小小的中央領導一百多人。對於這次觀摩、審查，孫瑜日後回憶道：

> 《武訓傳》作為一集在中南海放映，長達三小時。我注意到，大廳裏反映良好，映完獲得不少掌聲。朱德同志從老遠的坐間走過來和我握手，說了一句：「很有教育意義。」

---

[5] 　陳堅、陳抗：《夏衍傳》，北京十月文藝出版社1998年版，第494頁。

[6] 　陳堅、陳抗：《夏衍傳》，北京十月文藝出版社1998年版，第495頁。

在電影的整個放映中，周總理一直聚精會神看著銀幕。我坐在他身旁，也在心裏忐忑不安，多次觀測他對電影的任何反應。儘管上海、南京等處已經有了那麼多的「好評」，我仍然像一個剛剛交上考卷的「小學生」，心裏相當緊張地等待「老師」評分！電影放完以後，周總理和胡喬木同志沒在大廳裏提多少意見。總理只在某一藝術處理上告訴我，武訓在廟會廣場上「賣打」討錢時，張舉人手下兩個狗腿子趁機毒打武訓，殘暴的畫面描寫似乎太長了。我即於第二天把踢打武訓的鏡頭剪斷了。[7]

在中南海請中央領導觀摩、審查之後，通過這種非正式的但是是最高級別的政治審查慣例，電影《武訓傳》，似乎獲得了政治正確性的尚方寶劍，並攜此政治東風，迅速在上海、北京、天津等全國各大城市公映。

公映之後，電影《武訓傳》獲得了社會各界的高度讚揚。僅僅從1950年底到1951年3月的短短數月中，北京、上海、天津等地的報刊，紛紛發表文章，其中讚揚和肯定「武訓精神」和電影的文章居多（大約有30餘篇）。《大眾電影》還把《武訓傳》，列為1950年十部最佳國產影片之一。普通觀眾的熱情絲毫不減專家、學者，在數月之後以「讀者來信」形式發表在《人民日報》上的一份批判材料，透露了相關的資訊：「二三月間，《武訓傳》在北京公開放映時，各界觀眾達13萬人左右，絕大部分都為武訓『行乞興學』的『奇行』所迷，或多或少地產生了崇拜武訓或同情武訓的思想，尤其以教育界為最嚴重。河北省立師範曾組織全校師生看電影《武訓傳》，認為它與蘇聯影片《鄉村女教師》有同等意義。崇德中學有些教師看後，想編武訓興學的短劇，用以激勵學生學習。育英中學有的教師讚揚武訓是教育工作者的模範。」[8]

---

[7]　孫瑜：《影片〈武訓傳〉前前後後》，《新華文摘》1987年第2期。
[8]　1951年7月4日《人民日報》

　　儘管電影《武訓傳》在公映前後，獲得了廣泛的好評，電影的主創人員、有關的專家學者等相關人員，也紛紛撰文肯定「武訓精神」。但政治上的擔心並非多餘，特別是在當時特殊的政治環境之下。彼時，土地改革、鎮壓反革命、抗美援朝等重大政治行動，正如火如荼展開，從政治意識形態角度來看，「武訓熱」顯然沒有跟上迅速發展的政治形勢。

　　在公映之後不久的3月份，不同的尖銳聲音開始出現了：「這個人物不是我們要繼承發揚的好傳統，它是一個歪曲中國人民鬥爭，反現實主義的人物。因為他消極到極點，沒有一點反抗情緒，到處給人下跪，請人踢打，趴在地上任人騎，這樣一個軟弱的人物跟今天我們站起來的中國人民是多麼不相稱，他能在我們要培養的新英雄氣概上起點什麼作用呢？」[9]「今天表現這樣的形象作為歷史傳統來教育後人，是違反現實主義的，有害的。武訓所代表的懦弱的性格，和站起來的中國人民所富有的堅強勇敢的民族性格是完全不相稱的。」[10] 有的文章批判武訓是一個「社會改良主義者」，有的文章指責武訓的「反抗」實際上變成了為統治階級「幫忙」。

　　批判文章大多從政治意識形態鬥爭的角度入手，具有相當的政治覺悟和高度的政治敏感。比較有意思的是，與讚揚文章大多屬真實姓名相比，批判文章則大多用化名或筆名。儘管如此，有關電影《武訓傳》的討論，仍然屬於正常的文藝批評和學術研討的範疇。

　　但是，等到毛澤東注意到有關電影《武訓傳》的討論，觀看了影片並提出嚴厲批評後，形勢發生了根本逆轉，開始上升到了政治批判的高度。

　　在眾多批評文章中，賈霽的《不足為訓的武訓》、楊耳的《談談陶行知先生表揚「武訓精神」有無積極作用》兩篇文章最令人矚目，「據說，賈霽、楊耳的文章是在聽到毛澤東主席對電影《武訓傳》的批評以後才寫

---

[9]　晴籋：《武訓不是我們的好傳統》，1951年3月25日《進步日報》。
[10]　言蔭：《小論表現歷史人物問題》，1951年3月29日《文匯報》。

的。」[11]

　　賈霽的文章，發表在1951年4月25日的《文藝報》。主要觀點為：「在今天，它歌頌了不應該歌頌的人物，表揚了不必要表揚的事蹟，因此它對我們人民今天精神上的影響就不是自尊與自豪，而是自卑與自賤；他與我們偉大祖國歷史不相稱，與我們偉大現實運動不相容，它對於歷史和今天，都是沒有意義、沒有價值的。」

　　楊耳的文章，連同其他幾篇批判文章一起，被5月16日《人民日報》轉載，更名為《陶行知先生表揚「武訓精神」有積極作用嗎？》。文章指出：「武訓的時代，是在封建社會內部矛盾已十分尖銳的時代，太平天國運動是這一矛盾火山的大爆發。在這樣一個具體的歷史條件下，武訓的『行乞興學』，不僅不能解決推到農民頭上的封建大山的根本問題，而且，也不能有其他什麼推進社會發展的作用。」這一天的《人民日報》，還特意加了編者按，「希望能藉此引起進一步的討論」。

　　但是，「討論」已經不可能了。

　　1951年5月20日，《人民日報》刊發社論《應當重視電影〈武訓傳〉的討論》。這篇經過毛澤東親自審閱、修改、定稿的社論，措辭嚴厲、尖銳，對電影的主創人員、贊成和支持拍攝的有關人員、以及發表文章稱頌的人來說，無異於晴空霹靂、當頭一棒。人們在恐慌的同時，更感到事態已經逆轉到很嚴重的程度。社論認為：

　　　　《武訓傳》所提出的問題帶有根本的性質。像武訓那樣的人，處在滿清末年中國人民反對外國侵略者和反對國內的反動封建統治者的偉大鬥爭的時代，根本不去觸動封建經濟基礎及其上層建築的一根毫毛，反而狂熱地宣傳封建文化，並為了取得自己所沒有的宣

11　馮錫剛：《「瞠然自失」的檢討——郭沫若與武訓批判》，載《郭沫若與二十世紀中國文化》，福建人民出版社2002年版，第137頁。

傳封建文化的地位，就對反動的封建統治者竭盡奴顏卑膝之能事，
這種醜惡的行為，難道是我們應該歌頌的嗎？向著人民群眾歌頌這
種醜惡的行為，甚至打出「為人民服務」的革命旗號來歌頌，甚至
用革命的農民鬥爭的失敗作為反襯來歌頌，這難道是我們能夠容忍
的嗎？承認或者容忍這種歌頌，就是承認或容忍污蔑農民革命鬥
爭，誣衊中國歷史，誣衊中國民族的反動宣傳，就是把反動宣傳認
為正當的宣傳。

電影《武訓傳》的出現，特別是對於武訓和電影《武訓傳》的歌
頌竟至如此之多，說明了我國文化界的思想混亂達到了何等的程度！

社論開列了一個長長的名單，對43篇頌揚武訓、電影《武訓傳》的文
章及其48位作者，進行了公開點名批評，指責他們不去研究「什麼東西應
當是稱讚或歌頌的，什麼東西是不應當歌頌和稱讚的，什麼東西是應當反
對的。」特別是對那些頌揚武訓、電影《武訓傳》的共產黨員的批評，更
是聲色俱厲：

特別值得注意的是，一些號稱學得了馬克思主義的共產黨員。他們
學得了社會發展史──歷史唯物論，但是，一遇到具體的歷史事
件，具體的歷史人物（如像武訓），具體的反動歷史的思想（如像
電影《武訓傳》及其它關於武訓的著作），就喪失了批判的能力，
有些人則竟至向這種反動思想投降。資產階級的反動思想侵入了戰
鬥的共產黨，這難道不是事實嗎？一些共產黨員自稱已經學得的馬
克思主義，究竟跑到什麼地方去了呢？

同日《人民日報》「黨的生活」專欄，還配發了《共產黨員應當參加
關於〈武訓傳〉的批判》，這則短評指出：「每個看過這部電影或看過歌

頌武訓的論文的共產黨員都不應對於這樣重要的思想政治問題保持沉默，都應該積極起來自覺地同錯誤思想進行鬥爭。如果自己犯過歌頌武訓的錯誤，就應該做嚴肅的公開的自我批評。擔任文藝工作、教育工作和宣傳工作的黨員幹部，特別是與武訓、《武訓傳》及其評論有關的北京、上海、天津、山東、平原等地文化界的幹部，尤其應當自覺地、熱烈地參加這一場原則性的思想鬥爭，並按照具體情況做出適當的結論。」

在毛澤東的直接關注和推動下，對電影《武訓傳》的討論，很快轉向了較大規模的思想鬥爭和政治批判。在短短數月之內，全國各地都掀起了群眾性的思想批判運動，各部門、各單位紛紛組織召開座談會、討論會和批判會，各地報刊紛紛組織發表大量的批判文章。中宣部、文化部、《人民日報》社、中共山東分局宣傳部，聯合組成13人的武訓歷史調查組，於6月份赴山東堂邑、臨清、館陶等武訓當年「行乞興學」的地方，進行了為期20餘天的調查。最後，由袁水拍、鍾惦棐、李進（江青）三人執筆，寫成《武訓歷史調查記》，經毛澤東修改後，在《人民日報》連載發表。這份調查記，給武訓扣上了「大流氓」、「大債主」、「大地主」三頂嚇人的大帽子；指責電影《武訓傳》的政治立場有問題，是美化武訓、欺騙人民。

在強大的思想政治攻勢下，電影被禁映，有關武訓的著作停止出版發行，公開面世的有關武訓的文字要按社論精神修改，以武訓命名的學校和設置要一律取消，電影的主創人員、讚揚過武訓和電影《武訓傳》的人、以及其他的相關人員被迫作出檢查。這場建國後始料不及的思想戰線上的大批判，以新政權意識形態的勝利而宣告結束。

今天，人們對這場建國後的第一次思想政治大批判，其是非曲直已經心知肚明，毋庸多論。但在這場猝不及防的意識形態鬥爭中，郭沫若像許多人一樣，在新社會遇到了思想政治方面的第一道「坎」。在被動的局面下，如何度過這道「坎」呢？由於郭沫若的身份、地位和影響，在應對大

規模的思想文化大批判時，他的表現就成為了一個「典型」，令人深思、發人深省。

要知道，在這場思想文化大批判中，不光文人知識份子受到嚴厲責難，連黨內許多人都受到牽連，具體主管單位的大小相關領導，紛紛檢查不迭，許多人甚至被嚇得夠嗆，不僅擔心領導職位不保，甚至可能淪為被批判的對象。在這種情勢下，郭沫若即使沒有火燒屁股，也難以穩坐釣魚臺了。因為相關的幾件事，足以令郭沫若尷尬和不安：

一是歷史問題。在建國前大肆推崇武訓、鼓吹「武訓精神」的知名人士中，郭沫若作為一個重量級的人物，已經是眾所周知。其好出驚人之語的性格和浪漫的文人氣質，又使他難免對武訓及「武訓精神」彰揚過度。題詞、講話、文章、人證據在，都有史可稽、有案可考。如果要進行歷史清算，這如何得了？如何能辯解清楚？

二是「領導」問題。即使不說郭沫若私下如何贊成、支持電影《武訓傳》的拍攝，僅僅從職務角度來看，問題就比較嚴重。拍攝電影《武訓傳》，首先徵得了文教委員會的同意並備案，而且文教委員會給了貸款，作為政務院副總理兼文教委員會主任的郭沫若，豈能脫了干係？說輕了是領導不力、審查不嚴，說重了呢？

三是繼續題詞問題。在電影《武訓傳》公映前的1950年8月11日，郭沫若應邀為李士釗編、孫之儁繪的《武訓畫傳》題寫書名，並題詞曰：「在吮吸別人的血以養肥自己的舊社會裏面，武訓的出現是一個奇蹟。他以貧苦出身，知道教育的重要，靠著乞討，斂金興學，捨己為人，是很難得的。但那樣也解決不了問題。作為奇蹟珍視是可以的，新民主主義社會裏面，不會再有這樣的奇蹟出現了。」[12]

---

[12] 王繼權、童煒剛：《郭沫若年譜》（下），江蘇人民出版社1983年版，第13頁。

　　如果說解放前對武訓的讚譽，是可以諒解的，「領導」問題也可以找理由搪塞，那麼在煥然一新的「新民主主義社會」又老調重彈，這如何解釋？不知是出於真實的認識，還是出於政治智慧，郭沫若在這份題詞中，表現出了政治人物應有的政治技巧，「那樣也解決不了問題」、「新民主主義社會裏，不會再有這樣的奇蹟出現」之類的話，儘管自覺不自覺地為自己預留了思想政治上的「退路」，但畢竟也只是一個很勉強的「退路」，套用他自己的題詞來說：「那樣也解決不了問題」。

　　四是周恩來作檢查。在批准電影《武訓傳》拍攝和公映的過程中，周恩來是牽扯其中的最高級別的政治領導人。雖然貴為總理、政治局常委，可以說是一人之下、萬人之上，而且對武訓和電影《武訓傳》的政治態度也相當謹慎（見上文的三點意見），但是面對嚴厲、尖銳的思想批判運動，也不得不為自己的「失察」而向黨中央和毛澤東作出檢討。或許，「檢查」對從事政治行為的人來說，是家常便飯，但是對還有文人色彩的郭沫若來說，周恩來都要做檢查，似乎足以讓他領教政治遊戲規則的冷酷無情，更讓他真切體驗到了毛澤東在中國社會政治事務中一言九鼎的至高無上權威。

　　在種種思想、政治包袱之下，郭沫若能不心慌嗎？郭沫若該何去何從？是大聲辯解？還是保持沉默？這些似乎都不可行，唯一的出路只有一條：迅速而公開的作出自我否定。

　　1951年6月1日，在那篇措詞嚴厲、尖銳的社論發表僅僅十天後，郭沫若就寫出了《聯繫著武訓批判的自我檢討》，6月7日在《人民日報》上發表。要知道絕大多數檢討，雖然名為檢討，實則是通過「檢討」這種政治姿態和手段，進行辯解和獲得政治諒解，郭沫若這篇檢討自然也不例外。

　　這篇檢討主要圍繞為《武訓畫傳》題名、題詞，進行辯解和自我批判，「誠懇地向讀過《武訓畫傳》的朋友告罪」，自己的題詞「基本上還

是肯定了武訓其人」,自己的「盲目稱讚」,是因為「並不十分知道武訓其事」,對武訓的真相「不曾加以研究」,經過對電影《武訓傳》的批判後,認識到「武訓的落後、反動甚至反革命了」,並表態說:「沒有經過仔細的研究隨便發言,沒有經過慎重的考慮隨便替人題辭題字,這種不負責任的小資產階級的老毛病,我已下定決心加以痛改」。當然,這份檢討也沒有忘了委婉的提醒說:「我的題詞多少含有批判的成分」。

在這份檢討,儘管郭沫若將武訓比作「蔣介石匪幫統治時期的吳稚暉」,也有「武訓的以身作則的奴化教育,事實上是比奴化教育本身,尤其值得詛咒」之類的尖銳批判言辭,但檢討畢竟是檢討,主要目的在於澄清和說明自己的問題。以郭沫若的行事風格和多年修煉的政治智慧,這似乎還意猶未盡。

於是,1951年7月23日至28日《人民日報》連載《武訓歷史調查記》之後,郭沫若8月4日又在《人民日報》發表了《讀〈武訓歷史調查記〉》,對自己「附和過」讚揚武訓的言行,「重新再檢討一次」。

文章的開篇就強調,自己對《武訓歷史調查記》「反覆讀了幾遍」,稱讚《武訓歷史調查記》「是『用科學的歷史觀點,研究和解釋歷史』的一篇實事求是的記載。武訓其人及其『行乞興學』的真相和本質、武訓所處的社會環境和時代動態,在這兒是表露無遺了」,「使大家(包含我自己在內)在具體事項中得以體會到歷史唯物主義的更深一境的認識和運用,這在澄清文化界和教育界的思想混亂上是有很大貢獻的」。在這樣的「實事求是的記載」面前,「假使不是心存反動」,「誰不會瞠然自失而深刻檢討呢?」

根據「調查記」的材料和結論,郭沫若還用自己慣常誇張的語言,進一步表達和發揮了「調查記」的政治判斷:「武訓倒真可以說是封建社會的一個結晶」,「以一人之身而兼備了大流氓、大騙子、大地主、大債住、大名人、大善士、大偶像」,「真可謂集封建反動落後勢力之大成

了」。文章同時對電影《武訓傳》進行了批判，認為電影將武訓描繪成了「至仁至勇」的「千古一人」，將人民革命鬥爭描繪成了武訓「英雄事業」的陪襯，描繪成了只知燒殺的烏合之眾的暴行，「這樣的表揚就超出了盲目歌頌，而進展到歪曲革命了」。

很明顯，在這篇文章中，「檢討」其實已遠遠退居次要位置。其主要目的，是進一步改變不利的政治處境，迅速加入到批判武訓及電影《武訓傳》的政治大合唱中，旗幟鮮明地表達自己的政治態度、政治傾向和政治水平，從一個「受矇騙者」和「盲目者」的尷尬位置，轉而成為領袖思想的捍衛者和闡發者。郭沫若由主動檢討到大力批判，顯然不僅僅是出於政治上的自保和政治投機，自然還有對馬克思主義的歷史唯物主義、辯證唯物主義，特別是對毛澤東思想權威性的服膺，對黨的意識形態鬥爭目標和要求的自覺回應。

建國初期這場不期而至的思想文化批判，其主要目的不是如何評價武訓這個歷史人物問題，而是如何運用馬克思主義（歷史唯物論）重新闡釋中國近現代歷史的問題。或者說，通過對武訓改良主義道路的批判，證明了新民主主義和社會主義革命勝利的歷史必然性和合理性，是鑒於「資產階級的反動思想侵入了戰鬥的共產黨」，而進行的一場波及黨內外的意識形態清算，清除資產階級腐朽反動思想對黨內成員的侵蝕，加強、加速對黨外人士特別是文人知識份子的思想改造。

以郭沫若的聰明智慧，在調整了最初的尷尬和惴惴不安後，不能不很快就悟出這場思想文化批判背後的真實政治意圖。兩篇文章，特別是《讀〈武訓歷史調查記〉》，就是政治立場鮮明的積極回應。尤其是毛澤東提出的用歷史唯物主義研究歷史人物、歷史事件的理論見解，郭沫若應該是有著強烈的共鳴的，因此他稱讚《讀〈武訓歷史調查記〉》「為中國的人民史學增加了光輝的一頁」，不可能完全是政治上的應付和投機，在相當大的程度上，很可能也是出自自己的真實理解和感受。

　　郭沫若的這次自我否定，是在較為強大的政治壓力背景下作出的。他的「瞠然自失」，應該是富含著非常複雜的人生況味的。可是在公開狀態下，現實政治生活中的郭沫若還有其他可能的選擇嗎？

五、「在毛澤東的旗幟下長遠做一名文化尖兵」

對電影《武訓傳》的批判，是建國初期對文人知識份子進行大規模思想改造運動中，一個既出乎意料之外、又合乎情理之中的政治插曲。

對文人知識份子的資產階級世界觀、人生觀和社會觀，進行意識形態征服和改造，是執政黨蓄意已久的既定方針。電影《武訓傳》遭受批判，是在所難免，是合乎政治情理的。但對有計劃、有步驟的思想改造運動來說，對置身其中的文人知識份子們來說，又是突發事件，超出了人們的預想。或許正是事件的突發性，預示和增強了以後新政權大規模改造知識份子運動的嚴峻性和緊張性。

儘管事出意外，也頗為尷尬，但這一事件對郭沫若來說是有驚無險，他不但在政治上毫髮無損、風光依舊，而且在思想和精神上似乎也沒有受多大影響，最多使他的內心世界平添幾分政治警惕和政治敏感。郭沫若依然以國家領導人和第一文人的雙重角色，不動聲色的活躍於政壇和社會事務中，為推動國家政治意識形態在教、科、文、衛等領域的落實而衝鋒陷陣。

眾所周知，郭沫若的社會形象和角色定位是非常特殊的。一方面，在現實政治生活和社會事務中，他是國家領導人，這種政治身份使他的公開言行，時時要披上官方色彩，要體現和表達黨和國家的政治意志，要昭示黨和國家政治活動的意向；另一方面，郭沫若又完全不同於單純的政治官僚，甚至也不同於像周揚、夏衍那類從文壇走向政壇的早就具有黨員身份

的文人知識份子，更不同於從國統區來的那些「理」應被改造的文人知識
份子，而是一個以文名名世、從文壇走向政壇的、個人政治歷史獨特、和
黨的關係有些曖昧不清的「第一文人」。

這種既是政府高官，又是文人知識份子的雙重身份，使他在針對文人
知識份子的思想改造運動中，既可以充當改造者，又可以成為被改造者的
學習典範，具有雙重權威效應。即使不考慮郭沫若本人發自內心深處的主
動性和積極性有多大，僅僅這兩種角色和身份的社會規定性要求，就使他
不可能不以實際行動，來表明他的鮮明政治立場和態度。

用俗一些的眼光來看，郭沫若必須時時從歷史和現實中尋找證據，以
實際行動來說明無黨派人士的郭沫若、文人知識份子的郭沫若，和黨的休
戚與共、同心同德。他的公開性行動，要時刻證明和顯示出與黨和政府的
高度一致性，盡可能祛除與黨的關係的曖昧不清的一面。有一件小事或許
能說明這種推斷。

這就是50年代初期《請看今日之蔣介石》原文的重新發現。第一次國
共合作失敗後，郭沫若堅決反蔣，參加了南昌起義，並經周恩來、李一氓
介紹加入了共產黨。但大革命失敗後，郭沫若亡命日本時是否「脫黨」，
卻似乎不好說清，不然何來1958年重新入黨一說？即使不論這些，總歸也
不算是什麼值得誇耀的事。而《請看今日之蔣介石》一文，卻是證明那個
時期郭沫若政治資格和光榮革命履歷的一份極其重要的歷史文獻。所以，
當唐棣華在整理其父唐紹堯烈士遺物時，發現這篇文章並告知郭沫若後，
從郭沫若回覆唐棣華的信中，就可以想見郭沫若當時的喜悅和興奮心情：

> 您的信使我非常高興。關於《請看今日之蔣介石》我四處尋找
> 了多年，毫無著落；看到你的信，使我喜出望外。我希望你能把它
> 和《紀念蔣先雲》一詩一併借給我抄錄，之後，把原件還您。
> 我現在在病院裏休養，您寄件請交「西四、大院胡同、五號」

無誤。[1]

　　遍觀《郭沫若書信集》輯錄的郭沫若的634封書信，解放前特別是青年時期和家人、友朋的通信中，感情交流較多。解放後，除了與陳明遠的通信中有感情交流外，表達感情的用語如這封信強烈者，十分罕見。倒不是通信雙方關係密切，而是《請看今日之蔣介石》這篇佚文的發現，對作為政治活動家的郭沫若來說，是非常之重要。

　　當然，這些以及類似的歷史，只能說明過去，今天如何表現，尚需以恰如其分的實際行動，來緊跟形式的發展。在五十年代針對文人知識份子的思想改造和意識形態鬥爭進程中，除了圍繞電影《武訓傳》的批判，使他頗感尷尬之外，在其他思想改造和批判活動中，郭沫若大多是一馬當先、積極向上。不過，卻不像有些人想像的那樣兇神惡煞、趾高氣揚。

　　如果仔細分析即可發現，郭沫若既完成了政治角色所規定的任務，附和支持了政治意識形態的要求，又與冷酷無情的政治鬥爭有差異，還不時流露出包容和與人為善的痕跡。這點，既可說明郭沫若待人接物、為人處事的圓滑、老到，又似乎顯露出他作為一個文人知識份子內心深處的善良本性。

　　1953年，中共確定了黨和國家在過渡時期的總路線，即：從中華人民共和國成立，到社會主義改造基本完成，這是一個過渡時期。黨在這個過渡時期的總路線和總任務，是要在一個相當長的時期內，逐步實現國家的社會主義工業化，並逐步實現國家對農業、對手工業和對資本主義工商業的社會主義改造。並強調：這條總路線是照耀我們各項工作的燈塔，各項工作離開它，就要犯右傾或「左」傾的錯誤。總路線的提出，意味著黨和國家在物質、制度、思想等等各個方面，開始向假想敵資產階級，發動全

---

[1]　黃淳浩編：《郭沫若書信集》（下），中國社會科學出版社1992年版，第304頁。

方位的征服和改造。儘管毛澤東在中共七屆三中全會上強調：觀念的東西，不是用大炮打得進去的，主張用十年到十五年的時間，漸進地對文人知識份子進行思想改造，但是，這畢竟也只是改造手段上的權衡。

　　用馬列主義、毛澤東思想的價值觀念，用辯證唯物主義、歷史唯物主義，批判封建主義思想、資產階級唯心主義思想，特別是向親歐美的資產階級腐朽思想開炮，是黨和國家堅定不移的大政方針。當時中宣部主辦的刊物《學習》上，發表了不少呼籲消滅資產階級的文章，儘管被毛澤東批評為「是脫離馬克思主義的，是一種幼稚可笑的思想」，相關人員、甚至當時中宣部部長陸定一為此作出檢討。但是究其實質，只不過是不同情勢下改造和鬥爭策略上的差異，本質上、目的上同出一轍。當時一篇亦屬被批評為「違反了黨的路線和黨的政策」的文章，恰恰印證了以後思想改造和批判運動的激烈政治動向和方式。且看該文的一些論述：

> 　　資產階級思想和馬克思列寧主義是絕對對立的兩種思想。⋯⋯
>
> 　　資產階級思想在中國新民主主義革命時期，也是反動的，阻礙社會前進的。它是馬克思列寧主義的死敵。不堅決反對資產階級，馬克思列寧主義就不能為自己開闢道路。⋯⋯
>
> 　　今天尤其應該堅決反對資產階級思想。⋯⋯
>
> 　　資產階級既然把資產階級思想當作達到在中國建立資本主義的基礎、即使中國發展成為資本主義社會的武器，那麼工人階級為了使中國新民主主義社會不至變質，為了保證社會主義和共產主義的前途，就一定要用馬克思列寧主義去解除資產階級的思想武器。⋯⋯
>
> 　　我們必須把資產階級思想從各個思想領導工作中完全排擠出去，⋯⋯決不容許資產階級思想有一席之地。⋯⋯[2]

2　于光遠：《明確對資產階級思想的認識，徹底批判資產階級思想》，《學習》1952年第3期。

其實與以後歲月相比，特別是文革時期的思想大批判、大鬥爭相比，這種論調簡直是鳥槍與大炮之比，毛毛雨罷了。資產階級及其腐朽思想，是黨和國家意識形態領域及其理論框架中預設的最大、最強、最頑固的敵人，對它的批判與鬥爭，絲毫不能放鬆，正如毛澤東所說的：「要抓住資產階級的『小辮子』，把它的氣焰整下去。如果不把它整得灰溜溜、臭烘烘的，社會上的人都要倒向資產階級方面去。」[3]

當然，至於什麼時候抓「小辮子」，什麼時候「整下去」，什麼時候緩、什麼時候急，什麼時候和風細雨、什麼時候雷霆萬鈞，要看國內外政治形勢的變幻，要看最高領袖審時度勢的判斷。但是無論如何，意識形態領域的征服和改造，是勢在必行、刻不容緩，甚至比政治、經濟等其他領域的改造，更為聲勢浩大、更具暴風驟雨之勢。

因此，為配合黨和國家在過渡時期總路線的貫徹執行，在思想文化戰線的意識形態諸領域，主要表現為：大力宣傳和弘揚辯證唯物主義和歷史唯物主義，批判和肅清資產階級唯心主義思想的流毒與影響。對俞平伯《紅樓夢》研究的批判，對胡適唯心主義思想的全面批判，就是當時最大的思想文化改造事件之一。

《紅樓夢》創作於清乾隆年間，「紅學」成為一門專門的學問，形成於晚清光緒年間。五四新文化運動之後，胡適和俞平伯成為「新紅學」的領軍人物。解放後，由於胡適已經逃離大陸，俞平伯便成為大陸「新紅學」的頭號權威。1952年，俞平伯將解放前在胡適思想影響下寫的《紅樓夢辨》，重新修訂、改寫後，更名為《紅樓夢研究》出版，又陸續寫了《紅樓夢簡論》等10多篇文章，系統、扼要地介紹其「紅學」研究成果。俞平伯《紅樓夢》研究成果發表後，受到了學術界和思想文化界的重視和

---

[3] 薄一波：《若干重大決策與事件的回顧》上，中共中央黨校出版社1991年版，第166頁。

推崇，中國文聯的機關刊物《文藝報》還專門登載文章，給予相當高的評價，並向讀者推薦。

有讚賞與推崇，就有反對與否定。1954年9月和10月，兩位青年學者李希凡和藍翎合作，先後在《文史哲》和《光明日報》副刊「文學遺產」專欄，發表了《關於〈紅樓夢簡論〉及其他》、《評〈紅樓夢研究〉》兩篇文章，批駁俞平伯的「紅學」觀點。李希凡和藍翎的文章，不但向俞平伯的「紅學」權威地位發起挑戰，而且對俞平伯「紅學」研究的指導思想和方法論進行批判：主要批評俞平伯的「紅學」研究，否認《紅樓夢》反封建的現實意義，脫離明確的階級觀點，以反現實主義的唯心主義觀點，分析和研究《紅樓夢》。文章問世後，引起了各方面的關注。各方也作出了不同的反應。

李希凡、藍翎的文章，從發表到引起重視，直至毛澤東親自過問，其間所費的周折，有些戲劇性，頗能顯示出各方在這一事件上最初所持的政治態度。其實，1954年10月16日，毛澤東致中共中央政治局《關於〈紅樓夢〉研究問題的信》中，對這一過程做了較為詳細的披露：

> 作者是兩個青年團員。他們起初寫信給《文藝報》請問可以不可以批評俞平伯，被置之不理。他們不得已寫信給他們的母校——山東大學的老師，獲得了支持，並在該校刊物《文史哲》上登出了他們的文章駁《〈紅樓夢〉簡論》。問題又回到北京，有人[4]要求將此文在《人民日報》上轉載，以期引起爭論，展開批評，又被某些人以種種理由（主要是「小人物的文章」，「黨報不是自由辯論的場所」）給以反對，不能實現；結果妥協成立，被允許在《文藝報》

---

[4]　此人為當時任職於中宣部文藝處的江青。

轉載此文。嗣後，《光明日報》的《文學遺產》欄又發表了這兩個青年的駁俞平伯《〈紅樓夢〉研究》一書的文章。[5]

顯然，毛澤東對當時思想文化界的某些領導人處理李希凡、藍翎文章的行為和方式，大為不滿、非常生氣。他對《文藝報》轉載《關於〈紅樓夢簡論〉及其他》和《光明日報》刊載《評〈紅樓夢研究〉》的編者按語，逐條加以批駁，諸如「不過是小人物」、「對兩個青年的缺點則絕不饒過」、「不應當承認俞平伯的觀點是正確的。不是更深刻周密的問題，而是批判錯誤思想的問題」、「不過是試作？」、「這就是胡適哲學的相對主義即實用主義」之類，令人觸目驚心。他還在審閱《人民日報》副主編袁水拍聞風而動寫的《質問〈文藝報〉編者》文章中，加上了一段令《文藝報》主編馮雪峰等人心驚肉跳的話：

> 《文藝報》在這裏跟資產階級唯心論和資產階級名人有密切聯繫，跟馬克思主義和宣傳馬克思主義的新生力量卻疏遠得很，這難道不是顯然的嗎？[6]

通過李希凡、藍翎所遇到的周折，毛澤東發現和瞭解到了黨內外思想文化界的真實動向。

對此，毛澤東的不滿和動怒，是可想而知的，據當時在中宣部文藝處工作的黎之回憶說：

---

[5] 《建國以來毛澤東文稿》第四冊，中央文獻出版社1990年版，第574頁。
[6] 上述毛澤東的批註及為袁文加寫文字，《建國以來毛澤東文稿》第四冊，中央文獻出版社1990年版，第569-589頁。

> 我後來聽周揚順便講起：當時毛主席拿起《文藝報》給他看，說：你看，傾向性很明顯，保護資產階級思想，愛好反馬克思主義的東西，仇視馬克思主義。可恨的是共產黨員不宣傳馬克思主義，共產黨員不宣傳馬克思主義，何必做共產黨員！——周揚說：主席這句話重複了兩遍。——毛澤東說：《文藝報》必須批判，否則不公平。[7]

更為重要的是，通過這件事及其所反映的黨內外思想文化界的真實狀況，毛澤東看到，祛除在思想文化界頗有市場的資產階級唯心論反動思想，具有絕對的政治必要性。這一事件，使他敏銳地找到了一次和資產階級意識形態對壘的絕佳戰機：

> 這是三十多年以來向所謂《紅樓夢》研究權威作家的觀點的第一次認真的開火。……看樣子，這個反對在古典文學領域毒害青年三十餘年的胡適派資產階級唯心論的鬥爭，也許可以開展起來了。事情是兩個「小人物」做起來的，而「大人物」往往不加注意，並往往加以阻攔，他們同資產階級作家在唯心論方面講統一戰線，甘心做資產階級的俘虜，這同影片《清宮祕史》和《武訓傳》放映時候的情形幾乎是相同的。被人稱為愛國主義影片而實際是賣國主義影片的《清宮祕史》，在全國放映之後，至今沒有被批判。《武訓傳》雖然批判了，卻至今沒有引出教訓，又出現了容忍俞平伯唯心論和阻攔「小人物」的很有生氣的批判文章的奇怪事情，這是值得我們注意的。[8]

---

[7]　黎之：《回憶與思考》，《新文學史料》1994年第2期。

[8]　《建國以來毛澤東文稿》第四冊，中央文獻出版社1990年版，第574-575頁。

在黨和國家最高領導人毛澤東的指示和指揮下，一場文化思想戰線上批判俞平伯《紅樓夢》研究的唯心主義觀點、進而擴展到全面批判胡適派資產階級唯心論的意識形態鬥爭，迅速有組織地在各新聞傳播媒體、各有關部門，轟轟烈烈地開展起來。

對俞平伯《紅樓夢》研究的批判，主要集中在1954年10月到1955年1月間。

10月18日，中國作協黨組傳達、學習了毛澤東致中共中央政治局的信，並於10月24日召開《紅樓夢》研究座談會。10月27日，陸定一向毛澤東和黨中央提交報告，彙報了會議情況，在反映大多數人贊成批判《紅樓夢》研究領域的唯心主義思潮的同時，也反映了不少人的疑慮，提出要防止討論的簡單、粗暴。很明顯，這次座談會沒有達到毛澤東的要求。所以毛澤東在袁水拍那篇文章中，加上了那段措詞嚴厲的批評。

因此，從10月底到12月，中國文聯主席團和中國作協主席團，連續八次召開擴大聯席會議，就《文藝報》在《紅樓夢》研究上所犯的錯誤、反對《紅樓夢》研究中的胡適派唯心論等問題，展開全面批判，並做出處理意見。這場大批判中發表的相關文章達數百篇，1955年出版的四集《〈紅樓夢〉討論集》中，就收入了129篇，近百萬字。

當然，批判俞平伯的《紅樓夢》研究，只是意識形態鬥爭的導火索，俞平伯本人及其《紅樓夢》研究，也絕非批判的關鍵。毛澤東在信中就講過：「俞平伯這一類資產階級知識份子，當然是應該對他們採取團結態度的」。毛澤東的主要政治意圖非常明確：以批判俞平伯的《紅樓夢》研究為突破口，徹底、全面的肅清胡適派資產階級唯心論思想在大陸思想文化界的「流毒」。這在毛澤東關注《紅樓夢》研究討論的伊始，在他的批註、信件、審閱和指示中，就已經旗幟鮮明地表述了出來。所以，在批判俞平伯《紅樓夢》研究開始不久，批判的核心，就漸漸集中到了胡適唯心主義身上。

批判胡適唯心主義思想，早已是黨的必然的意識形態鬥爭方向。

1954年11月5日，《人民日報》發表了王若水的文章《清除胡適的反動哲學遺毒》，指出「戰鬥的火力不能不對準資產階級唯心論的頭子胡適」。11月8日，《光明日報》發表了郭沫若同該報記者張白的談話。1954年12月2日，中國科學院和中國作協舉行聯席會議，決定聯合召開批判胡適思想的討論會，確定郭沫若、茅盾、周揚、潘梓年、鄧拓、胡繩、老舍、邵荃麟、尹達等9人組成批判委員會，以郭沫若為主任，具體領導這場大批判。

這場討論會，延續到次年3月份，共舉行了21次，圍繞胡適的哲學思想批判、胡適的政治思想批判、胡適的歷史觀點批判、胡適的文學思想批判、胡適的中國哲學史觀點批判、胡適的中國文學史觀點批判、考據在歷史和古典文學研究工作中的地位和作用、《紅樓夢》的人民性和藝術成就、對歷來《紅樓夢》研究的批判等九個方面展開。同時，全國各地也有組織有計劃地開展胡適思想批判會，刊發了數百篇批判文章。1955年出版的《胡適思想批判論文彙編》共八冊，收文章二百餘篇，約二百萬字。

這場思想文化領域的批判俞平伯《紅樓夢》研究，進而追溯到胡適唯心主義思想的意識形態鬥爭，歷時將近兩年之久，參與人數（大多為全國及各地的知名人士）眾多，批判範圍涉及思想文化領域的方方面面，規模空前。

顯然，在這場從上至下的具有鮮明政治鬥爭傾向的大規模批判中，俞平伯和胡適本人並非鬥爭的焦點，他們所代表的資產階級唯心主義思想才是黨和國家的思想大敵。中共中央連續發出的《關於在幹部和知識份子中組織宣傳唯物主義思想，批判資產階級唯心主義思想的講演工作的通知》和《關於宣傳唯物主義思想批判資產階級唯心主義思想的指示》中，明確表示：「這些思想鬥爭有極其重要的意義，這是通過對我國知識份子所熟悉的資產階級唯心主義思想的批判來具體地宣傳馬克思主義唯物主義思

想。」「沒有這個思想戰線上的勝利，社會主義建設和社會主義改造的任務就將受到嚴重阻礙。」

對於這樣一場步步為營、層層深入、有組織、有計劃的大規模的意識形態批判，從執政黨鞏固政權、鞏固統治的角度看，是合理的政治舉動。但將學術問題上升到政治思想鬥爭的高度，而且採取從上到下的運動的方式，是否對資產階級唯心論思想也太如臨大敵了吧？不過，按照今天人們思想精神狀況的實際情況，並結合政黨的遠大理想來看，毛澤東的擔心不但不是多餘的，而且堪稱是洞察秋毫、先見之明。這或許是歷史的一個反諷。

這些暫且不論。我們的關注對象郭沫若，在這場大批判中的所作所為，實際上是可圈可點的。儘管他又是發表對記者談話，又是出任批判委員會主任，好似不可一世。其實，這除了說明郭沫若的身份、地位重要外，並不能說明其他更深刻的問題。就目前能看得到的當時與郭沫若有關的材料來說，《三點建議——一九五四年十二月八日在中國文學藝術界聯合會主席團、中國作家協會主席團擴大聯席會議上的發言》[9]一文，是能夠較為全面反映郭沫若當時的思想和態度的一份文件。

值得玩味的是，這篇長文在行文上堪稱是「複調」結構。

與周揚、袁水拍、王若水等人的上綱上線、聲色俱厲、「理直氣壯」[10]不大一樣。這篇文章的一、二部分，顯得橫眉冷對，彷彿一個嚴肅、刻板的官僚在訓話；三、四、五部分，又似乎有些溫情脈脈，彷彿一個循循善誘的學者，在和顏悅色地侃侃而談。而且在該文中，郭沫若還專門有一段自我批評：

---

[9]　《郭沫若全集》文學編第17卷，人民文學出版社1989年版。
[10]　郭沫若在《三點建議》一文中的用語。

好些朋友在發言中都提到《文藝報》編輯部的錯誤在文藝工作的領
導方面也不能沒有責任，我完全同意。我明白認識著我自己應該負
的責任就很大。俞平伯先生的《紅樓夢研究》，我一直到現在都還
沒有看過。李希凡等同志的文章是引起了注意之後我才追看的。
《文藝報》和《文學遺產》對李等文章的按語，也是在袁水拍同志
發表了質問《文藝報》的文章之後我才追看的。這就充分表明了我
自己在思想鬥爭上的漠不關心。

本來是與自己無關的事，自己也完全可以像其他批判者那樣，雄赳
赳、氣昂昂地跨馬提槍上陣，可郭沫若卻在批判中，夾帶著說了這麼一段
「實事求是」的話，再結合緊接著的一段「感謝領導著我們的黨」的話，
至少可以看出是出於較強的政治生存智慧。

這是郭沫若兼具政府高官和文人知識份子雙重身份的一種自覺的本
能的反應？還是他經歷了那場「瞠然自失」的檢討和尷尬後的謹慎與心有
餘悸？或者是他的真實思想狀況的反應？沒有看批判對象的文章就參加批
判，豈不令人感到荒唐？

在這篇文章的第一部分，郭沫若指出「這一次的討論是富有教育意義
的，是馬克思主義對資產階級唯心論的嚴重的思想鬥爭，是思想改造的自
我教育的繼續開展，是適應當前國家過渡時期總任務的文化動員。」政
治調子雖然比較高，卻在提出堅決展開對資產階級唯心論的思想鬥爭的同
時，提出了展開學術上的自由討論、提倡建設性的批評和扶植新生力量等
問題。而且對事不對人，批判俞平伯的口氣比較平緩，對比其他人的批判
文章來看，甚至有為俞平伯開脫的味道，比如「俞平伯先生在三十年前要
用資產階級唯心論的方法來研究《紅樓夢》，本來是不足怪的事情」，
「俞先生已經承認了自己的錯誤，並決心進行新我對舊我的鬥爭。我們希
望俞先生的新我能夠獲得鬥爭的勝利」。

到了文章的第二部分，口氣就顯得有些劍拔弩張了，文章不但指出「對資產階級唯心論的批判是刻不容緩的嚴重的思想鬥爭」，而且順承毛澤東的思路，指出這次錯誤的新成分：抑制了蓬蓬勃勃的新生力量。在論及胡適及其思想時，郭沫若就絕不客氣了，不但上綱上線，而且調子更是陡然嚴厲：

> 中國近三十年來，資產階級唯心論的代表人物就是胡適，這是一般所公認的。胡適在解放前曾經被人稱為「聖人」，成為當今的「孔子」。他受到美帝國主義的扶植，成為了買辦資產階級第一號的代言人。他由學術界、教育界而政界，他和蔣介石兩人一文一武，難兄難弟，倒真是有點像「兩峰對峙，雙水分流」。胡適這個頭等戰爭罪犯的政治生命是死亡了，但他的思想在學術界和教育界的潛在勢力是怎樣呢？電影《武訓傳》和《紅樓夢研究》的思想立場都和胡適的反動思想有密切的關聯。把反封建社會的現實主義的古典傑作《紅樓夢》說成為個人懺悔的是胡適，把宣揚改良主義的封建社會的忠實奴才武訓崇拜得五體投地的也正是胡適。

緊接著，郭沫若又對胡適的「科學方法」、「實驗主義」等觀點，進行嚴厲駁斥。講這些話時的郭沫若，完全是站在政治批判的角度，對胡適大加鞭撻，斥之為是「花旗的順民」、「美帝國主義的文化走狗」，並發出號召：「把胡適的反動思想在文藝界和學術界的遺毒，加以徹底的清除。我籲請各位朋友注意這件事，請盡力協助，讓我們能夠順利地來完成這項共同的戰鬥任務」。話語之間，處處顯露著義憤填膺。

這些嚴厲批判胡適的話，不但與最高領袖的指示相一致，而且很可能是郭沫若發自內心深處的肺腑之言。從歷史淵源來看，曾經同為民國文化名人的郭沫若與胡適，早就不睦。創造社成員歸國後，曾實實在在地和

胡適及胡適派的文人知識份子們，較量了幾場，筆墨官司一直不斷，雙方雖幾經調和、彌補，亦無濟於事。雙方不但相互瞧不起，而且更是「道不同，不相與謀」，從相知相識的一開始，就註定了是分道揚鑣者。

如果說在民國前期，雙方礙於某些情面，還有過一些不尷不尬的交往，那麼到了國共兩黨政爭激烈的時候，雙方就進一步變成了政治上的死敵。解放前，胡適被國民黨那邊稱為「聖人」、「當今的孔子」，郭沫若則是繼承魯迅這個「新中國聖人」衣缽的中國新文化的領袖，各自成為所選擇、所依附的政治勢力的文化偶像。在勢如水火的政治廝殺中，雙方竭誠各為其主，站在政治鴻溝的對面，相互痛詆。

仔細觀察，在人生追求、文化態度、審美趣味、價值觀念、政治理想等世界觀、社會觀和人生觀的絕大部分方面，郭沫若和胡適堪稱有著本質的差異。可以說，雙方即使沒有政見的對立，也絕難會成為臭味相同者。在國共兩黨決一死戰的四十年代後期，郭沫若就專門從政治角度批判過胡適，如《替胡適改詩》、《駁胡適〈國際形勢裏的兩個問題〉》等文章，就譏諷胡適五十六歲了還說「是『微近中年』而並非徐娘半老」[11]，「乾脆承認做了黑棋一邊的『卒子』」，而且嚴厲指責胡適：「他的所謂『實證主義』究竟是個什麼東西！」[12]

因此，當黨和國家清除胡適唯心主義思想遺毒的運動風起雲湧時，郭沫若發表上述嚴厲的批胡言論，無論是於公還是於私，不但不足為怪，而且是人之常情、理所當然的舉動。

之所以說郭沫若的發言是「複調」結構，在於郭沫若講完那些氣勢洶洶的話之後，轉而大談「自由討論」、「提倡建設性的批評」等問題，這似乎與當時批判的主旋律[13]有較大的差別。

---

[11] 郭沫若：《替胡適改詩》，《郭沫若全集》文學編第20卷，人民文學出版社1992年版。

[12] 郭沫若：《駁胡適〈國際形勢裏的兩個問題〉》，《郭沫若全集》文學編第20卷，人民文學出版社1992年版。

[13] 當時主管意識形態領導工作的中宣部常務副部長周揚，被視為毛澤東文藝思想權威

　　在文章的第三部分，郭沫若竟然說了這樣的話：「歷史的事實告訴我們，凡是自由討論的風氣旺盛的時代，學術的發展是蓬蓬勃勃的；反之便看不到學術的進步。」這與當時一邊倒的批判形勢相比，顯得古裏古怪。一句話帶過也就罷了，郭沫若還大談歷史上自由討論的經驗和史實，從「自由討論最旺盛」的戰國時代，一直講到五四時代，中間還論述了「長期停頓的封建社會中」的自由論爭，比如關於漢代的「鹽鐵論」，隋開皇年間關於音樂問題的討論，儘管文章落腳在批判資產階級錯誤思想上，但郭沫若的用意也絕非是信口開河。他自己在發言中也似乎感覺到什麼，所以說「歷史上的引證太多了，說來使得大家沉悶，我不準備多說了。」郭沫若這些與批判調子不盡一致的話，僅僅是說明在當時要「很好地展開自由討論」，從而消除錯誤思想嗎？

　　在文章的第四部分，郭沫若明確表示了對當前批評狀況的不滿：「每每一批評便是相罵，一討論便是吵架。大家都或多或少地有一些厭惡批評和迴避討論的情緒，似乎是無可否認的。」郭沫若提出了關於「建設性批評」的十六字建言：「明辨是非，分清敵友，與人為善，言之有物。」如果前面八個字，還和當時政治動向密切相關，那麼後面八個字，就顯得學究氣頗濃了。而且，在文章的第五部分，他關於「扶植新生力量」的談話，不像其他一些人從政治批判的角度，對《文藝報》橫挑鼻子豎挑眼，而是真正做到了「與人為善，言之有物」。

　　仔細讀讀這篇文章後，如果再說郭沫若好跟風、盲目唯上，就有些說不過去了。很顯然，郭沫若講這些多重調子的話，是經過深思熟慮的，絕大多數出自於自己對現實狀況的真實感受，而且還表達了自己真實的期望。國外研究中國當代史的學者們，也注意到了在這場思想改造運動中，郭沫若與政治主流不盡相同的聲音：「與毛澤東關係密切的作家、學者郭

阐釋者，他的批判文章《我們必須戰鬥》，實際上準確表達了當時主流政治意識形態的主旋律和鮮明的政治動向。

沫若委婉地表述了這樣一種觀點：必須聽取少數人的意見，允許他們堅持自己的原則。」[14] 儘管他們的觀察和判斷與郭沫若的原意並不完全相同，比如郭沫若並沒有表達過「允許他們堅持自己的原則」之類的觀點，而是希望受批判者改正錯誤、用馬列主義毛澤東思想改造自己，但是也看到了位居高官的郭沫若的「與眾不同」之處，特別是與周揚、袁水拍等人相比。

還有一點應該注意的是，這篇文章曾得到過毛澤東的首肯。1954年12月8日早上，也就是全國文聯和作協主席團作出一系列決議、郭沫若發表講話的那一天，毛澤東在寫給周揚的信中說：「你的講稿是好的，在幾處地方作了一點修改，請加斟酌。郭老講稿很好，有一點小的修改，請告郭老斟酌。『思想鬥爭的總動員』這個題目不很醒目，請商郭老是否可以改換一個。」[15] 當時郭沫若的發言題目是《思想鬥爭的文化動員》，在次日《人民日報》發表時，郭沫若似乎並沒有因為毛澤東說「題目不很醒目」，就改為一個像周揚《我們必須戰鬥》那樣的「醒目」題目，而是根據文章的實際內容，換了一個在政治上更不醒目的《三點建議》。

今天，我們已無法推測毛澤東批語背後的想法。從說周揚的講稿「是好的」、說「郭老講稿很好」來推斷，毛澤東對郭沫若的發言稿是滿意的。這是毛澤東對老朋友的尊重，還是認同這篇文章既嚴加批判、又以理服人的「複調」思路呢？是否是這種認識上和黨保持高度一致、態度上又較為寬和的調子，與毛澤東對黨外人士的期待一致呢？或者說，需要一個像郭沫若這樣身份顯赫的黨外人士這樣表態，以顯示批判運動的寬容？不管毛澤東的真實意圖如何，應當看到，就郭沫若本人而言，這篇文章不但表明了他在雙重身份下觀察問題、思考問題的雙重性，而且可以說，他還沒有完全喪失思想、精神上的獨立性。應該說，文章中嚴厲批判和寬容平

---

[14]　《劍橋中華人民共和國史1945-1965》，上海人民出版社1990年版，第254頁。
[15]　王錦厚：《毛澤東論郭沫若》（上），《郭沫若學刊》2004年第2期。

和的共存，都有極大的可能是他的真實心聲。

在批判胡風文藝思想和「胡風反革命集團」案中，郭沫若的言行也值得探討。

對於郭沫若在其中所起的作用，可以說，郭沫若既非批判胡風文藝思想和製造「胡風反革命集團」案的主謀，也非幹將，最多算敲鑼打鼓的「幫閒」者。這在絕大多數記載和敘述這一事件的各種文章和材料中，就可反映出來。郭沫若除了發表了一兩篇文章、參加過一些有關會議外，迄今也沒有發現有什麼材料，顯示他有什麼置胡風於死地的驚人之舉[16]，他的言行更多的是隨波逐流的政治表態。

對於反對胡風的鬥爭，《劍橋中華人民共和國史》這樣認為：

> 1954年年中開始的思想改造運動在1955年以對魯迅的追隨者胡風的批判達到高潮。這次運動的範圍超出了知識界，從中心城市擴展到全國，旨在對全體人民進行教育。這次運動進行得十分激烈，以致出現了以前運動中所沒有的狂熱情緒。[17]
>
> ……它從黨有條有理的方式變成了恐怖統治，在知識份子中尤其如此。一位觀察家在談到壓力之大的情況時說，文化部門經常發生自殺。這次運動加深了延安整風後中國知識份子與黨的隔閡。胡風及其追隨者的遭遇成為後來敢於坦率提出批評意見的知識份子的樣板。他們的私人文件被抄，他們受到同行的批判，並被孤立起來，他們被趕離自己的職務和專業團體，妻子兒女受到株連。胡風被捕入獄；他的門生路翎被送進精神病院，其他追隨者被送去勞改。胡風在獄中繼續鬥爭。他進行絕食，要求舉行記者招待會、要

16　這也許是拙作的孤陋寡聞，如有，還請方家和識者賜教。
17　《劍橋中華人民共和國史1949-1965》，上海人民出版社1990年版，第255頁。

求按照法律程序進行審判，直至最後精神崩潰。胡風僅僅要求給作
家和知識份子以一定程度的自主性，就受到這種懲罰。[18]

　　這種認識，主要考慮的是政治環境這一大氣候，尚有一定的片面性。
其實，「胡風反革命集團」冤案的產生，既有胡風文藝思想和黨的主流意
識形態文學觀長期存在差異的理論原因，更有自30年代以來左翼文人知識
份子內部人事糾葛帶來的宗派主義鬥爭愈演愈烈的現實因素。當然，建國
後愈演愈烈的階級鬥爭氛圍，最終將內訌雙方的矛盾推向了高潮。

　　早在解放前，胡風作為一個有著自己獨到理論體系的文學理論批評
家，就和黨內正統的馬列主義毛澤東文藝思想的權威闡釋者、宣傳者們，
因為人事糾葛和理論爭鋒等複雜原因，發生過一系列衝突。主要有「兩個
口號」之爭、關於「民族形式」問題的論戰，以及由於舒蕪《論主觀》發
表引起的論爭。從那時起，胡風就將自己擺在了和黨內文藝理論權威們對
立的一面，受到過有組織的批判。那時的郭沫若，儘管也參與進了論爭，
但並沒有捲進人事鬥爭漩渦的中心，而是保持了一定的距離。這從他當時
寫的有關論戰文章可見出一斑。

　　「兩個口號」論爭是中國現代文化史和文學史上的大事，直接導致
了中國左翼文化和文學主潮的終結。此後，中國左翼文化和文學主潮的話
語體系，由多元的、自主的文人知識份子話語範式，不可逆轉的走向了一
元的政黨文化話語範式。辨析這場論戰的是非曲直，不是拙作的目的。需
要注意的是，在這場左翼文人知識份子的內訌和分裂中，胡風（背後是魯
迅）是主要的當事方。這場論爭，是左翼陣營內部胡風（魯迅）派和周揚
派，雙方矛盾積蓄到一定程度後的一次總爆發。

---

[18]　《劍橋中華人民共和國史1949-1965》，上海人民出版社1990年版，第257頁。

除了理論爭鬥，胡風那時就被指認為「特務」和「內奸」。對此，魯迅在他那篇由馮雪峰執筆、自己改定的著名文章《答徐懋庸並關於抗日統一戰線問題》中就有記載：

> 胡風我先前並不熟識，去年的一天，一位名人[19]約我談話了，到得那裏，卻見駛來了一輛汽車，從中跳出四條漢子：田漢，周起應，還有另兩個[20]，一律洋服，態度軒昂，說是特來通知我：胡風是內奸，官方派來的。我問憑據，則說是得自轉向以後的穆木天口中。轉向者的言談，到左聯就奉為聖旨，這真使我口呆目瞪。在經幾度問答之後，我的回答是：證據薄弱之極，我不相信！當時自然不歡而散，但後來也不再聽人說胡風是「內奸」了。然而奇怪，此後的小報，每當攻擊胡風時，便往往拉上我，或由我而涉及胡風。[21]

在這篇文章中，魯迅也提及了胡風在個性和處理人際關係方面的一些缺點，比如「胡風鯁直，易於招怨」，「胡風也自有他的缺點，神經質，繁瑣，以及在理論上的有些拘泥，文字的不肯大眾化」。這也是胡風和周揚等人關係僵硬、進而遭受批判的一個不大不小的原因。

郭沫若在這場論戰中，是支持「國防文學」口號的。但是，郭沫若既沒有捲進日益惡化的人事糾紛，在觀點鮮明的同時還有些首鼠兩端，成為兩派競相拉攏的對象。當胡風（魯迅）派和周揚派矛盾達到白熱化程度時，久與郭沫若不睦的魯迅，同意了馮雪峰等人的「統戰」策略，將郭沫若引為「同道」，在《答徐懋庸並關於抗日統一戰線問題》一文中表示，「很同意郭沫若先生的『國防文藝是廣義的愛國主義的文學』和『國防文

---

[19] 指夏衍——筆者注。
[20] 指夏衍和陽翰笙——筆者注。
[21] 《魯迅全集》第6卷，人民文學出版社1981年版，第534-535頁。

藝是作家間的標幟，不是作品原則上的標幟』的意見」，和郭沫若是「為著同一目標，決不日夜記著個人的恩怨」。[22]

據林林回憶，郭沫若參加「兩個口號」論爭，是左聯的任白戈等人商量後，決定由林林出面請郭沫若寫的，「開始他對『國』字有所猶豫」，是經過幾天的思考之後，領會了黨的政治意圖，「是充滿愛國熱情，忠心執行黨的民族統一戰線政策，這是適應時局的變化而定的決策。」[23]郭沫若寫的參加「兩個口號」論爭的文章，主要有《在國防的旗幟下》、《國防·污池·煉獄》、《對於國防文學的意見》和《蒐苗的檢閱》。

在最初幾篇文章裏，可能由於受地下黨組織和左聯主要領導人的影響，郭沫若很明顯地支持「國防文學」。在《國防·污池·煉獄》[24]一文中，對好些朋友不肯積極參加統一戰線，認為是「潔癖的一種表現。——『帶著白色的手套是不能夠革命的』。」在《對於國防文學的意見》[25]一文中，又指出「更有一部分人，標新立異地提出了什麼『民族革命戰爭的大眾文學』這個口號來和國防文學對抗。這些都是很明白的是錯誤了的理論和舉動。」

這些話，顯然是針對著魯迅派的言行有感而發。眾所周知，「戴著白色手套鬧革命」，是左聯和「自由人」胡秋原、「第三種人」蘇汶在文藝自由辯論爭發展到後期，左聯內部周揚派和魯迅因鬥爭策略等問題相互不滿、進而相互攻擊時，在由首甲、郭冰若等四人署名的一篇文章中，周揚一派奉送給魯迅的一頂政治帽子。

---

[22]　《魯迅全集》第6卷，人民文學出版社1981年版，第531、537頁。

[23]　林林：《這是黨喇叭的精神——憶郭沫若同志》，《新文學史料》1979年第2輯。

[24]　《「兩個口號」論爭資料選編》，人民文學出版社1982年版。

[25]　《「兩個口號」論爭資料選編》，人民文學出版社1982年版。

當時郭沫若正流亡日本，但是和左聯東京支部來往密切。要知道，左聯東京支部由林煥平和周揚單線聯絡[26]，直接受上海周揚的領導[27]。顯然，左聯東京支部和郭沫若支持「國防文學」口號，與周揚有直接關係。可以推斷的是，通過左聯東京支部，郭沫若瞭解了國內周揚派和魯迅派的論爭情況。他在支持「國防文學」口號的文章中，提到「戴著白色手套鬧革命」問題，顯然是有所指的，而且很可能是在執行來自上海（周揚派）的指示，是左聯內主要領導人對魯迅不滿的海外延伸。

從郭沫若的文章還可以推斷得出，他並沒有將胡風視為主要批評對象，即使有，也只是一般性的溫和的批評。這在稍後發表的文章《蒐苗的檢閱》中可以到印證。

魯迅和周揚等人的矛盾公開後，使當時的黨組織遇到了一個難題：如何彌補左翼陣營內部的分裂，成為黨組織的頭等大事。這種政治動向也傳達到了東京，據林林回憶：「當時以為『民族革命戰爭的大眾文學』的口號是胡風提出的，大家對此人印象不好，以為是要和先提出的『國防文學』唱對臺戲，就有些不以為然的意見，後來知道魯迅贊同這個口號，就採取調和的態度，認為兩個口號可以並存，不過是討論哪一個口號更適合於民族抗日的統一戰線。」[28] 於是，左聯東京支部也根據黨組織的指示，開始調整論爭策略。郭沫若的《蒐苗的檢閱》[29]，就是在這種背景下寫的一篇「和稀泥」的文章。

比較奇怪的是，這篇文章的主要意圖雖然是「和稀泥」，但字裏行間卻有些模稜兩可、意意思思。該文一會兒大段大段的批評「民族革命戰爭

---

[26] 林煥平：《從上海到東京──中國左翼作家聯盟活動雜憶》，《左聯回憶錄》，中國社會科學出版社1982年版。

[27] 林林：《「左聯」東京分盟及其三個刊物──回顧文學路上的腳印》，《左聯回憶錄》，中國社會科學出版社1982年版。

[28] 林林：《「左聯」東京分盟及其三個刊物──回顧文學路上的腳印》，《左聯回憶錄》，中國社會科學出版社1982年版。

[29] 《「兩個口號」論爭資料選編》，人民文學出版社1982年版。

的大眾文學」口號「不妥當」、「沒有必要」，一會兒又「欽佩」魯迅先
生「態度很鮮明，見解也很正確」，並表示：讀了《答徐懋庸並關於抗日
統一戰線問題》後，「才明白先生實在是一位寬懷大量的人」。這篇文章
的思路，幾經起承轉合，論述主要圍繞著關鍵字「魯迅」展開，文風吞吞
吐吐，十分不爽快，與他的一貫風格似乎不相符。暫且不論這篇文章的主
要意圖有哪些，比較明顯的是，文章儘管提及了胡風，但胡風並沒有成為
文章立論的中心，而是處處以魯迅的言行作為分析、理解和闡釋的對象。
包括引文在內，文章共九次提到胡風，帶有評價性色彩話只有寥寥數句：
「胡風我本相識，我覺得他似乎是很聰明而又有些霸氣的青年」，「胡風
是有為的青年，他的銳氣是不好挫折的」，「我們怕胡風負氣」，「叫胡
風君委屈一下」等等。無論是從觀點還是口吻和語氣來看，郭沫若並沒有
對胡風多加指責，儘管對胡風印象並不算是很好，但他似乎是把胡風當作
「晚輩」來寬容對待的。

　　從郭沫若參加「兩個口號」論爭時寫的這些文章來看，郭沫若是超然
於雙方論戰的。郭沫若除了對魯迅有點看法外[30]，似乎還談不上和胡風有
矛盾，或許是有些犯不上吧。

　　在以後關於「民族形式」和「論主觀」問題的論爭中，郭沫若更少參
與。他在1940年寫的《「民族形式」商兌》一文，不但沒有批評胡風，反
而不同意向林冰等人的「民間文藝形式」是民族形式的「中心源泉」的觀
點，認為：「中國新文藝，事實上也可以說是中國舊有的兩種形式──民
間形式與士大夫形式──的綜合統一，從民間形式取其通俗性，從士大夫
形式取其藝術性，而益之以外來的因素，又成為舊有形式與外來形式的綜

---

[30]　當時郭沫若私下做的一幅對聯，也可表達出他的看法。據金祖同講，1936年9月2日
　　　午後，郭沫若與他談起國內文壇糾紛時，戲擬了一副對聯：「魯迅將徐懋庸格殺勿
　　　論，弄得怨聲載道；茅盾向周起應請求自由，未免呼籲失門。」當郭沫若得知金祖
　　　同要發表時，立即寫信勸止：「信收到，對聯不便發表，請遏止，免惹意外的糾
　　　紛。至囑，至囑。」

合統一。……用『洋八股』的調頭來斥責文藝作品的『歐化』，那是有點近於滑稽的。」[31]仔細分析，郭沫若對「民族形式」的認識，倒是和胡風的觀點有不少相通之處。

這一時期的郭沫若，之所以沒有參與到論爭中，原因多多，可能由於是此時他身份、地位已經不一般，和其他「大事」相比，此類事件小之又小，忙不過來？可能是他對雙方的觀點都有保留，沒工夫去蹚渾水？可能是他不願意加入到同一陣營的內訌中去？這些暫且不論，結合胡風夫人梅志在《胡風傳》中記述的胡風與郭沫若交往的紀錄，應該能判斷出：在解放前，郭沫若和胡風既不是關係甚密的朋友，更非勢如水火的對頭，僅僅是關係一般的朋友和同一革命陣營的同志而已。

解放後，胡風與黨內文藝界權威們的矛盾，不但沒有因為革命的勝利而和解，反而漸漸成為文藝界的鬥爭焦點，發展到需要政治解決的絕境。

胡風在建國後不久，就寫了一篇「歌頌」性質的詩歌——《時間開始了》。或許他沒有想到的是，對他的政治批判也提上了議事日程，開始了一段噩夢般的時間。

在1949年第一次「文代會」上，茅盾作的大會報告《在反動派壓迫下鬥爭和發展的革命文藝》中，雖然沒有點名批評胡風，但是「實際上是把胡風文藝思想當作十年來國統區文藝工作中各種缺點錯誤的主要根源」。據梅志說，這使許多人見到他，都不敢和他打招呼。[32] 1950年3月14日，周揚在向京津地區文藝幹部作報告時，第一次公開批判胡風「小集團」：「他特別提到了阿壟發表的這兩篇文章，態度激憤得很，把這當作小資產階級作家『小集團』的抬頭，說其危害性等於社會民主黨。他指著臺上的四把椅子說，有你小資產階一把坐的，如果亂說亂動，就要打。……這是

[31] 《郭沫若全集》文學編第19卷，人民文學出版社1992年版，第34頁。
[32] 梅志：《胡風傳》，北京十月文藝出版社1998年版，第562-563頁。

第一次公開指明了胡風『小集團』。」[33]

　　茅盾的報告、周揚的講話，無異於向文藝界公開宣佈：誰是應該批判的對象。隨著時間的流逝，胡風越來越陷入不利的境地。

　　1952年3月，文藝界拉開了「清除文藝工作中濃厚的小資產階級傾向」的整風運動，批判的矛頭一致對準了胡風。更令胡風想不到的是，曾經和他一條戰線上的舒蕪，發表了《從頭學習〈在延安文藝座談會上的講話〉》，站出來反戈一擊，表示與胡風劃清界限。《人民日報》在轉載時加了編者按，明確指出在組織上存在著「以胡風為首的一個文藝上的小集團」。這令胡風陷入了腹背受敵、四面楚歌的絕境。

　　如果此時的胡風能夠「審時度勢」、及時承認「錯誤」的話，事情也許不會發展到不可收拾的地步。但那也就不是胡風了。曾有朋友忠告他：「依靠胡喬木同志就是依靠真理」[34]，但胡風顯然沒有聽進去，在「抗拒毛澤東文藝思想」的批判基調面前，拒不承認有根本問題上的錯誤。周揚、邵荃麟、林默涵、何其芳、喬冠華、胡喬木等人，多次找胡風談話，希望他改正「錯誤」，甚至周恩來也曾親自出面和他談話（有一次竟長達五個小時），並多次在信函和批示中，對胡風的情況予以關注。

　　胡風畢竟是胡風，他在固執己見中默默等待著。這一年，郭沫若也給了胡風好意的忠告和指點：在1952年7月奉命進京期間，「他拜訪了一些相識較長相知較深的朋友，對他這次應召來京，都有不同的看法和不同的好言相告，也有漠然視之的。只有訪問郭沫若副總理是個例外。郭還像過去在賴家橋時一樣親切，胡風謙虛地說，這次是來接受批評的，希望他提出寶貴意見。郭主任（過去的稱呼）很懇切地對他說，這是理論問題，一時搞不清楚，我看你還是要求到西藏去吧。當時，胡風只是當笑話聽的，但

───────────

[33]　梅志：《胡風傳》，北京十月文藝出版社1998年版，第575-576頁。

[34]　梅志：《胡風傳》，北京十月文藝出版社1998年版，第608頁。

照後來的發展情況看，郭的話真是說到點子上了。」[35] 如果當時胡風照郭沫若的指點去做，或許能躲過劫難。

面對嚴峻的政治壓力，倔強、不服輸的胡風，是在等待絕地反擊的機會。1954年2月，中共七屆四中全會舉行，通過了《中共中央關於增強黨的團結的決議》，並配發了《人民日報》社論《學習四中全會決議　正確地開展批評與自我批評》。這本是黨內為解決高崗、饒漱石問題，發出的政治鋪墊和信號。但是，由於沒有點名批評，不瞭解內情的胡風，做出了一生中最為錯誤、最為致命的理解與判斷：

> 胡風並不知道，這是有的放矢，針對高崗、饒漱石及其「反黨集團」而言的。但決議猶如一星火花，落入了胡風憤懣煩躁的心田。他馬上聯繫實際，想到文藝界現狀和周揚對待自己的宗派主義態度。在他眼裏，周揚不正是「把自己所領導的地區和部門看作個人的資本和獨立王國」的高級幹部嗎？[36]

從3月21到6月24日，一廂情願的胡風沉浸在興奮與激動之中。因為他在路翎、綠原等朋友的幫助下，完成了共計二十八萬多字的《關於解放以來的文藝實踐情況的報告》（也就是人們常說的《三十萬言書》），還寫了一封八千字的信，致中共中央政治局毛主席、劉副主席和周總理，附在報告前面，避開周揚等人控制的中宣部系統，經當時中央文教委員會副主任習仲勳轉呈。《三十萬言書》在為「主觀戰鬥精神」、「生活題材」等理論觀點辯解的同時，將黨內文藝界權威們對自己的批評，歸納、比喻為「五把理論刀子」，而且強烈指責「隨心所欲地操縱著這五把刀子的宗派主義」（即周揚派），認為要復興文藝，就必須清除周揚等宗派主義的影響。

---

[35] 梅志：《胡風傳》，北京十月文藝出版社1998年版，第608頁。
[36] 戴光中：《胡風傳》，寧夏人民出版社1994年版，第303頁。

徒有政治激情的胡風，缺乏政治智慧和政治鬥爭經驗，竟然選擇了類似封建時代文人士大夫向皇帝上書、直諫這樣幼稚可笑的政治手段，而且滿懷信心的期待著黨中央出來主持公道。

1954年8月中旬，胡風當選為全國人大代表。10月份，開始批判俞平伯《紅樓夢》研究，及批評《文藝報》壓制「小人物」的錯誤。這些「巧合」事件，又使他幼稚地認為：這是黨中央對《三十萬言書》的「回應」。於是，從10月底到12月初文聯和作協聯合召開的八次擴大會議期間，壓抑已久的胡風，作了兩次憤怒的發言，指責《文藝報》對阿壠、路翎、魯藜等「小人物」的「壓制」，是資產階級對馬克思主義的進攻。憤怒的胡風，更一口氣點名批評了十多名文藝界的主要領導和負責人。

胡風的發言引起了眾怒，被認為是假公濟私、借機發洩私憤。在11月7日第五次會議上，本來是批俞平伯《紅樓夢》研究和資產階級唯心主義的議題，因為胡風的叫板，開始「戰線南移」。黃藥眠、孔羅蓀、康濯、袁水拍等人紛紛發言，予以猛烈批判，胡風成為眾矢之的。

這天晚上，周揚、林默涵代表組織，來到胡風家中，勸他認清形勢、接受批評、進行檢討，似乎是最後一次「挽救」胡風。但胡風依然固執己見、拒不認錯。

12月8日，周揚在最後一次擴大會議上，作了《我們必須戰鬥》的總結發言。發言（共三部分）的最後部分為「胡風先生的觀點和我們的觀點之間的分歧」，嚴厲批判胡風「假批評《文藝報》和批評庸俗社會學之名而把關於文學的許多真正的馬克思主義觀點一律稱之為庸俗社會學而加以否定。」「表面看來，在反對對資產階級思想的投降主義的問題上，在反對對新生力量的壓制態度的問題上，胡風先生是和我們一致的，而且特別地激昂慷慨，但是誰要看看這個外表的背後，誰就可以看到，胡風先生的計畫卻是藉此解除馬克思主義的武裝！」並發出號召：「為著保衛和發展馬克思主義，為著保衛和發展社會主義現實主義，為著發展科學和文學

藝術事業，為著經過社會主義革命將我國建設成為一個偉大的社會主義國家，我們必須戰鬥！」周揚的這篇發言，是經過毛澤東親自審定的，在12月10日《人民日報》頭版全文發表。

此時的胡風，才意識到問題的嚴重性。慌了手腳的胡風，開始寫《我的聲明》和《我的自我批判》等檢討材料，準備低頭認罪。但是，已經晚了，胡風要為自己幼稚、錯誤的估計政治形勢，付出代價了；要為自己堅持文藝理論上與毛澤東文藝思想的不同，付出代價了；要為自己易招人怨的鯁直、倔強、偏激、神經質的性格，付出代價了；更要為和文藝界那些權威們多年的恩恩怨怨，付出代價了。

1955年1月20日，中宣部向黨中央提交了關於展開批判胡風思想的報告，詳細批判了胡風錯誤在方方面面的表現，指出胡風文藝思想是「反黨反人民的文藝思想」，「他的這種思想是代表反動的資產階級的思想，他對黨領導的文藝運動所進行的攻擊，是反映目前社會上激烈的階級鬥爭。」[37]中共中央迅速批准了這個報告，並在批語中強調各級黨委必須重視，把它作為工人階級與資產階級的一場重要鬥爭來看待。隨後，全國各地的座談會、討論會、批判會以及批判文章，鋪天蓋地的向胡風壓來。

此時的胡風已經束手無策了，因為鬥爭的性質，已經從思想鬥爭上升為可怕的政治鬥爭。

4月13日，那個老朋友舒蕪，在《人民日報》上發表了《胡風文藝思想反黨反人民的實質》，並上交了胡風寫給他的信件。5月9日，周揚把這些材料送毛澤東審閱，引起了毛澤東的高度重視，據此斷定胡風等人形成了一個「反革命集團」，並確定由中宣部和公安部共同組成胡風問題專案組，展開政治和刑事審查。

---

[37] 《建國以來重要文獻選編》第六冊，中央文獻出版社1993年版，第34頁。

　　5月13日、5月24日、6月10日，《人民日報》分三批公佈了查抄到的胡風反革命集團材料，毛澤東親自為這些材料加了不少按語：這些人不是「單純的文化人」，「鑽進了政治、軍事、經濟、教育、各個部門裏」，「他們的基本隊伍，或是帝國主義國民黨的特務，或是托洛茨基分子，或是反動軍官，或是共產黨的叛徒，由這些人作骨幹組成了一個暗藏在革命陣營的反革命的派別，一個地下王國」，「是以推翻中華人民共和國和恢復帝國主義國民黨的統治為任務的」。這些材料被彙編成冊，定名為《關於胡風反革命集團的材料》，毛澤東親自寫了序言，全國發行。

　　處於風聲鶴唳、惶惶不安狀態的胡風，只能坐以待斃了。

　　5月16日晚，劉白羽和公安部的人，來到胡風家。經過公安人員的徹底搜查後，17日凌晨，胡風夫婦被分別被先後帶走。5月17日，中共中央書記處擴大會議決定：逮捕胡風。5月18日，一屆人大二次會議批准，將胡風及「胡風反黨集團」骨幹分子逮捕歸案。

　　就這樣，從思想批判，到政治審查，再到法律程序的實施，胡風一步步地墜入了萬劫難復的深淵。可能還令胡風想不到的是，許多和他有關、無關的人員，也隨他一同鋃鐺入獄、遭受不白之冤。據統計，在全國範圍的批判、肅清「胡風反革命集團」運動中，到1956年底，有78人被定為「胡風反革命集團」分子，其中骨幹分子23人，92人被逮捕，62人被隔離，73人停職反省，全國有2100多人受牽連。

　　郭沫若在這場批判胡風文藝思想和「胡風反革命集團」案中的真實心態和看法，目前還不得而知。但可以確定的是，郭沫若以顯赫的身份，參加進了政治聲討的大合唱：

　　1955年3月4日，郭沫若在主持全國文聯「辯證唯物主義和歷史唯物主義」講座開幕式時，在開幕詞《學習辯證唯物主義和歷史唯物主義》[38]中

---

[38]　1955年3月6日《人民日報》

指出，像胡適、胡風這樣的人，「正費盡心機地想解除我們思想上的武裝，想把主觀唯心論來代替辯證唯物主義和歷史唯物主義」，「對這些思想上的敵人，我們要毫不留情地加以反擊」。

4月1日，郭沫若在《人民日報》發表《反社會主義的胡風綱領》，從「胡風反對向作家提倡掌握共產主義世界觀」、「胡風反對作家和工農兵相結合，實際上也就是反對文藝為工農兵服務」、「胡風反對作家改造思想」、「胡風反對文藝的民族形式」、「胡風反對『題材有重要與否之分』」等五個方面，批判胡風《三十萬言書》的看法，指出胡風「不僅要爭奪文藝的領導權，而且要按照他的面貌來改造社會和改造國家」。

5月25日，郭沫若主持全國文聯主席團和作協主席團聯合召開的擴大會議，討論「胡風反革命集團」問題，郭沫若在開幕詞中講道：「《人民日報》揭露的材料，完全證實了胡風集團二十多年來一直是進行反黨、反人民、反革命活動的。……胡風集團已不僅是我們思想上的敵人，而且是我們政治上的敵人。」[39]

5月26日郭沫若在《人民日報》發表《請依法處理胡風》，指出像胡風「這樣頑強地在革命陣營內潛藏了二十多年的反革命分子，在沒有釀出更大的禍害之前得到揭發，對祖國的建設來說，應該說是不幸中之幸」，表示「完全贊成好些機構和朋友的建議：撤銷胡風所擔任的一切公眾職務，把他作為反革命分子來依法處理」。

6月11日，《光明日報》以報導形式發表了郭沫若對《光明日報》記者的談話，認為《人民日報》公佈了「胡風反革命集團」材料後，胡風集團的反革命罪狀更加明顯了。

對郭沫若的這些言行，今天有不少人橫眉以對，甚至認為使胡風事件更為雪上加霜。這是完全可以理解的。但是請注意，郭沫若這些言行的發

---

[39] 1955年6月《文藝報》第11期。

表，是在胡風和周揚等文藝界權威的鬥爭已見分曉，胡風集團的性質已經確定，全國各地已經掀起批判胡風浪潮時做出的。暫且不論郭沫若對胡風事件的真實看法，僅僅從職務和身份角度出發，郭沫若也不能不公開表明自己的態度和立場。從較為寬和的角度來看，郭沫若的這些言行還談不上是落井下石，因為胡風的「罪狀」，早就被有關方面確定了，郭沫若是在跟風和重複別人的調子。

仔細分析一下郭沫若的發言和文章，將胡風一步步淪為囚徒的時間和郭沫若言行發表的時間進行對照，簡單梳理就可發現孰先孰後，完全可以作出準確的判斷。郭沫若的言行，在胡風事件中的實際作用，可以說是可有可無，根本不可能左右事件的性質和結局。人在廟堂、亦身不由己，與其按兵不動被人說為消極，還不如趁勢跟風顯示積極，不知這一庸俗的常理符不符合當時郭沫若的心態。

我們還無法知曉，郭沫若的這些談話和文章，是自己主動寫的，還是遵照指示寫的，或者聽從別人建議寫的。從歷史淵源來說，郭沫若無論是在人際關係還是理論觀點上，和胡風聯繫不多，關係並不親密（不像一些人認為的郭沫若和胡風是好朋友），也談不上有什麼矛盾。再想一想1952年郭沫若給胡風的建議和忠告，這顯示郭沫若具有政治遠見的同時，是否也顯示出「與人為善」的一面呢？

如果仔細分析的話，在胡風事件中的那些言行，即使是發自郭沫若內心深處，那也不過是「事不關己」心態下政治上的「隨大流」。再者說，郭沫若也基本上不贊成胡風的理論觀點，對照郭沫若和胡風的文藝理論觀點，不要說兩人絕非「志同道合」者，不成為理論對手，就已經很不錯了。在文藝界的權威們將胡風視為對頭時，郭沫若認為「這是理論問題，一時搞不清楚」，是否顯示出他在胡風問題上寬容與平和的態度呢？

但當胡風事件被定性為敵我矛盾、階級鬥爭時，郭沫若如果再公開這樣講，那就是不顧身家性命了。其實，照郭沫若對文藝界鬥爭內幕的瞭

解，他可能很清楚胡風事件到底是怎麼一回事。但是，想讓為人老到、處
世經驗豐富的郭沫若挺身而出，為與自己不冷不熱的朋友胡風兩肋插刀，
在那樣一個講究政治立場的年代，是絕無可能的。

六、「右派猖狂蠢動時，溫情那許一絲絲」

經過一系列接踵而至的思想改造運動，經過一番番政治調鬥逐漸升級的大批判，郭沫若的政治經驗和政治智慧，毫無疑問要水漲船高了。置身政治領域的郭沫若，從最初的「瞠然自失」到後來的見風使舵，已經能夠在政治風浪面前氣定神閒，非常嫻熟的應對自如了。

國家大員的政治身份，使他能夠通過各種渠道，獲取運動背後鮮為人知的最高領袖的意圖，政治理念的近似、天資的敏銳聰穎，使他能夠迅速而及時地把握住運動的發展走向。從思想文化界脫穎而出步入廟堂的郭沫若，早已經能非常熟稔地運用官場政界的潛規則，知道自己該什麼時候出來表態、該什麼時候發表官樣文章。他非常清楚自己立身之本的所在，處世之道越來越圓熟，他的言行越來越符合自己的政治身份和社會地位，他的形象越來越及時地挺立運動的潮頭。當然，他也越來越通曉超然於政治鬥爭漩渦而不傷身的不二法門。

郭沫若堪稱是檢視黨和國家與知識份子關係的風向標，在五十年代中後期的「百花齊放」、「整風運動」、「反右運動」中，郭沫若的言行尤為值得分析和深思。如果當時的文人知識份子們，能夠平心靜氣地觀察一下郭沫若的言行，並引以為門徑、及時調整的話，或許能夠避免許多意想不到的遭遇。當然，如果是這樣，或許就不會存在大規模的思想改造運動了，文人知識份子作為一個群體的獨立性與特殊性，也就泯然消失了。

黨與文人知識份子的關係，是考察現代中國文人文化和政治文化關係

的實踐中軸，也是郭沫若這類兼具政府高官、著名文人雙重角色的知識份子，進行現實抉擇的重要現實座標。在黨和文人知識份子的關係框架中，由於不對等的關係結構，文人知識份子處於絕對的弱勢，從一開始就決定了誰是主宰者、誰是被主宰者，決定了歷史的發展走向由誰來支配。對此，國外的學者評價說：「1949年後，黨對知識份子採取了一種自相矛盾的政策。黨一方面對知識份子灌輸馬克思主義、列寧主義、毛澤東主義，其廣度和深度與歷代把儒教強加給文人相比，有過之而無不及；另一方面，黨又試圖調動知識份子的積極性，發揮其專長。這種矛盾使政策在壓抑和寬鬆之間變換。在壓抑期，知識份子要參加思想改造運動，而在寬鬆期，黨又讓知識份子承擔一些責任，享受一些特權，已獲得他們的合作，進行現代化建設。」[1]

　　黨與文人知識份子關係的緩和或緊張，既有國內政治經濟形勢的制約，也有國際風雲動盪的波及；既有黨的決策前後搖擺的影響，也有文人知識份子作為一個社會階層實現自身價值訴求的因素，形成的原因非常複雜，不一而足。歸結起來看，緊張和寬鬆的底線，在於是否動搖或者威脅到黨的統治。五十年代中後期，黨在「百花齊放」、「整風運動」、「反右運動」中政策的前後矛盾，其實就是圍繞著這一政治底線來展開的。而郭沫若在運動中對政治脈搏的把握，是相當的敏銳與準確，甚至是一些黨內高層人士也望塵莫及的。

　　1956年1月15日，郭沫若以人大副委員長[2]等顯赫的政治頭銜，隨同其他黨政要員，參加了一個重要儀式。這就是在首都天安門廣場舉行的數十萬人慶祝北京率先進入社會主義社會的大集會。隨後，全國各地亦舉行了

---

[1]　《劍橋中華人民共和國史1949-1965》，上海人民出版社1990年版，第231頁。
[2]　1954年9月27日，郭沫若在全國人民代表大會第一次會議上，當選為全國人大副委員長，擔任此職直到去世。

類似性質的盛大集會。一系列盛大儀式的舉行，是在向國內外以及全體社會成員宣告，中國社會已經勝利實現了社會主義。

如果說，此前黨的主要政治任務，是進行社會主義改造，是按照意識形態層面的理論構想實現社會制度的變革，那麼到了1956年前後，這種變革已基本完成，用黨的慣常話語來敘述的話，即：社會主義改造勝利完成，社會主義公有制經濟成為社會經濟結構的絕對主體，中國由新民主主義社會邁入社會主義社會。這也就意味著，黨要調動全體社會成員的力量，全面、大規模地進行社會主義建設。

這一時段，國際政治軍事局勢相對緩和，朝鮮、越南等周邊國家的戰火停息，以空間技術、核能為標誌的新的科學技術革命日新月異。這些情況，對中國既提出了挑戰也提供了機遇。要知道，建設社會主義不能只依靠意識形態灌輸和思想改造，更需要在政治、經濟、軍事、文化、教育等多方面，增強國家和社會的實力。在國內外新的政治、經濟局勢下，黨意識到了知識份子這一階層，在建設社會主義中的不可替代的作用。如何對這些社會成員實行社會總動員，提高他們的積極性，成為黨迫切需要解決的問題。

從五十年代初以來，知識份子一直是思想改造的主要對象，是一個生活在壓力和疑慮中的受壓抑的社會階層。他們不但被束縛在思想改造的機制中，在現實生活和工作中，也常常因為與資產階級沾邊，而畏手畏腳。如何解除知識份子的顧慮並進而發揮作用呢？黨自有許多辦法。

經過大量的醞釀和調研工作，1956年1月14日至20日，由全國黨、政、軍、群等各部門主要負責人，共計1279人參加的知識份子問題會議召開。會議的主題和精神，集中體現在周恩來代表黨中央所作的《關於知識份子問題的報告》[3]。這份報告明確指出：知識份子「已經是工人階級的一部

---

[3]　《周恩來選集》下卷，人民出版社1980年版。

分」，「目前對於知識份子的使用和待遇中的某些不合理現象，特別是一部分同志對於黨外知識份子的某些宗派主義情緒，更在相當程度上妨礙了知識份子現有力量的充分發揮」，「低估了知識界在政治上和業務上的巨大進步，低估了他們在我國社會主義事業中的重大作用」，解決之道有三：「第一，應該改善對於他們的使用和安排，使他們能夠發揮他們對於國家有益的專長」，「第二，應該對於所有使用的知識份子有充分的瞭解，給他們以應得的信任和支持，使他們能夠積極地進行工作」，「第三，應該給知識份子以必要的工作條件和適當的待遇」。

在會議的最後一天，毛澤東到會講話，以最高領袖的身份申明：要搞技術革命、文化革命，革技術的命、革沒有文化、愚昧無知的命，搞技術革命，沒有科技人員不行，不能單靠我們這些大老粗，這一點要認識清楚，要向全體黨員進行深入的教育。[4] 周恩來、毛澤東的先後講話，表明黨已經從物質分配到精神鼓勵、從生活待遇到政治信任等多方面，開始大力吸引和鼓勵知識份子為自己的戰略目標效力。

郭沫若對於黨的這一政治意向，自然是積極回應。

在1月31日的政協會議上，郭沫若作了《在社會主義革命高潮中知識份子的使命》的形勢報告，從「貢獻力量」、「擴大隊伍」、「提高水準」、「自我教育」、「加強團結」等五方面，闡述知識份子應承擔的任務。值得注意的是「自我教育」部分，今天來看，它傳達的資訊是雙重的：既顯示了黨對知識份子的積極做貢獻的政治要求，也暗示了知識份子政治上不要盲目樂觀。結合他在3月份「全國青年文學創作者會議」前後發表的談話和祝辭，結合他在3月24日寫的應景詩篇《學科學》中「黨和毛主席／領導我們向前走」等詩句來看，潛臺詞就是：知識份子千萬別忘記自己的政治身份，應該積極學習馬列主義，堅決擁護黨的領導。這既可

4　薄一波：《若干重大決策與事件的回顧》上，中共中央黨校出版社1991年版，第507頁。

看出他作為一個政治人物對黨的政策的積極回應，又可看出作為一個文人
知識份子在政治上本能的謹慎態度。

黨在調動文人知識份子積極性方面所採取的第二個重大舉措，就是
「百花齊放、百家爭鳴」方針的大力提倡。

作為黨的意識形態工作的一個口號，它的提出是在1956年春天。在4
月28日中共中央政治局擴大會議上，毛澤東發出指示：「百花齊放，百家
爭鳴」，我看這應該成為我們的方針。藝術問題上百花齊放，學術問題上
百家爭鳴。在5月2日第七次最高國務會議上，毛澤東又進一步闡述這一問
題：現在春天來了嘛，一百種花都讓它開放，不要只讓幾種花開放，還有
幾種花不讓它開放，這就叫百花齊放。百家爭鳴是諸子百家，春秋戰國時
代，2000年前那個時候，有許多學說，大家自由爭論，現在我們也需要這
個。在中華人民共和國憲法範圍之內，各種學術思想，正確的，錯誤的，
讓他們去說，不去干涉他們。

毛澤東的講話，當時並沒有公開發表。而郭沫若的一項舉動，就成為
黨向全國特別是文人知識份子，發佈這一資訊的第一個公開渠道。這就是
1956年5月26日，郭沫若邀請中宣部部長陸定一，在中國科學院和中國文聯
召開的會議上，作題為《百花齊放，百家爭鳴》的報告。

陸定一的報告，是對毛澤東指示的全面而系統地闡述。這項方針的
提出，顯示了黨對當時的政治形勢、特別是知識份子思想改造成果的樂觀
估計。這項決策，有兩點應予特別注意：一是黨要給予知識份子一定程度
的自由，調動他們參與社會建設的熱情和能力；二是告誡黨內存在的宗派
主義和官僚主義作風，應該在一定範圍內允許知識份子批評黨的錯誤。但
是，一個不言而喻的政治限度就是，必須始終堅持黨的領導。這些，周恩
來、毛澤東等高層領導的講話中就有表露，陸定一在報告中也似有若無的
提及了這點：「我們主張政治上必須分清敵我，我們又主張人民內部一定
要有自由。『百花齊放，百家爭鳴』，是人民內部的自由在文藝工作和科

學工作領域中的表現。」[5]

可以看出，黨在提倡這一方針的最初，是將知識份子批評官僚作風，批評官僚機制的弊端等黨與知識份子的緊張關係，設想和預定為：黨控制下的政權運行中的人民內部矛盾。中共「八大」，重申了這一問題。毛澤東在1957年初的第十一次最高國務會議和全國宣傳工作會議上，又反覆進行了強調。直到1957年夏季「反右」時，才在政治上重新定性，黨與知識份子的關係，也由人民內部矛盾升級為敵我矛盾。

對於黨的意圖，郭沫若的領會是非常到位的。他在大力宣揚「百花齊放，百家爭鳴」的時候，始終沒有忘記黨的意識形態追求：做促進派，而不是促退派。

在1956年12月18日《人民日報》發表的《關於發展學術與文藝的問題──答保加利亞〈我們的祖國〉雜誌總編輯包果米爾·諾涅夫同志》一文中，郭沫若這樣解釋請陸定一為知識份子們作報告的動機：「國家建設急切需要科學技術的職員，人民生活也急切需要文化糧食的供應。但由於政策執行上有了偏差，發生了教條主義和公式主義的傾向，影響了科學和文藝的發展。因此，我認為有必要由黨來闡明正確的政策方針，一以克服偏差，二以解除顧慮；這樣來促進科學和文藝的發展。」

那麼這種「正確的政策方針」該怎樣來理解呢？他在1956年7月1日《人民日報》發表的《演奏出雄壯的交響曲》中，早就有些很值得文人知識份子們認真加以回味的話：

> 今天的「百家爭鳴」是以建設社會主義，更進而建設共產主義作為我們的母題（Motive），我們要圍繞著這個母題來組織我們的管弦樂隊，演出史無前例的雄壯的交響曲。萬眾樂器齊奏或疊奏，

---

[5]　《陸定一文集》，人民出版社1992年版，第504頁。

但總要按照一定的規律、一定的樂譜。我們要「爭鳴」，而不是要「亂鳴」。

因而學習馬克思列寧主義、熟讀毛主席的著作、吸收蘇聯先進經驗，依然是學習工作的重點，我們應該加強我們的學習的自願。……

我們不是光「爭鳴」，而是要「爭鳴」得好，鳴得可以促進社會主義建設。如果一陣的亂叫或亂打響器，別人便只好蒙著耳朵，或索性請你退出樂廳。

郭沫若的這種理解，在12月18日《人民日報》發表的《關於發展學術與文藝的問題——答保加利亞〈我們的祖國〉雜誌總編輯包果米爾·諾涅夫同志》中，有了更加明確的表述：

「百花齊放，百家爭鳴」的政策，是在人民民主專政之下推行的。這種的創作自由和討論自由是以為人民服務為前提，並不是毫無限制的放縱。如果是反革命的創作和言論，應該沒有它的自由。因此，政策推行的結果，我們相信是不會產生多麼大的不健康的趨向的。人民有選擇，國家有法律，這些都是防腐劑。

知識份子的自我教育是不能一刻中止的，要讓他們隨時啟發自己的自覺自願，聯繫實際地學習馬克思列寧主義，培養為人民服務、為國家建設服務的精神，使自己的工作做得更好。

大力鼓動文人知識份子們「百花齊放，百家爭鳴」的同時，又反覆強調政治限度、強調知識份子自覺學習馬列主義，態度積極、含義複雜，而且文章刊載在最有政治權威的《人民日報》上面，這是很值得全國的文人知識份子們，認真細緻的體會的。且不論這些文章是郭沫若自己寫的，還

是黨的有關部門幫助起草的，也不管郭沫若是在表達自己的真實想法，還是僅僅在做政治傳聲筒，很明顯，這是黨借郭沫若的嘴，向全國特別是文人知識份子們，傳達自己的真實意圖，傳達這一政策的執行範圍和政治限度，傳達黨對知識份子的實質性要求。

借郭沫若的嘴來傳達，是一種政治技巧，總比冷冰冰的傳達黨的政治文件，更有示範作用，更加有效果。這樣做，既不挫傷知識份子的積極性，又含蓄地點明了黨的政治底線。在這點上，郭沫若和黨，配合得非常默契。

「百花齊放，百家爭鳴」提倡的歲月，用毛澤東的話來說，是一個「多事之秋」。黨儘管取得了社會主義改造的勝利，但國內外的政治局勢，並非風和日麗。

這一年的2月，蘇共二十大召開，赫魯雪夫拋出了震驚世界的祕密報告，嚴厲譴責史達林的專制獨裁，誘發了國際共運內部的動盪。6月和10月，波蘭和匈牙利相繼爆發了大規模的群眾示威和遊行，遭到軍事鎮壓，舉世譁然。國外是風雲動盪，國內亦波瀾四起。這一年的下半年，在城市，發生了大量工人罷工、學生罷課、群眾遊行示威事件；在農村，新建立不久的人民公社，發生了大量鬧社、退社風潮。這些矛頭直指社會主義制度的政治風波，使人們特別是文人知識份子們，開始對以蘇聯為代表的社會體制，發生了深刻的懷疑。思想、文化和知識界私下或公開表達不滿的現象，開始劇增。

面對風不平、浪不靜的政治形勢，黨面臨著執政能力的嚴峻考驗。其實，在國內外一系列政治風波面前，毛澤東和黨也在困惑中尋求突破。當年，毛澤東和黨在打倒蔣介石專制政權時，發動大規模的工人罷工、學生罷課、群眾遊行示威是拿手好戲。一方面是政治鬥爭的手段，另一方面也深諳大規模群眾遊行示威的歷史合理性。革命的成功，在很大程度上是依靠群眾的革命積極性和歷史主動性。今天，在自己的政權的範圍內，出現

了自發的工人罷工、學生罷課和群眾遊行示威事件，能簡單的看成是反革命事件嗎？可是問題的癥結在哪裏呢？

對馬列主義和社會主義制度本身的懷疑，顯然沒有進入毛澤東的思考視野。就現有公開發表的各種資料來看，毛澤東漸漸將黨的執政方式和工作作風，視為矛盾產生的根源之一，特別是對黨內腐敗的官僚階層的產生，尤為警惕。

毛澤東和黨的這種判斷，並非閉門造車，而是有著強烈的現實依據和歷史遠見的。蘇聯等社會主義國家的政治內幕，已經昭然若揭、毋庸多說，已是前車之鑒。在本國黨內呢？許多黨員、幹部高高在上，以國家和社會的功臣自詡，趾高氣揚地做起了官老爺，不但驕傲自滿、蠻橫自大，搞得黨和群眾、黨和知識份子的關係非常緊張，而且在物質和精神各方面，都漸漸形成了一個事實上的特權階層。

這和黨領導革命的初衷，和黨的遠大革命理想，是南轅北轍、背道而馳的。毛澤東在政權建立前後，就反覆告誡黨內：萬里長征，只走完了第一步，勿被資產階級的糖衣炮彈打倒。可是，黨才執政幾年，許多黨員幹部就在群眾面前耀武揚威、不可一世。這些腐敗現象，不能不引起毛澤東的高度政治警覺。

但是，毛澤東和黨並沒有認為，這是一黨專制等制度設計本身所造成的必然弊端，反而認為這是黨內成員遭受資產階級思想和生活作風影響與侵蝕的後果。為了保證社會主義事業的順利前進，為了緩解國內外的政治壓力，為了妥善解決國內日益激化的政治矛盾，一場在國內外政治矛盾刺激下的應變式黨內整風運動，不得已拉開了帷幕。

整風運動，是中共解決黨內問題的老傳統、老方式。在國內外政治風浪迭起之時，這種老傳統、老方式，就漸漸納入毛澤東和黨的考慮範圍中。

在1956年八、九月份的「八大」期間，毛澤東就開始多次強調：把官僚主義、宗派主義、主觀主義切實反一下，通過思想教育來大力克服。到

了年底的中共八大二次會議上，整風運動正式提上了黨的議事日程。毛澤東宣佈：「我們準備在明年開展整風運動」，「整風運動是在我們歷史上行之有效的方法。以後凡是人民內部的事情，黨內的事情，都要用整風的方法，用批評和自我批評的方法來解決，而不使用武力來解決。」在會上，黨的領袖們對脫離群眾的黨內貴族階層的產生，表達了深深的憂慮。毛澤東強調：我們可以成為一個貴族階層的，人數幾百萬，主要的就是那麼幾十萬到百把萬，我看無非是18級以上的（周恩來插話：縣委以上），縣委以上有幾十萬，命運就掌握在縣委以上的手裏，如果我們搞不好，脫離群眾，不是艱苦奮鬥，那末，工人、農民、學生就有理由不贊成他們。有些人如果活得不耐煩了，搞官僚主義，見了群眾一句好話也沒有，就是罵人，群眾有問題不去解決，那就一定被打倒。現在，這個危險是存在的。[6] 對危險爆發的防患於未然，對黨可能蛻化變質的擔憂，應該是毛澤東和黨發動整風運動的主要政治動機。

　　進入1957年後，毛澤東和黨開始全面部署整風運動。2月27日毛澤東作了《關於正確處理人民內部矛盾》的講話。3月12日，又在全國宣傳工作會議上發表講話。這兩次講話雖然沒有公開發表，但是向黨內外進行了傳達，引起了黨內外的巨大反響和關注。這一年的春天，毛、劉、周、鄧等中央高層領導，分頭到各地視察，傳達中央關於整風運動的指示和精神。中共中央同時連續發出一系列指示和方針，具體指導整風運動的開展。

　　在毛澤東和黨中央的強力推動下，從上至下進行整風運動的思想總動員和部署，在全國範圍內鋪展開來。到4月27日中共中央正式發出《關於整風運動的指示》時，「百花齊放，百家爭鳴」、「整風運動」在黨的高層領導的強力推動和循循善誘下，已經如火如荼的展開了。

6　薄一波：《若干重大決策與事件的回顧》下，中共中央黨校出版社1993年版，第605頁。

　　需要看到的是，這次運動，是在黨內外相當大的政治壓力下進行的。社會的不滿情緒、特別是黨外人士、知識份子的滿腹怨言，蓄積已久，對此毛澤東和黨非常清楚。但是黨內的不滿和抵觸也非常強大，「毛本人在4月宣稱有90%『黨內同志』對新的『百花齊放』政策持消極態度，並說『我沒有群眾基礎』。事實上，在中下級幹部中的確普遍存在著反對意見，這些人在日常生活中負責控制知識份子。這些權力（包括特權）岌岌可危的中下級幹部與上層官員的看法是不相同的，他們害怕這一運動失去控制，所以不但不鼓勵知識份子『大鳴大放』，反而對批評意見不分青紅皂白地加以指責。」[7]

　　黨內的壓力，使毛澤東感到不安和不滿。5月1日《人民日報》上發表的《中國共產黨中央委員會關於整風運動的指示》，就指責一些黨內同志，很不瞭解新情況和黨的新任務，「有許多同志就容易採取單純的行政命令的辦法去處理問題，而有一部分立場不堅定的分子，就容易沾染舊社會國民黨作風的殘餘，形成一種特權思想，甚至用打擊、壓迫的方法對待群眾。」

　　其實，在整風運動醞釀和部署之前的「百花齊放，百家爭鳴」期間，黨內的抗議之聲，就已經滋生暗長。有代表性的，當屬解放軍總政治部副部長陳其通[8]與其下屬馬寒冰、陳亞丁、魯勒聯名發表的《我們對目前文藝工作的幾點意見》。對黨內此起彼伏的不理解和抵觸情緒，毛澤東相當生氣，他不但在1957年春天的連續數月內，在各種會議和場合批判陳其通等人的觀點，而且嚴厲批評《人民日報》負責人鄧拓、王若水等，指責《人民日報》在宣傳「雙百方針」和「整風運動」方面消極怠工，致使人們對黨的政策和指示採取觀望態度。毛澤東對黨內不滿和抵制的批評之嚴厲，令黨內反對者十分緊張，馬寒冰就因無法承受政治壓力而服毒自殺。

---

[7]　《劍橋中華人民共和國史1949-1965》，上海人民出版社1990年版，第144頁。

[8]　《郭沫若全集》文學編第8卷，載有一張郭沫若與田漢、陳其通等人的合影插圖。

但是黨內意見的分歧，實際上也為日後迅速展開「反右」運動，埋下了一個政治伏筆。

再回過頭來看看郭沫若發表的那些文章。他在文章中，一方面積極宣傳黨的方針政策，鼓勵知識份子們「百花齊放，百家爭鳴」，另一方面又警告和暗示文人知識份子們不要突破政治底線。以郭沫若的聰明智慧而言，他不能不敏銳地覺察和揣測到一系列政治事件的發展風向。他不但成為黨的方針政策的吹鼓手，而且也堪稱是黨的意識形態哨兵。一件小事即可說明後者：1956年10月16日，郭沫若為江西文藝月刊《星火》題寫刊名，並以刊名為題，賦詩一首，其中就有對政治形勢的高度警覺：「革命的星火已經燎原了，但需要有火種不斷添加，並防止反革命的死灰復燃。」[9]郭沫若的所作所為，不能不說是各種不同意見的折衷和綜合的反映。

郭沫若的言行，從自身角度（特別是雙重身份問題）來說，實際上是一種非常謹慎的、聰明的政治表態：既旗幟鮮明、堅決回應，又模稜兩可、左右逢源。眾所周知，在1956年夏天，郭沫若曾經興致勃勃地想選出一百種花做出一百首詩，在為毛澤東助興的同時，展示對毛澤東提倡「百花齊放，百家爭鳴」方針的積極回應。但是只試做了《牡丹》、《芍藥》和《春蘭》三首，就擱置了。他自己解釋說：「有的同志問我：『為什麼要擱置？』主要的原因是我們所熟悉的花不多，有的知其實而不知其名，有的知其名而不知其實，有的名實不相符，有的雖熟而並非深知（譬如問你：桃花是幾瓣？恐怕有不少朋友不能頓時回答），所以有困難。」[10]

郭沫若的解釋，既合情又合理。誠然如此，那麼有沒有另一種可能使他暫時擱置了呢？來看看這三首詩。

---

[9]　龔繼民、方仁念：《郭沫若年譜》，天津人民出版社1992年版，第967頁。

[10]　郭沫若：《百花齊放・附錄一》，《郭沫若全集》文學編第3卷，人民文學出版社1983年版。

《牡丹》一詩的開篇這樣說：

　　我們並不是什麼「花中之王」，
　　也不曾懷抱過所謂「富貴」之想；

《芍藥》一詩中也說：

　　我們也討厭人們誇說什麼「王者香」，
　　也討厭人們說我們是「花中君子」；

　　詩歌一開篇，不是否定句式，就是否定語態，彷彿是謙虛的聲明，又似乎是因為得不到理解而辯解。整體來看，詩句所顯露的心態，應該說是一種小心翼翼的自抑和自貶，並夾雜著自我澄清的味道。

　　而在《芍藥》中，心態似乎又變得昂揚起來：

　　有人竟貶謫我們為「花之奴」，
　　我們卻不願受這樣的污辱。
　　委屈生活過了不知多少年，
　　如今是奴隸翻身，人民作了主。

　　一會兒是謙虛的自我表白，一會兒又是翻身作主的精神振奮。思想和情緒，在表述委屈和尋求認同之間來回遊移，可謂真實再現了郭沫若作為一個緊跟毛澤東和黨前進的文人知識份子的實際心態。

　　如果詩意的抒懷，僅止於此，也就罷了。可是，《牡丹》一詩的最後一節，卻又似乎與「百花齊放」的精神相違背：

儘管被人稱為國色與天香，

儘管有什麼魏紫與姚黃；

花開後把花瓣散滿了園地，

只覺得敗壞風光，令人惆悵。

花開敗落固然令人掃興，可是主旨是歌頌「百花齊放」方針政策的詩歌，竟有這樣的潑冷水的詩句，難道不同樣令人掃興？這是預見？是不滿？是提醒？還是政治嗅覺的敏感？

如此解詩，固然違背詩歌解讀與欣賞的某些原則。可是首先應該搞清的是，郭沫若的這些詩，本來也不是來源於藝術的衝動和創造，它首先是政治表態的需要，是政治附庸的產物。詩歌純粹是表達政治意念的工具，寫詩者只不過是借詩歌的形式，來展現作者的政治價值取向。上述解詩，當然也不是欣賞詩作，而是從字裏行間窺測和揣摸一下郭沫若的政治心態。

從這一角度來說，詩中表達的較為複雜的、模糊的政治心態和情緒，是否是郭沫若對現實政治形勢的一種反饋？只寫了三首便擱置了，解釋為對花不熟悉，是一個很好的理由。但是有沒有政治形勢的變化莫測帶來的影響呢？依照郭沫若的性格和慣常的作風，如果是政治形勢需要，如果政治氣候合適，即使是胡編亂造，郭沫若也能寫出一百首來應景。因為他自己也可能很清楚，這根本不是在寫詩。1958年大躍進時期，他以每天平均十首的速度完成了「百花齊放」，不但藝術上與《牡丹》、《芍藥》和《春蘭》三首相比同樣乏善可陳，而且也沒看出郭沫若對百花的熟悉更上層樓。前後一比較，不是很奇怪嗎？

一個可行的解釋就是，當時不甚明朗的政治形勢和政治走向，不但影響了郭沫若的創作心理，而且也是使他暫時擱置的一個重要因素。或許要問，既然如此，那郭沫若為什麼還要在公開場合發表那麼多講話和文章？

要知道身為國家政要，在其位要謀其政，官樣文章不做都不行，因為名字見報與否，參加政治活動與否，排名順序等等，都是傳達實際政治地位和狀況的顯著信號。而作詩，則是個人的事，沒有必需的政治程序要求。多一事不如少一事，與其在政治局勢模糊（特別是黨內意見分歧）的狀態下盲目跟風，不如等到大局已定時再說。

「百花齊放、百家爭鳴」提倡了許久，知識份子們依然在猶豫和觀望，黨內的抵觸和不滿漸漸聚集。郭沫若的左右逢源，恰恰可以視為是國內外複雜、多變和模糊的政治環境的一個徵兆。不過，在毛澤東和黨的高層領導的強有力的部署下，政治形勢暫時趨向明朗。毛澤東在黨內採取的嚴厲批評、以儆效尤的方式，暫時抑制了黨內的反對意見，在黨外採取「幫助共產黨整風」的方式，將黨外人士和知識份子的膽量激發出來。

黨外人士和知識份子，顯然沒有經受住勸說、鼓勵和循循善誘這一關，在毛澤東和黨的再三鼓動下，真的開始直言不諱、放言無忌了。

到了這一地步，黨外人士和文人知識份子們的言論，才開始嶄露崢嶸。但此時的言論，尚能為毛澤東和黨認可。有代表性的，是北大教授費孝通在1957年3月24日《人民日報》發表的《知識份子的早春天氣》，和北大教授傅鷹4月27日在北大化學系舉行的正確處理人民內部矛盾問題座談會上的發言。費孝通的文章，主要表達的是知識份子的猶豫和擔憂，周恩來給予很高的評價，認為「把知識份子心靈深處的一些想法都說出來了」。[11] 而傅鷹教授的發言則尖銳的多，而且直指黨內的諸多不良現象，不妨多摘錄一些：

> 教授們談話，只要來了個黨員，便都相視而笑，說些專門給黨員聽的話。其實教授們並非在罵毛主席，也許是在談梅蘭芳的《貴

---

[11]　《周恩來統一戰線文選》，人民出版社1984年版，第349頁。

妃醉酒》。但欲加之罪，何患無辭。鬥爭時，黨員會說，某次我聽見傅鷹在議論梅蘭芳，為什麼不尊重藝術家？這是什麼思想？什麼根源？所以我對於年輕黨員的看法，就同在重慶時對國民黨特務的看法一樣。特別是對正在爭取入黨爭取轉正的人有戒心。他們越多打你幾棍子，入黨轉正的機會就越大。……

運動來了，給你提意見的不是毛澤東、周恩來（要是毛澤東、周恩來提意見，保證願意接受），而是那些年輕的黨員、團員。他們在大會上大罵你一通，罵你三分混蛋，你承認五分混蛋，這才鼓掌通過，事後說搞錯了，他只到你一個人面前道歉。……

我最討厭「思想改造」，改造兩字，和勞動改造聯繫一起。有了錯才要改，我自信一生無大錯，愛國不下於任何黨員，有什麼要改？現在所謂「改造」，就是要人在什麼場合，慷慨激昂說一通時髦話，引經據典，馬、恩、列、斯。何必要用任何人都聽不懂的話去說人人都懂的事？化學系只我一人沒上夜大學，受不了，本來清清楚楚，偏要左體會右體會。煤是黑的——就完了。非要說什麼「煤之黑也，其不同於墨之黑也，它和鞋油又如何如何」，全是廢話。……

人們有什麼不好的思想行為，總說是資產階級思想影響，這是不公平的。資產階級思想的老祖宗無非是孔夫子，孔夫子幾曾叫人貪污，損人利己，唯利是圖？……

知識份子的要求就是要把我們當自己人，如此而已，並不需要優待。加了薪便感激涕零，那麼蔣介石給更多的錢怎麼辦？……

用現在比過去的方法教育知識份子，根本不對頭。現在比過去好，因此應該擁護現在的政府，這個邏輯用於知識份子就很危險。過去我剛回國時，住了13間房，5個澡盆，每月600元薪水。按這個

邏輯推下去，我豈不要反對政府？[12]

　　傅鷹教授的尖銳批評，可謂鞭辟入裏、入木三分，足以令許多黨員幹部坐立不安。但這一大膽的發言，卻得到了毛澤東的認可：「基本上是誠懇的，正確的。這類批評占90%以上，對於我黨整風，改正缺點錯誤，大有利益。……以上情況，雖非全部，但甚普遍。」[13]毛澤東還專門於4月30日，在天安門城樓約集各民主黨派負責人和無黨派人士座談，鼓勵大家把批評的空氣繼續進行下去。國家高層領導的催促、鼓舞與肯定，使黨外人士和文人知識份子，徹底放下了包袱，但是也忘卻了自己在國家政治生活中的真實地位，開始無所顧忌的大鳴大放。

　　然而，隨著大鳴大放越來越深入，黨外人士和知識份子的發言越來越尖銳，越來越觸及到黨的政治底線了。這時，該輪到毛澤東和黨的高層領導們坐立不安了。

　　當年黨外人士和文人知識份子們的發言，如果全部搜集整理出來，要遠遠超過汗牛充棟的程度。這裏不能一一列舉。日後被毛澤東斥之為「毒草」的「政治設計院」、「平反委員會」、「黨天下」、「殺共產黨人」以及「右派」學生典型林希翎的發言，可以說是代表了黨外人士和文人知識份子各個階層、各個年齡階段的典型「反動」言論。

　　「政治設計院」是章伯鈞的「反動言論」，主要意思是，主張政協、人大、民主黨派、人民團體，應該是政治上的四個設計院，一些政治上的基本建設，事先要叫他們討論等等。羅隆基則提出了「平反委員會」的政治設想，以避免整風運動後的打擊報復、秋後算帳。如果說章、羅的這些言論，尚屬制度建設和制度補充，章、羅發言中也提到要走社會主義道路、共產黨是領導黨之類，這些已經令毛澤東和黨無法穩坐釣魚臺了，那

12　龔育之：《毛澤東與傅鷹》，《百年潮》1997年第1期。
13　《建國以來毛澤東文稿》第6冊，中央文獻出版社1992年版，第477頁。

麼儲安平的言論，則更足以讓毛澤東和黨感覺到心驚肉跳了。

儲安平的罪狀，就是有名的「黨天下」理論。6月2日《人民日報》發表了他的《向毛主席和周總理提些意見》，這些「意見」即使今天看來，也讓著實人捏著一把汗：

> 解放以後，知識份子都熱烈地擁護黨、接受黨的領導。但是這幾年來黨群關係不好，而且成為目前我國政治生活中急需調整的一個問題。這個問題的關鍵究竟何在？據我看來，關鍵在「黨天下」的這個思想問題上。我認為黨領導國家並不等於這個國家即為黨所有；大家擁護黨，但並沒忘了自己也還是國家的主人。政黨取得政權的主要目的是實現他的理想，推行他的政策。為了保證政策的貫徹，鞏固已得的政權，黨需要使自己經常保持強大，需要掌握國家機關中的某些樞紐，這一切都是很自然的。但是在全國範圍內，不論大小單位，甚至一個科一個組，都要安排一個黨員作頭兒，事無鉅細，都要看黨員的顏色行事，都要黨員點了頭才算數，這樣的做法，是不是太過分了一點？在國家大政上，黨外人士都心心願願跟著黨走，但跟著黨走，是因為黨的理想偉大，政策正確，並不表示黨外人士就沒有自己的見解，沒有自尊心和對國家的責任感。這幾年來，很多黨員的才能和他所擔當的職務很不相稱。既沒有做好工作，使國家受到損害，又不能使人心服，加劇了黨群關係的緊張，但其過不在那些黨員，而在黨為什麼要把不相稱的黨員安置在各種崗位上。黨這樣做，是不是「莫非王土」那樣的思想，從而形成了現在這樣一個一家天下的清一色局面。我認為，這個「黨天下」的思想問題是一切宗派主義現象的最終根源，是黨和非黨之間矛盾的基本所在。今天宗派主義的突出，黨群關係的不好，是一個全國性的現象。共產黨是一個有高度組織紀律的黨，對於這樣一些全國性

的缺點，和黨中央的領導有沒有關係？最近大家對小和尚提了不少意見，但對老和尚沒有人提意見。我現在想舉一件例子，向毛主席和周總理請教。解放以前，我們聽到毛主席倡議和黨外人士組織聯合政府。1949年開國以後，那時中央人民政府6個副主席中有三個黨外人士，四個副總理中有2個黨外人士，也還像個聯合政府的樣子。可是後來政府改組，中華人民共和國的副主席只有一位，原來中央人民政府的幾個非黨副主席，他們的椅子都搬到人大常委會去了。這且不說，現在國務院的副總理有12位之多，其中沒有一個非黨人士，是不是非黨人士中沒有一人可以坐此交椅？或者沒有一個人可以被培植來擔任這樣的職務？從團結黨外人士、團結全國的願望出發，考慮到國內和國際上的觀感，這樣的安排是不是還可以研究。

小和尚們的糟糕做法和作派，老和尚們是心知肚明，揭發、批判，頗遂其心願。可是，把矛頭對準老和尚及其掌握的政黨，大有分庭抗禮、分權奪位之勢，老和尚們豈能袖手旁觀？

黨外人士和知識份子的上層人物如此踴躍，下層人士也不甘落後。5月31日《人民日報》刊發了中國人民大學教師葛佩琦的發言《不要不相信我們知識份子》，別說當時難以為黨容許，就是現在來看也沒有人敢公開說。且看他那些所謂「殺共產黨人」的言論：

> 我以為今天黨群關係與解放前相比，差了十萬八千里。……豬肉緊張，老百姓吃不上，有人說這是生活水平提高，生活水平提高的是那些人呢？過去穿破鞋現在坐小臥車穿呢子制服的黨員和幹部。……
>
> 1949年共產黨進城時，老百姓都是「簞食壺漿」、「以迎王師」來歡迎。今天老百姓對共產黨是「敬鬼神而遠之」。老百姓幾

時也是這樣，中國歷史上好多這樣的例子，當統治者沒得到統治地位的時候，老百姓總是歡迎他們的，但他們一旦得到了統治地位，而不顧人民利益時，人民就要反對他們。……

過去在學校做地下工作時，是用聯繫進步、爭取中立等一套方式，而今天是用黨員來領導，所以看黨員的成績就是看彙報多少，彙報的多，就是好黨員，黨員起了監視群眾的便衣警察的作用。這是不能怪黨員，因為黨組織叫他們做情報，所以責任在黨組織，因這是組織給的任務。

共產黨對我三心二意，我對你也三心二意。中國是六億人民的中國，包括反革命在內，不是共產黨的中國。黨員有主人翁的態度是好的，但是，你們認為「朕即國家」是不容許的。你們不應因自己是主人翁而排斥別人，不能只有黨員是可靠的，而別人都是可疑的，特別是對愛發牢騷的黨外人士，共產黨可以看看，不要自高自大，不要不相信我們知識份子。搞得好，可以；不好，群眾可以打倒你們，殺共產黨人，推翻你們，這不能說不愛國，因為共產黨人不為人民服務。共產黨亡了，中國不會亡。因為，不要共產黨領導，人家也不會賣國。

中國人民大學學生林希翎，在「大鳴大放」中頗為活躍，她曾在5月23日和5月27日到北大做過兩次有名的演講[14]，簡略摘錄一些，可見其「膽大妄為」到何種程度：

胡風是對中央遞意見書，怎能說這個意見書就是反革命的綱領呢？為什麼向中央提意見就是？這是史達林主義的方法。……

---

[14] 牛漢、鄧九平主編：《原上草：記憶中的反右派運動》，經濟日報出版社1998年版。

毛主席的話又不是金科玉律，為什麼不能反對呢？……

我覺得公有制比私有制好，但我認為我們現在的社會不是真正的社會主義，如果是的話，也是非典型的社會主義。真正的社會主義應該是很民主的，但我們這裏是不民主的，我管這個社會叫做在封建基礎上產生的社會主義，是非典型的社會主義，我們要為一個真正的社會主義而鬥爭！

現在共產黨的官僚主義、主觀主義、宗派主義很嚴重，我們不要以為共產黨用整風的辦法，採取改良主義的辦法，向人民讓點步就夠了（群眾轟她，少數人歡迎鼓掌），……我經過研究，認為歷史上所有的統治階級都有一個共同點，他們的民主都有侷限性，共產黨的民主也有侷限性，在大革命風暴中和人民在一起，當革命勝利了就要鎮壓人民，採取愚民政策，這是最笨的辦法。……

聽說現在有風聲要收了，想封住人民的嘴巴，這是最愚蠢的。北大是放了，高級知識份子是放了，但廣大基層還沒有放，現在揭發的遠不及實際生活的1%……

主席寫幾首詩給詩刊，創刊詞上有人評價，說主席不僅是偉大的政治家，也是偉大的詩人。我看主席看了一定會生氣，這話多麼肉麻。有人說主席寫的字最好，我看不見得。[15]

……幾天來北大學生川流不息地到我家去拜訪我，其中有個同學說，我來向你自首。上次在會上擾亂秩序，破壞你的發言，都是支部書記佈置讓我做的。同志們，我用毛主席的說法，這些都是國民黨段祺瑞的做法，是極卑鄙的！

---

[15] 林希翎在這裏所說的吹捧者，應該包括郭沫若等人。

　　黨外人士和文人知識份子，老、中、青三代，上、中、下三層，在轟轟烈烈的大鳴大放中，從現象到本質，層層逼進、步步為營，從基層黨和國家社會政治生活中的弊端，一直數落到弊端產生的總根源：一黨獨大。

　　事實上，面對黨外人士和文人知識份子日趨激烈、日趨尖銳的批判，毛澤東和黨早就坐不住了。從毛澤東的談話、指示以及當發佈的一系列文件來看，在「百花齊放，百家爭鳴」和整風運動的初始階段，毛澤東和黨判斷，黨外人士和文人知識份子們經過一系列思想改造運動，已經從資產階級思想轉變過來，不但擁護黨的領導、擁護社會主義，而且對改善黨的執政方式和工作作風大有裨益。但是這種判斷，顯然停留於理論上的可能性，忽略了政黨作為一個利益集團及其運作方式，和文人知識份子作為一個階層的獨立性之間的鴻溝，更忽略了文人知識份子作為社會結構中被壓抑、被改造的階層所長期累積的怨憤。因此，在4月底5月初，還信心百倍地「開門納諫」，邀請黨外人士幫助整風，暢所欲言提意見。可是，發自文人知識份子心靈深處的言論「大鳴大放」還沒過幾天，毛澤東和黨對知識份子思想改造成果的樂觀估計，就消失了。取而代之的。是視之為毒草，開始將人民內部矛盾升級為敵我矛盾。

　　在「毒草」言論還沒有蓬蓬勃勃的5月15日，毛澤東就寫了供黨內高級幹部參閱的《事情正在起變化》[16]，向黨內發出了「反右」的第一個重要政治信號。這就是有名的「引蛇出洞」：

　　　　最近這個時期，在民主黨派中和高等學校中，右派表現得最堅決最猖狂。他們以為中間派是他們的人，不會跟共產黨走，其實是做夢。……我們還要讓他們猖狂一個時期，讓他們走到頂點。他

---

[16]　該文當時沒有公開，1977年《毛澤東選集》第五卷出版時才公諸於世。

們越猖狂，對於我們越有利益。人們說：怕釣魚，或者說：誘敵深入，聚而殲之。

……讓魑魅魍魉，牛鬼蛇神「大鳴大放」，讓毒草大長特長，使人民看見，大吃一驚，原來世界上還有這些東西，以便動手殲滅這些醜類。就是說，共產黨看出了資產階級與無產階級這一場階級鬥爭是不可避免的。讓資產階級及資產階級知識份子發動這一場戰爭，報紙在一個期間內，不登或少登正面意見，對資產階級反動右派的猖狂進攻不予回擊，一切整風的機關學校的黨組織，對於這種猖狂進攻在一個時期內也一概不予回擊，使群眾看得清清楚楚，什麼人的批評是善意的，什麼人的所謂批評是惡意的，從而聚集力量，等待時機成熟，實行反擊。有人說這是陰謀。我們說，這是陽謀。……不管共產黨怎樣事先警告，把根本戰略方針公開告訴自己的敵人，敵人還是要進攻的。

當黨外人士和文人知識份子們，正在慷慨激昂縱論小和尚、老和尚們的是非非時，在毛澤東和黨的眼中，這已經轉化成了向黨的猖狂進攻，一場「誘敵深入，聚而殲之」的消滅右派的政治運動，已經悄悄拉開了序幕。

從6月份開始，毛澤東和黨的指示一個接一個，《人民日報》的社論一篇接一篇，從上至下反右鬥爭的激烈程度，達到了建國以來文人知識份子思想改造的空前盛況。在短短數月之內，就有55萬多人，被各級黨組織定為右派分子。這些人，輕則降職降薪、留用察看，重則開除、勞教，直至鋃鐺入獄。多少年後，人們將這場運動形容為「一場對中國知識精英的大圍獵」。

在1981年《關於建國以來黨的若干歷史問題的決議》中，一方面認為反右鬥爭被嚴重擴大化、造成了不幸後果，一方面又認為反擊右派是完全正確的和必要的。我們不知道怎樣妥善理解這兩者之間的矛盾。到上個世

紀80年代初期，55萬右派中的絕大多數都被摘帽，僅有大約3000人未予改正，在這些維持原案的人中，也大多肯定他們曾為黨做過有益的工作。從這些事實和資料來看，反右鬥爭擴大化，也太過擴大了吧？如今，坊間對反右鬥爭情形的回憶、討論頗多，但尚屬政治敏感問題，忌諱甚多。或許，事實還須等待時間之神的裁判。

在這場運動中，郭沫若是堅決和毛澤東與黨站在一起的。

如果說在對電影《武訓傳》的批判中，他曾經「瞠然自失」，忙不迭地寫檢討、申明政治態度；如果說在批判俞平伯《紅樓夢》研究和胡適資產階級唯心主義的浪潮中，還要為自己辯解幾句，強調一下與人為善；如果說在批判胡風反革命集團的運動中，事不關己、高高掛起，風緊時就跟風；那麼在「百花齊放、百家爭鳴」和整風運動中，郭沫若對毛澤東和黨的政治意圖，是絕對的心領神會，其步調一致的政治默契程度，是此前所無法比擬的。

正如前文所述，郭沫若對毛澤東和黨的政治意圖、政治目的，了然於胸。是故在毛澤東和黨鼓動文人知識份子們大鳴大放之時，在公開的談話、文章中，反覆暗示、告誡文人知識份子們，切莫向黨的領導權挑戰。且不論這是來自黨的授意，還是出於自己的高度政治敏感，僅僅是從現體制的即得利益獲得者這一層面來看，郭沫若也決不會贊成那些激烈的右派言論。

因此，當政治形勢急轉直下時，郭沫若旗幟鮮明地發揚了「黨喇叭」的精神。在6月27日，郭沫若對《光明日報》記者發表談話，次日以《撥開雲霧見青天》為題，發表在《光明日報》。毛澤東對此文相當重視，指示胡喬木說，「郭沫若此篇，請要人民日報全文轉載，新華社全文播發。」[17] 這篇文章，可以稱之為是郭沫若在整風運動、反右運動之中，一次姿態鮮明、觀點明確的政治表態：

---

[17] 王錦厚：《毛澤東論郭沫若》（上），載《郭沫若學刊》2004年第2期。

　　為了今後能夠更好、更快地進行社會主義建設，不久以前，中國共產黨又抱著十分負責的態度，要對黨內可能有的不良作風──即官僚主義、宗派主義、主觀主義的作風，進行整肅；同時，也誠懇地鼓勵黨外人士提出批評，幫助整風，有牆拆牆，有溝填溝。這完全是一種大公無私、全心全意從人民利益出發的態度。要不是共產黨，誰還能做到這樣呢？但是，別有用心的資產階級右派分子企圖偷天換日，竟假借幫助黨整風的名義，對黨、對社會主義制度進行了猖狂的進攻。在右派分子看來，這好像是千載難逢的機會。根據右派分子的估計，共產黨是不得人心的，這個「黨天下」是不會長久的。因此他們開始蠢動了。他們得意忘形地以為這樣就可以打出他們的天下了。……有些糊塗的知識份子也在跟著嚷，說什麼「現在不如國民黨時代」呀，「知識份子遭了浩劫」呀，簡直是睜著眼睛說瞎話。右派的目的只有一個，就是要推翻中國共產黨的領導，推翻社會主義制度，讓資本主義復辟。

不但如此，郭沫若還對毛澤東和黨的政策的前後不一致，進行了解釋：

　　可能還有人這樣問：不是說，「言者無罪，聞者足戒」嗎？怎麼言者又有罪了？實際上，答覆這個問題很簡單：「無罪的言者無罪；有罪的言者還是有罪的」。一個人的話，如果動搖了國家的根本，還是無罪，那樣還有什麼國家法紀可言呢？……田地要種糧食，不要說毒草，就是雜草也應該拔除。

　　反擊右派，是不就是「收」？不是！「百花齊放，百家爭鳴」是長期的政策。反擊右派是大爭。只有把右派分子茁發出來的毒草剷除乾淨，才能更好地更健康地貫徹「百花齊放，百家爭鳴」的方

針。雜草除盡，花會開得更好。雜響除盡，鳴會爭得更好。

　　……對右派分子的鬥爭，是要保衛我們社會主義革命的成果，是要保證在共產黨領導下建成社會主義社會。

　　郭沫若在這場運動中的表現，應該是令毛澤東和黨滿意的。從發表談話到寫批判文章，郭沫若不但予以全面配合，而且表達忠心的「詩意」也屢屢襲來。最能體現其政治態度的，當屬《紀念「七七」——用魯迅韻》[18]，其二曰：

> 右派猖狂蠢動時，
> 溫情那許一絲絲！
> 已將率土成公物，
> 竟有么魔倒大旗。
> 毒草必須成糞壞，
> 爭鳴方好詠新詩。
> 勿忘二十年前事，
> 起舞中宵共振衣。

　　應該說，通過歷次思想改造運動的歷練，郭沫若在這場運動中表現，正符合了毛澤東和黨所要求的那類文人知識份子的典型：既幫助黨改正錯誤，又衷心擁護黨的領導；時而竭力鼓吹，時而嚴肅示警。郭沫若作為黨喇叭的作用，可謂發揮得淋漓盡致，與黨的「合作」，絕對可以稱得上是相得益彰。

　　胡喬木曾經披露過毛澤東和郭沫若有知音之感的一個材料：「座談會講話正式發表不久，毛主席跟我講，郭沫若和茅盾也發表意見了，郭說：

---

[18]　1957年7月7日《人民日報》。

『凡事有經有權』。這話是毛主席直接跟我講的，他對『有經有權』的說法很欣賞，覺得得到了知音。」[19]儘管胡喬木所講的，是郭沫若和毛澤東由《在延安文藝座談會上的講話》而引發的惺惺相惜，但在「百花齊放、百家爭鳴」和整風運動中，也不難看出郭沫若對整個事件的看法，依然是「有經有權」。「經」自然就是要堅持共產黨的領導、堅持社會主義制度，「權」則僅僅是指「幫助共產黨整風」，權變絕對不能動搖經緯，這是郭沫若看到的，和恪守的一個政治底線。

還有一點需要注意的是，郭沫若在詩、文中，頻頻用了一個詞：蠢動。這一辭彙的褒貶色彩，自然不必多說。這僅僅是作者下筆時的興會所至嗎？「蠢動」一詞，是對那些遭殃的文人知識份子看不清政治形勢的諷刺？還是為自己能準確理解和傳達了領袖和黨的政治意圖而慶幸？這是否流露出郭沫若的某種特殊而複雜的心態呢？

「凡事有經有權」的郭沫若，當然已經不是從一個知識份子的視角，而是從政治的角度進行權衡了。但是，這並不一定意味著郭沫若內心深處的想法，和公開的言行完全一致；也不一定意味著郭沫若恪守「有經有權」時，沒有自己獨立的想法。

五、六十年代和郭沫若交往頻繁的陳明遠，曾經回憶說：當時正是反右高潮，但他們在我面前從來沒提過反右的事，壓根兒就不談。現在回想起來，反右運動不在他們的預料之中，以為和批《武訓傳》、批胡適差不多，開開會就完了，照樣工作。沒有料到後來處理這麼嚴重，送那麼多人去勞改。那些老人空餘的時間還是談談詩，解解悶。……反右的時候，郭沫若聽到丁玲是右派大吃一驚，聽到艾青是右派又大吃一驚。丁、艾都是老黨員，對郭震動很大，他說，像我們這樣的人，如果不好好改造自己，驕傲自滿，就會成為右派。[20]這段材料如果屬實的話，那麼說明郭沫

19　胡喬木：《胡喬木回憶毛澤東》，人民出版社1994年版，第60頁。
20　胡化：《高處不勝寒——關於陳明遠的訪談》，《反思郭沫若》，作家出版社1998年版。

若在「百花齊放、百家爭鳴」、「整風」和「反右」運動中，決非是輕裝上陣，而是在一定的政治壓力和政治焦慮下的應變式選擇。不但是改造不好、驕傲自滿會成為右派的問題，稍有不慎就有可能被主流政治所拋棄。

在1959年的一篇文章中，談及他當時對黨的「雙百方針」的理解時，郭沫若曾經說過一段耐人尋味的話：

> 在一次座談會上我講過這樣的話，費孝通在當時很不滿意我的體會。他在背地裏說：「百家爭鳴的方針提出後，陸定一開了前門，郭沫若關了後門。」其實我不是「關了後門」，而是同時開了後門。[21]

現在來仔細分析的話，費孝通的所謂「關了後門」，與郭沫若的「同時開了後門」，其實說的是一回事。這就是「大鳴大放」的政治限度問題。費孝通不滿的可能是，既然讓知識份子暢所欲言，怎麼又警告說不能「亂鳴」呢？郭沫若否認「關了後門」，並說自己「同時開了後門」，難道不是暗示和告誡黨外人士和文人知識份子們：盡可以歷數弊端、大發牢騷，但千萬不要觸及毛澤東和黨的政治底線，千萬不要向黨的領導權挑戰？

這當然不是郭沫若的「馬後炮」。因為事實已經驗證了郭沫若的政治預見。如果當時那些被打成右派的文人知識份子們，早點領會到這一政治「後門」的存在，把滿腹牢騷藏在心裏，無論怎樣威逼利誘，就是打死也不說，或許會躲過一劫。

這到底是郭沫若政治警覺的自然流露，還是黨的指示和授意？現在尚不得而知。似乎是都有吧。對郭沫若的真實心理狀態，我們也已經很難窺

---

[21] 郭沫若：《進一步展開「百花齊放，百家爭鳴」》，《郭沫若全集》文學編第17卷，人民文學出版社1989年版。

測到了。但無論如何，在「百花齊放、百家爭鳴」和整風運動中，僅僅從郭沫若的旗幟鮮明和毛澤東對郭文的批示來看，毛澤東和郭沫若應該說又有了「有經有權」的共鳴和知音之感。

七、「我要永遠保持著心上的春光」

　　「百花齊放、百家爭鳴」、整風運動以及反右運動表明，許多文人知識份子們，不但沒有被徹底改造，反而是一遇到合適的機會，本性就會畢露無疑，起而嚴厲揭露和批判黨和國家的弊端與腐敗。有時，只不過是在國家機器和國家暴力的威懾下，才不得不夾起尾巴。毫無疑問，反右運動加大了黨與知識份子的裂痕，對中國知識階層造成了重大傷害。

　　但是，當評判事務的尺度以善良與邪惡、真理與謬誤、光明與黑暗、進步與落後等絕對二元對立的思維模式為價值座標的時候，在人們的集體無意識中，就會出現非此即彼的、不可調和的選擇。當黨必須依靠國家機器和暴力，使知識份子屈服的時候，黨的意識形態宣傳在其他社會階層中，卻發生了效力：

> 居民們看來是全心全意地支持對知識份子的鎮壓的。知識份子自主性的思想和知識份子的不滿情緒，在知識份子階層外，沒有得到理解和支持。絕大多數人這時還在獻身於黨和毛澤東改造中國的事業；指責知識份子不忠於黨、危害黨，對大多數人是頗有說服力的。知識份子被孤立於整個人民之外。國家利用手中的權力，以就業、運動、勞動改造相威脅，可以輕而易舉地壓制一切對知識份子可能有過的支持。[1]

---

[1]　《劍橋中華人民共和國史1949-1965》，上海人民出版社1990年版，第274-275頁。

處於這種政治境遇下的文人知識份子們，變成了社會的異類。在敵我矛盾的單一政治視野中，知識份子特別是右派，不但不會被大多數社會成員，視為是正義、光明、進步的化身，反而可能被描述和塑造為社會的病灶，在轟轟烈烈的社會衛生大掃除中，應當被一掃而淨。

因此，在整體的社會心理和道德評判體系中，文人知識份子們並不處於價值優位。政治實踐儘管處處充滿了旦夕禍福、冷酷無情，但是右派的人數之多、範圍之廣、規模之大和嚴厲程度，遠遠超出了大多數社會成員的想像，在社會上造成了相當程度的緊張、憂慮和心理壓力。郭沫若自然不會例外。不過，無論是出於政治理念，還是社會角色與身份，郭沫若都不會認同、贊成右派們的激烈言論，更不會視之為志同道合者。

城門失火雖然沒有殃及池魚，但郭沫若也絕非輕鬆自由身。對別人的警示，實際上也蘊含著對自身位置和角色的清醒認識。

在對政治遊戲和官場規則越來越熟稔、越來越習慣的情況下，郭沫若不可能不知道「在人屋簷下，不能不低頭」的道理，也不可能不知道「閻王好見，小鬼難纏」的俗語。他非常清楚政治權力是如何分配和運作的。因此，除了在政治表態、意識形態宣傳等重大方面緊緊「跟進」領袖外，對黨和國家權力部門中的中下層實權派們，也特別重視，並不因為自己職位高、名聲大，而等閒視之、等閒待之。

當年曾經和郭沫若有過共事經歷的兩位黨的中層幹部，在以後的回憶中，提及了郭沫若在現實政治中的姿態。這對我們瞭解郭沫若在政界的心態，很有幫助。一則是趙渢的回憶：

在文委工作的幾年中，郭老給我最深刻的印象是：第一，凡是當時黨中央宣傳部對文委工作上的決定，郭老總是堅定不移加以執行，對黨中央宣傳部負責同志的一些建議，郭老總是非常重視，我當時

心中時常感歎地想，郭老真不愧為一位模範的「非黨的布爾什維克」！第二，郭老對敬愛的周總理的一切指示，總要經常反覆地研究和琢磨。[2]

另一則是于光遠的回憶：

我和郭沫若的相識是在建國後他擔任中國科學院院長，我在中共中央宣傳部當處長負責聯繫中國科學院黨組的時候。這時候我對他就有了直接接觸後產生的印象。在我的印象中他是一個平易近人的長者，對黨組織特別尊重，對黨中央、國務院、毛澤東、周恩來不必說了。他發言經常說某月某日某黨中央的同志、院黨組都是怎麼怎麼說的，作出什麼決定。我驚訝他不但內容記得準確，日子也能隨口說來。不僅如此，就是對我，因是黨中央機關來的年輕人，也有一種頗為尊重的味道，使我感到惶恐。他的有些公開的講話稿，比方他批判右派的發言，中科院黨組要我們處幫助起草。稿子他認認真真看了，沒改多少就同意發表。我們覺得他很好說話。我和我們處裏的同志對他都有好感。[3]

堅決執行黨的決定，對黨組織特別是負責同志尤為尊重，如此認真和平易近人，與狂放的詩人形象相去太遠，無怪乎要給人留下深刻的印象，令黨的一些中下層幹部感到受寵若驚。

從郭沫若的這些作派來看，能夠應對好上上下下的掌握實權的各色人等，也實屬不易。但要說郭沫若多麼委屈自己、多麼降低自己的人格，或者說將真實的自我偽裝起來而捲入庸常的政治，似乎也與實際不大相符。

---

[2] 趙渢：《回憶郭老的一些片斷》，《新文學史料》1979年第2輯。
[3] 于光遠：《關於郭沫若我也想寫幾句》，《文學自由談》1999年第6期。

我們今天已經熟知，即使在一個常態社會中，作為個體的人，在社會中進行交往的時候，不可避免地要帶著人格面具和社會面具。這種情形既是某種真實自我的隱藏，也是個體行為的一種本能的社會化表現形式，與道德水準、與善惡是非，並沒有絕對的和必然的邏輯因果關係。

曾一度與郭沫若相交甚密的陳明遠多次講：按我多年的觀察，郭沫若在心理學分類上屬於一種矛盾、多元（多重性）的人格型。一方面，外向、情欲旺盛、豪放不羈；另一方面，內藏、陰鬱煩悶、城府頗深。一方面熱誠仗義，另一方面趨炎附勢。[4] 陳明遠的觀察準確與否，我們暫且不論。郭沫若在政界的小心翼翼、謹小慎微、唯唯諾諾，與他性格組合中的豪放不羈、桀驁不馴，並不一定就截然對立，都不過是個體生命在不同境遇、不同情勢中的釋放與顯現。不同之處在於，一個是內斂的，一個是外釋的。從人的生存需要和自我實現的需要來看，不是孰好孰壞、孰對孰錯的問題，而是此一時、彼一時的策略問題。從某種程度上說，也是價值觀念和人生態度的問題，比如你認為是奴顏媚骨，可我卻以為是遵從真理、為大眾犧牲自我。

對郭沫若這樣一個有著濃厚政治興趣的文人知識份子來說，其表現恰恰是印證和適應了一切圍繞著權力運轉的政界鐵血法則。究其心理和精神根源，其中，既有自願，也有被迫；既有自豪，也有恐慌；既有興奮，也有無奈；既有感激，也有厭倦。總之一句話：為人不自在，自在不為人。如若感到兩者之間有不可調和的矛盾，內心無比痛苦，精神無法解脫，或者說不能掂量出孰重孰輕，不知道何去何從，那也就太小瞧了郭沫若。

政界的翻手為雲、覆手為雨，畢竟令人心生緊張與不安。聲名顯赫固然令人志得意滿，但如履薄冰、唯唯諾諾，畢竟壓抑性情、令人鬱悶。人們都曉得，個性張揚比之唯唯諾諾，神采奕奕比之萎萎縮縮，畢竟要心情

4　陳明遠：《湖畔散步談郭沫若》，《反思郭沫若》，作家出版社1998年版。

舒暢。聰明如郭沫若者,當然心知肚明。更何況建國後不久,郭沫若就進入了花甲之年,固然沒有遭受重大人生挫折,但那些曾經是同類的文人知識份子們的遭遇,並不會輕鬆的化為過眼雲煙,也很難說是事不關己、高高掛起。

在政界,不管怎麼說,畢竟是要仰人鼻息,稍有不慎,就有可能被人掃地出門。在文學和學術界,雖享有文聯主席的尊稱,可是既不能、也不想去攪和文人們的是非曲直。而且,賴以安身立命的首要法寶——文學創作,咋一看風采斐然,其實究竟有多少斤兩,他自己比誰都清楚。白雲蒼狗,世事滄桑,歲月無情,在風風火火、百般顯赫的背後,郭沫若面對複雜多變的現實世界,內心深處不可能不生發出對自身、對社會、對人生的潛在隱憂與危機感。問題在於:是隱藏還是暴露。

不用說,這些隱憂和危機感,是無法在人聲鼎沸的台前言說的。因為他已經是眾目睽睽之下的一個政治人物和公眾人物,更何況還是在咋暖還寒、陰晴不定的政治氛圍中。比較有幸的是,宏大、整齊的歷史敘事,畢竟會拐彎抹角地留下許多裂縫。在這些歷史裂縫中,郭沫若可以找到一條吐露些許心聲的渠道,我們也可以模模糊糊的看到郭沫若內心世界潛藏很深的另一種滋味。郭沫若和陳明遠的通信,現在可以稱得上是浮出歷史水面的一條隱約的縫隙。在五十年代郭沫若寫給陳明遠的幾封信中,有一些話不但顯示了郭沫若與公眾面前的表演迥然不同的側面形象,而且有助於我們理解一個全面地、完整的郭沫若:

> 1953年7月12日:
>
> 儘管一個新的社會誕生了,可是這新社會中也會產生他的陰暗面。[5]

---

[5]　黃淳浩編:《郭沫若書信集》(下),中國社會科學出版社1992年版,第63頁。

1953年12月30日：

　　得知你現在已經有了很好的安排——每個週末都要讀一部美的詩篇、聽一曲美的音樂、看一幅美的繪畫。像這樣美好的週末，令我非常羨慕。特別是，一面聽著似從遠處傳來的音樂、一面讀著格調高雅的詩篇，沉浸在陶醉的境界裏，那真是一種極好的美的享受。我真希望也能有機會跟你們一同度過這樣美好的時光。[6]

1954年4月29日：

　　我近幾年來公務、雜事纏身，幾乎沒有清靜的時候。對於文藝上的愛好，只得捨棄了。……入夜，伏案編纂之餘，讀你的信和詩，在我是一種休息、一種享受。[7]

1955年9月12日：

　　多年以來，我自己不僅沒有寫出什麼像樣的詩歌作品，而且幾乎把文藝都拋荒了。[8]

1955年10月23日：

　　自從建國以來擔負了國家行政工作，事務繁忙；文藝女神離開我愈來愈遠了。不是她拋棄了我，而是我身不由己、被迫地疏遠了她。有時候內心深處感到難言的隱衷。看來只好等到我退休以後再去親近文藝了。這也是為國為民所作的個人犧牲吧。[9]

6　黃淳浩編：《郭沫若書信集》（下），中國社會科學出版社1992年版，第65頁。
7　黃淳浩編：《郭沫若書信集》（下），中國社會科學出版社1992年版，第68頁。
8　黃淳浩編：《郭沫若書信集》（下），中國社會科學出版社1992年版，第75頁。
9　黃淳浩編：《郭沫若書信集》（下），中國社會科學出版社1992年版，第77頁。

1956年2月10日：

　　來信要跟我比賽寫詩，真是將了我一軍。你說你「如同體育館以外的業餘體操愛好者一樣、是個詩壇以外的業餘詩歌愛好者」；其實，我也早就退出了所謂的「詩壇」。話又說回來，現在我國的新詩那裏稱得上有什麼「壇」來？別看一些自詡為「新詩人」者架子十足，也不過是些走江湖的天橋把式而已。[10]

1957年4月17日：

　　近來的精力是不比從前了。以前曾經用十天或五天工夫寫一個多幕劇，今天差不多就很難想像了。生理的條件是有些不可抵擋的。當然，我還不能稱是一個老人，自己也不甘心老，總得做出一些比較可以滿意的東西。[11]

1958年11月17日：

　　近年來我常感到自己確是走入老境，心裏也在發急。我想寫詩的時候，每每苦於力不從心。我在盡力向您們青年學，向人民群眾學，但是恐怕不能學得到家了。[12]

　　看到這些感喟，人們可能要問，這是那個人前風光無限、笑顏逐開的郭沫若嗎？這是郭沫若真實思想情感的表達嗎？況且還有人指責陳明遠偽造郭沫若書信？

　　書信真偽暫且不論，僅僅從人之常情來看，誰敢說郭沫若的內心世界，會和他的公開表態完全一致？在公開的場合、公開的言論中，看不苦

---

[10]　黃淳浩編：《郭沫若書信集》（下），中國社會科學出版社1992年版，第78頁。

[11]　黃淳浩編：《郭沫若書信集》（下），中國社會科學出版社1992年版，第88-89頁。

[12]　黃淳浩編：《郭沫若書信集》（下），中國社會科學出版社1992年版，第101頁。

惱、憤怒、不滿、感歎等情緒的表達，就要說不存在？。喜怒哀樂、生老病死，是人之常態，無法公之於世的想法和情緒，總會尋找其他的信得過的合適渠道發洩，比如和家人、友朋的聊天、通信，當然前提是政治信任。當在政治生活中看慣了變幻無常乃至麻木的時候，當人生境況愈趨老之降至之時，暫且忘卻世間的繁瑣和紛雜，回想和暢望一下明快、美好的人生境界，感歎一下人生的無奈和力不從心，表達一下內心深處壓抑已久的隱衷，這是何其正常的行為？

郭沫若儘管沒有身處權力鬥爭的中心，但政治運作中的勾心鬥角、爾虞我詐，卻不會放過任何一個身陷其中的人。而且，伴之以老之將至的力不從心，伴之以可使心靈暫獲自由的文藝女神的遠去，我們不難判定出，在引吭高歌的背後，郭沫若不能沒有對社會、對自我、對現實的較為清醒地認識，不能不在內心深處潛藏著憂慮、焦急、無奈，當然還有「自己也不甘心老，總得做出一些比較可以滿意的東西」的期望。

但是，郭沫若畢竟是郭沫若，憂慮、焦急、無奈等消極情緒，不會也不可能成為他思想精神的主流。「自己也不甘心老，總得做出一些比較可以滿意的東西」的期冀，總歸要尋找實現的途徑。在五十年代末六十年代初的幾年中，他的不甘老邁的生命活力，在文學領域進行了一次並不如人意的努力。這就是他的詩歌和歷史劇的創作，就數量而言，在這一時期達到了高產狀態，而這，在他的整個文學創作史上也不多見。

要全面探究這一時期促使郭沫若文學創作達到高產狀態的原因，是相當困難的，更遑論探究其真實的心理動機了。但是下列因素，或許在解釋郭沫若詩歌高產狀態的緣由時，是應該必須提及的重要因素。

五十年代末六十年代初的幾年，在中國當代歷史上，是天災人禍頻繁而至的歲月。然而，與災難性的後果形成鮮明對照的，是全國從上至下彌漫的「為有犧牲多壯志，敢教日月換新天」的高亢浪漫主義思潮。這股浪漫主義思潮，從政治經濟領域勃興，一直延展到思想文化和文學藝術領

域，造成了當時全社會都處於一種高熱狀態。這股思潮產生的因素，雖然非常複雜，但是人的主觀意志的高度膨脹，特別是高層政治領導人的頭腦發熱，毫無疑問是一個決定性的因素：「懷著躊躇滿志的心情，中國共產黨的領導人跨入了1958年，他們對以自己的能力把這個國家引上一條經濟高速發展、社會興旺發達的道路充滿信心。」[13]

當「鼓足幹勁，力爭上游，多快好省地建設社會主義的總路線」，成為國家機器和社會生活運轉的軸心時，「一天等於二十年」的理論狂熱，「跑步進入共產主義社會」的盲目幻想，代替了冷靜和理智的現實評估。本來最講究實用和現實效應的政治實踐，卻成了最具浪漫主義色彩的烏托邦憧憬。毛澤東的「春風楊柳千萬條，六億神州盡舜堯」、「紅雨隨心翻作浪，青山著意化為橋」、「天連五嶺銀鋤落，地動三河鐵臂搖」、「喜看稻菽千重浪，遍地英雄下夕煙」之類的詩意暢想，最藝術化的刻畫了這種既真實又如夢似幻的烏托邦衝動。如果選擇一個最富時代特色的辭彙，來形容和描繪這股高亢的浪漫主義思潮，那麼「大躍進」一詞不愧為首選。

「大躍進」時代這股難以遏止的浪漫主義思潮，對郭沫若的影響與誘惑，是顯而易見的。如果說對於政治、經濟等領域的浪漫潮流，郭沫若往往是走馬觀花、道聽塗說，很難有切身的真實感應和體驗的話，那麼輾轉輸入文學藝術領域的浪漫衝動，郭沫若不但不是無動於衷，相反似乎變得愈加心旌搖動了。毛澤東曾經講過：「1949年中國解放後我是很高興的，但是覺得中國問題還沒有完全解決，因為中國很落後，很窮，一窮二白。以後對工商業的改造，抗美援朝的勝利，又愉快又不愉快。只有這次大躍進，我才完全愉快了！按照這個速度發展下去，中國人民的幸福生活完全有指望了。」[14]毛澤東這種「完全愉快」的盲目樂觀情緒，以一言九鼎的

---

[13] 《劍橋中華人民共和國史1949-1965》，上海人民出版社1990年版，第313頁。
[14] 叢進：《曲折發展的歲月》，河南人民出版社1989年版，第141頁。

領袖浪漫意志，傳染全國上下，不但掀起了農、工、商等領域「大躍進」運動的高潮，而且席捲了教、科、文、衛領域。

其中，對郭沫若觸動最深的，莫過於毛澤東對「浪漫主義」的肯定。

在五十年代國家意識形態對文學藝術的規定中，現實主義才是正宗和正統，而浪漫主義往往與資產階級沾邊。而郭沫若在文學創作上，又被視為是浪漫主義的代表人物，每每論及浪漫主義，郭沫若是唯恐避之不及。毛澤東對於「浪漫主義」的偏好與肯定，既使郭沫若有如遇知音之感，又令郭沫若有重見天日之歎：

> 我們要感謝毛澤東同志，他領導著中國共產黨和中國人民，把我們從兩千年的封建枷鎖、一百年的殖民奴役中解放了出來，不斷地鼓舞著六億人民「鼓足幹勁、力爭上游、多快好省地建設社會主義」，要在不太長的期間內超過英國和美國，把中國創造成一個地上樂園；他不僅不斷地發表著許許多多不朽的經典性的論著，在革命實踐中發展了馬克思列寧主義來教育六億人民，還在工作的餘暇發表了具有典型性的文藝作品，和經典性的著作具有同樣的教育意義。而在我個人特別感著心情舒暢的，是毛澤東同志詩詞的發表把浪漫主義精神高度地鼓舞起來，使浪漫主義恢復了名譽。比如我自己，在目前就敢於坦白地承認：我是一個浪漫主義者了。這是三十多年從事文藝工作以來所沒有的心情。[15]

> 主席提出這個創作方法，糾正了過去對浪漫主義偏頗的看法。我們是既承認革命的現實主義，又承認革命的浪漫主義，同時希望兩者

15　郭沫若：《浪漫主義和現實主義》，《郭沫若全集》文學編第17卷，人民文學出版社1989年版。

能夠更好的結合。這樣，就使得藝術大解放，作家的思想大解放，
破除很多清規戒律，避免可能發生的流弊和偏向。[16]

　　郭沫若的諸多應景文章，常常誇大其詞，甚至有些也言不由衷。但這
裏所說的「心情舒暢」，確乎發自內心的真實感受。以前在私人通信中，
郭沫若都為自己辯解：「儘管別人說我是浪漫主義者，我自己雖不以為受
了委屈，但我所採取的主要是現實主義道路。」[17]但毛澤東金口玉言、一
錘定音之後，郭沫若則陡然翻身道情，頭上的緊箍咒，彷彿霎那間杳無蹤
跡。儘管對「浪漫主義」的偏好與肯定，是毛澤東的政治浪漫主義衝動在
文學藝術領域的延展，卻使郭沫若在政治權威的支撐下，在文藝觀念和文
學創作上有了挺直腰板、揚眉吐氣的「解放」之感。與最高領袖在文藝審
美趣味上的投合，不但使郭沫若文學創作的歷史，變得堂而皇之了，而且
為他的創作前景，提供了合法的理論基礎和政治保證。

　　如果說「大躍進」的浪漫主義政治思潮，是影響這一時期郭沫若思想
情感和精神狀態的大氣候，文學上「浪漫主義」的名正言順、登堂入室，
使郭沫若的創作不再縮手縮腳，那麼，1958年的「入黨」事件，則堪稱是
一針政治強心劑。

　　建國後的郭沫若，又是國務院副總理、又是政協副主席、又是人大副
委員長、又是科學院院長和全國文聯主席之類，在政治地位上可謂是殊榮
倍享。郭沫若本人，對共產黨也是亦步亦趨，竭盡全力充當共產黨的意識
形態尖兵。但是，大革命失敗後流亡日本時的「脫黨」事件，則讓郭沫若
長期坐臥不寧。因為這既涉及歷史清白問題，又牽扯到共產黨掌權下的個
人政治身份和政治資格問題。

---

[16] 郭沫若：《就目前創作中的幾個問題答〈人民文學〉編者問》，《郭沫若全集》文
學編第17卷，人民文學出版社1989年版。

[17] 黃淳浩編：《郭沫若書信集》（下），中國社會科學出版社1992年版，第88頁。

說是脫黨也好，說是和黨失去聯繫也罷，不管郭沫若對黨如何忠貞不二，也不論黨待郭沫若如何不薄，就是別人不說三道四，也總歸是郭沫若的一塊政治心病。多年來，黨沒有允許郭沫若恢復黨籍、或者入黨，原因多多。解釋為黨出於統一戰線策略，利用郭沫若黨外人士的身份，團結一切可以團結的力量，不失為一個很好的說法。可是，有沒有黨對意志不堅定者的懲罰與考驗這一因素呢？這還真不好說。

不管怎樣，郭沫若在建國後的政治處境，因為黨員資格問題，頗為尷尬。黨外人士，視郭沫若為共產黨的人；可是黨內人士，卻將他認定為無黨派人士，頂多稱之為「黨外的布爾什維克」。而且從國家的政治人事安排來看，郭沫若也一直是作為無黨派人士的領軍人物，而位居政府高官的，並沒有被黨員們視為「同志」。這種因政治身份和政治資格帶來的尷尬，不但使郭沫若自己心神不寧，現實政治生活中也屢屢發生觸及郭沫若這塊傷疤的事件。有人記載了這樣一件小事，可說是明證：

> 50年代的一次文藝界人士的聚會中，郭蘭英即興演唱之後，郭沫若乘興對她說：我的女兒呵，一起乾杯吧。孰料這位青年「布爾什維克」竟答以「我不是你女兒」，一走了之，當場讓這位全國文聯主席下不了臺。周恩來批評她不知禮數。郭蘭英道出緣由：郭老是民主人士，我是中共黨員，怎麼可以認這個乾爹。周哈哈大笑，一定要郭蘭英去向郭沫若敬酒賠禮。這位以唱《白毛女》而聞名的歌唱家的心態，可以視為五六十年代的社會思潮的反應。[18]

可以想見，在那樣的年代，因為黨員資格問題遇到的類似尷尬行為，不會絕無僅有。而郭沫若的尷尬和苦惱，卻難以向人明說。在公開場合，

---

[18] 馮錫剛：《郭沫若的晚年歲月》，中央文獻出版社2004年版，第237-238頁。

郭沫若可能要規規矩矩遞交入黨申請書，一本正經的向黨彙報思想動向和生活動態，不斷地向黨交心，接受黨的指導和不斷考驗。[19] 私下裏，他對信得過的人也屢屢表達自己的隱隱焦慮：

> 我是作為一個無黨無派的人參加革命工作的。特別是近幾年來，這成為我很大的憾事。似乎自己的表態誤了一部分青少年，他們誤以為「不入團，不入黨一樣可以幹革命」，「瞧，郭沫若就是一個例子！」……我們老年人的腦袋，真像是一個世界旅行者的行李，貼滿了各國各口岸的商標，早已到了該洗刷乾淨的時候了！……我是在努力創造條件爭取入黨。……年輕的朋友，我要永遠保持著心上的春光。[20]

1958年初，在《討論紅與專——答青年同學們的一封公開信》一文中，在論述黨員和紅與專的關係時，郭沫若在還小心翼翼的兜圈子：「有的同學問我：紅到底以什麼為標誌，是不是以黨員為標誌？我的看法是應該以忠於社會主義事業、忠於祖國、忠於黨為標誌。我們每一個人都應該做一個好公民，做一個毛主席的好學生，樹立無產階級的人生觀，全心全意地在黨的領導下獻出自己的一切為社會主義建設服務，為人民服務。這可以算作紅的標誌。」[21] 委婉、曲折的迴避黨員和「紅」的直接聯繫，刻

---

[19] 現在尚未見有公開的、準確的資料，來論述郭沫若的入黨經過。最近，網上到處黏貼的一篇佚名文章《郭沫若的人格問題》，說1958年郭沫若入黨時，並沒有寫入黨申請書，並說是郭的祕書王廷芳講的，但沒有說明資料來源。這一說法備考。從郭沫若反覆說「積極創造條件爭取入黨」來看，這一說法似乎站不住腳。或者，因為「脫黨」問題，郭沫若在入黨程序上另有隱情。不知這一問題的真相，何時能重見天日，也盼知情者賜教。

[20] 黃淳浩編：《郭沫若書信集》（下），中國社會科學出版社1992年版，第94-95頁。

[21] 《郭沫若全集》文學編第17卷，人民文學出版社1989年版，第262頁。

意避開「是」或者「否」的答案（有為自己留政治後路的動機）。可是到了1958年的年底，這一政治陰霾（暫時）被一掃而光了。

因為這一年12月27日的《人民日報》報導：「中央國家機關黨組織增添新力量三百餘優秀分子光榮入黨——郭沫若、李四光、李德全、錢學森等同志入黨開始過黨的生活。」這是郭沫若長期以來積極向黨靠攏的結果，也是黨對郭沫若忠誠效力的肯定與回報。

同類相應、同氣相求，非我族類、其心必異，一般人的社會認同心理況且如此，更何況一個組織嚴密、紀律嚴明的政黨。儘管我們現在還不清楚，1958年郭沫若入黨的要求被批准，是因為轟轟烈烈的「大躍進」新形勢的催化，還是黨對郭沫若建國以來在政治上積極表現的認可，或者是郭沫若強烈要求入黨的誠懇感動了黨。但結果卻是令郭沫若非常滿意、乃至有些興奮的：

> 過去有很多青年同志來信問我為什麼沒有入黨？上海還有位少年同志來信要和我比賽：是我先入黨，還是他先入團？這都說明很多青年同志在關心著我的思想立場。我接受了很多青年同志們的鼓勵，每逢我接到他們的信，我便告訴他們說，我是在積極創造條件爭取入黨，並勸他們務必爭取入團入黨。現在黨組織審查批准了我和其他一些同志入黨，這是我終生的幸福。[22]

郭沫若的幸福感，不排除信仰層面的歸屬願望有了現實著落的因素，更重要的或許是：不再被黨視為異類了。入黨，不但可以使郭沫若名正言順的以同類的資格從事社會政治活動，而且使自己的身份認同危機得以解除。總之一句話：是自己人了。

---

[22] 郭沫若：《學習毛主席》，《郭沫若全集》文學編第17卷，人民文學出版社1989年版。

如果說入黨事件，在政治上對郭沫若是一個巨大的激勵，那麼面對逝水年華的警醒，則是來自郭沫若內心深處的一股強勁的生命動力（首先需要看到的是，「努力使自己的工作符合新的時代精神」，毫無疑問是最為直接、最為現實的創作動因。但是，如果僅僅將創作動機限定在政治取悅、政治歌頌的層面，也不完全符合這一時期郭沫若文學創作的實際狀況。從一些寫得較好的詩篇來看，「自己也不甘心老，總得做出一些比較可以滿意的東西」的期冀，當然也是不可小覷的生命動力）。

歲月不饒人、步入老境，是誰都無法避免的自然規律。可是，大多數人往往又不甘心老而待斃，總想老而有為。對生命力超強的郭沫若來說，尤為如此。這一時期，郭沫若對老之將至的種種感歎，既是對生命進程的清醒認識，也是對碌碌庸常的現實世界的抗爭。

郭沫若對自己在國家和社會政治生活中實際地位和真實角色，應該說有著非常清醒地認識。要知道，在國家和社會的實際政治運作中，位高名重的郭沫若，並不具有實際的政治權力。人大、政協，屬於國家權力結構中的二線、三線，是橡皮圖章，多為榮譽性職位。在科學院，儘管郭沫若名義上是院長，表面職位低的張勁夫、陳伯達平時對郭沫若也很尊重，可是他們的實際政治權力要遠遠大於郭沫若。而且，一切重大決策要聽從黨組安排的權力運作方式，為郭沫若所保留的政治活動空間，也就是一個高級謀士。在文聯，更不用說，周揚是操縱這一機構運轉的第一把手，是台前幕後的真正老闆，郭沫若不過是掛名而已。

顯然，不要說國家大政方針的制定，輪不到郭沫若操心，就是在意識形態領域，也有黨的宣傳部門運籌謀劃，有黨組下指令，無需郭沫若多費腦筋。除了應對日常瑣碎的政務和外交事務外，除了享受政治榮耀和優厚待遇外，除了獲取人們不明就裏的羨慕外，郭沫若在政治領域根本沒有大顯身手、一展宏圖的可能。

如果說政治上的審時度勢，可以使郭沫若對黨的指示言聽計從，安心

做一個好好先生。但在自己賴以安身立命的文學創作和學術研究領域，流
為冬烘先生，就不但非郭沫若所願，而且簡直就令他憂心忡忡了，特別是
感受到生命在漸漸滑向老境的時候：

> 幾年來我簡直把筆硯拋荒了，幾乎什麼也沒有寫。別人依然把我當
> 成為「作家」，又是「學者」，其實我這個兩棲動物實在是有點慚
> 愧了。文藝作品既寫不出來，學術研究也毫無表現。要說有什麼計
> 畫吧，更難說。您說您在期待著我的《浮士德》，我看您的期待恐
> 怕是只好落空的。我前些年辰是一個不服老的人，有人譏笑我老
> 了，我就好勝地反唇相譏，但最近兩年來卻深深感覺著自己是走入
> 老境了。這樣說，或許會使您失望吧，但這是自然的規律，不可否
> 認多少是在人力以上的。[23]

類似的擔心、憂慮、焦灼，頻頻閃現於這一時期郭沫若與許多人的通
信中。拋開現實生活的種種浮相，當對現實的不如意、對自己的不滿，從
內心深處生出，並溢於言表的時候，也就意味著郭沫若經過內省，對自己
有了一個清晰的定位：

> 足下對我，評價過高。我自內省，實毫無成就。拿文學來說，沒有
> 一篇作品可以滿意。拿研究來說，根柢也不踏實。特別在解放以
> 後，覺得空虛得很。政治上不能有所建樹，著述研究也完全拋荒
> 了，對著突飛猛進的時代，不免瞠然自失。[24]

---

[23] 黃淳浩編：《郭沫若書信集》（下），中國社會科學出版社1992年版，第235頁。

[24] 黃淳浩編：《郭沫若書信集》（下），中國社會科學出版社1992年版，第314頁。

其實，憂患感本身，就蘊含著尋求超越的期冀。郭沫若對自身的清醒判斷，意味著尋找突破，已經納入了自己的議事日程。當一個「突飛猛進」的時代（儘管是虛假的、浮誇的）來臨時，郭沫若決不會止步於「瞠然自失」。政治上想有所建樹，不但要看人眼色行事，而且要有機緣巧合，自己無力回天，不妨順風緊跟。可是，對於文學創作和學術研究，自己總歸有相當大的主動權，而且，這也是自己賴以成名立業的本錢所在。更何況在社會評價系統中，詩人、作家、學者的名頭，才是郭沫若在人們心理習慣中的真實角色。

於是，瀰漫全國各界的政治浪漫主義思潮的鼓舞，文學創作上浪漫主義的正名，個人政治身份危機的解除，在生命的老之將至時代尋求自我突破和超越的努力，等等，種種因素雜和在一起，在五十年代末、六十年代初的歲月中，為郭沫若在文學領域的亢奮，提供了契機和現實動力。

可是，彷彿當「萬事俱備，只欠東風」的時候，或許文藝女神離開他太久、太遠了，詩歌和歷史劇創作的全面開花，反襯出的卻是：他的生命激情在文學領域的一次蒼白的迴光返照。

八、「遍地皆詩寫不贏」

首先要說的，應該是他的詩歌創作，和他對詩歌的思考。

對建國後郭沫若的詩歌創作，有的學者評價說：

> 許多在國民黨控制區度過戰爭歲月和戰後年代的著名詩人，在人民
> 共和國建立後，努力使自己的工作符合新的時代精神。最顯著的是
> 郭沫若，50年代他發表了幾部詩。他重新使用了他在30年前詩歌的
> 特點──熱情奔放的第二人稱手法，來謳歌給他很高榮譽的新政權
> 的一系列成就和宏圖大略：水庫、大橋、周恩來在萬隆會議上的成
> 就以及蘇伊士危機時對英國的蔑視。這些一覽無餘而過分簡單化的
> 抒發，變得越來越平淡無奇了，在1958年的一本《百花齊放》集中
> 達到了頂點，當時正好是大躍進的年代（也就是毛的百花齊放自由
> 化已經被反右運動所抵消的時候）。此後，郭沫若除了一些與毛和
> 其他領導人間唱和的舊體詩詞以外，寫的東西就相當有限了。[1]

對建國後郭沫若詩歌創作概況略知一二者，不難得出同樣的判斷。

「趨時」的自我努力，總是能將郭沫若定位在時代主流精神的前沿。

詩歌質量的好壞優劣先不說，郭沫若詩歌創作的數量，在50年代末60年代
初特殊的時代境況下，達到了他創作歷程中的另一個頂峰。僅就數量而
言，或許只有「五四」時代才能夠與之相媲美。

---

[1] 《劍橋中華人民共和國史1966-1982》，上海人民出版社1992年版，第844-845頁。

有的學者這樣描述這一時期郭沫若詩歌創作的高產現象：

> 1958、1959兩年，可稱之為郭沫若詩歌寫作的「狂歡節」期。
> 它生產詩作之快，簡直創造了自中國新詩誕生以來的「奇蹟」。常
> 常是一天一首甚至數首，與相對講究的歷史研究、歷史劇創作比，
> 在題材上可以說到了狂放無忌、什麼都可以入詩、什麼都可以順手
> 拈來的地步。
>
> 當然，他在藝術上的粗製濫造，也「登峰造極」。……
>
> 熟悉郭沫若創作歷史的人們不禁會問：這位中國新詩的奠基
> 者，難道昏庸到竟然不知寫詩的義理和章法了嗎？答案是：否[2]

這位學者的描述是準確的，眼光是敏銳的。

如果說郭沫若知曉詩歌創作的真諦，懂得什麼是好詩、什麼是壞詩，
那麼他為什麼還要寫那麼多甚至是自己都不滿意的詩篇呢？

還是讓我們走入這一時期郭沫若的詩歌世界去考察。

首先要說的，就是千夫所指的《百花齊放》。

毫無疑問，「趨時」、「跟風」的政治機會主義，是郭沫若創作《百
花齊放》的直接心理動機。

本來，他在毛澤東「雙百」口號的鼓舞下，曾經「打算以『百花齊
放』為題，選出一百種花來作出一百首詩」，為毛澤東的政治運動助興和
造勢。但是，因為1956年陰晴不定的政治氛圍，「百花」只「開放」了三
首，便擱淺了。到了1958年，「大躍進」運動熱火朝天的政治發燒，又誘
發了詩人的豪情：「今年我把那三首詩檢出來發表過，同志們看了鼓舞
我：『躍進一下，就做足一百首來！』好，我受到鼓舞，決心來完成這個

2　程光煒：《解讀「桂冠詩人」郭沫若的內心世界：無奈與荒誕》，載2001年11月30
　日，《南方週末》。

小任務。」[3] 於是，從1958年4月3日開始到1958年6月27日，《人民日報》
陸續發表了《百花齊放》的101首詩。每次發表，少則二、三首，多則近
十首，恰似「百花」解人語，乘政治的躍進東風，紛紛開放。

　　《百花齊放》的問世，頗能體現大躍進的時代特點。除了《牡丹》、
《芍藥》、《春蘭》三首詩寫於1956年暑間、發表於1958年2月號的《詩
刊》外，其他102首詩的寫作可謂「神速」，據作者自述：「寫這些詩是
三月三十日正式開始的。1956年做過三首（牡丹、芍藥、春蘭），除此之
外，一共費了十天功夫。」[4] 以每天平均10首的速度「生產」詩歌，作詩
速度相對之高，在中外詩歌創作史上，也是罕見之至，如果那些「吟罷一
句詩，拈斷數莖須」的苦吟詩人們見了，保準會在目瞪口呆之後痛感「瞠
然自失」。在大躍進時代，「速度是總路線的靈魂」，「快，這是總路線
的中心環節」，郭沫若不孚人們對中國第一文人的熱望，身體力行，以詩
歌的高速產量，來頌揚「一天等於二十年」的偉大時期，在文藝領域放了
一顆耀眼的「衛星」。

　　另外，《百花齊放》也堪稱是「全民躍進運動」在文學領域的典型。
郭沫若在1958年4月3日《人民日報》發表第一組詩時，寫過一個小引，講
述「百花齊放」產生的原因，提及因對百花不熟悉而擱置的事，並發出呼
籲說：「我也翻查了好些書籍，但不見實物總不容易引起實感。因此，各
地朋友如能幫幫我的忙，把各地的奇花異卉的詳細情況開示些給我，我是
很希望而且很感激的。」[5] 憑藉《人民日報》的廣闊傳播空間，憑藉郭沫
若的詩人盛譽，很快得到雲集回應，「有的借書畫給我，有的寫信給我，
還有的送給我花的標本或者種子」，郭沫若本人也不甘心閉門造車：「我
還到天壇、中山公園、北海公園的園藝部去訪問過。北京市內賣花的地

3　　《郭沫若全集》文學編第3卷，人民文學出版社1983年版，第174頁。

4　　《郭沫若全集》文學編第3卷，人民文學出版社1983年版，第172頁。

5　　《郭沫若全集》文學編第3卷，人民文學出版社1983年版，第174頁。

方，我都去請過教。」[6] 詩歌的發表，在程序上也是超越常規，所以郭沫若除了要感謝在寫作中幫了忙的很多朋友，還要感謝編輯的「鼓舞」，感謝做插圖的同志，感謝抄寫、排印、校對、閱讀、批評的一切的朋友。在人民群眾熱切的關注和協作之下，總之，用郭沫若的一句話來說，「感謝全國大躍進的東風，這東風一吹，便使百花齊放了。」[7]

可以想見，在短短的時間裏，既要體驗生活、熟悉生活，又要書寫「鼓足幹勁、力爭上游、多快好省」的詩篇，郭沫若該是多麼的興奮、忙碌和充實：時而徜徉於花叢之中，時而端詳群芳圖譜，時而靈感襲來，時而苦思冥想，時而奮筆疾書，時而吟詠誦唱……，當他像一架詩歌生產機器一樣快速寫作時，竟然超過了原先預定的一百首，「一寫就寫了一百零五首」[8]。可見他的思維、他的感情，是多麼的投入。

1958年4月9日晨，當他剛剛完成《百花齊放》的後記時，還意猶未盡，謙虛地抒發情感：「我也要感謝一切的花。他們的發言，我做了記錄，恐怕記錄得不大正確。原諒吧，百花同志，請讓我日後再逐步仔細打磨。」[9] 彼時彼地，他絕不會想到，在全國上下齊發燒的氛圍中，「百花齊放」會落得個「百花齊敗」；他也不會想到，《百花齊放》會被後人鄙夷地稱為遊戲之作；他更不會想到，以他的詩人盛名和光環，這一百多首詩的問世，實際上是在埋葬自己的詩名。

在當時熱火朝天、群情激昂的境地中，爭先恐後是唯恐落後，不冒進就是反冒進。面對全國各個領域的大躍進熱潮，中國作家協會向全國作家們發出了《作家們！躍進，大躍進》的倡議：「六億人民的社會主義大躍進的高潮已到，人人興奮，個個當先，隨時隨地出現奇蹟。一天的奇蹟就夠寫成許多部史詩、戲劇和小說的。作家、理論家、翻譯家同志們，我們

6　《郭沫若全集》文學編第3卷，人民文學出版社1983年版，第172頁。
7　《郭沫若全集》文學編第3卷，人民文學出版社1983年版，第172頁。
8　《郭沫若全集》文學編第3卷，人民文學出版社1983年版，第352頁。
9　《郭沫若全集》文學編第3卷，人民文學出版社1983年版，第173頁。

怎能不高興，不狂喜，不想變成三頭六臂，眼觀六路，耳聽八方，雙管齊下，快馬加鞭，及時報導，及時歌頌，鼓舞更大的幹勁，叫前人所不敢想的每一天，一小時，一分鐘，都實現在我們眼前呢！」[10]

上有好之，下必甚焉。文藝界在鼓舞人心的「大好」形勢面前，不用進行政治動員，許多人就已摩拳擦掌、躍躍欲試——「為了回應這種口號，各種類型的作家都宣佈了自己的創作指標：巴金提出在1年內，承擔寫1部長篇小說，3個中篇，再加上搞些翻譯；田漢宣佈他將寫10個舞臺劇本和10個電影劇本。這些計畫沒有一個完成。茅盾則確定1萬字為短篇小說最合適限度，號召寫五六千字的半小說性的『報導作品』。為了完成定額，『小小說』的形式愈益風行起來。」[11] 在全國熱血沸騰的「衛星上天」、「元帥升帳」的潮流中，文藝界更是「只怕想不到，不怕做不到」，文藝創作中流行的是：行行「放衛星」，層層「放衛星」，處處「放衛星」。

當全國的文藝界都在聞「躍進」之風而起舞的時候，身為第一文人且感情豐富、性格張揚的郭沫若，面對同仁們的雄心壯志，又怎能無動於衷？又怎能自甘落後？當時全國也曾流傳一句關於郭沫若的口號：「村村出個梅蘭芳，縣縣出個郭沫若」，寫詩以郭沫若為榜樣，又何嘗不是社會群體心理對「詩人」郭沫若的一種熱切期望？在「大躍進」成為精神時尚的歲月，於公於私，郭沫若都會一馬當先。因為「於公」來說，這是為領袖、為黨效力的大好時機；於私來講，這樣一個激動人心的時代，又怎麼不是擺脫老境憂慮、保持生命春光的難逢良機？

在「萬馬奔騰的今天，氣象空前」，「面面紅旗飛舞」，人們「熱情逾火」。在群眾運動聲勢浩大的力量面前，很少有人不昏頭、不發熱。好激動、易興奮的郭沫若，比一般人更多幾分可能。郭沫若在應對、出席

10　何蓬著《毛澤東時代的中國》第二卷，中共黨史出版社2003年版，第93頁。

11　《劍橋中華人民共和國史1966-1982》（下），上海人民出版社1992年版，第872頁。

各種國務、外事活動之餘，寫詩亦似其詩所言「跨上火箭往前趕」，他是走到哪兒，就寫到哪兒，想到哪兒，就寫到哪兒，而且心之所想、耳之所聞、目之所視、手之所觸，皆能入詩。寫詩成了家常便飯，可謂是到了「只怕想不出，不怕寫不出」的地步，用他自己的話來說，真是「遍地皆詩寫不贏」。

　　還別說，「遍地皆詩寫不贏」的感受，還真是出自郭沫若在全民大躍進熱潮中的一次「真實」體驗。1958年5月24日至6月7日，為真切感受熱火朝天的大躍進氣勢，郭沫若親自率領中國文聯參觀團，深入到大躍進的第一線學習、採風：「由於毛澤東同志經常告誡我們應該下鄉去或到工廠去『跑馬觀花』或者『下馬觀花』，我最近也到張家口專區去『跑馬觀花』了兩星期，的確是受到了很好的教育。」[12] 這次「跑馬觀花」的體驗，肯定感染了郭沫若的情緒：

> 在工農業生產大躍進的今天，地方上的建設熱情，真是熱火朝天，正在排山倒海。處處都在進行水利工程，在劈開山岩，抬高河流，使河水上山。處處都在進行中小型的工業建設，邊學邊幹，邊建邊產，有各種各樣的產品在廠子還沒建立之前便已經生產出來了。到處都是新鮮事物，到處都是詩，到處都是畫，詩畫的氣韻生動、意想超拔，真足以令人深深感動。這兒是一個大烘爐，任何人到這裏你都不能不被融化。空氣是蓬蓬勃勃、熱熱鬧鬧、轟轟烈烈的，決沒有一絲一忽的「冷冷清清、淒淒慘慘戚戚」。然而也沒有絲毫的什麼急躁，所謂「忙得不可開交」。大家是忙，但忙得有條理、有秩序，一邊在築堤修塘、劈山開渠，一邊卻在舉行歌舞演出、戲劇表演。生產熱情高入雲霄，勞動歌聲也高入雲霄。把太陽當著月

12　郭沫若：《浪漫主義和現實主義》，《郭沫若全集》文學編第17卷，人民文學出版社1989年版。

亮，心境安閒；把月亮當著太陽，勤勞不倦。[13]

　　郭沫若真的被眼前的所見所聞「融化」（或者說是「蒙蔽」）了。他邊參觀邊學習，邊學習邊寫詩，驚呼「勞動人民的建設社會主義的熱情氾濫成為了詩歌的大洪水」，「現實已跑在前頭，只等文藝作家們去反映」，自己「自然而然的寫了幾十首詩」，輯錄為《遍地皆詩寫不贏》組詩，而且強調：「完全是我的實感」。

　　且不說這短短兩星期的「跑馬觀花」如何浮光掠影、行色匆匆，郭沫若在這半個月的大部分時間，應該花費在參觀、訪問的行程上，再除卻睡覺、吃飯的時間，他哪裏來的空閒去寫詩？而且從他選錄的三十五首詩來看，顯然是經過了一番精心的推敲。內容不論，從純粹的詩歌寫作的技術角度來看，可以說是無可挑剔的。因為這一套，他早已經熟稔於胸。當然，他所謂的「氣韻生動、意想超拔」，和我們今天對這些語彙的理解，絕對不同。從今天的審美趣味來看，或許只有《晨來南水泉》，尚值得一提：

　　　　晨來南水泉，
　　　　泉水清且漣。
　　　　人影在水，
　　　　魚影在天。

　　除了這首詩還有些文人的雅致和民謠的清新之感外，其他的詩在今天就目不忍睹了。

　　這次的「跑馬觀花」，這次的「遍地皆詩寫不贏」，絕對稱得上是郭

[13]　郭沫若：《浪漫主義和現實主義》，《郭沫若全集》文學編第17卷，人民文學出版社1989年版。

沫若大放詩歌衛星的一個典型「剪影」。「大躍進」的1958年，是郭沫若詩興勃發的歲月：僅從《郭沫若全集》選編的這一年的詩來看，《百花齊放》有98首，《長春集》有155首，《潮集》有1首，共計254首，這還不包括那些尚未發表的、或者廢棄的詩歌。而且，這只是按首統計，如果按行數來統計，更會令人吃驚，因為在這二百多首詩中，有不少詩歌的行數很多。

最長的一首詩，是發表在1958年10月1日《人民日報》的《宇宙充盈歌聲──慶祝一九五八年國慶》。該詩收入《長春集》後，郭沫若在書頁上改作《國慶頌──一九五八》，《郭沫若全集》編纂者據此改定。該詩有90段，每段4行，每行7言，共計360行，創建國以來郭沫若詩歌創作長度之最。行數之多，即使在他整個詩歌創作生涯中，也是非常罕見，或許只有「五四」時期的《鳳凰涅槃》和一些詩劇的長度，可以與之一較高下。這首長達360行的詩歌，堪稱是郭沫若政治頌詩的代表作。這首詩，不是詩人興致所至、信筆塗鴉之作，顯然是經過了一番深思熟慮，才下筆成詩。

從內容來看，該詩無所不包：從國內的大好形勢，到國際的風雲動盪，統統都納入了筆下。前19段，描述的是天安門前國慶遊行集會的盛況，從「廣場浩蕩人如海」、「普天蕩漾紅旗歌」的盛世景象入手，分別歌頌大閱兵、歌頌群眾大遊行、歌頌新政權的光榮業績，這歡騰的場面，在郭沫若眼中：「不僅主人大歡喜，／嘉賓都入陶醉裏。／不僅今人大激昂，／古人也有回春意。」由此，又引出孫中山、馬、恩、列、斯隆重登場發言。第20段至第31段，孫中山「辯舌又使蓮花開」，痛斥蔣介石和美帝勾結。詩人想像著「中山先生聲調高，／隨風飛入臺灣島。」解放臺灣「反正為時已不長」。第32段開始請出四大導師，並「公推列寧為代表」，一直到第55段，借革命導師的口吻，盛讚毛澤東的光輝業績，工農業生產、文學藝術創作、黨的方針政策、國際共運、反美反帝、大躍進形勢、社會主義建設成就⋯⋯諸如此類五花八門，統統羅列出來。立意

當然在於這一段：「親愛同志毛澤東，／無怪人唱東方紅。你是東方紅太陽，／六億人民樂融融。」從第56段開始到第73段，詩人的思緒，又轉到國際政治軍事形勢，中蘇友好、美帝封鎖、朝鮮戰爭、解放臺灣等國際大事進入視野。從第74段一直到最後，詩人的暢想，又回到現實和眼前，主要就是歌頌大躍進的新形勢和總路線的正確。

從寫作技術角度來看，詩歌融現實和想像於一體，思緒從天上到地下、從歷史到現實、從國內到國外，中間幾經迴旋、幾經轉合，敘事、抒情、言志、載道諸如此類的手法和功能，像大雜燴般一鍋端出。如果耐著性子仔細閱讀，詩人的思路有條不紊，敘事分門別類，結構井井有條，抒情恰如其分，說理張弛有道。看來，作者是費了不少心思，來構思和寫作此詩的。

畢竟是因為政治訴求形之於詩，政治表白早已將藝術的衝動，排擠於九霄雲外，藝術享受、審美愉悅之類就不能奢求了。現在來看，這首詩徒具詩歌表達的外殼，而且從詩歌表達形式來說，還有些不中不西、不土不洋，晃一看是自由體長詩，仔細一看又是七言古體詩的堆積。細細一讀，還非常合轍押韻，頗有打油詩歌和民間歌謠的意味，如果用快板、數來寶之類的說唱藝術來表達，倒是顯得朗朗上口。

再如1958年的《長春行》組詩。這些詩，是郭沫若到長春參加中國科學院精密機械儀器研究所「精密儀器八大件試製成功慶祝大會」時的「短期跑馬觀花之紀實」[14]。在這組詩中，「生病」也成了寫詩的契機。這就是其中的《譴責大腦皮質》和《獻詩告別當握手》兩首。按郭沫若自己的記述：「來長春的第二日，忽發眩暈之疾，不能參加活動，失卻大好學習機會。明日即將告別，作此自譴，兼向同志們道歉。」在《譴責大腦皮質》中，開篇就述說生病狀態：「地是長春我獨秋，／臥床彷彿入乘舟。

---

[14]　《郭沫若全集》文學編第3卷，人民文學出版社1983年版，第328頁。

／但覺天旋地又轉，／身失所主不自由。」生病就好好休息吧，可是詩人為了彌補「失卻學習好機會」，就「兩眼緊閉做神遊」，連篇累牘頌揚長春的大好形勢。最後詩人還做「幽默」之舉：「大腦皮質太彆扭，／我要把你痛詛咒。／限你明天快恢復，不然我要砸破頭。」當然，詩人的頭沒有被砸破，因為詩人的詛咒見效了：「昨日譴責了大腦皮質之後，今晨眩暈豁然而癒」。[15] 身體不適，突發眩暈，靜養休息即可恢復，決非「譴責」所能解決。詩人當然明白是怎樣一個過程，可是，詩人竟將這一過程作了如此「藝術化」的處理。這就是詩人心目中的「浪漫主義」？或者說是革命現實主義與革命浪漫主義的兩結合？。由此可以看出，詩人寫詩究竟進入了一種什麼樣的狀態。

　　類似的詩歌，甚至這種水平也達不到的詩歌，可以說比比皆是。可以這樣認為，建國之後的郭沫若詩歌創作，因為時時刻刻以「政治正確」為軸心，緊跟政治形勢和政治運動的步伐，以頌揚領袖、頌揚黨為能事，以宣傳路線、方針、政策為己任，從藝術的角度來看，幾乎完全蛻化成了意識形態和政治觀念的傳聲筒。郭沫若在20世紀20年代末30年代初，提倡「革命文學」口號時，就放言：文藝要做政治的「留聲機」。如果說解放前，郭沫若在公眾領域尚保持著某種獨立、自由的色彩，那麼解放後就完全變成了名副其實的「留聲機」。蒼白、空洞的政治說教、政治告白，不加選擇、五花八門的題材，氾濫、不加節制的情感發洩，詩歌寫作技術的成熟以至趨於僵化，構成了郭沫若建國後詩歌創作的顯著特點。

　　這一特點，在50年代末60年代初的詩歌創作中，達到了歷史新高，郭沫若詩歌的濫情、煽情、政治惡俗，也進入了極致狀態。人們如果還將這些看作是詩歌的話，那麼充其量只能稱之為政治敘事詩、政治告白詩、政治宣傳詩、政治抒情詩、政治頌詩之類。

---

[15]　《郭沫若全集》文學編第3卷，人民文學出版社1983年版，第334頁。

　　如此來看，郭沫若真的昏了頭了？糊塗到連詩歌是何物都不知道了？顯然不是這樣。

　　事實上，郭沫若對自己詩歌創作的好壞得失，對詩歌自身價值的優劣，並沒有因為政治趨時而昏頭脹腦、不知天南地北，而是有著清醒而理智的認識和判斷。

　　在1959年給陳明遠的兩封回信中，郭沫若對自己的《百花齊放》進行了反思和自我批評。在1月9日的信中，郭沫若就感歎說：

　　　我的《百花齊放》是一場大失敗！儘管有人做些表面文章吹捧，但我是深以為憾的。[16]

　　在11月8日的信中，說得更尖銳了，簡直不給自己留一點情面：

　　　您對《百花齊放》的批評是非常中肯的。儘管《百花齊放》發表後博得一片溢美之譽，但我還沒有糊塗到喪失自知之明的地步。那樣單調刻板的二段八行的形式，接連一〇一首都用的同一尺寸，確實削足適履。倒像是方方正正、四平八穩的花盆架子，裝在植物園裏，勉強地插上規格統一的標籤。天然的情趣就很少很少了！……現在我自己重讀一遍也赧然汗顏，悔不該當初硬著頭皮趕這個時髦。[17]

　　顯而易見，郭沫若「深以為憾」和「悔不該」的背後，還矗立著一個詩歌之所以成其為詩歌的標準。這個標準，就是真誠——對於時代的真誠，對於社會的真誠，對於人生的真誠，對於自我內心世界的真誠，這是詩歌美學意境氤氳而生的最根本的心靈基點。在政治洪流中隨波逐流的郭

---

[16]　黃淳浩編：《郭沫若書信集》（下），中國社會科學出版社1992年版，第104頁。
[17]　黃淳浩編：《郭沫若書信集》（下），中國社會科學出版社1992年版，第109頁。

沫若，並沒有忘記詩歌創作的生命根基，在他的內心深處，他始終為詩歌的真諦保留著一塊領地。只不過作為政治人物的他，不會公開隨意表達，更不會逆時代政治潮流而動。

50年代中期以來，郭沫若與陳明遠的書信往來中，對他心目中這個有著「純淨的天真爛漫情懷」的少年，多次述說過自己的詩歌美學標準：

> 古今中外有過許多所謂的「詩人」，他們寫作是專為寫給別人看的，他們費盡心計、搔首弄姿，但可惜寫出來的東西很少有人愛看；他們的致命傷是一個字：假！天然的詩、那些如同晨鳥的歌聲一樣可愛的詩，儘管最初不是為了發表，但卻會成為傳世的珍品，它們的祕密主要也在於一個字：真！
>
> ……我們中國有句俗話，叫做：「十歲的神童，二十歲的才子，三十歲的凡人，四十歲的老不死。」這是提醒人們警惕的。例如宋代的仲永，就是這樣的一個典型，引起了王安石的傷感。號稱神童才子的仲永，為什麼成年以後反而不成器呢？主要的原因在於他失去了純真而墮入了虛假。[18]

對陳明遠的諄諄教誨和提醒，可以說是對他所欣賞的這個天真少年的真誠關懷，也可以說是由自身經驗生發出來的一種反思和警覺：

> 我最早在學生時代寫《女神》的時候，根本沒有想要靠寫詩去換稿費，只是覺得心裏有很深的感觸非寫不可。到後來大家都稱我是「詩人」的時候，我反倒很難再寫出什麼好詩了。
>
> ……寫詩最要緊是一個「誠」字，來不得半點的虛情假意、矯揉造作。詩、畫、音樂的功用是陶冶情操，到將來的共產主義社

---

[18] 黃淳浩編：《郭沫若書信集》（下），中國社會科學出版社1992年版，第66頁。

會，人人都有高尚的品格，純真的情操，從而人人都能成為詩人、畫家、音樂家。[19]

　　郭沫若的這些肺腑之言，和他公開的講話、文章是何其不同。這些沒有經過主流話語模式包裝的詩學觀念，何嘗不是對自己的公開作為、對社會的流行狀況的一種反撥？

　　但是，現在還不能確定郭沫若對這種對抗性矛盾的感知，是否已經上升到了理性認識的層面。因為郭沫若這種追求「真誠」、貶斥「虛假」的詩學觀念，依然是建立在對現實政治的信任和對未來社會理想的憧憬基礎上的。不能忽視的是，社會政治理想層面對大同理想和共產主義社會的信仰，是衡量郭沫若現實行為、特別是文學創作的一個重要思想精神依據。他曾說過：「在未來的新社會中，將不再有專門以詩為職業的所謂『詩人』，而只有寫詩的勞動者」[20]，他也想像：在未來的新社會也就是共產主義社會，人人都有高尚的品格和純真的情操。

　　一種可能的推斷是，在郭沫若心目中，現在的「虛假」，是社會的必然現象，是必然要經歷的一個歷史階段，隨著未來新社會的建立，一切會自然而然地得到解決。或許，正是對「共產主義社會」的信仰，構成了他理解和處理矛盾的一個虛擬的價值空間。俗白一些來說，正是對未來理想社會的期待，使他對現實的矛盾、弊端等，並不敏感和警覺。

　　不管怎麼說，郭沫若追求真誠、貶斥虛假的詩學訴求，並不是後人往他臉上貼金，也不是強作解人、謬托知己。因為，在50年代中期，郭沫若曾創作過幾首水平頗高的詩作。有意思的是，這幾首詩恰恰創作於「百花齊放」年代初期和「反右」之後的歲月。也就是說，寫於政治鬥爭疾風驟雨的間歇期。

---

[19]　黃淳浩編：《郭沫若書信集》（下），中國社會科學出版社1992年版，第69頁。

[20]　黃淳浩編：《郭沫若書信集》（下），中國社會科學出版社1992年版，第59頁。

一首詩，是寫於1956年5月31日的《郊原的青草》：

郊原的青草呵，你理想的典型！
你是生命，你是和平，你是堅忍。
任人們怎樣燒毀你，剪伐你，
你總是生生不息，青了又青。

你不怕艱險，不怕寒冷，
不怕風暴，不怕自我犧牲。
你能飛翔到南極的凍苔原，
你能攀登上世界的屋頂。

你喜歡牛羊們在你身上蹂躪，
你喜歡兒童們在你身上打滾，
你喜歡工人和農民兵作者談心，
你喜歡年輕的伴侶們歌唱著愛情。

你是生命，你也哺育著生命，
你能變化無窮，變成生命的結晶。
你是和平，你也哺育著和平，
你使大地綠化，柔和生命的歌聲。

郊原的青草呵，你理想的典型！
你是詩，你是音樂，你是優美的作品，
大地的流泉將永遠為你歌頌，
太陽的光輝將永遠為你溫存。

另一首詩，是寫於1956年9月17日的《駱駝》：

駱駝，你沙漠的船，
你，有生命的山！
在黑暗中，
你昂頭天外，
導引著旅行者
走向黎明的地平線。

暴風雨來時，
旅行者
緊緊依靠著你，
渡過了艱難。
高貴的贈品呵，
生命和信念，
忘不了的溫暖。

春風吹醒了綠洲，
貝拉樹垂著乾果，
到處是草茵和醴泉。
優美的夢，
像粉蝶翩躚，
看到無邊的漠地，
化為了良田。

看呵，璀璨的火雲
已在天際彌漫，
長征不會有
歇腳的一天，
縱使走到天盡頭，
天外也還有樂園。

駱駝，你星際火箭，
你，有生命的導彈！
你給予了旅行者
以天樣的大膽。
你請導引著向前，
永遠，永遠！

　　這兩首詩，寫於「反右」之前「百花齊放」的年代，彼時儘管已是多事之秋，但政治氣氛還是比較活躍，政治言路的空間尚未整肅，人們的政治熱情還是比較高漲。郭沫若的政治心態想必不是十分緊張。而且從這兩首詩來看，詩人倒是顯露出一種昂揚向上、挺拔屹立的精神氣質。撇開具體的政治情境暫且不論，這兩首詩可以視為詩人的「言志」之作。郊原的青草、昂頭天外的駱駝，都可以說是詩人心目中某種「理想典型」的化身，代表著作者所企慕的某種人格模式、人生境界和人生理想。這兩首詩，意境自然，氣韻灑脫，富於哲理，頗具象徵意味。

　　1957年的9月下旬，郭沫若奉命陪同來華訪問的印度副總統薩瓦帕利・拉達克里希南，離京到南方參觀訪問，期間在杭州遊覽了西湖。在這場外

事活動中，郭沫若像通常一樣，將詩歌作為獨特的政治和外交手段，一路載歌載行，寫下不少應景詩篇。但有兩篇卻不一般。一篇是受當地民間傳說啟發而寫的《西湖的女神》：

據說西湖裏有一位女神，
每逢月夜便要從湖心出現。
遊湖的人如果喜歡了她，
便被誘向湖底的青天。

今晚的湖上幸好沒有月，
我沒有看到西湖的女神。
不是我被誘進西湖的水底，
是西湖被誘進了我的心。

另一首是《波與雲》：

碧波伸出無數次的皓手，
向天上的白雲不斷追求。
白雲高高地在天上逍遙，
只投下些笑影不肯停留。

白雲轉瞬間流到了天外，
雲影已被吞進波的心頭。
波的皓手仍在不斷伸拿，
動盪不會有止息的時候。

　　如果說《郊原的青草》和《駱駝》兩首詩的主要品格是「言志」，那麼這兩首詩的主要品格就是「抒情」。這兩首詩寫於急風暴雨的「反右」鬥爭之後，緊張、激烈的社會政治空氣，已經略微緩和，即使詩人真的具有高漲的政治意願和政治熱情，或許經過一系列的、長時間的緊張、激烈的批判會、討論會、座談會、誓師會，也會產生政治疲勞。如果僅僅是見風使舵，就更易生發厭倦。當暫時離開看不見硝煙的戰場，置身於湖光山色之時，詩人的情感需要另一種空間來發洩。至於《西湖的女神》和《波與雲》兩首詩表達了詩人怎樣的思想感情，或許已經很難考證了。不能否認的是，這兩首詩寫得不但琅琅上口、意境優美，而且情感婉轉、理趣盎然，具有豐富的藝術張力，頗具模糊、朦朧的含蓄之美。

　　從這幾首罕見的，即使用今天的審美標準判斷，也是頗具詩意和情趣的詩篇來看，當郭沫若的內心世界，忘卻政治鬥爭的喧囂；當郭沫若的筆觸，遠離風雲變幻的社會糾葛；或者說，郭沫若的頭腦摘下政治緊箍咒時，他彷彿又獲得了詩人的靈光。一個詩人的內心世界、情感世界、想像世界、語言世界，開始變得活躍而富於生命力。透過詭譎的政治風雲，詩人舊日的風采彷彿依然。

　　儘管這幾首詩還很難被稱為「傑作」，但在建國後郭沫若的詩歌創作歷程中，卻有著非凡的意義。因為這幾首詩決非是平庸之作，而且詩歌本身也明明白白的顯示，郭沫若的浪漫詩人本色依舊存在。所以，有的學者評論這些詩歌時說：

　　　　具有詩人主體靈魂與內在韻味的詩，在郭沫若解放後自由體新詩
　　　　中，雖然只是鳳毛麟角，卻也為我們更深刻地理解郭沫若傳遞了重
　　　　要的資訊。這就是說，郭沫若的思想還沒有全然僵化，靈魂還沒
　　　　有枯槁，當他自覺地疏遠現實的政治和人事的困擾，沉浸於詩的

　　王國裏，他仍然能寫出《駱駝》、《波與雲》一類的好詩。此外，這也反映了郭沫若的思想行為經常處於矛盾與兩難之中，他熱衷於政治，自覺服務於政治的需要，製作了許多連他自己也承認是標語口號一類的詩——宣傳品，政治讀物。他的這些詩，簡直可以作為中國當代革命與建設簡史來讀。但他又珍愛詩人的桂冠，很想再次爆發《女神》時代的創作衝動，再次寫出能夠梳人靈魂的詩篇。然而郭沫若畢竟全身心投入到政治大潮中去，這是各種因素權衡的結果，因此他心甘情願地付出更多的時間和精力去寫《百花齊放》、《四害餘生四海逃》、《鋼，鐵定的一○七○萬噸！》等詩聊一塞責。這可以說是一個詩人的悲劇。[21]

　　好詩畢竟是曇花一現。動不動就寫詩紀實、寫詩獻禮、寫詩宣傳、寫詩取悅，彷彿寫詩成了郭沫若不言而喻的「職業」，郭沫若也如影隨形般彷彿成為詩歌的化身、詩人的代名詞。且不說現實世界究竟有多少詩意可以發掘，整天寫一些言不由衷、窮於應付的爛詩，的確是一個「詩人」的悲劇。可是，對從事政治活動的郭沫若來說，整天沉湎於製作應景、應制之詩，又未嘗不是一種無奈的、但是聰明的選擇。

　　我們應該清楚，儘管郭沫若以大氣磅礴的浪漫詩人名世，但他絕非是一個拜倒在繆斯女神裙下的忠實藝術信徒，正如他自己說的，早年寫作那些賴以成名的詩作時，並沒有過多考慮金錢、名譽等實際的功利目的，「只是覺得心裏有很深的感觸非寫不可」，並且多次著文反對別人說創造社的旗幟是「為藝術而藝術」。因此，當對社會、對人生的興趣和感觸發生轉移，特別是轉移到政治領域，或者說真實的情感不再需要詩歌來表達時，權衡利弊得失，郭沫若就很容易做出「清醒」而實用的選擇。

---

[21]　黃侯興：《郭沫若：「青春型」的詩人》，山東人民出版社1994年版，第287-288頁。

當他感歎政治上沒有建樹、沒有一篇作品可以滿意、著述研究荒廢了的時候，當他越來越感到力不從心、人生暮年將至的時候，當他對新社會的政治狀況有了更多更深的認識的時候，如果說對一個有著豐富人生閱歷的老人來說，內心深處還有可以維繫的理想主義，那麼或許只有那個虛無縹緲的「共產主義」大同世界了。注意一下這一時期郭沫若對少年兒童的特別關注、對陳明遠等青少年的期望，能夠讓感覺到，郭沫若將未來世界想像為一個矛盾和困難能夠迎刃而解的時代，對這一想像社會的實現，在某種程度上給予了一定的厚望。

可能，大躍進最初紅紅火火的歲月，給了他一定的刺激和鼓舞。「跑步進入共產主義社會」的浪漫暢想，儘管是曇花一現，但在全國人民都發燒的狀態下，郭沫若很難說沒有過浮想聯翩。但是，這場運動的真實狀況和災難性後果，卻很可能澆滅了郭沫若內心深處僅存的一點理想主義情愫。郭沫若一度被激發起來的生命熱情，老驥伏櫪、志在千里的期望，終於在持續的大放詩歌「衛星」過程中，漸漸消失了。

或許從此開始，郭沫若內心世界努力保持的「春光」，就漸行漸遠、黯然失色了。

郭沫若在詩歌寫作上，開始全力以赴的大玩文字遊戲、擺弄技巧，政治打油詩、政治順口溜詩、政治歌謠詩層出不窮，像《郊原的青草》、《駱駝》、《西湖的女神》和《波與雲》之類的詩，在以後郭沫若的詩歌創作中，杳然絕跡。

詩人的郭沫若，無法與衰老抗爭，也戰勝不了政治活動家的郭沫若。

郭沫若所謂的「遍地詩歌寫不贏」，所「不贏」者，其實是詩人自己。

九、「蔡文姬就是我！」

有人說，50年代末60年代初，是郭沫若心情較為愉快的一段時光，此後則再也難得一開心顏。此斷語準確與否暫且不說，如果粗略考量，比如：政治上受到信任（比如入黨），文學創作、學術研究似有井噴之勢，政治浪漫主義思潮的高昂情緒，社會群體心理的熱切期待，凡此種種原因來推斷，似乎不無道理。

心情是個人感受，現象則人所共睹。有一點可以確定的是，在50年代末60年代初，郭沫若迎來了自己文學創作史上的又一個高峰，主打項目是詩歌和歷史劇創作。從文學創造情緒和欲望的強烈程度來推斷，50年代末60年代初這一時段，的確是郭沫若意氣風發的一段歲月。

對於這一時期郭沫若的詩歌成就，不必多言；也不必再探討他的浪漫主義激情，是真是假、是虛是實。用他自己的話來說，結果就是「詩多，好的少」。如果說人們對這一時期（乃至建國後）郭沫若詩歌的看法早有公論，那麼對郭沫若這一時期的歷史劇創作，則眾口紛紜，迄今仍褒貶不一。特別是他的歷史劇《蔡文姬》，主旨既明晰又含混，內涵既簡單又豐富，創作動機既脫口而出又吞吞吐吐，接受效果更是莫衷一是、難以明辨。

綜觀當時的種種反映，以及後人的種種揣測，毫無疑問，《蔡文姬》堪稱是一部熔鑄了作者複雜的思想情感和微妙政治底蘊的多聲部話劇；是後人窺測那一時期郭沫若真實內心世界的一條難得的隱祕心靈渠道。作者猶抱琵琶半遮面的複雜、微妙心態，圍繞著劇作《蔡文姬》的前塵、今

生、後世，前前後後、上上下下，曲曲折折，終於拐彎抹角地流露了出來。這種狀況，在郭沫若的創作生涯中，是較為罕見的。

《蔡文姬》創作於1959年的廣州。這一年的1月下旬，墨西哥前總統、世界和平理事會副主席拉薩羅・卡德納斯來華訪問。郭沫若全程陪同這位元世界和平理事會的同事，在北京、上海、武漢、廣州等地參觀訪問、遊山玩水。送走外賓後，郭沫若在廣州逗留、休憩半月有餘。

和煦、明媚的花城，處處洋溢著初春的冉冉生機。花的海洋、春的氣息，變成了催生郭沫若內心深處文學才情的激灩溫室。他曾向老朋友、詩人徐遲大發感慨說，「旅行是最好的事，我一在外旅行，便可有些創作，一停頓在京裏，就像化了石一樣」[1]。這次的花城廣州之行，毫無疑問，是喚醒沉睡的文學化石的一次激情之旅。

遙遠的京城，想必正千里冰封，萬里雪飄，一派北國風光；而此時的花城廣州，卻已是「金桔滿街松滿市，牡丹含豔桂含香」。漫步於珠江水畔，流連於花城街市，春風徐徐拂面，花香屢屢襲來，醞釀已久的歷史劇《蔡文姬》終於胎動欲出了。從2月3日到9日的短短七天時間裏，郭沫若沉醉在期待已久的創作激情中，彷彿恢復了五四時代靈感襲來時的詩人風采，提筆揮毫，一氣呵成，他一生中最富爭議性、意蘊最複雜的一部作品，終於瓜熟蒂落、呱呱墜地了。

蔡文姬這一藝術形象，或許是郭沫若創作生涯中醞釀時間最長的一個文學人物。

說到「醞釀」時間長，其實還應該追溯到歷史劇《蔡文姬》誕生的30多年前，郭沫若寫《三個叛逆的女性》的時代，也就是1922年至1926年期間。

那時的郭沫若，正陶醉於社會主義運動和女權主義運動攜手共進的政

---

[1]　黃淳浩編：《郭沫若書信集》（下），中國社會科學出版社1992年版，第358頁。

治浪漫想像裏，正在為無產階級的解放和女性的解放，尋找和塑造共同的精神象徵者、文學代言人。那時的郭沫若劇作，將政治想像和文學創造的支點，定位在批判「在家從父，出嫁從夫，夫死從子」的舊女性道德，定位在提倡「在家不必從父，出嫁不必從夫，夫死不必從子」的新性道德。以叛逆眼光觀之，皆著叛逆之色彩，如郭沫若所說：

> 我們試看歷史上有名的女性，便單就中國而論，如像卓文君，如像蔡文姬，如像武則天，如像李清照，他們的才力也並不亞於男人，而她們之所以能夠成人，乃至成為男性以上的人，就是因為他們是不肯服從男性中心道德的叛逆女性。她們不是因為才力過人，所以才成為叛逆；是他們成了叛逆，所以才力有所發展的呀。[2]

以叛逆者自居的郭沫若，要在歷史上尋找共鳴，要在歷史上尋找知音，要在文學創作中尋找精神的寄託，來實現文學的衝動和政治的移情。對那時的郭沫若來說，以狂叛的個性自居，是自我價值和內心世界激情宣洩的導火索，而政治激情、政治想像、道德反叛，則成為塑造歷史上叛逆女性的價值槓杆：

> 在舊式的道德家看來，一定是會詆為大逆不道的，你這個狂徒要提倡甚麼「三不從」的道德呀！大逆不道！大逆不道！但是大逆不道就算大逆不道罷，凡是在新舊交替的時代，有多少後來的聖賢在當時是詆為叛逆的。我懷著這種想念已經有多少年辰，我在歷史上很想找幾個有為的女性來作為具體的表現。[3]

---

[2] 郭沫若：《寫在〈三個叛逆的女性〉後面》，《郭沫若全集》文學編第6卷，人民文學出版社1986年版。

[3] 郭沫若：《寫在〈三個叛逆的女性〉後面》，《郭沫若全集》文學編第6卷，人民文學出版社1986年版。

以叛逆者自居的郭沫若，選擇了王昭君、卓文君和蔡文姬三人，作為叛逆女性的化身，作為「三不從」的三部曲，作為傳達自己心聲的文學形象。於是，《卓文君》於1923年發表了，《王昭君》於1924年發表了，可是，直到1926年，《蔡文姬》也沒有寫成。郭沫若只好草草將1925創作的《聶嫈》，充作三個叛逆的女性之一。

沒想到，這一拖就是30多年。蔡文姬這一形象，也在郭沫若的內心世界沉睡了30多年。

30多年的光陰漸漸逝去，當創作《蔡文姬》的激情，再度從作者的心中湧動，《蔡文姬》也終於從作者的內心世界走向舞臺的時候，已經是斗轉星移、物是人非了。當年那個狂放叛逆、浪漫不羈的「五四」青春詩人，早已被滄桑歲月打磨去了激情澎湃的棱角，轉瞬之間，仕途上一帆風順，倍享功名利祿，已躍然變為穩居廟堂之上的顯赫清客。30餘年，彈指一揮塵與土，變幻的，當然還有詩人的內心世界，還有沉睡已久的《蔡文姬》。或者說，30多年後的「蔡文姬」，已不再是30多年前那個「三不從」的「叛逆」者「蔡文姬」。

30多年前，儘管劇本沒有問世，但蔡文姬的形象，已經在作者筆下呼之欲出了：

> 蔡文姬的《胡笳十八拍》我覺得比她的《悲憤詩》要高超得多。有人說十八拍是後人偽造的，但我覺得那樣悲壯哀切的文章，不是身經其境的人，怕不易做到罷。我們看她第二拍的頭一句「胡人寵我兮有二子」，她自己用了一個「寵」字，我想她和胡人的結合至少在外面上是不能說是沒有愛情的。惟其不是沒有愛情，所以她才「含羞茹垢」和胡人成了夫婦，而且還養了兩個小孩子了。假使曹操不去贖她，她定然是甘居於異域不願回天漢的。不幸的是曹操

去贖她，而胡人竟公然賣了她，這兒才發生了她和胡人的婚姻的悲
劇來。胡人的賣她就是證明其不愛她，前日的外形「寵」到此才全
部揭穿，所以文姬才決然歸漢，而且才把她兩個胡兒都一道棄了。
我們看她十八拍中那樣思兒夢兒，傷心泣血的苦狀，那她終至棄了
她的兒子的苦衷，決不是單單一個思鄉的念頭便可以解釋的。她父
親已經死了，前夫當然是沒有存在（看她歸漢後又另外嫁了人便可
以知道），她歸了漢朝又有什麼樂趣呢？我想她正是憤於胡人的賣
她，憤於胡人以虛偽的愛情騙了她，所以才下決心連兒子都不要
了。她那時候自量是沒有養兒子的力量，或者也是胡人不許她帶起
走，所以她後來才那樣夢魂縈繞痛心號泣的了。兒子她既不能養，
留在匈奴轉是他們的幸福，這也足以反證她假如不受賣，不受欺，
她也會終生樂著她異域的家庭而不自悲悔的呢。所以在我看來，我
的蔡文姬完全是一個古代的「娜拉」。[4]

　　那時郭沫若心目中的蔡文姬，是一個愛情受到欺騙、人格受到蔑視的
個性主義者，是一個掙脫玩偶身份的「五四」新女性形象，是一個看清真
相、毅然決斷的追求尊嚴的叛逆者。可是，這個古代的「娜拉」形象，終
於沒有來到世間。

　　30多年後，蔡文姬又重新復活在作者心中。可是，半個甲子的時光悄
悄流逝，30多年之後已是碧海桑田、天翻地覆，換了人間。重新走來的，
是一個與當年的「諾拉」形象，有著天壤之別的「深明大義」的蔡文姬，
一個「識大局」、「顧大體」的蔡文姬。

　　至於何時、何地、何因，郭沫若又萌發了再寫《蔡文姬》的念頭，現
在已經很難考證了。不過在1957年，似乎還沒有跡象顯示，郭沫若要重操

---

[4]　郭沫若：《寫在〈三個叛逆的女性〉後面》，《郭沫若全集》文學編第6卷，人民
　　文學出版社1986年版。

舊業、重續前弦。當時，毛澤東已經公開發表了著名的詩詞《浪淘沙・北
戴河》：

大雨落幽燕，
白浪滔天，
秦皇島外打漁船。
一片汪洋都不見，
知向誰邊？

往事越千年，
魏武揮鞭，
東臨碣石有遺篇。
蕭瑟秋風今又是，
換了人間！

　　但是，在1957年2月4日《人民日報》發表的《試和毛主席韻（詞三
首）》中，郭沫若卻以《浪淘沙・看溜冰》和之。毛澤東在詞中，已經明
顯流露出對曹操的激賞之情，可是郭沫若對此，似乎是無動於衷、置若罔
聞。和詞的主旨，只知吹捧「地上樂園今實現」，與毛澤東的《浪淘沙・
北戴河》僅僅是奉韻唱和，在內容上、主旨上，沒有絲毫的聯繫。加之這
一年「反右」鬥爭激烈，郭沫若忙著呼籲文人知識份子們接受改造，似
乎還沒有心情、沒有理由想起30多年前沒有完成的創作。應該說，在1957
年，《蔡文姬》還塵封在作者的記憶深處。

　　1958年進入「大躍進」時代後，盲目、樂觀的政治浪漫主義思潮彌漫
全國上下，為郭沫若重新拾起久違的歷史劇創作，鋪就了現實的溫床。當
時，人們期望通過「文藝放衛星」，「每個縣出一個梅蘭芳，每個縣出一

個郭沫若」，達到「人人作詩，人人畫畫，人人唱歌，人人跳舞」的共產主義太平盛世，到處豔陽高照、歌舞昇平。當時正努力「永遠保持著心上的春光」的郭沫若，身臨熱火朝天的氛圍，好趕時髦的個性，使他決不會自感落伍。郭沫若的詩歌寫作，儘管有短、平、快的立竿見影之效，而且數量頗多，但他畢竟有自知之明，況且詩歌作為一種抒情達意的藝術形式，畢竟容量有限。與詩歌創作上「靈感」早已枯竭相比，這時郭沫若重操歷史劇創作舊業的激情，在各種機緣的刺激下，慢慢地燃起了。

郭沫若重新創作歷史劇《蔡文姬》的直接動機，似乎是來源於一次飯局上的聊天。

據郭沫若的祕書王廷芳在《周總理和郭老的友誼》一文中回憶：1958年3月中旬，郭沫若應邀前往北京鴻賓樓，出席周恩來為歡迎志願軍高級將領從朝鮮戰場凱旋歸來而舉行的宴會。與郭沫若同席的還有陳毅等人。席間聊天時，郭沫若談到了曹操，認為歷史上的曹操，無論在文學還是政治方面都是有建樹的，周恩來就說：「那你就寫齣戲為曹操翻案吧。」郭沫若就一直記住這句話。[5] 不知彼時，郭沫若是不是想起了毛澤東的《浪淘沙‧北戴河》，也不知郭沫若是終於領悟了毛澤東的偏好，還是又風聞到了什麼政治新動向；或者可以猜測，周恩來的提議本來就不是隨便一說，而是有著複雜的政治方面的考慮。不管怎麼說，領袖的（政治）意願，毫無疑問是觸發郭沫若「替曹操翻案」的直接現實政治動機。

或許，從這時起或更早一點，郭沫若在內心深處，就開始具體醞釀要寫新的劇本了。但是，是不是就是醞釀《蔡文姬》呢，現在還不能肯定。

1958年的7月中旬，郭沫若率領中國代表團，飛赴瑞典首都斯德哥爾摩，出席世界裁軍和國際合作大會。郭沫若任代表團團長，白楊也是團員之一。據白楊回憶，出國訪問期間，郭老一直興致勃勃，寫了很多五、七

---

5 龔繼民、方仁念：《郭沫若年譜》，天津人民出版社1992年版，第1018頁。

言詩。有一次看外國話劇演出，白楊就問郭老：「能不能抽時間再寫幾個劇本呀？」郭老說：「如果到了不能不寫的時候，我一定要寫的！」[6] 怎麼理解「到了不能不寫的時候」呢？一種情況可以解釋為，是藝術構思和人物醞釀還不成熟，尚待時日；另一種情況可解釋為，還要看一看現實政治氛圍，相機相時而動；或者兩者兼而有之。從白楊的回憶來推斷，白楊是觸景生情，進而發出提議，郭沫若的回答，似乎有還待定奪之意。兩人均沒有涉及到具體的劇作內容。看來，對於寫不寫、寫什麼，此時的郭沫若似乎還沒有明確的態度，或者說還沒有下定決心。白楊是郭沫若在1937年就結識的老朋友（當時白楊剛剛17歲），一直來往頻繁，私人關係頗為密切，如果郭沫若重新萌動了或確定了寫《蔡文姬》的念頭，似乎沒有必要對白楊隱瞞，何況這又不是什麼政治機密。

到了1958年的12月，郭沫若決意要寫《蔡文姬》的想法，終於塵埃落定了。1958年12月27日，郭沫若迎來政治生涯中的大喜之事——入黨。獲得政治認同、政治信任的幸福感、滿足感，是否是郭沫若創作《蔡文姬》的直接政治催化劑呢？這不好說。但是兩天之後的12月30日，郭沫若就開始搜集、校訂《胡笳十八拍》的各種舊版本，作《蔡琰〈胡笳十八拍〉》，重述30多年前的觀點，認為《胡笳十八拍》「真是好詩，百讀不厭。非親身經歷者不能作此」，「堅信確為琰作」。從這點來看，最晚在1958年12月份，歷史劇《蔡文姬》的創作，已經正式進入具體的醞釀狀態了。

《蔡文姬》的醞釀和問世，可以說是歷史的和現實的各種因緣際會促成的。這當然也包括來自老朋友田漢的刺激。田漢寫完《關漢卿》之後，郭沫若寫信給田漢說，「我一口氣把您的《關漢卿》讀了，寫得很成功。關漢卿有知，他一定會感激您。特別是朱廉秀，她如生在今天，她一定會自告奮勇，來自演自的。」[7] 而且，郭沫若還興致勃勃地為劇本的修改，

---

[6]　陳明遠：《白楊憶郭沫若》，載《新文學史料》1985年第2期。

[7]　黃淳浩編：《郭沫若書信集》（上），中國社會科學出版社1992年版，第168頁

提了很多技術性的建議。老友劇作的成功，無疑為郭沫若重操舊業增添了信心，郭沫若也一再說，「我寫蔡文姬就是受了壽昌《關漢卿》的啟迪和鼓舞。」[8]

當然，郭沫若創作歷史劇的動因，決非是出自單純的藝術衝動，更重要的還有來自於現實政治的考慮、歷史真實性的思索，等等諸多複雜的因素。如何在劇作中，為各種創作動機設置好合適的表現渠道，使之各得其所、各顯神通，應該是郭沫若需要特別費心之處，而且也是作品成功與否的關鍵環節所在。郭沫若在1959年1月9日寫給陳明遠的信中，就似乎顯示了在創作過程中遇到的了難點：

> 要像壽昌的《關漢卿》才是不朽的傳世之作。有他的榜樣在前，有你的催促在後，我一直在醞釀重操歷史劇的舊業，搞出新的劇本來。去年壽昌寫信給我說：「好些年不寫話劇了，不僅是手生了，心裏好像也沒有把握了。」他的感觸也就是我的感觸。[9]

顯然，郭沫若創作新劇本，是以「不朽的傳世之作」為期許的。但是，有兩個關節點需要克服，一個是技術因素，即「手生了」，另一個就是「心裏好像也沒有把握」。以郭沫若的才氣而言，技術問題似乎不應該成為多大的創作障礙，稍事恢復性練習，就可達到運用自如，從他用七天的時間就完成了《蔡文姬》的寫作來看，「手生」的因素是很快就克服的。更大的原因，或者令他深有感觸的，應該是「心裏好像也沒有把握」。固然，郭沫若似乎不會在寫給一個少年人的信中，隱含著多少微言大義，但卻在無意中流露出了內心深處的一些難以言傳的思緒。至於為何心中沒有把握，應該說與複雜、微妙的創作動機和表達意向，有著密切的

---

[8] 黃淳浩編：《郭沫若書信集》（下），中國社會科學出版社1992年版，第119頁。

[9] 黃淳浩編：《郭沫若書信集》（下），中國社會科學出版社1992年版，第104頁。

關係。這正是闡釋歷史劇《蔡文姬》的關鍵所在。

郭沫若對詩歌、歷史劇創作的心得體會，或許可以加以印證。他早年在寫《三個叛逆的女性》時就說過：「我的信念：總覺得詩總當由靈感迸出，而戲劇小說則可以由努力做出的。」[10] 在40年代歷史劇創作獲得巨大成功後，他又談論說：「寫歷史劇可用賦、比、興來代表。準確的歷史劇是賦的體裁，用古代的歷史來反映今天的事實是比的體裁，並不完全根據事實，而是我們在對某一段歷史的事蹟或某一個歷史的人物，感到可喜可愛而加以同情，便隨興之所至而寫成的戲劇，就是興。」並強調說「賦、比、興是寫歷史劇的主要動機，另外還有一個原因是迎合觀眾。」[11] 對照他的歷史劇創作，郭沫若此言可謂不虛，而且他的歷史劇創作大多源於比、興的意圖，這或許是沒人異議的。

儘管這是郭沫若建國前的體會，但是在《蔡文姬》的創作和修改過程中，「賦、比、興」和「迎合觀眾」的意圖，是更加明顯了。郭沫若之所以有「心裏好像也沒有把握」的感觸，大概正是來自於如何借《蔡文姬》這一文學載體，實現「賦、比、興」以及「迎合觀眾」的意圖。或者可以進一步引申為：如何寫一部「不朽的傳世之作」，既可以成為自己的性情和內心世界的真實寫照，又可以使假像中的各類觀眾們滿意。這才是一個沒把握的難題。

對於一部文學作品而言，揣測它的創作動機和創作意圖可以做到，但是如果想做到板上定釘，那是勢比登天還難。至於接受效應，那就更是「有一千個觀眾，就有一千個哈姆雷特」了。對《蔡文姬》的理解，當如是觀。

---

[10] 郭沫若：《寫在〈三個叛逆的女性〉後面》，《郭沫若全集》文學編第6卷，人民文學出版社1986年版。

[11] 《郭沫若講歷史劇——在上海市立戲劇學校演講》（周惜吾記），《郭沫若專集1》，四川人民出版社1984年版。

　　大致來看，歷史劇《蔡文姬》的精神世界，首先主要有兩種聲音組成。一種是作者真實心聲的藝術展現，用郭沫若的話來說，即「蔡文姬就是我！」；另一種是作者的現實政治動機和歷史興趣所在，一言以蔽之，「替曹操翻案」。問題當然沒有這麼簡單，複雜之處在於，兩種聲音既有相互疊合、共鳴的部分，又有相互排斥、矛盾的一面。而且，在這雙聲二重唱交織而成的主旋律中，在每一種聲音的背後，還隱藏著大量的糾纏不清的潛臺詞。所有這一切，都匯聚在劇作之中，構成了豐富、多維、含混的戲劇藝術張力結構。郭沫若作為政治活動家、歷史學家和戲劇家的三種身份和角色要求，都在劇本中得到了一定程度的實現。

　　仔細考察《蔡文姬》文本，以及創作、修改劇本的前前後後，能夠斷定的是，對於這種複調的藝術結構，郭沫若是綢繆已久、頗費匠心。在正式動筆寫《蔡文姬》的大約一個月前，也就是1959年1月7日寫的《談蔡文姬的〈胡笳十八拍〉》中，這種雙聲複調結構就已顯露雛形。

　　今天來看，這篇文章令人感興趣之處，在於它以歷史和文學論文的方式，首先確定了歷史劇創作的兩條主要思想情感線索的核心——蔡文姬和曹操。如何理解和解釋這兩個歷史人物，是闡釋劇本思想情感基調的價值支點。郭沫若歷史劇的創作，眾所周知具有「比、興」的濃厚色彩，但這不能說明他對歷史劇創作中「賦」的層面不重視。其實，郭沫若在這一層面上所花費的氣力，決不亞於在「比、興」方面的努力。郭沫若的歷史劇還沒有「進步」到類似今天風靡一時的「戲說歷史」的程度。歷史學家的職業興趣和學術習慣，依然是郭沫若劇作的最底層的奠基石。勘探、證明歷史事件的真實性，再從歷史真實性基礎上尋求藝術創造的生長點，就成為郭沫若歷史劇創作的藝術前奏和學術鋪墊。

　　對於歷史劇《蔡文姬》而言，針對當時歷史學界的共識，針對人們觀念世界中的那個普遍而又模糊的歷史印象，郭沫若首先要做的，就是要認

定《胡笳十八拍》是蔡文姬的作品，釐清蔡文姬真實的歷史形象，重塑在人們的常識和觀念世界中遭到妖魔化的曹操的「偉大」形象。郭沫若在著手寫作劇本之前，先寫《談蔡文姬的〈胡笳十八拍〉》，目的蓋在於此。

有意思的是，與客觀冷靜、邏輯嚴謹的歷史考釋和論證不同，郭沫若此文在選擇和羅列歷史材料、進行論證與闡釋的同時，更突出的一個特點，就是情感的注入。這似乎是歷史研究的大忌。其實對這種現象不能一概而論。仔細考察歷史研究及其各環節的思維特徵，不外乎一個搜集、歸納、論證、推理和總結的過程。在這個過程中，任何一個研究者不可能佔有全部的材料，論證和推理過程是建立在不完全歸納方法的基礎上的，從嚴格的邏輯來說，這不能保證推理和結論的絕對正確性。歷史研究的對象，不但包括典章、制度、文物、人、事這些顯在的史實，還包括歷史精神的產生、運作及其展現。對後者來說，很多情形是無法按嚴格的邏輯程序來推導和論證的，而是需要研究者用經驗、情感、觀念甚至是直覺去把握。人們常說的「詩文證史」的歷史研究法，除卻以文學敘事中的材料來驗證史實這一層面外，有時文學的敘事、抒情、說理、言志、載道等現象，可能與歷史精神的真實狀態更接近。這或許就是人們常說的文學史是一個民族心靈史的道理所在。而心靈史，則是歷史真實狀態極為重要的構成部分。

郭沫若對歷史劇《蔡文姬》所涉及的相關史實的研究，其最重要的出發點之一，應該來自於對蔡文姬文學作品的體驗與共鳴。這不但構成了郭沫若歷史劇創作的興趣，而且也勾起了他濃厚的歷史研究興趣。

在30多年前構思《蔡文姬》、爬梳歷史資料的時候，郭沫若就首先在情感上否定了《胡笳十八拍》是後人偽造的，認為那樣悲壯哀切的文章，不是身經其境的人不能做到。30多年後舊事重提時，《談蔡文姬的〈胡笳十八拍〉》就首先以強烈的情感開篇：「在中國文學史上有一件令人不平的事，是蔡文姬的《胡笳十八拍》所受到的遭遇。這實在是一首自屈原的

《離騷》以來最值得欣賞的長篇抒情詩。」[12] 正是為蔡文姬在文學史上的遭遇鳴不平的情感引導下，郭沫若才開始進入了歷史研究的論證程序。而且這種情感共鳴，也構成了論證過程中的有力支柱。

需要特別指出，30多年前，郭沫若對蔡文姬及其《胡笳十八拍》的情感體驗與共鳴，是定位在「叛逆者」這一時代精神的層面；而30多年後，郭沫若對蔡文姬及其《胡笳十八拍》情感體驗與共鳴的內涵，已經發生了相當大程度的逆轉，也要附和新的時代精神了。郭沫若的論證是否準確、嚴密、客觀，不是本書關注的焦點，況且《胡笳十八拍》係蔡文姬之作的觀點，已經被大多數人認同，因此對其考證、推論過程和結論的正確與否，就無須贅言了。

從劇本創作的角度來看這篇文章，更令人感興趣的是郭沫若對《胡笳十八拍》的強烈情感共鳴，以及由此而來的對蔡文姬和曹操這兩個歷史人物的想像。

先看看郭沫若如何評說蔡文姬及其《胡笳十八拍》：

> 那是多麼深切動人的作品呵！那像滾滾不盡的海濤，那像噴發著融岩的活火山，那是用整個的靈魂吐訴出來的絕叫。我是堅決相信那一定是蔡文姬作的，沒有那種親身經歷的人，寫不出那樣的文字來。……
>
> 像《胡笳十八拍》，無論在形式或內容上，那種不羈而雄渾的氣魄，滾滾怒濤一樣不可遏抑的悲憤，絞腸滴血般的痛苦，決不是六朝人乃至隋唐人所能企及的。……
>
> 感情的沸騰、著想的大膽、措辭的強烈、形式的越軌，都是古代人所不能接受的。思想大有無神論的傾向，形式是民間歌謠的體

---

[12] 郭沫若：《談蔡文姬的〈胡笳十八拍〉》，《郭沫若全集》文學編第8卷，人民文學出版社1987年版。

裁，既有傷乎「溫柔敦厚」的詩教，而又雜以外來影響的胡聲，因
而不足以登大雅之堂。史籍裏不載它，古代選集裏不選它，是有由
來的。[13]

通過這些描述和解讀，可以看出郭沫若對蔡文姬和《胡笳十八拍》的
情感體驗和藝術共鳴，如同30多年前所感受到的那樣，依然是怨憤沖天、
愁腸百結、如泣如訴。而且，蔡文姬和《胡笳十八拍》，仍然還保有叛逆
者的精神因素——感情的沸騰、著想的大膽、措辭的強烈、形式的越軌、
無神論傾向等等。正因為如此，蔡文姬和《胡笳十八拍》，才受到正統歷
史敘事的歧視和排斥。在30多年前的構想中，文姬歸漢的根本原因，是因
為情感和人格受到嚴重傷害，回歸漢朝是一個叛逆者的自我拯救行為，
曹操遣使者從匈奴贖回蔡文姬，只不過為蔡文姬的叛逆行為製造了一個
契機，並無更多的戲劇內涵。而在30多年後，蔡文姬的叛逆傾向，被遏止
了，愛情受騙、人格受貶的因素退場了。特別是在劇作中，蔡文姬的怨氣
沖天、愁腸百結、如泣如訴，被處理成了「兒女私情」；蔡文姬內心世界
的痛苦、矛盾、猶疑，變成了「小我」和「大我」的衝突；是沉湎於一己
之私、個人悲哀，還是振作精神、效命於曹操開創的文教盛世，成為郭沫
若塑造蔡文姬這一藝術形象的價值軸心（這也易使人們忽略對蔡文姬內心
世界的準確分析）。

是故，在《談蔡文姬的〈胡笳十八拍〉》一文的最後，非常突兀、而
又順理成章的引出了曹操：「從蔡文姬的偉大可以看出曹操的偉大。她是
曹操把她拯救了的，事實上被曹操拯救了的不止她一個人，而她可以作為
一個典型。」過去的叛逆者，最終變成了被拯救者，而塑造拯救者的偉大
形象，也就變成了戲劇創作的重要目的。因為這種藝術構思，要引出另一

---

[13] 郭沫若：《談蔡文姬的〈胡笳十八拍〉》，《郭沫若全集》文學編第8卷，人民文
學出版社1987年版。

個創作主旨：「替曹操翻案」，以達到「古為今用」的政治意圖。所以文章最後要重塑曹操的光輝歷史形象：

> 他鋤豪強，抑兼併，濟貧弱，興屯田，費了三十多年的苦心經營，把漢末崩潰了的整個社會基本上重新秩序化了，使北部中國的農民千百年來要求土地的渴望基本上得到了一些調劑。自殷代以來即為中國北邊大患的匈奴，到他手裏，幾乎化為了郡縣。他還遠遠到遼東去把新起的烏桓平定了。他在文化上更在中國文學史中形成了建安文學的高潮。……曹操對於民族的貢獻是應該做高度評價的，他應該被稱為一位民族英雄。

一個多月後，《談蔡文姬的〈胡笳十八拍〉》中的這種對史實的雙聲複調式理解，變成了歷史劇《蔡文姬》的主幹框架。戲劇場景和劇情，按照這種理性構思，一步步展開。儘管對蔡文姬和《胡笳十八拍》的情感體驗和藝術共鳴，與30多年前相比基本沒有改變，但是郭沫若寫歷史劇時，卻不能讓這種情感體驗和共鳴順其自然的發洩，而是有意將之放在政治意圖的框架中運作，改造成符合主流時代精神要求的藝術形象。

在歷史劇《蔡文姬》中，戲劇的展開方式，就成了由悲劇到喜劇的轉換。應該說，這也是歷史劇《蔡文姬》給人的最明顯、最突出的認識和感受。或許因為如此，人們才不能不首先把《蔡文姬》當做一部「頌今」、「悅今」之作。

然而奇妙之處就在於，文學藝術作品不僅僅是「理性的感性顯現」。如果《蔡文姬》的藝術主旨如此明朗、單一、直白，就不能引發人們的歧義理解，也不能稱之為透視、揣測郭沫若複雜、微妙內心世界的一扇窗戶。聯繫當時的政治環境和社會氛圍以及作者的人生際遇來看，圍繞著《蔡文姬》問世的前前後後，郭沫若的構思、創作、修改和說明（包括他

的一些研究文章），似乎顯示了他還有其他的難以明言的隱衷，蘊含在劇作之中。

1959年的5月1日，在劇本《蔡文姬》基本定稿之後，郭沫若寫了一篇創作談，作為序收錄在本月由文物出版社出版的《蔡文姬》中。同時略作改動，文中加了四個小標題，以《中國農民起義的歷史發展過程——〈蔡文姬〉序》[14]為題，發表在5月16日的《人民日報》。在這篇序中，郭沫若更為明確地指出了劇作的兩大精神指向：「蔡文姬就是我！——是照著我寫的。」「我寫蔡文姬的主要目的就是要替曹操翻案」。

郭沫若如此明確的述說自己的創作主旨，應該說是有緣由的。劇本初稿完成後，曾連載於4月8日至20日的《羊城晚報》。以郭沫若響亮的名頭和劇本惹眼的主題，迅速引起了人們的關注，既有贊同與稱頌，也有不滿和質疑。爭議除了劇情結構這些技術因素外，焦點在於曹操形象的歷史真實性問題，而對曹操的評價，卻牽涉著和隱藏著敏感的、複雜的現實政治因素。

其實，郭沫若早在劇本刊載前的3月14日，就寫了《替曹操翻案》的文章，並在3月23日的《人民日報》發表，從「曹操雖然打了黃巾，但受到了黃巾起義的影響」、「曹操平定烏桓是反侵略性的戰爭，得到人民的支持」、「關於曹操殺人問題，應該根據歷史事實重新考慮」、「曹操對於民族的發展和文化的發展有大的貢獻」、「曹操冤枉地做了一千多年的反面教員，在今天，要替他恢復名譽」五個方面，來確證曹操光輝形象的歷史真實性，可以說是費盡心機、千方百計地為曹操翻案。那時《人民日報》、《光明日報》、《文匯報》、《羊城晚報》就發表了不少文章，產生了不小的爭議。

且不管對曹操歷史形象真實性的考釋，孰是孰非。郭沫若為曹操翻案的現實政治動機，其實早已是禿子頭上的蝨子——明擺著。陳明遠記述的

---

[14]　《郭沫若全集》文學編第8卷（人民文學出版社1987年版）輯錄時，均無大小標題，所引文字，均據全集。

一件事，也更直白地進一步作了印證：

> 一九五九年二月，郭老師帶著歷史劇《蔡文姬》的初稿列印本，到
> 上海徵求意見。記得當時正是學校寒假期間，我反覆讀了有關的資
> 料以後，嘗試著手翻譯改寫《悲憤詩》和《胡笳十八拍》。同時，
> 我也大膽地向郭老師說出了自己對於「替曹操翻案」一文的看法，
> 認為其中有些地方不妥。我曾向老師提出建議，劇本《蔡文姬》的
> 主題應圍繞「胡笳十八拍」的詩歌創作過程，而不是過分突出曹
> 操，特別不要把曹操捧上天去。郭老師笑著說：「童言無忌，童言
> 無忌！」[15]

那時的陳明遠或許不理解郭沫若將曹操捧上天去的原委。但無論是
公開還是私下，郭沫若創作歷史劇《蔡文姬》的政治意圖，已經昭然若揭
了。那麼，還有沒有必要專門再寫一篇創作談，來再次向公眾傳達這一
已經是公開的政治資訊呢？或許可以說，作者唯恐別人不能領會自己的意
圖，才不厭其煩地像祥林嫂那樣四處嘮嘮叨叨。不過這樣的認識，會不會
低估了郭沫若政治智慧和處世水準呢？

在序中，郭沫若的一些話，是很值得我們認真對待的：

> 我在寫作中是盡可能著重了歷史的真實性，除掉我自己的經歷使我
> 能夠體會到蔡文姬的一段生活感情外，我沒有絲毫意識，企圖把蔡
> 文姬的時代和現代聯繫起來。那樣就是反歷史主義，違背了歷史的
> 真實性了。

---

[15] 陳明遠：《懷念郭老師》，《新文學史料》1982年第4期。

從劇本醞釀到劇本定稿的不到半年時間裏，郭沫若已經通過公開和私下的各種渠道，向世人傳達了「替曹操翻案」的創作意圖，而此時卻又說「我沒有絲毫意識，企圖把蔡文姬的時代和現代聯繫起來」，這不是等於在說「此地無銀三百兩，隔壁阿二不曾偷」嗎？或許可以認為，郭沫若作為一個文人知識份子，擔心別人譏諷自己阿諛趨時，為維護自己的清譽而故意為之，用尊重歷史真實性，來掩蓋自己的「悅上」。果真如此的話，那麼郭沫若前前後後、四處大聲嚷嚷著「替曹操翻案」，就站不住腳了，難道那不是更明顯的「悅上」嗎？而且，那時他寫了很多肉麻的政治頌詩，都不怕別人譏笑，再寫一部劇作，就怕人嘲諷為獻媚之作了？顯然，這不是郭沫若擔心觀眾「把蔡文姬的時代和現代聯繫起來」的主要原因。

不厭其煩的四處申明創作《蔡文姬》的主要目的，是「替曹操翻案」，除了盡可能的使人人盡知其政治意圖外，郭沫若是不是在有意無意的遮掩著什麼？強調「沒有絲毫意識，企圖把蔡文姬的時代和現代聯繫起來」，這是不是郭沫若在欲蓋彌彰？

仔細分析，不難看出郭沫若如此作為，顯然是在有意無意地照應劇作的另一個主題：「蔡文姬就是我！——是照著我寫的。」通過渲染「替曹操翻案」，轉移人們對蔡文姬的過多關注，以此來牽制人們對這一主題的「隨興所至」的理解。因為無論是劇本本身的內容，還是郭沫若自己的解釋，都可以看出有一個真實的「我」存在。郭沫若在《蔡文姬》序中說得最清楚：

> 我不想否認，我寫這個劇本是把我自己的經驗融化了在裏面的。……
>
> 《蔡文姬》卻恰恰相反，它有一大半是真的。其中有不少關於我的感情的東西，也有不少關於我的生活的東西。不說，想來讀者

也一定覺察到。在我的生活中，同蔡文姬有過類似的經歷，相近的感情。但是這些東西的注入，我是特別注意到時代性的。蔡文姬的時代和今天的時代是完全不同了。……

　　當然，人體和猿體總有相似的地方。馬克思也說過「人體解剖對於猿體解剖是一把鑰匙」。因此在《蔡文姬》劇本與現代之間，讀者或觀眾可能發生某些聯想，是在所難免的。

很明顯，作者似乎在告訴人們，蔡文姬（也就是「我」的）的怨氣沖天、愁腸百結、如泣如訴，是時代造成的，那個時代已經過去了，和今天的時代是完全不同的，讀者和觀眾覺察到那些「類似的經歷，相近的情感」時，也應該注意區分時代的不同。可是，因為「人體和猿體總有相似的地方」，如果發生某些聯想，也「在所難免的」。

這就有點讓人犯暈了。

作者一方面強調「蔡文姬就是我」，強調這一藝術形象熔鑄著自己的情感與經驗，可是，又似乎擔心人們把蔡文姬與現實中的自己對比，擔心人們把現在的時代比附為蔡文姬的時代。作者似乎是有意把人們的理解視野，圈定在符合主流時代思想的規範要求下。另一方面，又借用革命導師的話語力量的支撐，為自己情感與經驗的注入、為讀者「在所難免」的聯想，打圓場、作鋪墊。這種欲言又止的狀態，即使不是在向人們暗示著什麼，也反映了作者猶豫、矛盾的複雜心態。這也真夠難為郭沫若了。

不用說郭沫若，就是我們一般的普通人，在當前政治狀態和社會交往中，很多情況下也不能暢所欲言，有時也不得不拐彎抹角、話中有話，以達到「曲線救國」的效果。更何況在當時複雜多變的政治環境下。郭沫若當然知道文學藝術作品的包容性、含混性和歧義性，那些想說的思想、情感和人生體驗，可以注入作品中，那些不能直言不諱、率性而為的心聲，當然更可以熔鑄在作品中。可以說，郭沫若利用了藝術世界虛擬性、想像

性、模糊性，甚至是利用了藝術世界和現實世界的不可分離性（實質上的對應性），為自己複雜、矛盾、微妙的精神世界創造了一個真真假假、虛虛實實的存在空間。

由此，歷史劇《蔡文姬》既是郭沫若展現內心情感和人生體會的場所，又成了他審視自我、寄託情志的舞臺。所以有的學者說：「如果說詩代表著郭沫若的青春，代表著青春對世界的單純、熱烈的嚮往，戲劇則反映了他對政治的渴望與參與，代表了他成年的成熟與世故。……細查《蔡》劇，會發現郭沫若畢竟不是一個政治戰士，而是一個多情善感、心靈脆弱的文人。研究一個政治角色突然間人性恢復，返璞歸真，的確是那樣的發人深省。」[16]

如同一個在崎嶇、險惡的山徑上艱難攀援的行者，當他疲倦了、迷惘了或者沮喪了……，會停下匆匆的腳步，或回首坎坷的步履，或遙望未知的前景，躊躇於天地古今之間，徘徊於世事紛紜之內，思緒千迴百轉，情感起伏跌宕，仰望天空、對著空曠寂寥的山谷長嘯一聲，於是，心中的鬱積、內心的渴望，化為遙遙響起的回聲。《蔡文姬》就是來自郭沫若靈魂深處欲說還休的一曲迴響。千年往事、人世攘攘，萬涓成河、百川納海，千重思緒、萬般滋味，幻化為藝術的象徵世界，述說著作者明明白白的心意、恍恍惚惚的心事。

說到歷史劇《蔡文姬》明明白白的心意，人們的意見比較一致，沒有多大的分歧，即主題在於悅上、趨時、歌功、頌德。對此，有的專家評論說：

> 郭沫若為適應當時「轟轟烈烈」的政治局面的需要，通過文姬歸漢的故事，表揚了曹操力修文治、唯才是舉的正確的政治主張，更讚

16　程光煒：《郭沫若與〈蔡文姬〉》，《粵海風》，2003年第1期。

美了蔡文姬為繼承父親遺業、決心撰述《續漢書》而離別兒女歸漢的宏大志向。作者後來處理這一歷史題材，把文姬歸漢同撰述《續漢書》的大業及曹操的英明領導聯繫起來，說明文姬歸漢不是由於同匈奴左賢王愛情關係的破裂，而是由於文化建設的需要，由於曹操唯才是舉的用人政策發揮了積極效能的結果。這就使劇本具有鮮明的時代特色和現實目的性。[17]

食君之祿、忠君之事，這種帶有機會主義色彩的創作意圖，從《蔡文姬》問世之初起，就被人們看得清清楚楚。

但是，作者在大肆張揚自己的政治意圖的同時，不願意人們認定《蔡文姬》為拍馬屁的媚世之作，是故又強調「蔡文姬就是我」，企圖以藝術經驗和素材的真實性，來驗證劇作的藝術自律性和藝術合法性。然而，作者顯然又不願意人們產生出影射世事的隨意聯想，所以戲劇的間離效果，就成了《蔡文姬》有意無意中所倚重的手段，作者恍恍惚惚、似有若無、隱隱約約的心跡，就氤氳其間了。

這或許就是今天人們對《蔡文姬》依然感興趣的所在：郭沫若是借《蔡文姬》這只酒杯，澆自己之塊壘。個中滋味，如魚飲水，外人能知冷暖否？

詩人徐遲，應該說是《蔡文姬》的一個知音。在眾多的論述《蔡文姬》的文章中，他的《郭沫若、屈原和蔡文姬》撥繁就簡、披沙揀金，直指郭沫若恍惚心事的要害，且看他的感悟：

歷史劇《蔡文姬》是一九五九年春脫稿，給十週年國慶獻禮的一篇力作。……今天重讀這個劇本，我們又聽見和看到了他的聲音

---

[17] 黃侯興：《郭沫若——「青春型」的詩人》，山東人民出版社1994年版，第298-299頁。

笑貌，並且還進一步深入到了他的內心世界，更是強烈地感覺到了這個歷史劇中的重大政治內涵。

　　……他也需要訴述他心靈中的隱痛，寫出他魂魄中的微顫。借《胡笳十八拍》的詩句，他表達了自己無可奈何的心情，以「生死鴛鴦、鏡劍配合」之意，來解釋了他自己的一段身世。……

　　他寫《屈原》不僅寫了自己，他寫《蔡文姬》，也不僅是寫了自己。《蔡文姬》這個歷史戲，觸及了更深刻的政治內容。……

　　也許可以說，郭沫若落墨之時，也懷有范仲淹在岳陽樓上的心情的。……

　　郭沫若在這個歷史劇中寫了周近進讒這個戲劇契機，他是在寫我國封建社會的沉痛的歷史教訓。那末，這是不是郭沫若信手拈來，揮毫成趣，隨興所至，憑一時靈感寫出的戲劇契機呢？郭沫若早已進入他的成熟期。這位歷史學家和歷史戲劇詩人曾經是有所為而寫《屈原》的；又時有所發而寫出《甲申三百年祭》這樣重要散文來的，我們完全可以設想他是有所指而寫《蔡文姬》的。

　　……讒言、誣陷，令人心悸；至今心有餘悸的也還是這個：「畏讒憂譏」。《蔡文姬》劇本中的戲劇契機，可以說是一個政治的契機。[18]

　　徐遲的這篇評論文章寫於歷史劇《蔡文姬》誕生的20年後。此時，郭沫若剛剛死去一年有餘。倘郭沫若地下有靈，該會有「知我者」之歎。

　　其實，歷史劇《蔡文姬》的複雜藝術內涵，並非晦澀不堪、玄奧難解。正如徐遲所說，知者不少而言者寥寥，蓋蕭然、壓抑的政治氛圍使

---

[18]　徐遲：《郭沫若、屈原和蔡文姬》，《郭沫若專集1》，四川人民出版社1984年版。

然。今天，我們當然再也沒有必要無視郭沫若以蔡文姬自況這一創作心理
了。而且作品本身已經非常明顯的展現出來。

從戲劇的矛盾衝突來看，推動《蔡文姬》劇情發展的兩大要素，一是
蔡文姬內心的矛盾衝突，另一個就是周近進讒造成的大麻煩。

對於蔡文姬在命運轉折關頭的內心衝突和矛盾，劇作的藝術表現動
人魂魄，令人唏噓不已。劇作的第一幕和第三幕，以呼天喊地般的痛徹、
飽蘸情感的濃彩重墨，描繪、渲染了蔡文姬的痛苦抉擇。第一幕的感人之
處，是描繪蔡文姬拋夫別孺的苦痛，對於這種情感創痛，人們會很自然地
聯想起1937年郭沫若拋孺別婦、投筆請纓、歸國抗戰的那一段經歷，這毫
無疑問為話劇增添巨大的藝術魅力。這一點可以說盡人皆知，無需多談。

在這一幕中，作者顯然沒有止步於蔡文姬的情感糾葛。有意思的是，
熟知歷史事實的郭沫若，竟然為了「藝術真實」而犧牲了「歷史真實」，
將迎接文姬歸漢的使臣楊訓，更改為董祀和周近。如果說憑空增添正使董
祀這一人物，是為蔡文姬能有一個較完美的歸宿作鋪墊，那麼副使周近的
引入，則顯得意味深長了。劇中的蔡文姬不但深明大義，而且依然有不畏
權勢、獨立不羈的品格。當左賢王向蔡文姬述說周近的盛氣凌人、氣焰囂
張以及大兵壓境的恐嚇時，蔡文姬堅貞不屈的人格和品質，躍然紙上：

> 說本心話，我很想回去，但又不願離開你們。我已經躊躇了三天三
> 夜，就到目前我也依然在躊躇。你知道，我是願意匈奴和漢朝長遠
> 和好的。曹丞相派遣使臣來迎接我，如果還有大兵隨後，那就是不
> 義之師。我要向漢朝的使者問個明白；如果真是那樣，我要當面告
> 訴他：我決不會去，死，也要死在匈奴！

當董祀將詳情告知蔡文姬，特別是對曹操的「明君」形象的一番描
述，才使蔡文姬下定了歸漢的決心。因為，割斷兒女私情歸漢，是為了

「力修文治」的大義，並不是強權壓迫下的無奈選擇。這樣，蔡文姬既保有了人格的尊嚴，重大的人生抉擇，也有了名正言順的理由。儘管將藝術與現實對號入座，有離譜之嫌，但考諸郭沫若一生的重大政治選擇，這是否是他在借蔡文姬來進行身世自證呢？是否是在告訴世人：我郭沫若追隨共產黨，是在保持人格獨立狀態下的自主的、正義的選擇，文姬歸漢是適逢「明君」，有大業要做，我郭沫若何嘗不是如此呢？

蔡文姬的情感之痛，在第三幕表現得尤為淋漓盡致。形容憔悴的蔡文姬，在父親墓前徘徊跪拜，時而仰天歎息，時而掩袖垂泣，大段內心獨白的呼告無門，《胡笳十八拍》的低迴沉痛，夢境與現實的交相閃回，將內心的痛苦和矛盾，推向了極致。這裏，在蔡文姬的創痛之餘，不知作者是有心還是無意，還安插了對自我角色的憂慮：

> 像這樣，我到底能夠做些什麼呢？呵，我辜負了曹丞相，我辜負了你啦，爹爹！（跪下）曹丞相要我學那班昭，讓我回來繼承父親的遺業，幫助撰述《續漢書》。但我現在已經成了一個廢人。我有什麼本領能夠做到班昭？我有什麼力量能夠撰述《續漢書》呢？呵，父親，請你譴責我吧！我為什麼一定要回來？我為什麼一定要回來呵？……

這是蔡文姬對自己能否擔當重任的一絲疑問（這絲疑問，過去往往被淹沒在蔡文姬因夫離子散的愁苦中，無人重視）。又是董祀出場，以曉之以情、動之以理的一番勸慰，疏解了蔡文姬的個人愁苦和憂慮，堅定了蔡文姬獻身「簞食壺漿，以迎王師」時代的信心。

這種藝術處理，是否是作者運用一波三折的戲劇手段，來反覆驗證自家身世的正當性呢？是否是為自己的人生選擇，運用藝術手法提供一個合理的、正義的解釋呢？

1959年5月2日，郭沫若在寫給曹禺和焦菊隱商討劇本修改的信中，特意囑咐兩人加上讓曹操親口述說文姬歸漢目的的臺詞：

> 　　剛才談到的劇本45頁蔡文姬的臺詞中所增加的幾句（左賢王贊成她回來撰修《續漢書》云云），仍請保留。但在第三行曹操的臺詞中「蔡文姬夫人」下請加下面幾句話，這樣就把文姬歸漢的任務更突出了。
>
> 　　「我們迎接你回來的用意，正是你所說的那樣，大家都期待著你能夠回來，幫助撰修《續漢書》。你知道，這是你父親伯喈先生的遺業呵。就給前朝的曹大家班昭繼承了她父親班彪的遺業，幫助他哥哥班固撰修《前漢書》一樣，你也應該繼承你父親的遺業，幫助撰修《續漢書》。這件事，我們改天再從長商議。現在，我看你是太疲勞了。」[19]

　　儘管劇中已經通過董祀等人之口，一再強調蔡文姬歸漢的目的，是為了《續漢書》的文治大業，但此話出自曹操之口，分量顯然就不一樣了。曹操的一言九鼎，確證了蔡文姬的重要身份和地位的合法性。我們又不能不聯想：這是否是作者對自己的政治資歷，通過話劇藝術進行確證時，拋出的來自最高權威的印證和裁斷呢？劇作通過巧妙的戲劇手段，將文姬歸漢過程中的心理變化，處理得搖曳生姿、跌宕起伏。聯想到郭沫若的自家身世，不能不讓人猜測諸種糾葛與波折裏面所蘊含的玄機。

　　對於周近這一角色，正如徐遲講的，是一個戲劇化的政治契機。劇情的發展，很大程度上是依靠這個政治小人來推動的（至於周近這一角色設置的劇情功能，劇作本身已有充分的展示）。對於這個角色，作者下的

---

[19]　黃淳浩編：《郭沫若書信集》（下），中國社會科學出版社1992年版，第280頁。

工夫，顯然不亞於蔡文姬、曹操等主要角色。作者沒有簡單的將之作為一個反面人物來處理。劇作對他的耀武揚威、傲下諂上，通過臺詞進行了詳盡細緻的刻畫，主要表現為恐嚇左賢王、誣陷董祀等行為。而且，在劇作中，這個人物對曹操也並非忠心耿耿、敬愛有加，在曹操面前搖首擺尾，背後卻「有失檢點」。特別是第二幕中周近和匈奴右賢王去卑的對話，如揭露曹操其貌不揚，用替身來接見匈奴使臣，反覆強調曹操無時無刻不在「用心思」，以至於似乎無意中帶出了曹操經常「愛發暈病」的隱私，愈發顯露出這個政治小人的醜陋面目。

更重要的是，小人得志便猖狂，陰謀詭計更易得逞。劇中的曹操，就是因為偏信了周近對董祀的誣陷，差一點就造成冤假錯案。作者將一個謹慎的、陰險的告密者形象，處理得活靈活現，尤其是臺詞處理上，進讒者在捕風捉影和查有實據之間的運用手腕，令人拍案叫絕。

這不能不讓人聯想到：郭沫若本人為何在現實政治風雲中，謙恭謹慎、唯唯諾諾。因為這種政治小人，害人於無形之中。比如劇中周近對蔡文姬的舉報：

> （揣摸不透曹操的問意，遲疑了一會）我不通音律，也不大懂詩。不過，我覺得好像很悲哀，很放肆，似乎有失「溫柔敦厚」的詩教。
>
> （自以為揣摩得手）我覺得蔡文姬夫人似乎有些不願意回來，在她的詩裏充滿著怨恨，甚至說到她的怨氣之大連宇宙都不能容下。

這種近乎捏造文字獄的陷害手法，怎不令人小心翼翼、戰戰兢兢？無怪乎郭沫若對劇作本身，也怕人們產生豐富的聯想了，以至惹禍上身。徐遲指出《蔡文姬》「畏讒憂譏」的政治內涵，可謂真真切切地說到了點子上。

　　當然，寫《蔡文姬》時的郭沫若，早已經非常成熟、世故，決不會止步於角色認同、身份確證、畏讒憂譏等層面。他當然還有更加明確的「替曹操翻案」的創作意圖。是真情實意也好，虛情假意也罷，劇本由悲劇向喜劇的轉換，是讓世人明白無誤的看到了頌揚曹操的背後，實際上是在頌揚領袖的知遇之恩，是在比附和期盼洞察時事、雄才大略的「明君」。這是郭沫若的聰明之處，也是他的可悲之處。

　　《郭沫若全集》中收錄的《蔡文姬》，是經過數番修改之後的定稿本。在最初發表在《羊城晚報》的初稿中，「悅上」之情太過明顯。比如，以曹操的「屯田」政策，比附當時毛澤東倡導的大辦「人民公社」風，在劇中讓老百姓齊唱《屯田歌》：「屯田好，屯田好，家人父子團圓了！團圓了！兵也耕，民也耕，兵民本是一家人。天下英雄誰最好，為民造福丞相曹！丞相曹！」再如初稿結尾，為了歌頌曹操的文治武功、豐功偉績，作者安排蔡文姬寫了一首《賀聖朝》：「天地再造呵日月重光，掃蕩兼併呵誅除豪強。烏丸內附呵匈奴隸王，武功赫赫呵文采泱泱。萬民樂業呵四海安康，渡越周秦呵邁邁夏商。哲人如天呵鳳翱龍翔，天下為公呵重建陶康。」這些，在劇本修改過程中，因種種已知和未知的原因，都進行了刪改。

　　至於是不是從純粹的戲劇藝術角度進行刪改，現在還不得而知。

　　值得一提的是關於《賀聖朝》的修改。北京人藝在排演《蔡文姬》的過程中提出意見，認為劇名既為《蔡文姬》，就應以蔡文姬為主，對曹操的歌頌太過分，應該進行刪改。可是郭沫若卻沒有親自動筆修改，是由人藝並邀請田漢進行了修改。一般認為，此時郭沫若參加國際會議，公務繁忙、無暇修改。但從1959年5月2日郭沫若致陽翰笙、田漢、曹禺、焦菊隱並轉周揚的信來看，《賀聖朝》已經改為《重睹芳華》。這說明，改動顯然是在5月2日之前。可是查諸各種郭沫若年譜，在4月份甚至是3月份、2月份郭沫若的出訪，只有一次，這就是4月24日至26日到莫斯科參加「加強國

際和平」列寧國際獎金委員會會議。

短短的三天出訪，就成了無暇修改的原因？這大概是藉口吧？而且，江郎才盡的可能性也極小，郭沫若沒有親自動筆，應該說是大有深意的[20]。另外，在田漢修改的詩中，有句讚揚曹操的話「巍巍周公呵吐哺握髮」，可是郭沫若卻小心翼翼地將「周公」改為「宰輔」。一詞之改動，可見良苦用心和政治玄機。

歷史劇《蔡文姬》及其前前後後，的確蘊藏著許多玄奧之處。

歷史劇《蔡文姬》運思之複雜、寓意之豐富，在郭沫若的全部作品中，都顯得鶴立雞群。

作者將個人際遇、人生感懷，和經國大事、千秋大業繫之於一弦，從近2000年前的歷史人物、歷史事件中，找到了身份認同的知音，找到了角色確證的渠道，找到了感同身受的共鳴。由於作品本身所具有的張力空間十分廣闊，今天依然可以從中解讀出更豐富的內容。可以確定的是，作品讓我們看到了一個活生生的現實中的郭沫若，看到了他活生生的複雜內心世界。

1962年7月，郭沫若因江左小范（范曾）作《文姬歸漢圖》索題，賦詩一首，其中有云：

聖人作春秋，
辭難贊游夏。
垂世千百年，
褒貶亂賊怕。
我願學齊史，
筆削不相假。

20　這是一種推斷。盼知情者告知真實情況。

生死皆以之，

用報知己者。

　　不知寫此詩時，是不是又想起了三年前創作《蔡文姬》時的自況與
期盼。

　　《蔡文姬》是郭沫若雙重的精神世界和人格形象的象徵。《蔡文姬》
是郭沫若的情感、經驗、理性、智慧的沉澱。比如情感的表露、人格形象
的塑造之類，就別有意味。劇中蔡文姬抛婦別雛的痛苦，來自於郭沫若的
真實人生體驗，可是劇作卻只表現了與兒女分離的痛楚，悄悄地隱去與安
娜的分離之痛，私下裏他卻說：「安娜為我做出了最大的犧牲。我寫《蔡
文姬》含著很深沉的愴痛。」[21] 再如蔡文姬獨立、堅貞、叛逆的人格，劇
作中雖已大為弱化，但蔡文姬的自尊、自愛和自重，依然縈繞於字裏行
間。在劇作中，能說的，不能說的；想說的，不想說的；說清楚的，說不
清楚的，應該都能尋找到蛛絲馬跡的「真實性」痕跡。

　　當年，在北京人藝主持把劇本搬上舞臺的曹禺回憶說：「文化大革
命以前，郭老看過我們演出《蔡文姬》，他非常激動，一邊看一邊留下
了眼淚。他對我說過：《蔡文姬》我是用心血寫出的，因為蔡文姬就是
我。」[22] 十多年後的1977年6月份，郭沫若從廣播中聽到當年《蔡文姬》演
出的錄音，不禁老淚縱橫。此時的郭沫若，距離他的人生終點，僅有約一
年的時光了。

　　如果一部作品，能夠讓為之付出心血的作者數度落淚，是喜悅激動也
好，是感懷傷世也罷，總之，應該是真切地牽動了作者的神經。不用說，
《蔡文姬》所塑造的藝術世界，就是郭沫若真實內心世界的影像；蔡文姬

---

[21]　黃淳浩編：《郭沫若書信集》（下），中國社會科學出版社1992年版，第111頁。
[22]　曹禺：《郭老給予我們的教育》，《郭沫若專集1》，四川人民出版社1984年版。

的人生處境，就是郭沫若現實處境的寫照；蔡文姬的選擇和期冀，就是身居廟堂的文人郭沫若的靈魂迴響。

歷史劇《蔡文姬》，猶如打翻的五味瓶，混合著作者太多的思索、太多的寄託，摻雜著太多的人生感喟！郭沫若在遙遠的過去時代，找到了現實世界的蹤影，感受到了命運的轟鳴。

歷史劇《蔡文姬》作為人生的寄託和象徵，在郭沫若1949年後的創作中，堪稱是罕見的神來之筆。特別是劇作中滲透的那些只可意會、不可言傳的心思，對生活在當世的郭沫若來說，喻示著他的所思，所想，所作，所為。

應該說《蔡文姬》是郭沫若的自敘傳、寓言和象徵詩。

十、「一拔何虧大聖毛」

發思古之幽情，抒感時之雅興。

如果說文學敘事，是一種社會象徵行為，那麼《蔡文姬》當之無愧。

誠如郭沫若引用的馬克思名言，「人體解剖對於猿體解剖是一把鑰匙」，《蔡文姬》使我們不能不意識到和聯想到——沉浸在文藝、學術世界中的郭沫若，和迷戀於現實政治鑽營的郭沫若，彷彿是處於兩個極端的矛盾對立體，令人不可思議的糾結在一起——他的喜做翻案文章，好發獨出心裁之論，其實絕非僅僅是性格使然，更與宦海俯仰中的壓抑有關。

他對獨立人格、堅貞情操、高貴品質的嚮往，和他在官場的察言觀色、左右逢源，和他人情練達、洞明世事、體察時務的政治依附，糾合在一起，共同展現了一種複雜的文化心理結構——士與仕雙重品格的奇妙組合。

這些，都是郭沫若的真實側面。

如今，一些痛斥郭沫若者，往往以道德高蹈的姿態，謚之以許多「雅號」，如喪失人格的無行文人、倡優畜之的弄臣、御用文人、文學侍從之類，彷彿言不及此，便不足以洩私憤或公憤，便不足以顯示自身之大義凜然、浩然正氣。可是，這些，也正是郭沫若所深惡痛絕、鄙夷抨擊之現象。略觀郭沫若此類文字，其道德高蹈，風骨傲然，絕不輸於今人。

建國後遊走於政治風口浪尖的郭沫若，一方面在政界趨炎附勢，攀龍附鳳；另一方面，又屢屢追古以述今，評析歷史人物之是非，指點情操品質之得失，對喪失文人氣節、情操和品性者，大加抨擊與揭露。其用語之

尖刻、犀利，令人驚訝，彷彿此類行為，與自己絕對絕緣。情動於衷發之
為聲，不但令人怦怦然，而且往往讓人有鞭辟入裏、入木三分之歎。這類
的文章和言談，儘管不是連篇累牘，但已經足顯示郭沫若的內心世界，絕
非常人所揣測的那樣；亦足以顯示，即使是在性情飽受壓抑、人格愈加萎
縮的年代，郭沫若內心深處，也沒有喪失自尊、自重、自愛的精神訴求。
在他心靈的底處，依然聳立著是非的標準、好壞的尺度。

郭沫若的好做翻案文章，好反其道而言之，除了青少年時期就形成的
叛逆性格等原因外，對現實政治的反撥，對庸常生活補償，是一個深刻的
內在心理動因。混跡於袞袞諸公之間，不能不隨政治潮流載沉載浮；文人
本色又難以泯然，遂屢屢感懷身世、望洋興嘆。比如1958年2月18日寫的
《觀孔府》一詩：

> 孔府龐然何所觀，
> 衙門模樣海同寬。
> 毫無禮樂詩書氣，
> 只有清明元宋官。
> 壽字鑴碑矜御賜，
> 真容懸壁炫朝冠，
> 飯蔬飲水流風盡，
> 闕裏空遺古井欄。

郭沫若完成《蔡文姬》初稿後不久，離開廣州，又到浙江、上海、山
東等地遊覽、參觀和訪問。在山東，在他尊崇備至的孔子故里曲阜，郭沫
若一口氣寫下《詩五首》：《頌曲阜》、《遊孔林》、《遊孔廟》、《觀
大成殿》，以及這首《觀孔府》。前四首詩作，新意寥寥。唯獨這首詩，
一反歌頌的姿態。詩中歎息孔子的被「官化」，可以想見作者對詩書禮樂

之欽敬，對官氣、官威之厭惡。作者所尊崇者，乃是一介文人孔子、布衣孔子。詩作的褒貶之意，非常明顯。從這首詩中，可以看出郭沫若所褒貶者，與其社會政治角色之間的距離。

這不能不讓我們聯想到兩個郭沫若——文人郭沫若和高官郭沫若。

與他在官場政界的亦步亦趨、在現實生活中的笑臉逢迎不同，郭沫若在文學的虛幻世界，在歷史的逝去時空，對那些具有特立獨行的人格、堅貞高尚的情操、威武不屈的氣節，大加推崇；對那些低眉順眼的奴才相、卑微的品格、垂涎於功名利祿者，大加痛斥。今天來看，其否定對象，與現實政治生活中庸庸碌碌的郭沫若，是何其相似，彷彿是對現實世界中郭沫若的徹底否定。而其讚賞者，卻只能停留在筆端，隱藏在靈魂的深處，彷彿一個心雖嚮往之、卻身不能至的虛擬理想形象。

例如，他對歷史人物宋玉、屈原、賈誼等人的評述，讓我們看到了一個與現實形象截然不同的郭沫若。其實，宋玉這個歷史人物，無論是在文學創作中還是歷史研究裏，對郭沫若來說都不是重頭戲或拿手戲，只是因為屈原的緣由，才愛屋及烏。可是，郭沫若卻幾次三番地在文學作品、歷史著作、私人通信中，屢屢提及、評價這個人物。郭沫若對這一歷史人物的認識和處理，大致上是一脈相承的——是一個沒骨氣的文人。對這類文人知識份子，郭沫若相當輕視。對宋玉的貶斥，隨著世態變遷、人事滄桑，往往多為感時而發。

早在40年代創作的歷史劇《屈原》中，宋玉就被郭沫若處理成了沒有骨氣的文人。而且，作者用宋玉來影射變節和依附國民黨的文人。在1953年，郭沫若覆丁力信中談論宋玉時，對他的品格、歷史貢獻的評價，從「愛祖國、愛人民」角度切入，認為宋玉有才氣而沒骨氣。在1955年《新建設》二月號，郭沫若發表了一篇《關於宋玉》[1]，全面系統地論述了宋玉

---

[1]　《郭沫若全集》文學編第17卷，人民文學出版社1989年版。

的道德和文章，引經據典大談其人品、文品。批判、貶斥與以前相比，變得更細緻、更犀利、更透徹了。且看郭沫若在文中的一些論斷：

> 宋玉的忠君思想，那可毫無問題。《九辯》裏面反覆說到要效忠，所謂「專思君分不可化」，所謂「竊不自聊而願忠」，實在是勤勤懇懇。他對於楚懷王也很感恩戴德，所謂「嚐被君之渥洽」，所謂「竊不敢忘初之厚德」，實在是盡了「怨而不怒」的妾婦之道。但這樣的忠君思想，它的根源是什麼呢？不外是想官更高、祿更厚而已。從《九辯》中，我們實在看不出宋玉先生有怎樣好得了不起的政治抱負，雖然他也在想「布名乎天下」。……

> 封建時代的文人，正如司馬遷所說，是「主上所戲弄、倡優畜之」的。他可以寵愛你，但不一定能重用你。為什麼？因為像你那樣神經過敏，不抵事。作善不能到家，作惡也不能到頭。宋玉在這樣的情形之下而卻希望楚王特別重用他，可見他是把行市看錯了。

> ……他曾做過楚國的「小臣」，後轉進而為「大夫」，總是可以肯定的。「小臣」是一種職位，在古時就約略於弄臣。楚王曾以宋玉為「小臣」，可見別人對宋玉的客觀評價是有一定的分兩。宋玉受到這樣的待遇儘管不高興，然而他終於接受了這樣的待遇，可見他的主觀品質也實在不那麼太高。到了老來官運依然不亨，終至「意氣不得，形於顏色」，更表明宋玉的為人是怎樣熱衷於利祿了。

> ……賈誼之所以能與屈原同傳，毫不疑問，並不僅是由於他的辭賦私淑屈原，而更主要的是由於他有政治抱負而能「痛哭流涕」地直言敢諫。……

> 宋玉先生是有才華的詩人。這層，司馬遷是肯定的，我也並沒有否認。但一定要說「他的骨頭和屈原的是同樣硬的」，司馬遷是

搖過頭的，我也始終要搖頭。我想，假使宋玉先生能夠再生，恐怕連他自己也是會搖頭的吧？

如此非議、貶損歷史人物，簡直是在指桑罵槐、大發牢騷，與學術研究的旨趣，似乎相距甚遠。以郭沫若的治學趣味和治史傾向，不至於會泥古不化、空發思古之幽情吧？郭沫若的學術研究、文學創作，或多或少均帶有「以古鑒今、借古喻今」的企圖，特別是在40年代之後的文藝和學術實踐中。如果說40年代寫《屈原》時，批評宋玉是有所借鑒、有的放矢，那麼50年代中期的數度嚴厲貶責宋玉，難道就是無的放矢、無中生有？

要知道，這篇文章完成於1954年12月18日。這一年貌似波瀾不驚，其實對郭沫若的政治生命來說至關重要。因為1954年9月27日，郭沫若當選為中華人民共和國全國人民代表大會常務委員會副委員長，並於次日的人大會議閉幕式上，擔任會議執行主席。表面上看，風光依舊，禮遇有加。可實際上，郭沫若的政治地位卻是明升暗降，擔任副委員長的同時，已經不再擔任更具實質權力的副總理。

天下沒有免費的午餐。再笨的人，也能從這次大規模的人事和權力變動中，嗅出味道。個人的患得患失，尚在其次，政治上大有作為、有所建樹的想法，總歸要落空了。或許正是從這一年開始，郭沫若對現實政治狀況，應該有一個清醒的認識了。

這當然不光是郭沫若一個人遇到的政治事件。在社會主義改造基本完成之後，中共就開始對國家和政府的權力架構、人事安排，進行重大調整。結果，就是原來政府權力部門中的那些民主黨派、無黨派人士和社會名流等，紛紛退出原先擔任的政府要職，按儲安平的說法，就是椅子搬到人大常委會了。對那些民主黨派、無黨派人士和社會名流來說，椅子搬到人大，絕非心甘情願，但又不得不接受這個既成事實。不滿且大發牢騷者，在反右運動中，大都成為毒草和牛鬼蛇神。沉默不語者，甚至是積

極配合者，如郭沫若，在個人重大的榮辱得失面前，大概也不會是心無芥蒂、欣然接受吧？

在這次重大人事變動之後的不長時間裏，郭沫若就寫了這篇情緒較為激烈的學術研究文章《關於宋玉》。因為沒有直接的證據，現在還不好在學術行為和政治變動之間，進行拉郎配。

大凡物不平則鳴。但是，一鳴驚人卻是必然要付出代價的。稍有人生經驗和政治智慧者，都懂得其中的利害得失。可是不滿長期鬱積心中，又不吐不快。於是，寄託、比擬、抒情、言志、寓言、象徵等虛擬手法，就大有用場了。郭沫若對宋玉大加貶損，可謂淋漓盡致、意在言外。但是細細琢磨，略加比照，郭沫若豈不是對號入座？豈不是自我嘲諷、自我批判？

郭沫若推崇屈原、賈誼，是因為他們的氣節、品德、情操和遠大的政治抱負。宋玉卻因為這些品格、操守的喪失，遭受郭沫若的鄙夷。儘管郭沫若承認，宋玉是一個才氣甚至要超過屈原的文人。或許正因為才氣卓越，才更加招致了郭沫若的自怨自艾。在私人信件中，郭沫若的傾向性，更加明顯，言辭也更趨激烈：

> 過去人們常以「屈宋」並稱，認為宋玉是屈原的高足；實際上宋玉只學到了屈原的辭章形式而背離了屈原的精神實質。宋玉是個軟骨頭，是宮廷弄臣、御用文人的典型。……
>
> 唐代杜甫對於「屈宋」相提時每每含有崇敬之意，而對於「屈賈」並舉時每每加以貶斥之辭，這是很大的偏見。杜甫這一態度是消極的、錯誤的，是他「每飯不忘君」的愚忠思想的體現。杜甫有卓越的詩才，有歷史的貢獻，但他對於君王不敢反抗，一直認為「君王聖明」，死保皇帝。而屈原、賈誼不僅敢於忠言直諫，更敢於反抗昏庸殘暴的君王。在這一點上，蔡文姬、李白繼承了屈原、

賈誼的反抗精神，敢於對天命抗爭、敢於懷疑君王的權威，確實難能可貴。而韓退之、元微之乃至多數封建文人繼承了宋玉、杜甫的保皇意識，這是歷史的侷限性。[2]

郭沫若的這些論調，當然不是埋首書房、不問世事的書生之見，也不是一時偏激的率性而談。如果按照郭沫若引用的人體和猿體的比喻，那麼不難讓人聯想到：郭沫若品評古人的背後，有移花接木、借雞生蛋的寓意。不難看出：在他的內心深處，應該保存著文人郭沫若的形象尺規和價值取捨。文中的諸種意向，或進行自我激勵，或進行自我嘲諷，或進行自我比附，很難說沒有蘊含作者沉重、無奈的自我反思。因為「以古鑒今」，對郭沫若來說，可是老生常談。

所以，如果看到歷史劇《屈原》中的宋玉是在影射失節的文人，那麼在《關於宋玉》之中，郭沫若難道沒有借題發揮？難道沒有痛定思痛、自我反思？郭沫若總不至於無聊透頂而遷怒於古人吧？大概還不至於為了純粹的學術問題而大動肝火吧？郭沫若的學術研究，決不會隨意到言不由衷、言不及義的狀態。

聯繫到他「空虛得很」、「政治上不能有所建樹」的感慨，更可能的情況，應該是他從中國古代文人的品質、行狀中，看到了現實政治生活中自身的卑微與無奈，看到了理想境界中自身的渺茫和遙遠；看到了在現世中，自己既無法實現遠大的政治抱負，又難以保持文人知識份子精神獨立，內心的困惑和尷尬常常襲來；當然，郭沫若也應該看到了感時傷世、自怨自艾、自我警覺的一線契機。

知我心者，謂我心憂；不知我者，謂我何求。

---

[2] 黃淳浩編：《郭沫若書信集》（下），中國社會科學出版社1992年版，第134頁。

要知道，諷古而不刺今，追往而不傷時，把內心世界的活動，限制在學術研究的範圍，是一條政治上既保險、又可發洩內心鬱積的安全渠道。

飽受中國傳統文化浸潤的郭沫若，不可能不擅長中國傳統文人抒情言志的微妙手法。如果這種情形成立的話，那麼，郭沫若筆下所珍愛者、所憎惡者，恰恰構成了對濁世中從政者郭沫若的精神否定。而且這種否定情緒、否定意識，也不是淺嚐輒止、曇花一現，說是持之以恆、一以貫之也不為過。這既是他在政治上不能大有作為及落寞心態的必然反映（類似宋玉），也是他對獨立人格、高尚情操、堅貞品質的內在嚮往和真誠期許。

對屈原、賈誼等先賢，心嚮往之，卻不敢捨身效法；對宋玉之流，內心鄙夷不已，無奈中卻只能感同身受。他在給陳明遠的信中，對自己讚賞有加的這位弟子諄諄教誨道：「我當然相信您將來不至於像宋玉那樣沒有骨氣，但我也不願意您將來要像嬋娟那樣做出犧牲。我希望您就是您自己，按照您既定的遠大志向去奮鬥，把您的一生變為一部雄偉壯麗的詩篇吧！」而且抄錄《橘頌今譯》以贈之：

> 燦爛的橘樹啊，枝葉紛披，
> 生長在這南方，獨立不移。
> 綠的葉，白的花，尖銳的刺，
> 多麼可愛啊，圓滿的果實！
> 由青而黃，色彩更加美麗。
> 內容純潔，芬芳無可比擬。
> 紮根鄉土，不怕冰雪雰霏。
> 稟性堅貞，類似仁人志士。
>
> 啊，年輕的人，你與眾不同。
> 你志趣堅定，竟有橘樹的作風。

你心胸開闊，氣度那麼從容。

你不隨波逐流，也不故步自封。

你謹慎存心，決不胡思亂想。

你赤誠一片，期與日月同光。

我願和你，永做個忘年的朋友，

不屈不撓，為真理共同奮鬥！

你堪為我的老師，雖然年幼，

足比古代的伯夷，永垂不朽！[3]

　　這樣志向堅定、情操堅貞、品質高潔、人格高尚的形象，在雷電轟鳴的40年代，是郭沫若鞭撻黑暗、追求光明的象徵。那麼經歷了共和國時代數年不平坦的歲月後，郭沫若再次書寫時，大概不會僅僅是對友人的應酬吧？當郭沫若吟唱這風骨獨具、情操高尚的詩篇，下筆揮毫、運斤成風之時，不知道是何種滋味、何種心緒，不知他會不會浮想聯翩、甚至夜不能寐？

　　如果說在40年代末50年代初，歲在花甲的郭沫若，還有一股「老夫聊發少年狂」的氣概，那麼經過政界官場十載的摸爬滾打，到50年代末六十年代初的年逾古稀，再單純的人也不會有那麼多的空頭支票可以幻想了。在過去十餘年的風吹浪打中，郭沫若置身於風平浪靜之中，在政治上常保金剛不壞之身。可是這一切，並非是郭沫若施展政治才華的結果，而是作為花瓶般高級清客的角色使之然。對黨勤勤懇懇、亦步亦趨如郭沫若者，在溝溝坎坎面前，也是張口改造、閉口學習，左表態、右聲明，緊追慢趕、言聽計從，小心做人、謹慎做事。在浩浩湯湯的政治潮頭面前，以謙恭和順從，換得一席立足之地。

---

[3]　黃淳浩編：《郭沫若書信集》（下），中國社會科學出版社1992年版，第96頁。

　　仔細想想，郭沫若在國家和社會政治生活中的實際狀況，還比不上古代那些厲害的清客。在封建社會時代，不少名動天下的文人學士，被招入幕府充當幕僚，為封疆大吏出謀劃策、運籌帷幄。這些幕僚中的佼佼者，不但充當軍師、國師的角色，霸道如左宗棠者，甚至將封疆大吏架空，一手遮天、大顯身手，以至於有「天下不可一日無湖南，湖南不可一日無左宗棠」之聲譽。在古代，除科舉正途入仕之外，入幕府為幕僚、清客，進而登朝堂、入廟室，成為國家之重臣，與終南捷徑一樣，不失為一條文人知識份子實現「修、齊、治、平」夢想的仕途之路。可是這一切，俱往矣。在郭沫若以名動天下的文人學士身份從政的時代，其遭遇和數千年前宋玉的仕途困境，實質上並無二致。

　　郭沫若對宋玉的批判、痛斥，對屈原、賈誼的敬仰，很難不讓人聯想到作者深深的「自責」之意和「自愛」之情。即使從不多的歷史材料中，我們也能隱隱約約判斷出：建國以來，郭沫若對世事真相，看得越來越清楚了，理想主義的光環也漸漸黯然了。

　　難能可貴的是，在當年和陳明遠的頻繁通信中，世故、成熟的郭沫若，在信中很難得的流露了不少心聲。憑藉信中那些七零八落的記載，我們知道了「大躍進」之後數年中的郭沫若，對社會的真實狀況，對自身的真實處境，對政治的真實情形，有著與公開表態絕然相反的認識。這些私下的言論，和他公開發表看法，千差萬別彷彿勢若水火。歷史似乎在不經意間，留下了一條不起眼的縫隙，使我們得以看到：在風光顯赫的高官郭沫若背後，隱藏著一個清高、自傲、清醒的文人郭沫若，儘管身影模糊不清、若隱若現。

　　對於現實政治狀況的弊端，郭沫若在1960年12月3日的信中批判說：

　　　　在封建主義制度下，「官僚本位」是依附於「帝王本位」的，
　　前者乃是後者的延伸；在目前的社會主義制度下，雖然「帝王本

位」已經失去了存在的基礎，然而「官僚本位」的惡性勢力還有所抬頭，應該說，這正是一股封建殘餘。……

在「官僚本位」之下，無論「貪官」還是「清官」，有一個根本點是共同的，即他們都是自命為「民之父母」，用家長制的包辦來「為民做主」；而在人民本位之下，則是人民自己做主，即實行廣泛深入的社會主義民主。要實行真正的社會主義民主，必定要持續開展反對官僚主義的鬥爭，徹底埋葬「官僚本位」的封建殘餘。[4]

而對於曾經活躍其間的文藝界，郭沫若在1963年11月14日的信中，簡直是怒不可遏：

大躍進運動中，處處「放衛星」、「發喜報」、搞「獻禮」，一哄而起，又一哄而散；浮誇虛假的歪風邪氣，氾濫成災。後來強調重視調查研究，樹立「三敢三嚴」的作風，稍有好轉。但是直到如今，詩歌評論界（以至整個文藝界）的風氣，還是沒有徹底端正過來。一些所謂的文藝界頭面人物，帶頭敗壞「現實主義與浪漫主義相結合」的名譽，把現實主義醜化為板起面孔說教，把浪漫主義醜化為空洞的豪言壯語。「上有好之，下必甚焉」。不僅可笑，而且可厭！假話、套話、空話，是新文藝的大敵，也是新社會的大敵。[5]

作為一個過來人，對社會和人際關係的錯綜複雜，郭沫若更是深知其中的利弊得失，所以屢次語重心長地告誡陳明遠：要遠離是非。

---

[4] 黃淳浩編：《郭沫若書信集》（下），中國社會科學出版社1992年版，第115頁。
[5] 黃淳浩編：《郭沫若書信集》（下），中國社會科學出版社1992年版，第144頁。

在1958年8月28日的信中，他勸說陳明遠：

> 您的《三葉傳詩情》，寫得很實在，絕無那些虛飾浮誇之辭。但是目前請不要拿去發表。文藝界的情況錯綜複雜，您並不瞭解。我自己一直是超脫的。更不必讓您捲到那種無聊的是非圈子裏面去。[6]

1960年11月18日的信中，又感慨地說：

> 現在早已不是五四時期。尚未成熟的東西，方不可冒失地拿出去發表。[7]

在1962年7月20日的信中，簡直就是苦口婆心了：

> 你寫的關於我的研究文章，譯寫的我的舊詩，目前是不大好發表的，你就是用了筆名，別人還會知道，要風言風語的。我這是為你著想。你太年輕，太天真無邪，不瞭解社會的複雜。我也不願意讓你過早地瞭解人情世故的複雜性。[8]

　　對於自己的真實形象，郭沫若更是越來越清醒、越來越清楚，也越來越顯示出對自身文人身份的失望和無奈之情。

　　在1958年8月28日的信中，他滿懷自嘲地說：

---

[6]　黃淳浩編：《郭沫若書信集》（下），中國社會科學出版社1992年版，第99頁。

[7]　黃淳浩編：《郭沫若書信集》（下），中國社會科學出版社1992年版，第114頁。

[8]　黃淳浩編：《郭沫若書信集》（下），中國社會科學出版社1992年版，第130頁。

曾有人稱我為「社會主義的哥德」、更希望我寫出「二十世紀中國的浮士德」來。這若不是開玩笑，就是一種嘲諷吧。沒有多大意思……[9]

在1963年5月5日的信中，字裏行間充滿了自責、自傷，甚至於彷彿是在向一個信得過的後輩，交待百年身後事了：

至於我自己，有時我內心是很悲哀的。我常感到自己的生活中缺乏詩意，因此也就不能寫出好詩來。我的那些分行的散文，都是應制應景之作，根本就不配稱為是什麼「詩」！別人出於客套應酬，從來不向我指出這個問題，但我是有自知之明的。……我要對你說一句發自內心的真話：希望你將來校正《沫若文集》的時候，把我那些應制應景的分行散文，統統刪掉，免得後人恥笑！當然，後人真要恥笑的話，也沒有辦法。那時我早已不可能聽見了。[10]

聽到郭沫若的這些話，相信人們對那個活躍在現實政治舞臺上的郭沫若，要有些另眼相待了。那些憑藉他公開發表的詩文，而欲鄙夷者，也許會三思而行了。

但是，中國有句古話：知人知面不知心。其實，知心又如何？魯迅曾有名言：一要生存，二要溫飽，三要發展。人生在世，真作假時假亦真，假作真時真亦假，郭沫若之聰明智慧絕不亞於魯迅，其生存技巧要遠遠超過魯迅，絕對知曉「為文」與「為人」的區別，知道理想與真實的絕對差異，更懂得如何執守大端、趨利避害。在文字構成的虛幻世界裏，可以率性而為、恣意褒貶，在信得過的人面前，也可略露心聲、開啟心扉。但在

9　黃淳浩編：《郭沫若書信集》（下），中國社會科學出版社1992年版，第99頁。

10　黃淳浩編：《郭沫若書信集》（下），中國社會科學出版社1992年版，第142頁。

關係身家性命、禍福安危的現實政治面前，郭沫若卻從不大意、任性。在許多緊要的政治關頭，他不但深深地隱藏起浪漫不羈的自我，而且他更知道該何去何從。

因此，在五十年代末、六十年代初之後的歲月，與郭沫若對現實狀況有清醒、深刻的認識相映成趣的，是郭沫若與毛澤東關係的升溫，以及選擇對毛澤東的堅定追隨。這既與當時中國社會自「大躍進」之後政治權力格局的千變萬化息息相關（有點類似於古代君君臣臣之關係），也與郭沫若和毛澤東長期以來的惺惺相惜（有點類似於友朋之關係）密不可分。

在整個五十年代，毛澤東在中國的社會和政治生活中，具有至高無上的聲望和無可挑戰的絕對權威。即使是五十年代中期的高崗、饒漱石事件，高、饒等人也是因為不服氣劉少奇的權力和地位，虎視眈眈欲取而代之，對毛澤東還是忠誠擁護的。出於對黨內派系鬥爭利弊得失的反覆權衡，毛澤東的天平才最終向劉少奇傾斜。「總的說來，除了『百花齊放』運動上的一點小挫折外，初期的廣泛成就，朝鮮問題和集體化問題的特別成功，使毛的地位到1957年底空前鞏固了。」[11] 這也是當時國家、社會政局穩定的關鍵。

出於包括對自己政治威望充分自信在內的種種因素的考慮，毛澤東從1956年就開始考慮和構思，準備將黨和國家的高層領導，分為「兩線」安排。1957年5月5日，毛澤東在關於考慮限制國家主席和黨的主席連任期數的批語中寫道：「第一任主席有兩個理由說清楚可以不連選：（1）中央人民政府主席加上人民共和國主席任期已滿8年，可以不連選；（2）按憲法制定時算起可連選一次，但不連選，留下4年，待將來如果有衛國戰爭一類重大事件需要我出任時，再選一次，而從1958年起讓我暫擺脫此任務，以便集中精力研究一些重要問題（例如在最高國務會議上，以中共

---

[11] 《劍橋中華人民共和國史1949-1965》，上海人民出版社1990年版，第64頁。

主席或政治局委員資格，必要時，我仍可作主題報告）。這樣，比較做主席對國家利益更大。現在雜事太多，極端妨礙研究問題。」1958年2月，毛澤東在《工作方法六十條（草案）》中又提出：「今年九月以前，要醞釀一下我不做中華人民共和國主席的問題。先在各級幹部中間，然後在工廠和合作社中間，組織一次鳴放辯論，徵求幹部和群眾的意見，取得多數人的同意。這是因為去掉共和國主席這個職務，專做黨中央主席，可以節省許多時間做一些黨所要求我做的事情。這樣，對於我的身體狀況也較為適宜。如果在辯論中群眾發生抵觸情緒，不贊成這個建議，可以向他們說明，在將來國家有緊急需要的時候，只要有決定，我還是可以擔任這種國家領導職務的。」[12] 根據這種考慮和提議，在1958年12月中共八屆六中全會上，通過了《同意毛澤東同志提出的關於他不作下一屆中華人民共和主席候選人的建議的決定》。根據黨內的協調與安排，在1959年4月底召開的全國人大二屆一次會議上，劉少奇被選為國家主席。

這樣，在中國當代政治史上，第一次也可以說是唯一的一次兩個主席並立局面出現了。中國古人常說：「天無二日」，這一本來出於良好初衷的人事安排，卻為含蓄、模糊的中國特色政治角逐和鬥爭，增添了微妙的砝碼；為以後數年的中國政局，埋下了一條模稜兩可的導火線。

這種國家和政府高層的人事安排，在政治局面穩定、領導層團結、社會持續平衡發展的時期，無疑會以分工合作的方式，提高國家和社會的運轉效率。但是，在一個政治權力高度集中、以「人治」為典型特徵的政治權力運作機制中，必須有一個唯一的具有絕對權威的最高領袖，來統籌、協調和控制這一政治權力運作系統。否則，當社會穩定的政治局面遭到破壞，社會發展各環節出現重大危機，這種沒有明確法律制度約束的權力運作模式，就會出現裂痕，「人治」的特徵，就會顯示出極強的破壞威力。

---

[12] 《中國二十世紀紀事本末1950-1976》，山東人民出版社2003年版，第271-272頁。

於是，原本處於妥協、穩定狀態的人事安排，就會發生動盪，領袖的權威會遭到挑戰，各強力政治派系的領頭羊們，就開始躍躍欲試、問鼎最高領袖的寶座。如果有明確、嚴格的法律和政治制度進行約束，權力的轉移會以正常的方式實現。可是，在以「人治」為主的政治權力運作框架中，當矛盾激化到無法實現內部協調時，處於政治對立狀態的各方，就往往以非正常的手段、甚至是極端的手段，實現權力的轉移。

五十年代末六十年代初，在轟轟烈烈的虛假繁榮背後，是中國社會天災人禍頻繁而致的痛苦時期。「大躍進」期間的政治浪漫主義狂想四處氾濫，使建國以來中國社會政治、經濟、文化的良性發展狀態遭到重創。有道是福無雙至、禍不單行，又加之農業連續三年自然災害，中蘇兩黨關係出現分裂、蘇聯撕毀協議、撤走專家，中國的國民經濟，遭遇到了建國以來最嚴重的危機。社會的存在，本來就是一個相互聯繫、密不可分的網路結構，牽一髮而動全局，因經濟問題產生的不同意見，終於引發了嚴重的政治矛盾：曾經團結一致的中國政治高層，開始出現裂痕；原本和諧、穩定的政治局面，開始面臨嚴峻的考驗。

首先是廬山會議，後來就是劉少奇等人對毛澤東的架空。如果說1959年夏天的廬山會議，劉少奇等人給予了毛澤東以絕對的支持，是在政治力量絕對不均衡的狀態下結束了鬥爭，那麼以後隨著對國家大政方針的分歧，中國政治結構中的「兩線」安排，就發揮了它微妙的政治威力。儘管在1962年初的中央擴大會議即「七千人大會」上，經過激烈的論爭、批評與自我批評，全黨開始放棄分歧、共度難關，但暫時被掩蓋下的矛盾和分歧，並沒有消失，而是蓄勢待發，毛澤東和劉少奇的分歧，也開始擺到了桌面上。

簡要來說，由於大於進期間的嚴重政策失誤以及帶來的災難性後果，毛澤東的威望和權力受到了削弱，而劉少奇的權力和影響，卻日益上升，「當有關1960年至1961年的災難情況全部昭著於世時，毛澤東這才發現，

他被人排除出處理日常工作的程度超過了他的願望」[13]，「他已經不能再度完全控制政策的基本方向，而且劉少奇和鄧小平總設法限制他參與政策的制定和執行，歪曲他的指示的精神，例如在整風問題上。因此儘管毛澤東在1958年至1959年已退居『二線』，但他對『大躍進』後退居『二線』的意義的變化感到沮喪。於是，他開始考驗他提名的接班人，看他們是否支持他認為對革命前途至關重要的那些總政策。可是，他考驗的越多，便越證明他的接班人不夠格。」[14]出於對奮鬥了一生所創建的社會主義制度發展前景的擔憂，毛澤東越來越感到，他的接班人所執行的大政方針，偏離了共產主義價值準則，甚至有可能出現新的剝削制度。同時，中蘇兩黨、兩國的分裂與對抗，又日益加重了毛澤東對黨和國家政治發展方向的擔憂；蘇聯修正主義的出現，為毛澤東擔心江山「變色」、國家「變修」，提供了有力的佐證（劉少奇在文化大革命中被批鬥、被打倒時，就被冠之以「中國的赫魯雪夫」的諡號）。因此，在國內外種種危機的重壓之下，一場既關乎國家和社會發展方向以及意識形態鬥爭，又牽扯個人權力沉浮的政治較量，漸漸拉開了帷幕。

大致從1962年起，毛澤東開始重新考慮黨和國家的權力分配與權力結構，準備重新確立自己在政治權力機制中的絕對權威地位，以確保國家和社會的發展不「變質」，能夠繼續沿著無產階級革命和社會主義建設的方向前進。到1966年前，一個出於不同政治目的、圍繞毛澤東運轉的鬆散的政治聯盟，已經漸漸形成。這些取得毛澤東信任和支持的政治人物，其地位和權力，在國家和社會的政治生活中，越來越變得舉足輕重，這些人包括林彪、康生、江青、柯慶施、陳伯達等人，當然還有周恩來。

對於大躍進之後到文化大革命期間的這段政治權力變遷的歷史，人們在描述時，往往簡稱為兩條路線的鬥爭，一方是代表無產階級革命路線

---

[13]　《劍橋中華人民共和國史1949-1965》，上海人民出版社1990年版，第347頁。
[14]　《劍橋中華人民共和國史1949-1965》，上海人民出版社1990年版，第388頁。

的毛澤東陣營，另一方則是劉少奇、鄧小平等「走資派」們的「修正主義」的司令部。把政治高層的分裂，歸結為權力之爭，是不合適的、不全面的。但權力之爭，的的確確又是一個不容小覷的因素。高層領導人的分裂，往往從上至下展開，全面導致政治運轉系統的分裂，形成秉持不同價值觀念、路線方針的權力對立派，迫使各個級別、各個層次的權力擁有者，不得不在兩條道路之間進行抉擇。這對一個國家和社會的政治穩定來說，是極度危險的。

詳細闡述兩條路線的鬥爭，不是本書的任務。但需要說明的是，正是在這樣的政治權力格局之中，與五十年代閒散的政治清客角色相比，郭沫若似乎變得越來越和實際的政治鬥爭親密接觸了。無論是明的還是暗的，郭沫若和毛澤東在政治層面的關聯，變得引人注目了。

在嚴峻的政治鬥爭形勢面前，像郭沫若這樣走入政界的社會名流，面對執政黨內部的鬥爭，一個選擇是置若罔聞、明哲保身、靜觀其變；另一個選擇就是擇其善者而從之。郭沫若儘管沒有資格捲進高層領導的紛爭，但是郭沫若的許多政治行為表明，他矢志不渝的選擇了對毛澤東的堅定支持。這種支持對毛澤東來說，或許可多可少、可有可無；但對郭沫若來說，則是舉足輕重、非同一般。當然，郭沫若不是以政治家，而是以中國第一文人的角色，自覺不自覺地縱身捲入了政治的漩流之中。

在郭沫若對毛澤東的追隨中，政治投機的企圖，並不是主要因素。應該說，對毛澤東本人的敬佩，與毛澤東漸漸密切的私人關係，對毛澤東歷史觀念、政治理念和價值目標的共鳴，等等包括前者在內的諸種複雜因素，共同促成了此後郭沫若與毛澤東關係的升溫。可以說，其中既有來自歷史淵源的惺惺相惜，又有出自現實政治鬥爭需要的依賴與借重，各種因素的現實合力，共同塑造了中國當代歷史上第一政治家和第一文人的琴瑟和鳴。

郭沫若和中共高層領導人的關係，最密切者除了周恩來外，應該說

就是毛澤東了。郭沫若與毛澤東認識於1926年。兩人逐漸開始較為密切的交往，應該是在四十年代。兩人通過書信來往、人前人後評價等種種方式交流，開始相互器重並交好。有兩件事，足以顯示兩人之間已絕非泛泛之交。一件事，是毛澤東將郭沫若的《甲申三百年祭》，作為黨內整風文件，命令全黨學習，並致信郭沫若，贊曰：「有大益於中國人民，只嫌其少，不嫌其多」。另一件事，就是在重慶談判期間，郭沫若贈送毛澤東瑞士名錶一隻，這塊手錶毛澤東一直使用到去世。

民國時代的風雲人物，多如過江之鯽。但以郭沫若（解放前）個性之狂傲，能夠入其法眼者，本就不多，讓他佩服者，更是寥寥。可是，對毛澤東，郭沫若卻崇敬有加：

> 這個人全面地贏得我的佩服。比如說這個人寫的文章，但是語言文字，就遠非我郭沫若所能及。你去讀讀他的文章，例如《論持久戰》，真是汪洋恣肆，博大精深，句句是至理名言，而且深入淺出，簡潔明瞭，可以說是現代的太史公筆墨！至於政治、軍事的分析論斷，那是當前中國絕無出其右者，所以他堪稱中國共產黨的傑出領袖，中國現代的非凡的政治家……[15]

解放之後，毛澤東已是中國人民的最高領袖，對郭沫若的工作安排，規格也是相當之高。在郭沫若熟悉的文教等領域，毛澤東雖尚未倚之為左右肱，但亦是相當器重，特別是在歷次針對文人知識份子所進行的思想改造運動中。郭沫若深知文人在國家社會政治結構中的位置和作用，「攬轡澄清之志」不知他奢想過沒有，但以詩文來歌頌黨、歌頌領袖、歌頌新社會的成就，無論出自何種考慮，郭沫若都表現得樂此不彼。

---

[15] 張恩和、張潔宇編著：《長河同泳——毛澤東與郭沫若的友誼》，華文出版社2003年版，第302-303頁。

這其實也是他在國家和社會政治生活中得以立足的看家本領。在建國後郭沫若的詩文中，歌頌毛澤東，尤其令人矚目，且數量頗為可觀。今人斥之為太過阿諛，多引以為證的，是1958年1月25日寫的《題毛主席在飛機中工作的攝影》：

在一萬公尺的高空，
在安如平地的飛機之上，
難怪陽光是加倍地明亮；
機內和機外有著兩個太陽。
不倦的精神呵，崇高的思想，
凝成了交響曲的樂章；
像靜穆的崇山峻嶺，
像浩淼無際的重洋。

其實，細查《郭沫若全集》，有過之而無不及者，堪稱比比皆是。這種過分稱頌，今天的政治術語叫「個人崇拜」，但在那樣一個時代的大多數人眼中，大概還是「只嫌其少，不嫌其多」，以此來證明文人知識份子如郭沫若者，喪失獨立的個性，說服力尚嫌薄弱。除了精明、實用的政治家或政客外，大多數人還是沉浸在這種時代風尚中，而難以自省。

郭沫若與毛澤東關係的升溫，直接的契機，來源於兩人的共同愛好──詩詞。

五十年代末，面對舉國形勢一片大好，毛澤東的詩人氣質一發而不可收，連續發表了一系列洋溢著浪漫主義精神的詩詞，並首肯了革命現實主義與革命浪漫主義兩結合的創作方法。這對文藝界、特別是郭沫若的觸動很大。郭沫若坦陳：自己也敢於承認是一個浪漫主義者了。

對於毛澤東而言，閒暇之餘的詩詞創作，是他日益膨脹的政治浪漫

主義思潮展現之一隅，是詩人情懷與政治激情相遇合的產物。對郭沫若來說，毛澤東詩詞的浪漫主義風格，以及對浪漫主義創作方法的欽定，就不單是摘下緊箍咒的問題了。翻身道情的郭沫若，更從中尋覓到了一條和領袖「心有靈犀」的佳徑。

其實，郭沫若以詩詞等載體，與毛澤東溝通，早就開始了。遠的，如40年代的和毛澤東的《沁園春・雪》，就不必多說了。近的，如在1955年歲末，郭沫若曾率中國科學院考察團訪問日本，期間寫了《訪日雜詠》10首古體詩，郭沫若將其中的7首《箱根即景》、《訪須和田故居》、《別須和田》、《宮島即景》、《訪博多灣》、《留別華僑》、《遊別府》呈送毛澤東，但似乎沒有引發毛澤東的雅興，只是將郭詩轉給北京市委書記彭真，指示在《北京日報》發表，並囑咐將郭詩中的草書改為楷書，以免出錯。再近的，如1957年，毛澤東18首詩詞在《詩刊》創刊號上發表不久，郭沫若就寫了《試和毛主席韻》，作《念奴嬌・小湯山》、《浪淘沙・看溜冰》、《水調歌頭・歸途》，和毛澤東的《念奴嬌・崑崙》、《浪淘沙・北戴河》、《水調歌頭・游泳》，不知是因為和詩內容相去甚遠，還是什麼其他原因，影響不大，亦不見毛澤東有何反應。

在毛澤東詩詞以及肯定「革命現實主義與革命浪漫主義兩結合」的信發表之後，郭沫若在1958年7月《紅旗》雜誌第3期，發表了《浪漫主義與現實主義》，其中一個最主要的意圖，就是以毛澤東的《蝶戀花・答李淑一》為例，表達對毛澤東的敬仰。且看文中所說：

> 我自己是特別喜歡詩詞的人，而且有點目空一切的，但是毛澤東同志所發表了的詩詞卻使我五體投地。……
>
> 不用說這裏絲毫也沒有舊式詞人的那種靡靡之音，而使蘇東坡、辛棄疾的豪氣也望塵卻步。這裏使用著浪漫主義的極誇大的手法把現實主義的主題襯托得非常自然生動、深刻動人。這真可以說

是古今的絕唱。我們如果要在文藝創作上追求怎樣才能使革命的現
實主義和革命的浪漫主義結合，毛澤東同志的詩詞就是我們絕好的
典範。[16]

在此之前，郭沫若還通過各種資訊渠道，如《答〈邊疆文藝〉編輯部
問》，覆《文藝報》張光年、侯金鏡、陳笑雨等人信，作《「一唱雄雞天
下白」》，暢談對毛澤東詩詞的深刻體會，向外界傳達了自己對毛澤東詩
詞的「熱愛」。

當然，通過這種文藝切磋的方式，郭沫若理所當然地從此擔當了毛澤
東詩詞的權威解詩人。

可是要知道，對郭沫若與毛澤東，畢竟不能以一般詩友的奉迎、酬唱
視之。毛澤東的詩興，也絕不是率性而發，公開發表者也是與國家和社會
的政治動向、政治氣候息息相關。50年代末毛澤東19首詩詞的發表，就是
與大躍進時期高亢的政治浪漫主義思潮的密切相關。也就是從這時起，彷
彿回到了戰爭年代，詩人政治家毛澤東，似乎越來越喜歡用詩詞的方式，
抒發「與天奮鬥、其樂無窮，與地奮鬥、其樂無窮，與人奮鬥、其樂無
窮」的豪情壯志了。

郭沫若的努力，隨著政治形勢的日趨複雜化，終於得到了毛澤東的公
開回應。

這就是由《看〈孫悟空三打白骨精〉》引發的郭沫若與毛澤東的詩歌
唱和。

1961年10月18日，郭沫若在北京民族文化宮，觀看了浙江省紹劇團演
出的《孫悟空三打白骨精》。聯想到國內外政治風雲變幻，這出地方戲引
發了郭沫若的詩興和政治衝動，於10月25日夜，寫下了七律《看〈孫悟空

---

[16] 郭沫若：《浪漫主義和現實主義》，《郭沫若全集》文學編第17卷，人民文學出版
社1989年版。

三打白骨精〉》，並在11月1日的《人民日報》上發表：

> 人要顛倒是非淆，
> 對敵慈悲對友刁。
> 咒念緊箍聞萬遍，
> 精逃白骨累三遭。
> 千刀當剮唐僧肉，
> 一拔何虧大聖毛。
> 教育及時堪讚賞，
> 豬猶智慧勝愚曹。

毛澤東看到後，於11月17日作《七律・和郭沫若同志》：

> 一從大地起風雷，
> 便有精生白骨堆。
> 僧是愚氓猶可訓，
> 妖為鬼蜮必成災。
> 金猴奮起千鈞棒，
> 玉宇澄清萬里埃。
> 今日歡呼孫大聖，
> 只緣妖霧又重來。

　　僅從詩歌藝術的角度來說，郭詩和毛的和詩，均屬上乘之作。但這次詩歌唱和的背後，卻蘊含著妙不可言的政治玄奧。郭詩不是起意於詩歌創作的衝動，而是功夫在詩外；毛的和詩，更是預言國內外政治鬥爭的風雲變幻，借詩歌藝術，將政治鬥爭的動向昭之於世。

六十年代初期，國內外動盪不安的政治形勢，都足以令毛澤東憂心如焚。由於大躍進造成的災難性後果，毛澤東不能不承擔責任。當年他信心十足地設計的國家權力的「兩線」結構，卻變成了自己的「請君入甕」。與大權旁落緊密相連的，是毛澤東認為他的接班人，越來越背離「正確」的路線，將國家引上資本主義道路。而這一切，與國際形勢，特別是蘇聯修正主義的出現，彷彿是裏應外合、內外夾擊。

從五十年代末起，中蘇關係日益惡化。從最初的意識形態分歧，發展到公開論戰；再從公開論戰，一直發展到政治、軍事的全面對抗，直到1989年中蘇關係才緩和。可以說，從那時起到八十年代末，反修、反帝、反霸，一直是中國在國際事務中的最重大的政治任務。在六十年代初期，圍繞著國際共產主義運動的理論與戰略策略問題，中蘇關係已經由兩黨之爭，上升為兩國之爭。

特別是1960年7月16日，蘇聯突然照會中國政府，撤走專家、撕毀合同，不但使當時步履維艱的中國經濟雪上加霜，更嚴重的傷害了中國人民的感情。所以，當1963年蘇共中央為緩和中蘇關係，致信中共中央，提出重派專家時，中共中央在次年2月的覆信中，憤怒地指出：「在中國遭到嚴重的自然災害的時候，你們乘人之危，採取這樣嚴重的步驟，完全違背了共產主義的道德。」「現在你們又提出向中國派遣專家的問題。坦白地說，中國人民信不過你們。」[17] 在企圖運用政治、經濟手段逼迫中國屈服的同時，蘇聯也在國際、國內舞臺上，氣勢洶洶地進行大規模的反華宣傳，並煽動、操縱其他社會主義國家，加入到反華陣營之中，掀起一波又一波的反華浪潮。

因此，從那時起，舉國上下群情激昂，早已開始洋溢著對蘇聯背信棄義的憤怒，醞釀著反對蘇聯修正主義的怒火。1961年底郭沫若《看〈孫

---

[17] 《大論爭：建國以來重要論爭實錄》中冊，珠海出版社2001年版，第233頁。

悟空三打白骨精〉》發表的直接政治背景，是1961年10月蘇共召開二十二大。在全世界的社會主義國家面前，蘇聯人空前激烈地譴責史達林，猛烈攻擊和中共關係密切的阿爾巴尼亞共產黨，並號召推翻阿共領袖霍查（Enver Hoxha）。參加這次會議的中國代表團團長周恩來，當場予以嚴厲批評與駁斥，並率代表團提前回國，以示抗議。蘇共此番有預謀的舉措，無異於在中蘇關係上火上澆油。

郭沫若這首《看〈孫悟空三打白骨精〉》，顯然有感於時事政治風雲，從這出地方戲中，生發出了批判修正主義的政治義憤，借孫悟空三打白骨精的典故，隱喻修正主義的可惡、可恨。當然詩歌絕非直接的政治說理，郭詩的政治內涵也不單純是批判修正主義，還同時蘊含著對領袖威力的歌頌，如「一拔何虧大聖毛」之句，一語雙關、意味雙重，詩面是稱頌孫大聖，詩裏卻因「大聖毛」而引人豐富的聯想。

如果說郭詩大有文章，那麼毛的和詩，就更是非同尋常了。

郭沫若寫完《看〈孫悟空三打白骨精〉》，送交發表的同時呈送了毛澤東，隨後就南下上海、浙江、廣東等地遊訪，約兩月有餘。郭沫若最早看到毛澤東的和詩，據他自己說，是在1962年1月6日的廣州，由康生抄錄見示的。[18] 郭沫若見到毛澤東和詩的當天，聰明絕頂的他，立馬寫了一首和詩，1月8日由康生轉呈毛澤東：

> 賴有晴空霹靂雷，
> 不教白骨聚成堆。
> 九天四海澄迷霧，
> 八十一番殲大災。
> 僧受折磨知悔恨，

---

[18] 郭沫若：《「玉宇澄清萬里埃」》，1964年5月30日《人民日報》。

豬期振奮報涓埃。

金睛火眼無容赦，

哪怕妖精億度來。

　　毛澤東看了郭沫若的和詩，於1月12日給康生回信（而不是直接覆信郭沫若）說：

　　　　八日惠書收到，極高興。請告郭沫若同志，他的和詩好，不要「千刀當剮唐僧肉」了，對中間派採取了統一戰線政策，這就好了。

　　　　近作詠梅詞一首，是反修正主義的，寄上請一閱。並請送沫若一閱。外附陸游詠梅詞一首。末尾的說明是我作的，我想是這樣的。究竟此詞何年所做，主題是什麼，尚有待於考證。我不過望文生義說幾句罷了。

　　　　請代問郭老好！[19]

　　覆信中所說的「反修正主義」的詠梅詞，就是毛澤東有名的《卜算子·詠梅》：

風雨送春歸，

飛雪迎春到。

已是懸崖百丈冰，

猶有花枝俏。

---

[19]　王錦厚：《毛澤東論郭沫若》（上），《郭沫若學刊》2004年第2期。

俏也不爭春，

只把春來報，

待到山花爛漫時，

她在叢中笑。

　　毛澤東的一席話，一語道破了政治玄機所在。毛澤東見贈康生、郭沫若新詩作，也抒發了這個暫時沉默的政治巨人，在大風大浪面前靜觀其變、蓄勢待發的心態。無論是從國家的視野，還是個人的角度，毛澤東詩詞都蘊含著豐富、高亢的政治激情，特別是以詩明志，浪漫、豪邁的詩意之中，表達著意圖東山再起、再掌乾坤、期待勝利的政治願望。

　　佐之以唱和前後的其他事例和跡象，就更顯示出唱和背後，隱藏著複雜的政治動機。

　　其一，按照詩歌酬唱的慣例，詩人之間唱和，一般無需假他人之手輾轉送呈，除非交通和資訊不便，或者抄送之人也雅興盎然、參與其事、共用詩情畫意。但在這次酬唱之中，卻出現了一個非同一般的中間人。這個人，就是在1956年9月曾被撤去政治局委員職務的康生。

　　康生失勢之後，再度成為六十年代初中國政壇舉足輕重的人物，與國內外的政治鬥爭動向密切相關。康生這個人的政治品行、政治劣跡暫且不論，實事求是地說，這個人本身卻具有相當高的理論水平和藝術修養。在中國古典文化特別是文物、書法等領域，康生的水平堪稱是一流專家級的，尤其是書法造詣相當高，用左手書篆書乃一絕，這也是他頗為自負之處，故其書法作品，往往以「康生左手」之印章落款。更重要的是，康生當時還是黨內屈指可數的公認的馬克思主義理論家之一，對馬列主義的掌握，可謂是爛熟於胸，黨內諸公往往尊稱其為「老夫子」，毛澤東也時常稱之為「康老」。

　　在郭沫若和毛澤東詩歌酬唱之間，需要這個人傳遞資訊，顯然與毛澤

東再度啟用康生有關。一個原因是，和「蘇修」論戰，急需馬克思主義理論造詣深厚之人，而康生的理論水平，遠非一般政客可比，是黨內的佼佼者；而且康生早年留學蘇俄，並長期與蘇聯人打交道，是黨內屈指可數的「蘇聯通」。另一個原因大概就是，面對黨內高層政治權力結構的分化，毛澤東也需要忠於自己，且水平高、有能力的人，來組成新的政治聯盟，以便重新確立自己在國家和社會權力結構中的絕對權威地位，以保證江山不變色、國家不變「修」。康生不但在理論水平上超出一般的政治人物，而且從延安時期起就一度掌握黨的「社會工作部」，也就是負責祕密警察的工作，對「肅反」之類的黨內鬥爭，是駕輕就熟。況且，此人城府很深、足智多謀，是一個陰險老辣、老謀深算的政治人物。康生的再度浮出政壇，還有一個關鍵環節，據坊間的流行說法，是通過他的老鄉江青的極力推薦。

其二，就是郭沫若對這次詩歌唱和的解釋。

從郭沫若最初寫的《看〈孫悟空三打白骨精〉》來看，郭沫若大概沒有考慮到更為複雜的國內外政治鬥爭。就詩歌明顯的意義來說，「白骨精」毫無疑問象徵著絕對的敵人帝國主義，可是詩中卻表達了對唐僧的無比痛恨，似乎是以唐僧比喻蘇聯修正主義。無論是他自己還是後人，都認定該詩主要表達了對「修正主義」的政治義憤，隱喻「修正主義」對帝國主義妥協，對同一陣營的中國百般刁難。再者，就是只可意會、不可言傳的意圖，即借稱頌孫悟空的「一拔何虧大聖毛」，以詩句的象徵、模糊、朦朧的技巧，表達對毛澤東本人的敬仰、擁護和忠誠。

可是，當看了由康生抄示的毛澤東和詩後，如同當頭棒喝，郭沫若對領袖的政治意圖，馬上就心領神會了。於是。依毛澤東和詩原韻，更是步毛澤東政治意願之後塵，寫了一首和詩，並由康生迅速轉呈毛澤東。毛澤東所謂「和詩好」，無異於說郭沫若是「明白人」。對和詩的稱讚，恰恰隱含著對原詩政治內涵的不認同，從反面說明了《看〈孫悟空三打白骨

精〉》的政治鬥爭方向不明確。其中的原委曲折，郭沫若在以後的文章中說了出來：

> 　　看到舞臺上的唐僧形象實在使人憎恨，覺得也真是值得千刀萬剮。這種感情，我是如實地寫在詩裏面了。「千刀當剮唐僧肉，一拔何虧大聖毛」，這就是我對於「人妖顛倒是非淆，對敵慈悲對友刁」的唐僧的判狀。
>
> 　　但對戲裏的唐僧這樣批判是不大妥當的。戲裏的唐僧是受了白骨精的欺騙，因而把人妖顛倒了，把敵友混淆了。他是蠢人做出了蠢事。在戲的後半，白骨精的欺騙當場揭穿時，唐僧也就醒悟過來，直到悔恨，並思念孫悟空。[20]

　　原來，郭沫若《看〈孫悟空三打白骨精〉》一詩，主要的批判對象是「唐僧」，而在毛澤東眼中，這是可以爭取的中間派，而真正的敵人應當是「白骨精」，而「修正主義」在毛澤東的眼中，便是「一從大地起風雷，便有精生白骨堆」。

　　文人看政治的眼光，畢竟不如政治家眼光的銳利。毛澤東高超的政治藝術，在酬唱、轉呈之間，淋漓盡致的發揮出來。但是，應該令郭沫若感到欣慰的是，毛澤東和詩的尾聯「今日歡呼孫大聖，只緣妖霧又重來」，實際上已經認可了郭沫若「一拔何虧大聖毛」的潛臺詞。毛澤東的和詩，已經洋溢出「當仁不讓」的氣概了。

　　當然，如果僅止於此，也就稱不上是政治玄機了。真正的玄機，就在於誰是「白骨精」、誰是修正主義。在郭沫若的《看〈孫悟空三打白骨精〉》中，「蘇修」是不是修正主義還是很模糊的，或者說在郭沫若眼中

---

[20]　郭沫若：《「玉宇澄清萬里埃」》，1964年5月30日《人民日報》。

還是介於敵友之間。但毛澤東的和詩一出，郭沫若馬上意識到，「蘇修」在毛澤東的視野中毫無意義就是「白骨精」。無論如何，郭沫若的和詩，以毛澤東的想法為定海神針，顯示了對毛澤東的堅定信賴和忠心支持。但「修正主義」除了包括「蘇修」之外，還有沒有其他所指呢？郭沫若看到毛澤東和詩之際，不知他有沒有想到這個更為嚴峻問題。

在國內政治鬥爭日趨緊張、形勢日趨明朗的1964年，郭沫若舊事重提，在《人民日報》上發表了一篇《「玉宇澄清萬里埃」——讀毛主席有關〈孫悟空三打白骨精〉的一首七律》，終於把兩年多前就埋在心裏的話說了出來：

> 假如顛倒黑白，混淆是非，以敵為友，以友為敵，不是像唐僧那樣受了敵人的欺騙，而是投降了敵人，和敵人一個鼻孔出氣，那就完全不同了。像這樣有意地顛倒黑白、混淆是非的人，他本身就是白骨精，或者是替白骨精服務的變相妖怪。我們就不應該把對於這種人的看法，和戲裏的唐僧形象等同起來。主席的和詩，便是從事物的本質上，深一層地有分析地來看問題的。主席的和詩，事實上是改正了我的對於唐僧的偏激看法。[21]

知毛澤東者，郭沫若也。

在1961年底1962年初的那次詩歌唱和中，毛澤東對國內外政治局勢，顯然有著全面而深刻地認識。一個天才的政治家，其超出常人之處，就在於往往能夠見微知著，洞悉狂風巨瀾於青萍之末。眾所周知，從六十年代開始，因為蘇聯修正主義的猖狂，毛澤東出於對中國革命滑向修正主義的擔心，就已經開始全面關注階級鬥爭和意識形態問題了。

---

[21]　郭沫若：《「玉宇澄清萬里埃」》，1964年5月30日《人民日報》。

在毛澤東眼中，緊張的國際局勢、嚴峻的中蘇關係，不僅僅是單純的國際政治問題，而且是和國內種種問題、黨內種種分歧，緊密聯繫在一起的。在毛澤東眼中，黨內高層的分歧，黨內國內的修正主義苗頭，是國際修正主義和階級鬥爭在黨內、國內的必然反映，而且決非孤立現象，是和國際修正主義一個鼻孔出氣。

所以，在中蘇兩黨、兩國發生大論戰的時候，包括「九評」[22]在內的一系列論戰文章的目的，就不但是對蘇聯修正主義的嚴厲駁斥，也明顯地隱含著對國內修正主義的警告。「當毛澤東開始對自己的接班人所遵循的路線產生滿腹疑慮的時候，他就借助同『蘇聯修正主義』的鬥爭在國內進行公開宣傳，這實際上是對他自己的同事們所執行的政策進行批評。」[23]

當然，僅憑郭毛酬唱的前後、毛澤東的和詩以及詠梅詞，就認定毛澤東有此明確的政治判斷，或許有武斷之嫌。但是，毛澤東對當時國內外政治形勢的判斷，卻在這次唱和之後，越來越清晰了。或者說1962下半年國內政治鬥爭形勢的發展，顯然能夠反推出郭、毛詩歌酬唱之際，毛澤東對國內外政治形勢的判斷，已頗具雛形了。毛澤東的和詩和新作，以及稱讚郭沫若「和詩好」，很明顯的表明：毛澤東對即將掀起的政治風暴，已經胸有成竹了。

因為，從1962年的夏天開始，黨內政治高層的分歧，已經不可遏止的明顯浮出水面了。

---

[22] 對當年的中蘇大論戰，今人已經甚感遙遠了。當年有名的「九評」，觀點、目的如何，暫且不論，但的確是大長了中國人民的志氣。茲將「九評」篇名錄於此，約略存影：《蘇共領導同我們分歧的由來和發展——一評蘇共中央的公開信》、《關於史達林問題——二評蘇共中央的公開信》、《南斯拉夫是社會主義國家嗎——三評蘇共中央的公開信》、《新殖民主義的辯護士——四評蘇共中央的公開信》、《在戰爭與和平問題上的兩條路線——五評蘇共中央的公開信》、《和平共處政策——六評蘇共中央的公開信》、《蘇共領導是當代最大的分裂主義者——七評蘇共中央的公開信》、《無產階級革命和赫魯雪夫修正主義——八評蘇共中央的公開信》、《關於赫魯雪夫的假共產主義及其在世界歷史上的教訓——九評蘇共中央的公開信》。

[23] 《劍橋中華人民共和國史1949-1965》，上海人民出版社1990年版，第347頁。

　　1962年的下半年，從北戴河會議到中共八屆十中全會，毛澤東開始公開向全黨、全國大談階級矛盾、階級鬥爭、修正主義。尤其是在中共八屆十中全會上，毛澤東大批「黑暗風」、「單幹風」、「翻案風」，斷言在社會主義歷史階段中，存在資產階級復辟的危險，階級鬥爭必須年年講、月月講、天天講，要搞一萬年階級鬥爭。

　　毛澤東的講話精神，最終以中共八屆十中全會公報的形式，正式確定下來。公報強調，「階級鬥爭是不可避免的。我們千萬不要忘記。」「這種階級鬥爭是錯綜複雜的、曲折的、時起時伏的，有時是很激烈的。這種階級鬥爭，不可避免地要反映到黨內來。國外帝國主義的壓力和國內資產階級影響的存在，是黨內產生修正主義思想的社會根源。在對國外階級敵人進行鬥爭的同時，我們必須及時警惕和堅決反對黨內各種機會主義的思想傾向。」[24] 考諸以後國內政治局勢的發展，八屆十中全會不但為文化大革命作了重要的理論準備，而且也向黨內的修正主義，吹響了進攻的號角。

　　再回過頭去看看1961年底1962年初的郭毛詩歌唱和，其中蘊含的政治意味和政治玄機，就不言而喻了。圍繞著中國古典文化和文學中的「孫悟空三打白骨精」這一家喻戶曉的典故，郭沫若、毛澤東在詩詞酬唱中，都巧妙賦予了豐富的政治內涵，也在相互取捨之中，展現了各自非凡的政治智慧。日後的大風大浪，其實已經躁動於胎腹了。

　　至於那時毛澤東有沒有樹立明確的鬥爭對象，從毛澤東對「唐僧」的態度來看，從肯定郭沫若「和詩好」、「對中間派採取統一戰線政策」來看，毛澤東還在採取觀望姿態，或者等待更多的像「唐僧」一類的中間派，轉變過來。或者，給「是非不分者」一次機會。以郭沫若的慣於領會、揣摩領袖意志，特別是看到毛澤東和詩後的迅速反應，應該說，他已

――――――――
[24]　《中國二十世紀紀事本末1950-1976》，山東人民出版社2003年版，第371頁。

經明白了毛澤東政治意圖。到了1964年，政治鬥爭形勢已經非常明朗了，郭沫若也把當年領會到的領袖意志，用自己的話明確講了出來：

> 主席把唐僧作為「中間派」是因為他站在孫悟空和白骨精之間，是受了白骨精蒙蔽的人。這種人相當多的，經過事實的驗證，他們是可以轉變過來的。這些人倒是我們應該爭取的對象，不應該感情用事地加以深惡痛絕，認為「千刀萬剮」。但是，如果是投降主義者，那就不是中間派，而是現了原形的妖精，金睛火眼是能夠看透它的，「一萬三千五百斤」重的金箍棒必然會打中在它的頭上，而使妖霧澄清。[25]

毛澤東在從六十年代初就成形的政治意圖、政治鬥爭策略，郭沫若終於以「解詩」這種特殊方式，向世人作了傳達。

最重要的信號，或者說郭沫若最主要的政治意圖，用詩歌和解詩的特殊方式，充分展現了出來，而且為毛澤東所接受。借用郭沫若的話來說，就是：「今天的齊天大聖」，「就是發展了的革命的馬克思列寧主義」，也就是偉大的領袖毛澤東。

---

[25] 郭沫若：《「玉宇澄清萬里埃」》，1964年5月30日《人民日報》。

十一、「世披靡矣扶之直」

　　與郭、毛詩歌酬唱中所看到的嚴峻政治鬥爭形勢有些不同，1961年和1962年對文人知識份子來說，似乎又是一個早春天氣。

　　在遭受重大災難和挫折之後，國家和社會不得不轉入「調整、鞏固、提高、充實」的時期。隨著政治、經濟政策的大調整，文化、科技、教育、學術諸領域的調整也隨之進行。在實實在在的困難面前，虛張聲勢的口號和熱情，已變得灰頭灰臉，而有真才實學的文人知識份子們，又成了黨要依賴的一支重要力量。

　　讓文人知識份子們如釋重負的事件，除了1961年6月中宣部召開的全國文藝工作座談會（周恩來在這次會議上作了重要講話），更有影響的應該是1962年2月份，在廣州召開的全國科學技術工作會議和全國話劇、歌劇、兒童劇創作座談會，這兩個會議統稱為廣州會議。之所以說更有影響，是因為會上文人知識份子們發出的要求摘掉「資產階級」帽子的強烈呼聲，得到了黨內高層的回應。

　　二月中旬，正在北京主持起草二屆人大三次會議政府工作報告的周恩來，和政治局委員、國務院副總理陳毅，連袂南下廣州。在聽取了聶榮臻、陶鑄、郭沫若等人的彙報後，在3月初召開的兩會聯席會議上，周恩來和陳毅分別發表了讓文人知識份子們感到精神振奮的講話，概括為一句話，就是為文人知識份子們「脫帽加冕」。

　　然而，一朝被蛇咬，十年怕井繩。興奮歸興奮，文人知識份子們有了反右運動的教訓，已經懂得了克制牢騷和不滿，不再像「百花齊放、百家

爭鳴」時期那樣「知無不言、言無不盡」了。前車之鑒，猶歷歷在目，令人心有餘悸。所以，即使有了「脫帽加冕」的許諾，文人知識份子也不像以前那樣鞭辟入裏、率性而談了。

在疑慮重重之中，知識份子們大多採取了觀望的態度。能夠站出來說話的文人知識份子，也大多變著花樣、在政策允許的範圍內，複述著官方報告和講話的調子。知識份子們已經領教過「引蛇出洞」的威力，知道「疾風驟雨」的前奏，往往是「和風細雨」，對早春天氣的乍暖還寒，依然是觸目驚心、畏手畏腳。

更重要的因素，這次廣州會議所傳達的為知識份子「脫帽加冕」的精神，不是來自於黨內高層的共識。正如國外學者所觀察到的那樣：「1961年至1962年緩和的幕後推動者不是在發動『百花齊放、百家爭鳴』運動時起了相當重要作用的毛澤東，而是劉少奇及黨的其他官員。劉少奇和大部分的官員對於『百花齊放、百家爭鳴』運動曾經是很不情願的，而現在他們卻要努力使知識界充滿活力。他們與毛澤東一樣，對於使中國知識份子的生活自由化、多元化沒有興趣。但是如果既能為科學、技術、經濟發展創造一個有力的氣氛，而又不削弱政治控制，他們是願意鼓勵知識份子的一定程度的騷動和批評的。」[1]

文人知識份子們的謹言慎行，其實也是當時國內政治局勢的一個含蓄的反應。文人知識份子固然好清高，但有時眼睛還是雪亮的。因為這時，圍繞著國內外各種路線、方針、政策的制定和執行，分居一線、二線的高層領導之間的矛盾，已經日益突出了。他們的分歧，也嚴重波及到了黨和國家的地方組織。

比如這次廣州會議上周恩來、陳毅的講話，事先似乎沒有請示毛澤東，事後也沒有得到毛澤東的認可。據國內黨史專家們的看法，「到1962

---

[1]　《劍橋中華人民共和國史1949-1965》，上海人民出版社1990年版，第475-476頁。

年上半年，中共中央主要領導人毛澤東對調整的方針和政策越來越不滿意。一個明顯的事實是，當周恩來要求毛澤東對他有關知識份子問題的講話表示態度時，毛澤東竟沒有說話。沒有說話，也是一種態度，是一種不肯定、不滿意的態度。這種不滿意的態度，很快就公開顯示出來了。」[2]

毛澤東的態度也絕非個人態度，實際上代表著黨內、國內相當強大的政治勢力的意見。對這次廣州會議的精神，許多部門和地方持不同看法的人很多，甚至是明確反對者也大有人在。例如當時的中共中央政治局委員、華東局第一書記、上海市委第一書記柯慶施，堅決不准在上海地區傳達周恩來、陳毅講話。

當然，與「左」的意見相對立的，是「右」的批評。與大多數文人知識份子和黨外人士的緘默不言狀態相比，一些知曉政治鬥爭底牌的黨內領導層中的高級知識份子們，則顯得異常活躍，「他們不是用『百花齊放』時期西方式的比較直率的方式進行批評，而是採用儒教的間接風格，運用文學和歷史的隱喻。」[3]這些批評者，以中宣部、北京市委的一些高級知識份子官員為代表，這就是以後首當其衝受到沉重打擊的吳晗、鄧拓、廖沫沙等人，以及他們的代表作《海瑞罷官》、《三家村札記》、《燕山夜話》等。

從現在公開發表的說法來看，這些批評者，往往被描述成正直的無辜的受害者。現在也沒有可供查閱的史料，來證明這些人的批評言論，是否來自於更高層政治領導人的授意。但是，如果說他們作品的批評意向，和實際的政治分歧，和當時的政治鬥爭形勢，是風馬牛不相及，則不能令人心悅誠服。是非曲直、政治品質暫且不論，不要說在那樣一個敏感的政治鬥爭氛圍中，即使今天對當時政治狀況稍作瞭解，就可輕而易舉地發現他

[2]　何蓬著《毛澤東時代的中國（1949-1976）》（二），中共黨史出版社2003年版，第384頁。

[3]　《劍橋中華人民共和國史1949-1965》，上海人民出版社1990年版，第482頁。

們作品的批判指向，決非是心血來潮之舉、空穴來風之事。所以，有的學者就判斷說：

> 他們借古諷今，把官僚領導人關起門來說的話生動地公開端了出
> 來。由於文章隱晦，用意微妙，他們似乎不可能被廣大讀者所歡
> 迎。但諳熟黨的事務的政治界和知識界的精英是理解這些間接的
> 資訊的。特別是鄧拓，他利用古代人物與歷史事件轉彎抹角地批
> 評了現代的人和事。從表面上看來，他的短文似乎是溫和的社會
> 和歷史評論，但實際上是對毛澤東的領導及其政策既嚴厲又微妙
> 的批評。[4]

政治鬥爭的複雜、玄奧，乃至陰險、骯髒，是區區我輩草民，無從感同身受的。政治鬥爭的各方，孰是孰非，也不是我輩可以輕易判定的。但我們應該知曉的是，以政策、方針、路線的分歧為表徵，當時的中國政壇一改五十年代穩定、和諧的局面，轉而進入了重新洗牌的格局中，用郭沫若的詩句來形容，是一個「滄海橫流」的時段。

政治鬥爭的殘酷性，往往在於它的暗箱操作。等到矛盾和鬥爭公開時，往往大局已經搞定了。敏銳的政治嗅覺，是參政者必不可少的基本政治素質。在嚴峻的政治鬥爭面前裝聾作啞，不失為明哲保身的舉措。可是，這不但與政治獲益無緣，也往往是自絕於主流社會的政治自殺。享有中國第一文人的盛譽，更有國家和政府高官的顯赫，在嶄露崢嶸的政治鬥爭面前，郭沫若不可能採取事不關己、高高掛起的姿態。

「疾風知勁草，板蕩識忠臣」，不但是文人知識份子，也是大多數國人耳熟能詳的常識。唯毛澤東馬首是瞻，是穿行於政治風浪中的郭沫若一

---

[4] 《劍橋中華人民共和國史1949-1965》，上海人民出版社1990年版，第485頁。

以貫之的不二法門。他使出渾身解數，調動起全部政治嗅覺，勉力沿著毛澤東的方向前行。

關於郭沫若的詩歌、戲劇、學術研究等行為，和當時的政治背景有多少直接的聯繫，現在還沒有確鑿的證據來說明。或許有朝一日，封存在郭沫若紀念館、中央歷史檔案館的有關他的日記、書信、手稿等重見天日後，或許能讓人窺見其中的奧祕。不過，越是複雜的政治鬥爭，往往越是不大講究明刀明槍。參與其事者，既可以光明正大地表態、宣誓，也可以心領神會的附和、追隨。對於郭沫若這樣一個熱衷於時政的文人高官來說，他不可能不懂得如何來妙用詩文、學術，從而對現實政治做出自己的選擇和回應。或許，局外人可能還不知其所云；可是，局內人卻早已是心知肚明。

將郭沫若詩文學術研究的內容，與實際的政治鬥爭對號入座，有亂點鴛鴦譜之嫌。可是那些若明若暗、似是而非之處，又無法讓人打消影射、比附的念頭。這不比法律審判，可以疑者從無。其實，即使沒有那些密封的實證材料，讀讀郭沫若的詩、文及學術研究，再想想當時的政治情境，不讓人產生豐富的聯想和比附，才真真是奇怪的。

比如歷史劇《武則天》，後人有指責該劇是以獻內廷、取悅江青的說法。固然那時的江青尚未大紅大紫，政治野心也未圖窮匕見，郭沫若也似乎沒有那麼高超的政治遠見，該指責當是想當然的臆測。但是，凡是讀過該劇、且對當時的政治風雲約略可知者，大概不會感受不到此劇中處處洋溢著的政治深意。說該劇為毛澤東保駕護航、歌功頌德，大概沒有人會反對。日後，造反派們說《武則天》是歌頌「帝王將相」，也不算冤枉郭沫若。只不過彼此心目中的帝王將相，不是同一回事罷了。

這部劇作，最初的創作動機，萌發自1959年6月底7月初郭沫若的豫、秦、晉之行，途經洛陽龍門、參觀武則天捐助脂粉錢修建的大奉先寺石窟之時。按他自己的說法，是「受胎於此」。在這次出遊中所寫的《豫秦晉

紀遊二十九首》中，就有一首《訪奉先寺石窟》，詩的尾句說：「武后能
捐脂粉費，文章翻案有新篇。」或許此時，郭沫若還沉浸在為曹操翻案的
興奮中，從武則天身上，又看到了再續翻案文章的一線歷史契機。

歷史劇《武則天》的初稿，完成於1960年1月10日。後幾經修改，到
1962年6月20日才定稿。劇作的主體部分，應該寫作於1959年的下半年。大
家知道，在1959年的7、8月份，發生了廬山會議這一重大政治事件。

如果說《武則天》是影射廬山會議、擁戴毛澤東，那可能讓人笑掉
大牙。作家的創作意圖和動機，往往是非常複雜的，不好一一坐實。可是
有一點不能否認的是，賦、比、興向來是郭沫若歷史劇創作的主要現實
動機。如何為武則天翻案、特別是把劇本內容如何和現實政治生活聯繫起
來，是大有文章可尋的。可以肯定的是，郭沫若寫作歷史劇《武則天》，
決不會僅僅出於對武則天才幹的欽佩，僅僅止步於歌頌武則天本人。

從醞釀到定稿，大約用了兩年的時間，這在郭沫若的創作中是少見
的。這部劇作處於「修改」狀態的兩年多的時間，恰恰是毛澤東被迫退居
「二線」的時間，也是毛澤東為大躍進的災難後果承擔責任、廣受非議
的時期。期間，國內政治鬥爭的風雲，也已從廬山會議時一邊倒的權力格
局，變得日趨複雜、微妙了。高層領導的分歧和矛盾，特別是毛、劉之間
的對立，已經顯山露水了。

迄今為止，筆者也未見到有關歷史劇《武則天》和當時政治鬥爭相聯
繫的材料。因此，還不能斷定該劇政治意圖的有無，或者主題到底是指什
麼。但是，從該劇定稿文本和創作談之類的闡釋文章中，郭沫若對武則天
異乎尋常的歌功頌德，又不能不讓人浮想聯翩。特別是將這種情形，與當
時黨內外時隱時現的對毛澤東的批評之聲相對照之時。

還是讓我們看看郭沫若是如何說的。

他在《我怎樣寫〈武則天〉？》[5]一文中說：

> 　　但裴炎並不是沒有本領的。他是高宗逝世時的顧命大臣，在武后輔政期間由黃門侍郎做到中書令，足見他是把武后也蒙蔽著了。武后曾說他「倔強難制」，可見他們之間的鬥爭是有歷史性的。在我看來，他們之間的鬥爭，乃至長孫無忌和上官儀等同武后之間的鬥爭，不單純是政權的爭奪，而是在思想上有它的根源。
>
> 　　……事實上武后執政時代是唐代的極盛時期，不僅海內富庶，治績和文化也都達到相當的高度。
>
> 　　……她以一個女性的統治者，一輩子都在和豪門貴族作鬥爭，如果沒有得到人民的擁護，她便不能取得勝利，她的政權是不可能鞏固的。

在《重要資料十四則》[6]一文中，郭沫若又說：

> 　　她執掌政權的五十多年中，基本上是站在「愛百姓」的立場而進行措施的。她的政權之獲得鞏固，即基於此。……在她五十多年的統治期間，儘管她有一段時期嚴刑峻法，毫不假借，殺了不少的上層分子，而大規模的農民起義卻不曾有。「揚州構逆，殆有五旬，而海內晏然，纖塵不動」（陳子昂語），也說明著她是得到人民擁護的。

　　再仔細讀讀定稿本歷史劇《武則天》，你很難說：郭沫若沒有將對現實的思考和感悟融入戲中。特別是一些臺詞的處理，很難讓人不琢磨一

5　《郭沫若全集》文學編第8卷，人民文學出版社1987年版。
6　《郭沫若全集》文學編第8卷，人民文學出版社1987年版。

下：到底有沒有現實的影子。當時，陳明遠讀了劇本後，還發覺劇中上官婉兒的某些臺詞，好像跟自己說過的話相似，證之於郭沫若，郭沫若打趣說：這就是來源於生活嘛。[7] 劇作和現實生活的相似之處，當然不僅是一些臺詞。對那時政治鬥爭的氛圍愈熟悉者，應該更能從中有所觸動，發現其中的神似之處。劇中此類現象多多，僅舉幾例，供方家辨之、識之：

> 這樣的人有的是！他們的野心很大，不把朝廷放在眼裏，也不管百姓的死活，就只圖自己的利益。我阻礙了他們，因此，我就成了他們的對頭。他們反對我，說我「牝雞司晨」，說我不應該管理朝政。但我不管，誰管？皇帝陛下是有病在身的人，我不幫助他，誰來幫助他？天下是天下人的天下，皇帝要我管，我只好管。只要我管得好，天下人不反對我，我就管得下去。你們說吧，我管理天下二十多年，天下的人在反對我嗎？
>
> ……你們想，太宗皇帝賓天的時候，天下只有三百多萬戶人家，我輔助當今皇帝陛下二十多年，已經達到六百萬戶了，差不多增加了一倍。你們能說我是把天下管壞了嗎？
>
> ……為了天下的長治久安，我不能有一刻的偷閒。我要為天下的老百姓做點事，我要使有才能的人都能夠為天下的老百姓做點事。我不能讓國內發生叛亂，我也不能讓國外的強鄰來侵凌我們。要使天下的人都能安居樂業，過太平的日子，這是我日日夜夜想辦到的事。……
>
> 你們不是在「弔民伐罪」，而是在要高官厚祿。……
>
> 特別是裴炎，大家都以為他是好人。在他的罪名還沒有暴露之前，你們揭發他，別人不會相信，反而會以為你們在誣枉好人。所

7　陳明遠：《追念郭老師》，載《新文學史料》1982年第4期。

以我現在要把他保留下來，讓他自己或者他的部下來暴露。我是有
了準備的。……

　　裴炎，這是你自取滅亡。（提起精神來）大家好生記著，今天
的事情正是我們大家的殷鑒。我輔佐先帝二十多年，我夙興夜寐，
不敢顧恤自己的身子，我但願天下的百姓能安居樂業。我不願天下
分崩，自相殘殺；也不願邊疆多事，烽火連天。二十多年來我勵精
圖治，勸課農桑，選拔賢良，和協萬邦，絲毫也不敢苟且偷安。但
是大臣將相們卻每每人懷異心，甚至妄干天位，不知體恤百姓，唯
恐天下不亂。裴炎、徐敬業、程務挺就是這種狂妄的人。儘管他們
的地位多麼高、門第多麼豪、本領多麼強、智謀多麼巧，然而「多
行不義，必自斃」，這是有史以來的天經地義！

　　不必過多的引述了。追古鑒今，把人物換一下、地點換一下、時間換
一下，很難不讓人有似曾相識之感。這是歷史追敘與現實本身的巧合？還
是郭沫若對現實的反應、想像和預見？這難道不是郭沫若所說的來源於
生活嘛？可惜，這些都只能以藝術的名義存在，無法與現實政治進行實證
對比。

　　饒有意味的是，在劇中，郭沫若對「文人」傾注了過多的欣賞與同
情。比如對上官婉兒的激賞。再如闡釋文章中，屢屢提及武則天的百卷
《垂拱集》和十卷《金輪集》。如此這般，既可以解釋為是對自身賴以安
身立命的文化、文學的珍視和自戀，也可以說是文人之間天然的惺惺相
惜。特別是對反面角色駱賓王的處理。如果說其他反面角色的塑造，大都
陰險狡詐、品行低劣，作者毫不憐惜，可是對駱賓王，則顯然是要網開一
面。正如作者自己在《我怎樣寫〈武則天〉？》[8] 所說的，雖然把駱賓王

8　《郭沫若全集》文學編第8卷，人民文學出版社1987年版。

寫成了反派，但依然對他抱著尊敬和同情：

> 駱賓王的為人，和裴炎、徐敬業、徐敬猷等畢竟有所不同。他雖然
> 也有野心，但也有他的詩人氣質。從好處說，他在封建時代是多少
> 有點反封建味道的。他是一位浪漫詩人，只是思想糊塗，把路子走
> 錯了。唐初四傑都有著同樣的毛病，不能專怪駱賓王。

　　就因為駱賓王是浪漫詩人，就把他的造反，說成是思想糊塗、走錯
路子，在政治和品德方面，絲毫沒有深究嚴查之意，反而有些既往不咎的
傾向。郭沫若的這種藝術處理方式，簡單來說，是出於文人之間的同類相
憐。複雜的看呢？文人干政，其本質和武人干政並無二致，可作者卻依然
抱有尊敬和同情，在虛構的戲劇世界中寬宏大量待之。從作者對文人干政
的同情和理解來看，這是否隱藏著郭沫若曲折、隱晦的心聲呢？

　　其實，藝術世界和真實世界的隱祕聯接，就在這裏。如果把藝術世
界和現實世界一一對應，那是無稽之談，除非遇上不講道理的文字獄製造
者；要說沒有關係吧，其間若隱若現的影射和比附痕跡，又讓人無法置之
不理。要講證據吧，沒法做到鐵證如山；要棄之不顧吧，大家又都感到洞
若觀火。這大概就是文人處世、自保的高超伎倆吧。

　　郭沫若對自己劇作的「以古悅今」傾向，向來不避諱。他的詩文創
作、學術研究，也往往如此。在寫《蔡文姬》是這樣，寫《武則天》也是
如此。1961年8月，郭沫若率全國人大代表團訪問印尼、緬甸，9月3日回國
抵達昆明。在昆明觀看了話劇《武則天》後，於9月7日寫了一首《在昆明
看演話劇〈武則天〉》：

> 金輪千載受奇呵，
> 翻案何妨傳粉多？

> 宋璟姚崇蒙哺育，
> 開元天寶沐恩波。
> 聲威遠屆波斯國，
> 文教遙敷吐火羅。
> 畢竟無書逾盡信，
> 丹青原勝素山河。

　　既然是「丹青原勝素山河」，那麼，就找到了一個自我說服和說服別人的心理基礎和理念支點，「翻案何妨傅粉多」就是名正言順的舉措了，根本就不值得大驚小怪。

　　就歷史劇《武則天》來說，無論是創作動機、作品內涵還是象徵和影射的意義，應該是非常複雜的，需要閱歷、經驗、智慧和語境的支撐，觀者才能有所獲，而且多數介於有無之間、無法實證。就郭沫若那首《看〈孫悟空三打白骨精〉》來說，其用意有經驗者一看即知，可文革期間，為回應紅衛兵的革命舉動，郭沫若不得不親口說：「大聖毛」是有用意的，你們似乎沒有看出。這是自願也好，無奈也罷，畢竟大多數詩文和學術研究的用意，是無法明說的。

　　應該強調的一點，如果說郭沫若文學創作和學術研究的「用意」，主要是出於政治上的「投機」與「跟風」，也是不客觀、不公正的。如果說是出於純粹的藝術衝動和學術興趣，大概郭沫若本人也不會同意。令人奇怪的是，郭沫若在其間，竟能將依附和叛逆，巧妙地合二為一。正如他的好做翻案文章，既有庸俗現實政治的需要，又是叛逆性格使然，從對現實政治、現實政治人物的歌功頌德中，竟然找到了對庸俗狀態的反駁和補償。

　　郭沫若在六十年代早期的文學創作和學術研究，大多具有這個特點。郭沫若往往因為領袖的愛好或者隻言半語，就投其所好，驟然對某一現象

發生興趣，或以詩文表達，或以學術研究追隨。在這種政治上的「投機」
和「跟風」中，郭沫若又每每能把自己的叛逆、浪漫特點融入進去，顯得
特立獨行、卓然自立。這是郭沫若詩文創作和學術研究中一個非常突出的
特點，個中原因非三言兩語所能說清。大概毛澤東的浪漫氣質和造反精
神，是引起郭沫若的情感和心理共鳴因素之一。

　　以郭沫若對《再生緣》和《隨園詩話》的興趣和研究為例。陳明遠曾
說過：

> 他把自己放在民主人士跟黨走的位置上，黨說什麼就是什麼。60年
> 代初毛澤東在一個講話裏提到《隨園詩話》，郭沫若就發表文章
> 《讀〈隨園詩話〉札記》。我找他借這本書讀，他告訴我裏面沒
> 有什麼東西。1961年學術界突然討論《再生緣》，文章發了不少，
> 他也發了文章，我又問他找書看。這個講座也有上面的背景。有封
> 信裏他對我說，你不用看，知道有陳端生這麼個人就行了。一直到
> 「文革」初表示擁護「文革」，1976年表示擁護「批鄧」，他對鄧
> 小平有多少瞭解？沒多少瞭解。林林先生有一篇文章說郭沫若是
> 「黨喇叭」。比較客觀，他很明白，他就是「黨喇叭」。[9]

　　陳明遠的看法，雖說是一針見血，但還是有失偏頗。從表面看，郭沫
若對這兩部古代作品突發興趣，有著現實政治的刺激。但是，他本人長期
浸潤於中國古典文化、古典文學而形成的興趣，應是一個基礎性的因素。
更奇特的是，在對這兩部古代作品的研究中，郭沫若的浪漫氣質和叛逆精
神，和當時社會正在醞釀的革命精神、造反精神，吻合了起來。

9　　胡化：《高處不勝寒——關於郭沫若的訪談》，《反思郭沫若》，作家出版社1998
　　年版。

關於《再生緣》研究的上層政治背景，筆者尚未見到翔實、確鑿的材料。據郭沫若發表在1961年8月7日《光明日報》上的《序〈再生緣〉前十七卷校訂本》一文記載，他是在1960年12月上旬，經中華書局老總金燦然介紹，讀到《論再生緣》，進而引發了研究《再生緣》的興趣，並開始整理和校訂原著。這就牽扯到了《再生緣》研究的始作俑者陳寅恪。

據《陳寅恪的最後20年》一書講，陳寅恪的《論再生緣》一文，完成並自費油印於1954年，1956年被從事高層祕密統戰工作的章士釗攜至香港，引起了港臺學者的重視。大多數海外學者：認為陳寅恪的《論再生緣》一文，充滿了「家國興亡的感慨」，充溢著「家國興亡哀痛之情感」，特別是余英時「尤足以顯出陳先生對極權統治下學術文化狀態之反應者，則為書中論思想自由之文」之說，使《再生緣》研究蒙上了濃厚的政治色彩。1960年，這些資訊傳回大陸，中山大學嚴厲追查陳文是如何流出的，最後因牽扯到章士釗，才不了了之。

不知陳明遠所說的「上面的背景」，是否是指陳文傳至海外、造成政治影響之後，有高層領導甚至是毛澤東過問此事，因為此事牽涉到毛澤東的座上賓章士釗，這種可能性較大。有人採訪陳明遠時，陳說郭沫若就此事和康生交換過意見。[10]

在1961年，郭沫若不但花費了相當大的精力整理、校訂《再生緣》，而且連續寫了九篇研究文章。這些文章，現收集在北京古籍出版社出版的由郭沫若校訂的《再生緣》中。郭沫若是否因「上面的背景」而勃發濃厚的學術興趣，現在還不得而知。就他的研究文章來看，郭沫若的確對《再生緣》產生了強烈的精神共鳴，並在5月4日《光明日報》發表了第一篇相關研究文章《〈再生緣〉前十七卷和它的作者陳端生》。

10　紀紅：《「蘭亭論辯」是怎樣的「筆墨官司」》，《書屋》2001年第1期。

　　《陳寅恪的最後20年》說：「二十多年後郭沫若為學界一些人所詬病的，是郭氏在該文中似乎不經意地提到陳寅恪和《論再生緣》，而且用了挑剔辯駁的口吻。」[11] 其實細讀郭文，詬病者所詬病之事，太過牽強，且不說郭文的主旨，是校訂、考證《再生緣》。郭沫若在涉及陳寅恪時，不但沒用「挑剔辯駁」的口吻，反而持激賞姿態，認為陳寅恪「更使陳端生遠遠超過了杜甫」，陳寅恪的判斷「說得很大膽」：

> 陳寅恪說，他是「噤不敢發，荏苒數十年，遲至暮齒，始為之一吐」；他是「不願當時及後來通人之訕笑」的。我不是所謂「通人」，因此我不僅不「訕笑」他，反而要為他的敢於說話而拍掌。[12]

　　這裏，哪有「不經意」和「挑剔辯駁」？再者，在《序〈再生緣〉前十七卷校訂本》中，郭沫若不但給予陳寅恪高度評價，而且也產生了強烈的藝術共鳴。且看郭沫若所說：

> 　　《再生緣》之被再認識，首先應該歸功於陳寅恪教授。陳教授在1954年寫了《再生緣》一文，他對於《再生緣》前十七卷的作者陳端生，作了相當詳細的考察，對於《再生緣》的藝術價值評價極高。他認為彈詞這種體裁，事實上是長篇敘事詩，而《再生緣》是彈詞中最傑出的作品，它可以和印度、希臘的有名的大史詩相比。他很欣賞陳端生的詩才，認為是「絕世才華」，其功力不亞於杜甫。

[11]　陸鍵東：《陳寅恪的最後20年》，三聯書店1995年版，第91頁。
[12]　陳端生著、郭沫若校訂：《再生緣》，北京古籍出版社2002年版。

我不想否認，我是看到陳教授這樣高度的評價才開始閱讀《再生緣》的。……

於是我以補課的心情，來開始了《再生緣》的閱讀。當然我也是想檢驗一下：陳教授的評價究竟是否正確。

……原書的吸引力真強，它竟使我這年近古稀的人感受到在十幾歲時閱讀《水滸傳》和《紅樓夢》那樣的著迷。

……從去年12月以來，到最後核校完畢為止，我算把《再生緣》反覆讀了四遍。我每讀一遍都感覺到津津有味，證明了陳寅恪的評價是正確的。他把它比之於印度、希臘的史詩，那是從作品的形式來說的。如果從敘事的生動嚴密、波浪層出，從人物的性格塑造、心理描寫上來說，我覺得陳端生的本領比之十八、九世紀的大作家們，如英國的司考特（Scott，1771-1832）、法國的斯湯達（Stendhal，1783-1842）和巴爾塞克（Balzac，1799-1850），實際上也未遑多讓。[13]

郭沫若不僅高調評價陳寅恪，而且在藝術共鳴上也與陳寅恪有同感之處。更重要的是，陳、郭兩人走入《再生緣》藝術世界的視角和立場，完全是不同的。如果像詬病者所揣測的那樣，以郭沫若的性格，完全可以大唱反調、大加批駁，從而引發一場唯物史觀對唯心史觀的大批判。從郭沫若的文章以及多次拜訪陳寅恪來看，郭沫若不但沒有如此，反而是敬重有加。

辨析郭、陳關係，不是本書任務。筆者所感興趣的，是郭沫若在對《再生緣》的研究中，既感受到了這部彈詞和自己的叛逆性格、浪漫氣質的共鳴，又找到了和主流政治意識形態相似的價值取向。而這些，恰恰是和陳寅恪截然不同。

---

[13] 陳端生著、郭沫若校訂：《再生緣》，北京古籍出版社2002年版。

陳寅恪研究《再生緣》，絕非為主流政治意識形態鼓與噪，海外學人的「家國興亡感慨」，倒似知人論世之見。陳寅恪在《論再生緣》中也自陳心跡：「衰年病目，廢書不觀，唯聽讀小說消日，偶至再生緣一書，深有感於其作者之身世，遂稍稍考證其本末，草成此文，承平豢養，無所用心，忖文章之得失，興窈窕之哀思，聊作無益之事，以遣有涯之生云爾。」[14] 郭沫若的立意，除了發自藝術本身的強烈共鳴外，更有個人稟性和政治價值觀的考慮。他在《序〈再生緣〉前十七卷校訂本》有觀點云：

> 　　陳寅恪的高度評價使我感受到高度的驚訝。我沒有想出：那樣淵博的、在我們看來是雅人深致的老詩人卻那樣欣賞彈詞，而我們這些素來宣揚人民文學的人，卻把《再生緣》這樣一部書，完全忽視了。……

> 　　還有值得注意的是：她是生在封建社會的鐵桶山河裏的一位女詩人，卻敢於寫作為上層人士所鄙視的民間文學──彈詞，這本身就帶有強烈的叛逆性。以前的雅人們曾因為她寫了彈詞而看不起她，連她自己也看不起自己，自稱為「髫年戲筆殊堪笑」而聽其自生自滅，但在今天，價值卻要倒逆過來了。正因為她敢於寫彈詞，寫的時候既那麼年輕，而所寫出的成績又那麼傑出，我們是應該加倍地予以重視的。[15]

在《〈再生緣〉前十七卷和它的作者陳端生》一文中，郭沫若在這方面也有同樣的看法：

> 　　作者的思想富於叛逆性。她的膽子相當大。……

[14]　陸鍵東：《陳寅恪的最後20年》，三聯書店1995年版，第75頁。
[15]　陳端生著、郭沫若校訂：《再生緣》，北京古籍出版社2002年版。

　　作者寫孟麗君的顯達，雖然不脫封建時代的俗套，但也不失為
是一種叛逆的想法。在男性中心的封建社會，女性的才能得不到發
展，故往往生出這些要與男子並駕齊驅的幻想。不過作者的叛逆性
卻更進了一步，她使她的主要人物發展到了目無丈夫，目無兄長，
目無父母，目無君上的地步。特別是她揭露元成宗的好色心理是相
當痛快淋漓的，在作品中揭穿了封建帝王的虛偽和胡作非為，這在
舊時代是難能可貴的事。

　　……封建秩序在舊時代的確是神聖不可侵犯的。陳端生以十
八、九歲的女子公然敢於犯了它，她的性格和才能，在舊時代總應
算得是出人一頭地的了。

　　……《紅樓夢》是現實主義比重較大的長篇小說，而《再生
緣》卻是浪漫主義非常濃厚的長篇敘事詩，兩者的風格判然不同，
但兩者都善於描寫人物，都具有反封建的精神。[16]

　　以郭沫若的聰明才智和悟性，讀陳寅恪的《論再生緣》，不可能不
感受到陳文的言外之意，但他卻取其同者而和之，異者則視若無睹。從郭
沫若的九篇文章中，也很難看出有什麼直接的政治意圖。這或許與當時那
個曇花一現的「脫帽加冕」的早春政治天氣有關。更重要的是，與陳寅恪
感懷身世的寄寓一樣，郭沫若也從中發現了自己強烈叛逆個性的共鳴與迴
響。而這些，又與主流政治的價值取向相一致。

　　這樣，在郭沫若對《再生緣》的研究中，個人稟性、學術興趣和主流
政治價值觀，達到了相當程度的契合。與這種情況相似的，當然還有陳明
遠所說的，郭沫若聽聞毛澤東論及《隨園詩話》後，發表的《讀隨園詩話

---

[16] 陳端生著、郭沫若校訂：《再生緣》，北京古籍出版社2002年版。

札記》。可以說，郭沫若的叛逆個性、學術興趣和主流政治觀念的融合，比對《再生緣》的研究，有過之而無不及。

凡七十七條札記，郭沫若皆以對抗的話語方式，反袁枚之義而論之，似乎是專門的「吹毛求疵」[17]。郭沫若的具體觀點，沒有必要詳細論述、分析，其主要興趣和意圖，盡體現於《讀隨園詩話札記》的序中。該序不長，不妨抄錄如下，供讀者琢磨：

> 袁枚（1716-1797），二百年前之文學鉅子。其《隨園詩話》一書曾風靡一世。余少年時嘗閱讀之，喜其標榜性情，不峻立門戶；使人易受啟發，能擺脫羈絆。爾來五十有餘年矣。近見人民文學出版社鉛印出版（1960年5月），殊便攜帶。旅中作伴，隨讀隨記。其新穎之見已覺無多，而陳腐之談卻為不少。良由代易時移，乾坤旋轉，價值倒立，神奇朽化也。茲主要揭出其糟粕者而糟粕之，凡得七十有七條。各自為篇，各賦一目。雖無銜接，亦有貫穿。貫穿者何？今之意識。如果青勝於藍，時代所賜。萬一白倒為黑，識者正之。[18]

與對《再生緣》的研究相比，郭沫若在《隨園詩話》研究中的「今之意識」甚為強烈。但是，這些「今之意識」，似乎和具體的政治鬥爭、政治路線還相去甚遠。平心而論，郭沫若對《再生緣》、《隨園詩話》的研究，還屬於學術範疇（如對《讀隨園詩話札記》，郭自己就似乎有學術上「青出於藍」的潛在期許，並將之視為時代所賜）。其叛逆個性的介入、與主流政治價值觀的一致，亦可視為一種學術特色。

---

[17] 郭沫若《讀隨園詩話札記》後記說，當時就有讀者指出：郭沫若是在「吹毛求疵」、「多此一舉」。

[18] 郭沫若：《讀隨園詩話札記·序》，《郭沫若全集》文學編第16卷，人民文學出版社1989年版。

　　但是，這一介於學術與政治之間的傾向，的確又是郭沫若以詩文創作
和學術研究，迎合政治潮流的一個內在心理基礎和邏輯起點。風平浪靜之
時，個人稟性、學術興趣和政治傾向，倒能和平共處，而且也能使其詩文
創作和學術研究，盡顯獨特風采。可是，一旦到了政治鬥爭風起雲湧的時
候，藝術的共鳴、學術的興趣、個性的張揚，就都要圍繞政治價值的選擇
運轉了。

　　在隨後幾年的詩文創作、學術研究中，文人的干政意圖，就以絕對的
優勢大顯身手了。

　　特別是1962年的八屆十中全會之後，毛澤東「要搞一萬年階級鬥
爭」、「階級鬥爭，一抓就靈」成為意識形態鬥爭的風向標，郭沫若就
開始為毛澤東思想的戰無不勝而鼓與呼了。尤為後世所詬病者，首當其衝
的，就是他以文人身份和文人的本職技能，以諛辭進行詩詞唱和、詮釋毛
詩。自從毛澤東對那首《看〈孫悟空三打白骨精〉》進行回應之後，郭沫
若詩詞中的溢美和崇拜之意，就更加不加遮掩，無需借助隱喻了。

　　1962年12月，適逢毛澤東70虛歲生日，郭沫若寫了一首《滿江紅・領
袖頌》奉上。《光明日報》在1963年元旦，以《滿江紅——1963年元旦抒
懷》為題發表：

　　　　滄海橫流，
　　　　方顯出
　　　　英雄本色。
　　　　人六億
　　　　加強團結，
　　　　堅持原則。
　　　　天垮下來擎得起，
　　　　世披靡矣扶之直。

聽雄雞
一唱遍寰中，
東方白。

太陽初，
冰山滴。
真金在，
豈銷鑠？
有雄文四卷，
為民立極。
桀犬吠堯堪笑止，
泥牛入海無消息。
迎東風，
革命展紅旗，
乾坤赤。

郭沫若的這首詞，真的說到毛澤東心裏去了。這倒不一定是內容的歌功頌德，令毛澤東飄飄然，很可能倒是郭詞所描述的雄闊氣魄、革命境界、鬥爭風姿，深深吸引和感染了毛澤東，為毛澤東雄視當今、笑談天下的氣概，添了一把火。毛澤東讀後，因郭詞而心潮澎湃，大發感慨，在短短數日後的1月9日，徹夜未眠，揮毫潑墨，吟誦成一首《滿江紅‧和郭沫若》：

小小寰球，
有幾個蒼蠅碰壁。

嗡嗡叫，

幾聲淒厲，

幾聲抽泣。

欲學鯤鵬無大翼，

蚍蜉撼樹談何易。

正西風落葉下長安，

飛鳴鏑。

千萬事，

從來急；

天地轉，

光陰迫。

一萬年太久，

只爭朝夕。

革命精神翻四海，

工農踴躍抽長戟。

要掃除一切害人蟲，

全無敵。

　　儘管郭詩寫得不錯，但毛澤東和詩之氣魄，更是非同凡響。

　　文人和政治家精、氣、神之不同，昭然可判。郭詞主旨，乃借祝壽表達敬仰之情；毛的和詩，卻展現了縱橫天下、戰無不勝的政治情懷。因為「反修」、「防修」、「以階級鬥爭為綱」的革命戰略和鬥爭策略，在1963年已經駛入了歷史的快車道，毛的和詩，可以說是這一政治動向的藝術化標記。何況，毛的和詩，首先是在1月9日「書贈恩來同志」的，借此向周恩來傳達政治用意，是不言而喻的。

如果說郭沫若這首頌詞，寫得不錯、又趕上了合適的政治契機，從而贏得了領袖的青睞，那麼他在一年之後寫的同樣為毛澤東祝壽的《滿江紅・讀毛澤東詩詞》，不知是因為寫的平淡無奇，還是沒遇上合適的政治機緣，總之沒有贏得毛澤東的唱和。全詩如下：

充實光輝，
大而化
空前未有。
經綸外，
詩詞餘事，
泰山北斗。
典則遠超風雅頌，
階級分清敵我友。
沁園春
水調有歌頭，
羌無偶。

嫦娥舞，
瘟神走；
梅花笑，
蒼蠅抖。
今史詩
將使地天恆久。
寶劍擎天天不墮，
紅旗捲地地如繡。
濟同舟

萬國盡朝暉，

新宇宙。

儘管該詞巧用古典文人常用的集句方式，串聯毛澤東詩詞，大加頌揚不讓前首《滿江紅》，但並沒有再次引發毛澤東的詩情和雅興。有人評價說：「這一首，把毛澤東一些詩詞排在一起，頌揚了毛澤東的文韜武略，不能說沒有真情實感。不過比起前一首，顯然有些『八股』氣，不免讓人感到有些純然『歌德』了。」[19] 看來，拍馬屁之作，也就境界高下之分。借用郭沫若自己的話來說，「那在器識上就有上下床之別了」[20]。

可與和毛澤東詩詞唱和之殊榮相提並論的，是從六十年代開始，郭沫若毫無爭議的成了中國第一政治家的第一解詩人。毛澤東發表詩歌，不是詩人的風雅之舉；郭沫若的解詩，也不是閒情逸致的揮灑。兩者都是充滿了玄奧的政治行為。每每毛澤東有詩歌問世，郭沫若都精於揣摩，配合時政高談闊論。

而毛澤東本人，對郭沫若的解詩之舉，不但不視為遊戲消遣，反而相當重視，其關注程度不亞於政務戎機。比如，1962年郭沫若寫《喜讀毛主席的〈詞六首〉》時，涉及《憶秦娥·婁山關》的闡釋，在送呈毛澤東審閱時，毛澤東詳細讀後，認為郭沫若的解釋不準確，竟然不顧軍國大事的繁重和日理萬機的操勞，親自捉刀，以郭沫若的口吻進行修改，有近千字之多（不知是什麼原因，毛澤東的修改稿，直到1992年才公開披露）。對比郭沫若的文稿和毛澤東的修改稿，其修改之處大多為史實考證之類，根本沒涉及政治觀點。在修改稿最後，毛澤東還感歎「解詩之難，由此可見。」僅僅從這件小事，就可看出毛澤東對郭沫若解詩的重視程度。

---

[19] 張恩和、張潔宇編著：《長河同泳：毛澤東與郭沫若的友誼》，華文出版社2003年版，第228頁。

[20] 《郭沫若全集》文學編第8卷，人民文學出版社1987年版，第241頁。

　　據有的專家統計，郭沫若寫的闡釋毛澤東詩詞的文章，達20餘篇，但絕大多數沒有收入《郭沫若全集》之中。郭沫若的解詩，不是一般的詩歌閱讀欣賞，而且往往寫於領袖要有重大政治舉措之時。領袖每每有重大政治動作，往往要借助詩歌的豪情氣魄，向全國全黨吹響進軍的號令。而郭沫若的解詩之作，則要用淺顯易懂、明白無誤的白話，把領袖的弦外之音，盡情傳達出來。詩詞文章承擔了重大的政治使命，中國第一政治家和中國第一文人的詩詞唱和、寫詩解詩之舉，竟成了中國社會政治風雲變幻的先兆。

　　正如有人觀察到的那樣，「在康生的指令下，《光明日報》自1964年春節起即在頭版通欄發表毛澤東詩詞墨跡。這種超出常規的版面安排開了『文革』的先河。與墨跡配發的，則是郭沫若的詮釋文字」[21]在1964年春節，與毛澤東墨跡《采桑子・重陽》配發的，是郭沫若的《「寥廓江天萬里霜」》；1965年春節，與毛澤東墨跡《清平樂・蔣桂戰爭》配發的，是郭沫若的《「紅旗躍過汀江」》；1966年春節，與毛澤東墨跡《沁園春・長沙》配發的，是郭沫若的《「到中流擊水，浪遏飛舟！」》。而1967年的元旦，正是文化大革命「四海翻騰」、「五洲震盪」之時，儘管沒有配發郭沫若的解詩文章，但毛澤東《滿江紅・和郭沫若同志》在《人民日報》刊載，郭沫若之名，更讓世人為之側目。

　　隨著毛澤東詩詞先是在黨內傳閱，爾後又刊載於各大報之顯赫位置，郭沫若的政治榮耀，也漸趨達到頂峰。原先黨外那些和他平起平坐的仁兄仁弟們，實際上大都退出政壇了，唯有郭沫若在中國政壇風光如舊，而且彷彿更加耀眼奪目了。

　　後世之人，往往以郭沫若的詩詞唱和、解詩之舉多有阿諛，而鄙夷之。一個常常被人提及的事例和指責這樣說：

---

[21]　馮錫剛：《郭沫若的晚年歲月》，中央文獻出版社2004年版，第15頁

比如，王元化談到郭沫若有一篇名為《紅旗躍過汀江》的文章，其中說：「主席並無心成為詩家或詞家，但他的詩詞卻成了詩詞的頂峰。主席更無心成為書家，但他的墨跡卻成了書法的頂峰。例如這首《清平樂》的墨跡而論，『黃樑』寫作『黃梁』，無心中把樑字簡化了。『龍岩』多寫了一個龍字。『分田分地真忙』下沒有句點。這就是隨意揮灑的證據。然而這幅字寫得多麼生動，多麼瀟灑，多麼磊落。每一個字和整個篇幅都充滿了豪放不羈的革命氣韻。在這裏給我們從事文學藝術工作的人，乃至從事任何工作的人，一個深刻的啟示：那就是人的因素第一，政治工作第一，思想工作第一，抓活的思想第一，『四個第一』的原則，極其靈活地、極其具體地呈現在了我們的眼前。」王元化評論道：「這話又說得何其肉麻！」的確如此。[22]

這實在還是以文人知識份子的尺度，來衡量郭沫若。

其實，郭沫若自己也未必相信自個說的這些話。

1960年，他曾應上海魯迅紀念館之約，作〈《魯迅詩稿》序〉，就講：「魯迅先生無心作詩人，偶有所作，每臻絕唱。或則犀角燭怪，或則肝膽照人。」魯迅書法亦「自成風格」，「遠於唐宋，直攀魏晉」。自己「苟常手撫簡篇，有如面聆謦欬，春溫秋肅，墨化潛移，身心獲益靡涯，文筆增華有望。」[23] 這與論毛澤東詩詞書法，口吻、用語何其相似？可是，有誰會認為郭沫若真地對魯迅佩服得五體投地呢？

好做誇張之語，似乎已成了郭沫若的一個本能政治反應，話不說到極致，似乎就不是郭沫若了。正如陳明遠所說，郭沫若很明白。這是他作為

---

[22] 丁東：《從五本書看一代學人》，《反思郭沫若》，作家出版社1998年版。
[23] 龔繼民、方仁念：《郭沫若年譜》（下），天津人民出版社1992年版，第1116頁。

一個政治活動家的聰明之處。他不可能不知道自己所作所為，究竟是何或者為何。一旦不再視之為文學創作、學術研究，一旦和政治盤根錯節在一起，又何妨多傅粉呢？如果政治鬥爭、政治運動的內在精神理路，和自己長期以來形成的價值觀、政治觀合拍，政治鬥爭、政治運動的主導者，又和自己的精神氣質有共鳴之處，那麼置身其間又何樂而不為呢？

郭沫若詩中對毛澤東「為民立極」的信賴，固不可少的有世故老人的世故企圖，可是也不會沒有一點點精神理念方面的共鳴與企盼。即使今天，對那時的政治風雲，人們也很難以一個「全面否定」的政治判語，而就此不了了之。

如果郭沫若不相信毛澤東「天垮下來擎得起，世披靡矣扶之直」偉大氣魄，他也許不會僅僅為了單純的政治投機而堅定追隨。

十二、「很久以來的一個私願」

　　在政治掛帥的時代，一切都必須為政治讓路，一切都必須圍繞政治運轉，否則就難以有立足之地。八屆十中全會後，毛澤東的政治理念開始逐步落實。隨著他強力推行「反修」、「防修」策略，開展「社會主義教育運動」，解決「社會主義和資本主義的矛盾」、「整黨內那些走資本主義道路的當權派」，成為最具聲勢、最為敏感的政治鬥爭動向。

　　毛澤東深知輿論、宣傳之重大作用。他在八屆十中全會上就講：「凡是要推翻一個政權，總要先造成輿論，總要先做意識形態方面的工作。革命的階級是這樣，反革命的階級也是這樣。」因此，當「千萬不要忘記階級鬥爭」成為治國、反修綱領之後，毛澤東就對文化、文藝、教育、學術等領域，投入了相當多的關注和重視。大兵未動、輿論宣傳先行，「反修」、「防修」和「兩條道路」的鬥爭，率先在意識形態領域烽煙四起。

　　文藝領域，成為政治鬥爭的晴雨錶。

　　在1962年底，毛澤東在與華東地區省、市委書記談話中，就批評戲劇界「帝王將相、才子佳人多起來，有點西風壓倒東風」。到了1963年，特別是9月份的中共中央工作會議上，在對文藝界嚴屬批評後，明確提出「反修」要包括意識形態領域。隨著毛澤東對文藝界階級鬥爭動向越來越重視，他的批評調門也越來越高。

　　1963年11月，毛澤東批評文化部及其主管的《戲劇報》時說：「一個時期《戲劇報》盡宣傳牛鬼蛇神。文化部不管文化，封建的、帝王將相的、才子佳人的東西很多，文化部都不管」，「如果不改變，就改名帝王

將相部、才子佳人部，或者外國死人部」。

1963年12月，中宣部文藝處編輯的《文藝情況彙報》上，刊載了《柯慶施同志抓曲藝工作》的材料。毛澤東閱後作出批示：「各種藝術形式——戲劇、曲藝、音樂、美術、舞蹈、電影、詩和文學等等，問題不少，人數很多，社會主義改造在許多部門中，至今收效甚微。許多部門至今還是『死人』統治著。不能低估電影、新詩、民歌、美術、小說的成績，但其中的問題也不少。至於戲劇等部門，問題就更大了。社會主義經濟基礎已經改變了，為這個基礎服務的上層建築之一的藝術部門，至今還是大問題。這需要從調查研究著手，認真抓起來。」「許多共產黨人熱心提倡封建主義和資本主義的文藝，卻不熱心提倡社會主義的藝術，豈非咄咄怪事。」

1964年6月，毛澤東在中宣部文藝處起草的《關於全國文聯和所屬各協會整風情況的報告》（草稿）上批示：「這些協會和他們所掌握的刊物的大多數，（據說有少數幾個好的）15年來基本上（不是一切人）不執行黨的政策，做官當老爺，不去接近工農兵，不去反映社會主義革命和建設。最近幾年，竟然跌到了修正主義的邊緣，如不認真改造，勢必在將來的某一天，要變成匈牙利裴多菲（Petfi）俱樂部那樣的團體。」

毛澤東對文藝界的指責越來越嚴厲，性質也越來越嚴重。

這些指示、批評公佈和傳達之後，隨著文藝界「反修」鬥爭的開展和深入，文藝界掀起了一系列批判浪潮，《李慧娘》、《謝瑤環》、《北國江南》、《早春二月》等等越來越多的文藝作品，被禁止發行、禁止上演，遭到公開的大批判，越來越多的文藝界人士，被指責為反黨、反社會主義的「修正主義」毒草和「資產階級代言人」。文藝界一時間人心惶惶，不可終日。

此時，意識形態批判矛頭，並沒有指向郭沫若，政治漩渦似乎與他離得也很遠。但文藝界莊嚴、肅殺的氛圍，很難讓人輕鬆愉快，而且一些受

批判者，如田漢、夏衍、陽翰笙、翦伯贊等人，都是自己的老朋友、鐵哥
們。儘管郭沫若以毛澤東詩詞唱和者、解詩人的身份，倍享政治可靠的榮
耀、領袖信任的幸運，但戶破堂危、唇亡齒寒的古訓，郭沫若大概不會不
知道。誰能保證今天蹦得歡、明天就不拉清單？

　　在嚴峻的政治鬥爭形勢下，郭沫若越來越謹言慎行。當年和郭沫若過
從甚密的陳明遠，對那時郭沫若的情形，是這樣回憶的：

> 1963年以後，特別是毛澤東提出「千萬不要忘記階級鬥爭」和「裴
> 多菲俱樂部」的問題之後，趙丹、白楊來北京人民大會堂開會碰到
> 郭老，他外表表現得很淡漠再也不像往常那麼親熱友好，他知道趙
> 丹愛放炮，嘴上把不住門。他在公開場合不讓人感覺和誰有私交。
> 他對北京人藝的人還是有感情的，但外表上也保持著距離。[1]

　　郭沫若的謹小慎微，是政治上的成熟，也是人生的悲哀。

　　在那樣一個火藥味甚濃的歲月，這種「自保」措施，是必須的生存技
巧。儘管他可能不知道政治鬥爭的矛頭到底應該指向誰，但是他越來越意
識到，堅定而忠誠地追隨毛澤東，是最大的政治保險。「醉心」於毛澤東
詩詞的闡釋，寫詩奉迎、讚頌政治任務、政治形勢，越來越成為郭沫若政
治上的拿手好戲，

　　特別是在《毛澤東詩詞》正式出版發行的1964年，僅僅在1至5月不到
的半年時間裏，郭沫若就連續在《人民日報》、《光明日報》等大報上，
發表了10餘篇有關闡釋文章：《「百萬雄師過大江」——讀毛主席新發表
的詩詞之一》、《「桃花源裏可耕田」——讀毛主席新發表的詩詞〈七
律·登廬山〉》、《「敢教日月換新天」——讀毛主席新發表的詩詞〈七

---

[1] 　胡化：《高處不勝寒——關於郭沫若的訪談》，《反思郭沫若》，作家出版社1998
年版。

律‧到韶山〉》、《「寥廓江天萬里霜」》、《「待到山花爛漫時」——讀毛主席新發表的詩詞〈卜算子‧詠梅〉》、《毛主席詩詞集句對聯》（26副）、《「百萬雄師過大江」的更正》、《「無限風光在險峰」》、《「不愛紅裝愛武裝」》、《「芙蓉國裏盡朝暉」——讀毛主席新發表的詩詞〈七律‧答友人〉》、《「玉宇澄清萬里埃」——讀毛主席有關〈孫悟空三打白骨精〉的一首七律》。

可以說，郭沫若始終如一地站在宣傳、弘揚毛澤東思想的前沿，同時也將自己置身於了政治鬥爭的潮頭。儘管他只是一個為毛澤東推行大政方針鳴鑼開道的人物。

郭沫若除了連篇累牘、不遺餘力地甘做毛澤東解詩人外，1965年春天，他寫的《由王謝墓誌的出土論到〈蘭亭序〉的真偽》，還引發了一場震動學術界、但至今仍疑雲重重的「蘭亭論辯」。

就郭沫若好唱反調來看，這場「蘭亭論辯」，似乎亦可視為他的叛逆個性、學術興趣和主流政治觀念的一次吻合。但奇怪的是，郭沫若的學術動機讓人費解。此時的學術氛圍，已不比研究《再生緣》、《隨園詩話》的時節。寬鬆的學術氛圍，可以說已被嚴峻的政治氛圍所取而代之了。本來在政治上謹言慎行的郭沫若，為何要標新立異，作此不大不小的「翻案文章」？

這篇文章也寫得比較奇怪。說是考證文章吧，主旨是在「翻案」；要說是「翻案」文章吧，又似乎有些考證之意。文章前兩部分大約有數千字，拉拉雜雜，漫談考古發掘中出土的王興之夫婦墓誌和謝鯤墓誌，第三部分才進入到論文的主旨：王羲之所書《蘭亭序》的真偽問題。如果立意在此，王謝墓誌的解說一帶而過即可，何必要花費數千言絮絮叨叨呢？除了王謝墓誌作為論文「引子」的作用外，實在看不出和《蘭亭序》本身的真偽問題有何聯繫。

當時，就有人表示不解，書法家沈尹默在給陳叔通的信中就說：「公

謂南京出土之墓誌，自別是一事，與蘭亭無涉，的是如此。郭公對此忽爾興發，寫此弘文，實不可解也。」[2] 即使今天來看，郭沫若為何要寫這篇文章，也頗令人迷惑。

要知道，建國後郭沫若的絕大多數詩文創作和學術研究，大都有政治來頭，絕非發自純粹的藝術和學術興趣。六十年代初對《再生緣》、《隨園詩話》的研究，即有「上面的背景」。那麼，郭沫若「忽爾興發，寫此弘文」，在一個階級鬥爭異常敏感的歲月，由王謝墓誌談到《蘭亭序》是依託之作，是出於何種政治背景呢？或者說他為什麼要寫這樣一篇文章？為什麼要談《蘭亭序》的真偽問題？是因為對新出土的文物產生聯想而驟然產生學術興趣嗎？

郭沫若的《由王謝墓誌的出土論到〈蘭亭序〉的真偽》[3] 一文，似乎有些「洩露天機」。因為該文涉及到了當時兩個開始紅得發紫的政治人物。一個是陳伯達，一個是康生。從郭文來看，郭文的寫作動機，和這兩個人有著絕對密不可分的關係。

據郭文說：歷史上指責《蘭亭序》為依託之作最有力者，是清末廣東順德人李文田，「他的議論頗精闢，雖然距今已七十五年，我自己是最近由於陳伯達同志的介紹，才知道有這篇文章的。伯達同志已經把他所藏的有李文田跋的影印本《蘭亭序》送給了我，我現在率性把李文田的跋文整抄在下面。」其實，王謝墓誌的出土，在說明《蘭亭序》真偽問題方面，關係不大，倒是李文田的跋文，對郭沫若的觀點是最有力的歷史資料支撐。

如果沒有陳伯達的「熱心」，郭文就成「空谷足音」了。其實仔細閱讀郭文，郭沫若的主要學術觀點，不過是用現代的語言方式，用新搜集的文史材料，來「複述」李文田的觀點罷了。從郭文所說來看，郭沫若原先

---

[2]　紀紅：《「蘭亭論辯」是怎樣的「筆墨官司」》，載《書屋》2001年第1期。
[3]　《郭沫若全集》歷史編第3卷，人民出版社1984年版。

根本不知道有李文田跋文一事。那麼，陳伯達僅僅是因為學術興趣而向郭沫若提供「炮彈」？

郭文涉及到康生之處，更是牽扯到文章的學術要害觀點：王羲之書法的筆跡問題。郭文的第七部分「王羲之的筆跡應當是怎樣？」，尤其值得回味。這一部分，與其說是引用康生的觀點和資料來證明自己的觀點，倒不如說是千方百計來闡發康生的觀點。可以說，正是康生的觀點，才真正構成了這一部分的主要內容。且看郭文如何講的：

> 關於這個問題，康生同志就文獻中作了仔細的探索。他認為「王羲之在唐以前和唐初是以善草隸、隸書、章草著名的。」他收集了資料五條如下：……
>
> 康生同志說：「王羲之的字跡，具體地說來：應當是沒有脫離隸書的筆意。這和傳世《蘭亭序》和羲之的某些字帖，是大相徑庭的。」這見解非常犀利。我也找到了一些補充證據值得在這兒敘述。

本來，應該是借康生的觀點，來為自己打氣提神，最後卻變成了為康生的觀點「補充證據」。文章如此寫，豈不可笑？從郭文所述來推斷，康生在這一問題上，花費了很大的功夫。那麼，政治上正躊躇滿志的康生，為何對這一學術問題產生濃厚的興趣？

郭文引用兩位堪稱御前大臣的政治人物的觀點和資料，本意似乎是佐證自己的「《蘭亭序》是依托之作」的觀點。但是仔細琢磨，郭文提及這兩個紅極一時的政治人物，似乎不是借這兩大政要來為自己壯勢，反而似乎是不經意地向人透露了這一「翻案」觀點的真實背景。

要知道，康生和陳伯達，是當時黨內最有學問和理論水平的高層政治人物，一個被尊稱為「老夫子」，一位被喻之為「大秀才」，可以說，是

當時毛澤東在意識形態領域，倚之為肱骨之臣的顯赫政要。兩人的私人關係如何，目前還不得而知，但不能因為同屬反革命集團，就斷定兩人私交甚好。固然，不排除兩人因為共同的文史嗜好，而對《蘭亭序》的真偽問題產生興趣。有這種可能，但是可能性不大。

要知道，彼時，黨內外的階級鬥爭，已漸呈如火如荼之勢，兩人何來如此之閒情逸致，花費大量時間，既爬梳史料，又為「蘭亭論辯」忙前忙後？如果一個人產生興趣也就罷了，為何兩人不約而同地雅興大發？而且，兩人不寫文章，卻由郭沫若出面操刀？郭沫若在這一事件中到底扮演了何種角色？

一種可能的猜測，三個人之所以在同一時間對同一個學術問題發生興趣，共同闡發、維護一個共識，很可能是因為來自於毛澤東的趣味。毛澤東的書法水平如何，不是我輩不懂書法者所能評說。但他愛好書法，卻是不爭的事實。毛澤東的衛士記載的一個事例，倒很有佐證意味：毛澤東聽說民主黨派黃炎培有一本王羲之真跡，遂向黃借閱，約定借閱時間為一個月。黃炎培雖視之如命，也不好不借，但又怕毛澤東據為己有，不能明說，遂經常派人私下打探：主席看到什麼程度了？主席今天看了嗎？何時歸還？打探之事被毛澤東知曉，引起毛澤東的不快，說黃炎培小氣。毛澤東整整看了一個月的時間，為了證明遵守諾言，特地在最後一天，鄭重其事的派衛士將王羲之真跡歸還黃炎培。既然看過王羲之的真跡，是不是私下裏毛澤東對《蘭亭序》的真偽問題有過看法？由此同時引起了康生、陳伯達、郭沫若的注意、進而為之鼓噪？

這當然僅僅是推測而已，不足為證。問題的關鍵，是三人為什麼「不約而同」地對《蘭亭序》忽發雅興？對於這一問題，因資料所限，目前只能存疑。

不管怎麼說，「蘭亭論辯」的轟動學術界，確實又與毛澤東有關。

即使今天來看，正是因為有毛澤東的介入，這場學術論辯才顯得異乎

尋常。其實，「蘭亭論辯」作為一場「筆墨官司」，它的開局就很奇怪。因為筆墨官司還沒正式開戰，就先打到毛澤東那裏去了。

郭文因為大膽否定了一個被視為常識和定論的問題，問世後果然引起了學界的爭議，贊成與反對者皆有。持反對態度的，有中央文史館館長章士釗、南京文史館館員高二適等人。高二適寫了一篇反對文章《〈蘭亭序〉真偽駁議》。對郭沫若的觀點有異議，撰文駁斥、登報刊載就得了。可是高二適卻將文章寄給了章士釗，請他讓毛澤東來主持公道。

有的說是因為高文投寄報社被退稿，無奈之下轉而求助於章士釗；有的說高文並沒有投遞報刊，而是直接寄給了章士釗；還有的說章士釗反對郭沫若的觀點，但因經常與郭見面，不便駁斥，遂指示高二適撰文反對。從時間來看，高文投寄報刊被退稿說，有值得懷疑之處。郭沫若文章，發表在1965年6月10日和11日的《光明日報》，高二適《〈蘭亭序〉真偽駁議》寄呈章士釗，是在7月14日，也就是說，高二適閱讀了郭文之後，不同意郭的觀點，遂寫文章反駁，又投寄報社，被退稿，不服氣，知道章士釗可以通天，就寄給了章。這一系列事情，大約發生在短短一個月的時間裏，即使從今天的辦事效率來看，也未免太緊張了吧？

高二適在給章士釗的信中這樣說：「鄙稿倘邀我主席毛公評鑒，得以公表，亦當今至要之圖也（個人報國之忱在此）。」從高二適的話分析，「倘邀我主席毛公評鑒，得以公表」表明，文章的發表似乎遇到了障礙（但不能由此斷定高文被退稿，也可能是高知道涉及康生、陳伯達，想先爭得毛澤東首肯再發表），而且在高二適眼中，好像已不僅是學術問題了，而是上升到了政治高度，因為就一個學術問題請毛澤東評鑒，竟然能視為「當今至要之圖」。

大概是高文寄至報刊，因涉及黨政大員，報刊不敢編發；或者，高二適知道郭文大有來頭，已考慮到報刊不敢發，就直接寄給了章士釗。當然，也不排除這是兩位老先生不懂時政，又摯愛《蘭亭序》，看不慣郭沫

若的翻案，遂大發此種迂腐、可愛之舉。

這一問題倒不是很重要。不管什麼原因吧，反正是高二適的文章寄給了章士釗，又經章士釗手輾轉到了毛澤東那兒。章士釗在收到高二適的文章和信的次日，就寫了一封長信，並將高文和信，同時呈送毛澤東。章士釗在致毛澤東信中涉及高文時說：

> 乃者郭沫若同志主帖學革命，該生翼翼著文駁之。釗兩度細核，覺論據有來歷，非同隨言塗抹。郭公抗此大旗，想樂得天下勁敵而周旋之。（此論學也，百花齊放，知言者皆應有言，郭公雅懷，定會體會國家政策。）文中亦涉及康生同志，惺惺相惜，此與章草內為通道。該生來書，欲得我公評鑒，得以公表。自承報國之具在此，其望雖奢，求卻非妄。鄙意此人民政權下文治昌明之效。釗乃甘冒嚴威，遽行推薦。我公弘獎為懷，惟望酌量賜予處理，感逾身受。

毛澤東在1965年7月18日，就寫了致章士釗的覆信：

> 行嚴先生：
>
> 　　各信及指要下部，都已收到，已經讀過一遍，還想讀一遍。上部也還想再讀一遍，另有友人也想讀。大問題是唯物史觀問題，既主要是階級鬥爭問題。但此事不能求之於世界觀已經固定之老先生們，故不必改動。嗣後歷史學者可能批評你這一點，請你要有精神準備，不怕人家批評。又高先生評郭文已讀過。他的論點是地下不可能發掘出真、行、草墓石。草書不會書碑，可以斷言。至於真、行、草是否曾經書碑，尚待地下發掘證實。但爭論是應該有的，我當勸說郭老、康生、伯達諸同志贊成高二適一文公諸於世。柳文上部，盼即寄來。敬頌
>
> 　　康吉！

毛澤東在覆信章士釗的同時，也寫了一封致郭沫若的信：

> 郭老：
>
> 　　章行嚴先生一信，高二適先生一文均寄上，請研究酌處。我覆章先生信亦先寄你一閱。筆墨官司，有比無好。未知尊意如何？
>
> 　　敬頌安吉！並問立群同志好。
>
> 毛澤東
>
> 一九六五年七月十八日
>
> 章信，高文留你處。我覆章信，請閱後退回。

　　有意思的是，毛澤東致章士釗的覆信，並沒有直接送章士釗，反而先讓郭沫若看，囑咐閱後退回，再送章士釗。從毛澤東致郭沫若的信來看，是委婉勸說郭沫若同意高文公之於世。而從致章士釗信來看，問題就不僅是關於《蘭亭序》真偽問題了。毛澤東覆信的重點，首先是指章士釗的《柳文指要》，在「唯物史觀問題」、「階級鬥爭問題」方面存在大問題，讓章士釗做好「挨批」的思想準備。其次才認為關於《蘭亭序》真偽問題的「爭論是應該有的」。須注意的是，毛澤東還沒有將《蘭亭序》真偽問題和「唯物史觀」、「階級鬥爭」聯繫起來。如果僅僅是勸說郭沫若等人同意高文發表，似乎沒必要讓郭先看致章的信。毛澤東的用意已經很明顯了。

　　當然，有了毛澤東的批示，高二適的文章很快在7月23日《光明日報》發表，其手稿也在《文物》雜誌上影印發表。之後，郭沫若寫了《〈駁議〉的商討》、《〈蘭亭序〉與老莊思想》、《〈蘭亭序〉並非鐵案》等應戰文章。一時之間，這樁持續半年有餘的公案，引起了學界的關注。

1973年，文物出版社將這次論爭的有關文章18篇，彙編為《蘭亭論辯》，上編15篇為郭沫若其支持者文章，下編3篇為高二適及支持者文章。此種編排，不但以數量的多寡，暗示和證明了孰是孰非，其出版說明也直接指出：郭沫若以辯證唯物主義推翻封建帝王將相定評的做法，獲得了大多數人支持，論辯反映了唯物史觀對唯心史觀的鬥爭。

恍一看，這次「蘭亭論辯」，是「貫徹、執行」了毛澤東的指示，而且毛澤東對這次論辯似乎比較重視。因為就在高二適的文章發表後不久，8月17日，毛澤東在人民大會堂就向康生詢問有關情況。康生當即把情況轉告郭沫若：「今天在接見部隊幹部時，主席問我：『郭老的《蘭亭序》官司怎麼樣了，能不能打贏？』看來主席對此問題頗有興趣。我回答說：『可以打贏。』當然這些頭腦頑固的人要改變他們的宗教迷信是難的。然後我又將您的兩篇文章的大意簡要的告訴他，又將找到的孫星衍的材料也告訴了他。他說如果確實，倒是有用的。最後我說等郭老文章改好，可以送給主席看看。看樣子他是願意看的。」[4]

郭沫若聞聽後不敢怠慢，馬上將《光明日報》將要刊發的《〈駁議〉的商討》、《〈蘭亭序〉與老莊思想》兩文的清樣，送毛澤東過目。毛澤東在覆信中說：「8月17日信及大作兩篇清樣，均已收讀。文章極好。特別是找出趙之謙罵皇帝一段有力。看來，過分崇拜帝王將相者在現代還不乏其人，有所批評，即成為『非聖無法』，是要準備對付的。第1頁上有一點文字上的意見，是否如此，請酌定。」為了這點意見，毛澤東還查閱了《世說新語》、《宋書》、《辭海》等史籍，寫了二百多字的意見。

毛澤東的重視，應該有文史興趣在起作用。更引起毛澤東注意的，是郭沫若對「駁議」者盲目相信「帝王將相」傾向的批判。這與近些年來毛澤東的對文藝界「帝王將相、才子佳人」氾濫現象的公開批判、及其暗含

---

[4]　紀紅：《「蘭亭論辯」是怎樣的「筆墨官司」》，《書屋》2001年第1期。

的政治意圖，是一致的。但是，這與「唯物史觀」、「階級鬥爭」等問題似乎有較大差距。

基本可以斷定的是，毛澤東覆郭沫若、章士釗信的主要意思，是提示郭沫若、康生、陳伯達等人，要批判《柳文指要》的唯心主義，而對《蘭亭序》真偽的論爭，似乎只視為一般的筆墨官司。這在毛澤東於1965年8月5日至康生信中，可以得到佐證：

> 康生同志：
>
> 　　章士釗先生所著《柳文指要》上、下兩部，二十二本，約百萬言，無事時可續續看去，頗有新義引人入勝之處。大抵揚柳抑韓，翻二王、八司馬之冤案，這是不錯的。又辟桐城而頌陽湖，識帖括而尊古義，亦有可取之處。惟作者不懂唯物史觀，於文史哲諸方面仍止於以作者觀點解柳（此書可謂解柳全書），他日可能引起歷史學家用唯物史觀對此書進行批判。如有此舉，亦是好事。此點我已告章先生，要他預作精神準備，也不要求八五齡之老先生改變他的世界觀。[5]

毛澤東在覆章士釗信中，提到的「另有友人也想讀」《柳文指要》，指的就是康生。這封信又明白無誤地表明，毛澤東的主要意圖，是通過批判《柳文指要》，引起一場唯物史觀對唯心史觀的大批判。要章士釗做好思想準備。但不知什麼原因，對章士釗的批判沒有發動起來，關於《蘭亭序》真偽的論辯，倒是開展了起來。

這才是這場「蘭亭論辯」之所以令人感到撲朔迷離之處。

---

[5]　章士釗致毛澤東信，毛澤東致章士釗、郭沫若、康生等人信件，無緣窺見原件，參錄於張恩和、張潔宇編著：《長河同泳：毛澤東與郭沫若的友誼》（華文出版社2003年版）；王錦厚：《毛澤東論郭沫若》（上）（《郭沫若學刊》2004年第2期）；《毛澤東書信選集》（人民出版社1983年版）。

從郭沫若的反應來看，最初寫文章似乎也並沒有想引發爭論。他曾經對人說過：「我只是否定《蘭亭序》是王羲之寫的，並不想什麼書法革命，也不是否定王羲之的地位，想不到文章一出，四面八方都騷動。《〈駁議〉的商討》花了兩天的時間寫出來。我有生以來沒有寫過這樣沒火氣的答文。後面有些句子，人家說是刺也可以。高文也的確是太不成話了。皇帝過過目，就不會是假？『金目』不二嘛。我從來不寫什麼指正之類的客套文字，為了高二適，我只好『變節』了。」[6] 郭沫若說的後面有些句子是「刺」，應該是指文章最後一節「唐太宗如果生在今天」，其中有「既是『玄鑒』，又是『睿賞』，凡是唐太宗所過過目的，便絕無真偽可言」之類，大概也是諷刺高二適請毛澤東「評鑒」。

可見，《〈駁議〉的商討》等文中被毛澤東讚賞的所謂批判盲信「帝王將相」者，就郭沫若的本意來說，也含有諷刺和影射高二適、章士釗是扯虎皮、拉大旗。郭沫若為什麼如此生氣？大概不會是因為一篇反對文章而心胸狹隘。章士釗致毛澤東信中所謂郭沫若「主帖學革命」、「樂得天下勁敵而周旋之」，大概是誤解了郭沫若文章的真實用意，又把「筆墨官司」捅到毛澤東那兒，而郭沫若又無法明說，故暗含譏諷。

從參加這場爭論的反對者一方來看，腹誹之人不少，但實際參加者不多，大概知道該問題牽扯到重量級政治人物，都不敢輕舉妄動。可以說，如果沒有毛澤東「筆墨官司，有比無好」的指示，這場「蘭亭論辯」絕無發生的可能。有人認為，這場論辯在那樣的歲月，是難得的一次學術爭鳴，亦有人認為那是康生操縱的一場胎死腹中的怪劇，是想借機發動一場政治大批判[7]。從整個學術論辯過程來看，康生的確在其中起了舉足輕重的作用，觀點不但和郭沫若一致，而且在組織、安排反駁文章方面，也是親自出馬。

6　紀紅：《「蘭亭論辯」是怎樣的「筆墨官司」》，《書屋》2001年第1期。
7　紀紅：《「蘭亭論辯」是怎樣的「筆墨官司」》，《書屋》2001年第1期。

即使今天來看「蘭亭論辯」，和政治問題掛鉤，顯得莫名其妙；不與政治掛鉤吧，更是莫名其妙。這才是問題的關鍵。以康生、陳伯達、郭沫若的頭腦，絕對不會不知道毛澤東信中的用意，發表高二適文章，是礙於毛澤東指示的迫不得已之舉。這一論辯的最後不了了之，除了這一問題太專業化、學術化外，更重要的可能是，將這一論辯和政治問題聯繫起來太過牽強，無法令人信服地上升到「唯物史觀」和「階級鬥爭」層面，更不是毛澤東指示的主要用意所在。康生之所以組織文章反駁高文，在不排除學術興趣的情況下，更可能是怕「官司」打輸了，下不了臺。因為高二適在《〈蘭亭序〉的真偽駁議》中，也對康生之見提出異議。而且在毛澤東面前，康生誇下了「可以打贏」的海口，如果連高二適都駁不倒，豈不太無能？

照常理推測，如果這場論辯背後有發動政治大批判的意圖，那麼應該是遵照毛澤東的指示，拿章士釗及其《柳文指要》開刀。可是自始至終也沒見有批判章士釗及《柳文指要》的意味，章士釗也沒有公開發文反駁郭沫若等人。可以說，毛澤東致章士釗、郭沫若、康生等人信中的最重要的指示，落了空，附帶解決的問題卻炒作起來。這大概是康生、陳伯達、郭沫若等人不願看到的。

為什麼沒有公開批判章士釗及《柳文指要》呢？是毛澤東改變了主意對老朋友網開一面？是康生、陳伯達、郭沫若等人，考慮到章的身份而投鼠忌器？還是考慮到政治大批判的對象不是當權派，與國內政局變動無大益而作罷？或者，毛澤東是隨意一說，郭沫若、康生、陳伯達等人也沒當成一回事？目前還不得而知。有人說，在這場論辯中，因為沒有將毛澤東的真實意圖落到實處，郭沫若感到了很大的心理壓力。這還需要相應的日記、書信等資料坐實。

能夠斷言的是，這場論辯並不是一場正常的學術爭鳴，但也很難判定是批判意圖明顯的一場政治運動的前奏。儘管有人採訪了不少當年的參

與其事者，但所訪問者的敘述，也大多是道聽塗說，且不是論辯的核心人物。「蘭亭論辯」的來龍去脈大致可以搞清，但事件背後的真相卻迄今不明朗。或許有朝一日，有關主要當事人郭沫若、康生、陳伯達、毛澤東、章士釗、高二適等的資料，如日記、書信、指示、批示等解密公之於世後，或可一見這場論辯的廬山真面目。

　　儘管今天來看，由郭沫若引起的這場論戰，仍然讓人有稀裏糊塗之感，但完全可以肯定的是，「蘭亭論辯」發生時的政治鬥爭氣氛，已經非常凝重了。

　　特別是1964年底、1965年初召開的中央政治局會議，根據毛澤東的意見，形成了會議紀要《農村社會主義教育運動中目前提出的一些問題》，簡稱「二十三條」，明確提出運動的重點「是整黨內那些走資本主義道路的當權派」。毛澤東已經開始大談修正主義是瘟疫、接班人條件問題。1970年12月18日，毛澤東在會見自己的老朋友愛德格・斯諾時，兩人進行了長達5小時的談話，斯諾問毛澤東：什麼時候明顯感到必須把劉少奇從政治上搞掉？毛澤東回答說：從「二十三條」發表，就感到劉必須下臺。毛、劉的矛盾已經公開化，這也就意味著分裂已經難以挽回，衝突可謂一觸即發。

　　在政治鬥爭異常激烈的時刻，善於揣摩上司的心思、意志，不但是遊刃有餘於官場的不二法門，更是關鍵時刻站穩立場的絕招。到了郭沫若這樣級別的高官，如果不是嫻熟和精於此道，是不可想像的。郭沫若是堅定追隨毛澤東的，毫無疑問要以力所能及的方式，為領袖分憂解難。

　　在黨內、國內政治鬥爭已現崢嶸的1965年，也就是「蘭亭論辯」發生的同時，郭沫若以自己的獨特方式表示對毛澤東的忠心，還有兩件事值得一記。

　　一件事，是1965年六、七月份，郭沫若來到了當年毛澤東戰鬥過的江西革命老區。郭沫若為這趟巡遊，共寫了29首詩詞。《郭沫若全集》輯錄

為《井岡山巡禮（二十二首）》，另有七首作為附錄。該組詩的小序說：
「一九六五年六七月之交，與立群同志由廣東東江轉入江西。十七天中，
在瑞金住了三天，在贛州住了一天，在井岡山住了兩天，其餘在公路上
跑。匆匆忙忙地幾乎跑遍了江西全省，卻也跑出了若干首詩詞。」郭沫若
夫婦的這次江西之遊，可不是一般的遊山玩水，而是根據毛澤東的提議成
行的。況且，時間如此短促，又急匆匆寫出數量不菲的詩詞，可見此次應
命之行，身負重要政治使命。關於郭沫若這次江西之遊的內幕，現在還不
知曉，但從郭沫若的詩詞中，可以窺知一二。

詩詞所述者，絕大多數為毛澤東當年「戰地黃花分外香」之地。郭沫
若的詩詞，也就成了展示毛澤東光輝革命足跡的鮮活教材。該組詩大多有
詩序和詩跋，簡介革命聖地、簡述革命歷史，與詩詞一起，構成了一幅偉
大革命領袖「彩練橫空舞夕陽」的壯麗革命畫面。追古意在述今，以詩
詞形式歌頌毛澤東在江西蘇區時的光輝戰鬥足跡，毫無疑問是在表達「人
民共仰，萬歲歡呼主席」之意，為毛澤東「金猴奮起千鈞棒，玉宇澄清萬
里埃」的鬥志增氣勢，為毛澤東「要掃除一切害人蟲，全無敵」的氣魄壯
聲威。

這組以追尋、再現毛澤東革命鬥爭光輝業績為總主題的詩詞，已不僅
僅是表達郭沫若個人對毛澤東的敬仰，而是配合國內日益嚴峻的政治鬥爭
形勢需要寫就的。這些詩詞，很快分別發表在《紅旗》第八期和8月7日的
《光明日報》，可見其政治分量和意圖。

另一件事，就是為配合城鄉社會主義教育運動（「二十三條」規定中
簡稱為「四清」運動，即清政治、清經濟、清組織、清思想），1965年11
月19日，郭沫若來到山西參觀、參加農村社教工作。在這期間，郭沫若也
寫了大量的詩詞，來配合政治形勢的需要。

由於毛澤東已經提出了「工業學大慶」、「農業學大寨」、「全國人
民學解放軍」的口號，郭沫若既然是到農村參加社教，詩詞也就以《大寨

行》組詩（共18首）的形式，在1966年元旦《光明日報》發表，且標題採用手跡套紅的政治規格。這些詩歌，均為政治宣傳詩、政治告白詩，不可以詩歌標準對待之。最有名的一首，是《頌大寨》：

> 全國學大寨，
>
> 大寨學全國。
>
> 人是千里人，
>
> 樂以天下樂。
>
> 狼窩變良田，
>
> 凶歲奪大熟。
>
> 紅旗毛澤東，
>
> 紅遍天一角。

《郭沫若全集》在收錄這些詩時，依據郭沫若在1977年出版的《沫若詩詞》所選的9首和另外8首編定。據《郭沫若的晚年歲月》說，被刪掉的是《大寨行》18首之中多少還有些詩意的一首詩《重到晉祠》。今抄錄如下：

> 康公左手書奇字，
>
> 照眼紅牆繞晉祠。
>
> 周柏低頭迎舊識，
>
> 鐵人舉手索新詩。
>
> 欲流荇菜情難已，
>
> 驚見睡蓮花未衰。
>
> 懸甕山頭松失翠，
>
> 頓憎旱魃費鞭笞。

這首詩直接提及到了康生。今天無需避諱的是，郭沫若與康生的關係是較為密切的，共同的文史嗜好是一個聯繫紐帶。但是1977年政治形勢已經大逆轉，康生不但早已死去，也成了林彪、江青反革命集團的幹將，郭沫若儘管依舊官居高位，但從政治角度考慮，不能不刪去該詩。這些當然都是後話了。

毛澤東會見斯諾時，還提到：那個時候的黨權、宣傳工作的權，各個省的黨權、各個地方的權，比如北京市委的權，我也管不了了。所以那個時候無所謂個人崇拜，倒是需要一點個人崇拜；這是為了反對劉少奇，總要樹一個人啊，總要有點個人崇拜。從毛澤東的這一政治動機來看，這一時期郭沫若的竭力追隨和歌頌，就絕非平常之舉了。

儘管郭沫若在政治上以積極的姿態追隨毛澤東，但1965年對郭沫若來說，並不是輕鬆的一年。就在郭沫若追隨康生等人，開展「蘭亭論辯」、積極應命以詩文歌頌毛澤東的這段歲月，中國當代政治史上一個標誌性的事件，正在緊鑼密鼓地醞釀出爐。

這就是在毛澤東支持下，由江青、柯慶施、張春橋密謀策劃、姚文元執筆的《評新編歷史劇〈海瑞罷官〉》。這一事件，早在1965年初就開始策劃，從3月份起到8月完成初稿，其間九易其稿，最後經毛澤東批准，於11月10日發表在上海《文匯報》。但是，除了由林彪控制的《解放軍報》迅速轉載外，北京的各大報刊在北京市委第一書記、文化革命五人小組組長彭真的指示下，均不予轉載。毛澤東更加判定「中央出了修正主義」，認為北京市委就是「被修正主義把持」的「水潑不進、針插不進」的獨立王國。11月20日，毛澤東指令上海出單行本印發全國，並指令周恩來負責安排中央各大報轉載事宜。從11月29日《北京日報》開始，北京的中央級的各大報，才迅速轉載《評新編歷史劇〈海瑞罷官〉》。一場轟轟烈烈、氣勢洶洶的文化大革命終於拉開了序幕。

　　從1964年中央成立文化革命五人小組、9月份毛澤東與組長彭真談話時，提出要保護郭沫若等文化人來看，那時就有人盯上了郭沫若，郭沫若已經有了被人批鬥的危險。如果說在此之前，面對一系列大批判，郭沫若可以悠然作壁上觀，但1965年以後，特別是關於批判《海瑞罷官》風潮掀起後，政治鬥爭形勢已出現不可控制的苗頭，郭沫若也真的有些緊張了，因為他在吳晗寫《海瑞罷官》的時節，也響應毛澤東「提倡海瑞精神」的號召，寫了兩首有關海瑞的詩。

　　一首是1960年2月寫的《看川劇〈大紅袍〉》：

> 剛峰當日一人豪，
> 克己愛民蔑鋸刀。
> 堪笑甕君如土偶，
> 竟叫道士作天驕。
> 直言敢諫疏猶在，
> 平產均田見可高。
> 公道在人成不休，
> 於今猶演《大紅袍》

　　郭沫若還寫了一個詳細的注釋：「《大紅袍》即海瑞傳。海瑞號剛峰先生。明史本傳稱海瑞主張恢復井田制，不得已則當限田，再不得已亦當均稅。此人在當時頗得民心，可見是有來由的。劇名《大紅袍》初不知其用意，劇中嘉靖皇帝突然逝世後，海瑞從獄中赦出，被升官並賜著大紅袍，或即取名於此。」[8]

　　另一首是1961年3月，郭沫若遊訪海南時寫的《訪海瑞墓》：

---

[8]　《郭沫若全集》文學編第4卷，人民文學出版社1984年版，第362頁。

昨日我上海公祠，
楷書行書感卓越。
近日我來海公墓，
石人石獸驚古拙。
三百餘年歲月深，
墓猶完整碑無缺。
生前身受人折磨，
死後墓為人護攝。
借問春風此胡然？
春風習習吹油粟。
借問春陽此胡然？
春陽皎皎明雙闕。
我知公道在人心，
不違民者民所悅。
史存直言敢諫疏，
傳有平產均田說。
剛亦不吐柔不茹，
布衣粗食敦骽骨。
無怪瓊州錫名瓊，
誕生斯人在明末。
稍前尚有丘仲深，
相傳博學多著述。
大學衍義補西山，
五指山詩上我舌。
我聞丘墓在近鄰，
為往尋之勞跋涉。

墓園雖存墓已荒，

丘海相形丘見絀。

幸好，郭沫若的兩首詩，沒有涉及《評新編歷史劇〈海瑞罷官〉》批判吳晗《海瑞罷官》的罪狀：鼓吹「單幹風」、「翻案風」、「退田」、「平冤獄」。但是，郭詩對海瑞大加褒揚，卻是白紙黑字。據此，有人開始重點「關照」郭沫若了。不僅如此，郭沫若的《蔡文姬》、《武則天》，因鼓吹「帝王將相才子佳人」，也早被人視為眼中釘，當時「中共中央統戰部的《零訊》和《光明日報》的《情況簡編》，都反映一些人主張批判郭沫若的歷史劇《蔡文姬》和《武則天》。」[9]可以說，在1965年特別是姚文元《評新編歷史劇〈海瑞罷官〉》隆重登場後，批判郭沫若的呼聲也隨之響起了。

這一年郭沫若已經七十四歲了。

在愈來愈壓抑的政治氛圍下，無論是心境還是精力，郭沫若似乎都有了疲憊之感。

其實早在1964年，他為《新潮》寫的後敘中，就對「老之將至」有了真實的深刻體會：

進入中年以後，我每每做一些舊體詩。這倒不是出於「骸骨的迷戀」，而是當詩的浪潮在我心中衝擊的時候，我苦於找不到適合的形式把意境表現出來。詩的靈魂在空中遊蕩著，迫不得已只好寄居在畸形的「鐵拐李」的軀殼裏。我當然自慚形穢，但心頭總是憧憬著那詩的真善美的境界。我有時很不服老，但現在只得承認：我老了，恐怕再也寫不好詩了。[10]

9　馮錫剛：《郭沫若的晚年歲月》，中央文獻出版社2004年版，第23頁。

10　黃淳浩編：《郭沫若書信集》（下），中國社會科學出版社1992年版，第151頁。

　　記載郭沫若這種無奈感觸的，是郭沫若從孩童時代就非常欣賞的青年陳明遠，他是建國後郭沫若可以說點知心話的少數人之一。

　　1965年的陳明遠已經長大成人。不知是什麼原因，兩人之間也出現了距離。這對郭沫若的內心世界，似乎是一個不大不小的衝擊。郭沫若致陳明遠的一封信，彷彿是一位可憐的老人，在透露無奈和渴盼的心聲：

> 　　兩個多月了，一直沒有你的音信，使我心中非常牽掛。是不是因為上次立群在家裏發脾氣的事，影響了你的情緒？我真是不安。立群長期患病，你是知道的。其實立群對於你並沒有什麼惡意。你小的時候，她也是很喜歡你的。近年來她的疑心病加重了，曾說我關心你甚於關心自己親生的子女；說我們通信太多，跟寫情書一樣。我幾次三番耐心地向她解釋：主要因為跟你不常見面，所以才經常寫信。自己的子女天天見面，當然就不用寫什麼信了。古人說：「幼吾幼以及於人之幼」，本是中國傳統的美德，今天看來也是正當的。……但她用辦公室的名義向聲學研究所去調查你的情況，我事先根本不知道。如果我知道了，絕對不允許她那樣去做的。
>
> 　　……今後逢到星期日歡迎你常來。我已到晚年，生活寂寞。每次你的談話、你的來信，都給我這個老人帶來喜悅。我天天惦記著你。[11]

　　這封信寫於1965年7月30日。晚年的衰老，生活的寂寞，內心的孤獨，大概是郭沫若這段歲月的真實而清醒的感受吧。

---

[11]　黃淳浩編：《郭沫若書信集》（下），中國社會科學出版社1992年版，第156-157頁。

也許就在這段時間，郭沫若似乎也無奈地捲入了政治漩渦。這年9月份回覆陳明遠的一封信，透露了這次麻煩：

> 送來的材料和信都已接到。我最近很忙，視力減退的也很屬害，看小字很吃力。我十分同意你的觀點。……但那些已經是多年前寫的東西了，已有人發表過評論，留在那裏也可以作為「反面教材」。在我看來，批評有每個人的自由。你說得很對：一切都要實事求是，對於別人要實事求是，對於自己更必須實事求是！但你太年輕，太天真，目前你把世界上的事物看得過於單純了。現在哪裏談得上開誠佈公。兩面三刀、落井下石，踩著別人肩膀往上爬，甚至賣友求榮者，大有人在。我看不必跟那些無聊的文人去糾纏了。因此，我勸你千萬不要去寫什麼反駁的文章，那不是什麼「學術討論」，你千萬不要上當。[12]

從覆信的內容推測，可能是陳明遠收集了一些批判郭沫若的文章和材料，寄給郭沫若，並向郭沫若請示，準備加以反駁。郭沫若一眼就看出了問題的要害，囑咐陳明遠不要輕舉妄動。從郭沫若覆信來看，郭沫若的心情是比較沉重的。

再印證於這一年7月26日毛澤東回覆于立群的信：

> 立群同志：
>
> 一九六四年九月十六日你給我的信，以及你用很大精力寫了一份用丈二宣紙一百五十餘張關於我的那些蹩腳詩詞，都已看過，十分高興。可是我這個官僚主義者卻在一年之後才寫回信，實在不成樣子，尚乞原諒。你的字好，又借此休養腦筋，轉移精力，增進健

[12] 黃淳浩編：《郭沫若書信集》（下），中國社會科學出版社1992年版，第159頁。

　　康，是一件好事。

　　　敬問暑安！

　　　並祝郭老安吉！[13]

　　看來，郭沫若遇到了麻煩。

　　從毛澤東回信分析，早在1964年9月份（也就是毛澤東和彭真等人談話，提及要保護郭沫若的那個月），于立群用大字書寫了一百五十餘張毛澤東詩詞，敬獻毛澤東本人（應該出於郭沫若的意思）。但毛澤東大約一年後才回信。信的內容，也沒有什麼大不了的事要傳達。

　　從當時政治鬥爭的慣例來看，毛澤東大約一年後又想起這件陳年舊事，可不是真的犯了「官僚主義」毛病，拖了一年才回信。毛澤東大約是想通過這封信和回信這一舉動，向郭沫若傳達「關切」和「保護」之意，讓郭沫若安心。

　　這段時間裏，到底發生了什麼讓郭沫若擔心的事，具體情況現在還不是很清楚的麻煩。不過，儘管這些事讓郭沫若有些坐不住，但還不至於傷筋動骨。再者，有毛澤東的保護，郭沫若也不至於憂心忡忡。

　　可是隨著姚文元《評新編歷史劇〈海瑞罷官〉》的發表，以及隨之夾帶而來的批郭呼聲，讓郭沫若真真切切地感到了什麼是如坐針氈。積極的政治表態，也無法抵消心頭的惶惶不安。這年12月22日寫給陳明遠的信中，郭沫若流露出了沮喪和不安：

　　　　我早已有意辭去一切職務，告老還鄉。上月我滿七十三周歲了。中國有句俗話：「七十三、八十四，閻王不叫自己去。」在世的日子，所剩無幾了。回顧這一生，真是慚愧！詩歌、戲劇、小說、歷史、考古、翻譯……什麼都搞了一些，什麼都沒搞到家。好

13　王錦厚：《毛澤東論郭沫若》（上），載《郭沫若學刊》2004年第2期。

像十個手指伸開按跳蚤，結果一個都沒能抓著。建國以後，行政事務纏身，大小會議、送往迎來，耗費了許多時間和精力。近年來來總是覺著疲倦。

國家對我的待遇過於豐厚。前年搬家，住到這樣大的地方、占了這麼多的房子，心裏確實非常不安。晚年只想找個小小的清靜的角落，安下心來好好讀些書，約幾個朋友談談心，度此餘生。

上次談話時，我說過早已厭於應酬、只求清靜的話，指的是不樂意與那幫無聊之輩交往。至於你，什麼時候來我都歡迎。我的房門永遠是對你敞開著的。[14]

「革命」火焰燒身的危險，使從來沒有過的壓力和沮喪，降臨到郭沫若頭上。他不但在私人通信裏表達厭倦、疲憊和驚惶，在公開場合也時常情緒低落，「在中國科學院的春節團拜會上，甚至不願意上主席臺。在全國政協舉行的常委團拜會上，郭沫若亦復如此。」[15]

或許郭沫若真的萌生了退意，或許是以退為進，或許兼而有之吧。1966年1月27日，郭沫若向科學院當時代表組織的黨組書記張勁夫，遞交了辭呈：

××同志：

我很久以來的一個私願，今天向您用書面陳述。

我耳聾，近來視力也很衰退，對於科學院的工作一直沒有盡職。我自己的心裏是很難過的。懷慚抱愧，每每坐立不安。

因此，我早就有意辭去有關科學院的一切職務（院長、哲學社會科學部主任、歷史研究所所長、科技大學校長等等），務請加以

---

[14] 黃淳浩編：《郭沫若書信集》（下），中國社會科學出版社1992年版，第162頁。
[15] 馮錫剛：《郭沫若的晚年歲月》，中央文獻出版社2004年版，第26頁。

考慮，並轉呈領導上批准。

　　我的這個請求是經過長遠的考慮的，別無其他絲毫不純正的念頭，請鑒察。

　　敬禮

郭沫若

一九六六年一月二十七日[16]

---

[16]　黃淳浩編：《郭沫若書信集》（下），中國社會科學出版社1992年版，第402頁。

十三、「應該全部把它燒掉」

1966年的春天來了。

然而這一年的春天，卻格外的蕭殺、凝重。政治局勢的驚心動魄，已經不是「山雨欲來風滿樓」可以形容了。對很多一度風光無限的人來說，已是「黑雲壓城城欲摧」了。

在依靠「左派」、發動群眾的時代，一切風吹草動都有可能上升到政治大批鬥。建國以來，郭沫若除了在「武訓批判」時期，做過兩次「瞠然自失」的檢查外，諸多運動大多事不關己，表表態、鼓鼓掌之後，就可以高枕無憂。寫帝王將相才子佳人、頌揚海瑞等行為，雖然當時也是響應領袖號召而為，但此一時彼一時也，功與罪的判定標準，已經發生了大逆轉。

對郭沫若的批判，儘管多是群眾的自發行為，但誰都知道群眾背後，實際上是某種政治力量和社會情緒在起推動作用。郭沫若遞交辭呈的舉動，既非是驚弓之鳥，也非故作姿態，而是思慮再三之後以退為進、投石問路的政治試探。再說，郭沫若只是要求辭去中科院的領導職務，並沒有要求辭去人大副委員長的職務，看來是不想把事情鬧大。不管這種變被動為主動的策略的效果如何，至少也會落個主動認錯、政治態度好的評價。

科學院黨組書記張勁夫接到郭沫若的辭職信後，迅速上報中央，請示如何處理。1966年1月31日，張勁夫帶著有關高層領導的指示，以徵求郭沫若對科學院工作意見的名義，登門探視。郭沫若表示，自己的辭職和中科院的工作無關，只是從最近批判《海瑞罷官》運動開始以後，兩相對照，

感到自身問題很多，只是蓋子尚未揭開，繼續擔任這些領導職務，怕影響不好，心裏也不安穩。原來也考慮過辭職，最後才下決心寫了這封辭職信，對組織沒有什麼意見，主要是感到慚愧。另外住這麼大的房子[1]，心中也常常感到不安。自己還考慮過是否應該下去鍛煉鍛煉，當個中學老師也好。張勁夫當即表態說：你的問題和吳晗等人性質不同，組織上希望你繼續在中科院的工作。在張勁夫的安撫和勸慰下，郭沫若緊張的心情才稍稍放鬆，馬上接話表白說：吳晗是借古諷今，我是借古頌今。並把早就寫好備用的《批判〈海瑞罷官〉與思想改造》給張勁夫看，算是向組織上有個積極的態度。[2]

郭沫若的辭呈沒有被批准，顯然表明組織上對他還是信任的。但是，這不等於吃了定心丸。張勁夫的安撫，也不一定能代表政治最高層的看法。何況政治最高層已經開始分裂，鹿死誰手還無法最終確定呢。在大批判浪潮的挾裏下，許多事態，依然向不利於郭沫若的方向發展。郭沫若的內心，依然憂心忡忡。

激烈的政治鬥爭序幕已拉開，可是對大多數人來說，真正的鬥爭對象並沒有公開宣佈，「兩條路線」的鬥爭，也剛剛進入白熱化。郭沫若的這種緊張狀態，以及不少人的批判意圖，被上層獲知後，很快成為議論的話題。薄一波曾回憶說：「在1966年2月3日的文化革命五人小組會議上，彭真同志提出了「放」的方針。同時指出：已經查明吳晗同彭德懷沒有關係，因此不要提廬山會議，不要談《海瑞罷官》的政治問題。彭真同志還說：像郭老這樣的人都很緊張了，學術批判不要過頭，要慎重。」[3]

---

[1] 1963年11月，郭沫若遷居北京前海西街18號（此處原為王府花園，建國後為宋慶齡官邸，後宋遷出）。周恩來曾經多次提醒郭沫若，住這麼大的地方影響不好，太惹眼、易招流言蜚語。

[2] 陳明遠：《追念郭老師》，載《新文學史料》1982年第2期；馮錫剛：《郭沫若的晚年歲月》，中央文獻出版社2004年版，第26頁

[3] 薄一波：《關於若干重大決策與事件的回顧》（下），中共中央黨校出版社1993年版，第1236頁。

　　郭沫若的緊張，顯然也來自政治決策機構對他尚未明朗的態度。當時彭真尚未被打倒，為了應付批判《海瑞罷官》後的政治形勢，彭真主持召開文化革命五人小組會議，搞了一個《文化革命五人小組關於當前學術討論的彙報提綱》，簡稱《二月提綱》，提交政治局審議。圍繞這個提綱準備的材料之中，就有郭沫若的辭職信和許多人要求批判郭沫若的材料彙編。郭沫若的情況可以說是岌岌可危。

　　關鍵時刻，是毛澤東發話，為郭沫若這位老朋友兼忠心耿耿的擁護者解了圍。毛澤東在聽取《二月提綱》的彙報時，指出郭沫若還要在學術界工作，表示一點主動，做一點自我批評就可以了。這樣《二月提綱》中涉及郭沫若的內容，才在定稿中被刪去。而且在不同場合涉及郭沫若時，毛澤東都頗為關照。毛澤東多次指出，郭老是好人，功大於過，胡適講共產黨人不懂學術，郭老的古代史研究就很有成就。對於有人指責郭沫若寫讚揚海瑞的詩是大發牢騷，毛澤東為他辯護說，郭老是雜家，寫兩首詩不算什麼。

　　正是在毛澤東多次明令指示下，那些蓄意已久想批郭沫若的人，才不敢輕舉妄動。蓄謀已久的批郭運動，也就「出師未捷身先死」。毛澤東的保護，或許才使郭沫若真正感到寬慰。但毛澤東只是為他阻擋了來自於政治圈子的暗箭，而且毛澤東的談話只是限於口耳相傳，並沒有寫進文件或公開宣佈。一般群眾根本不明就裏。

　　而且，為了對抗彭真等人的《二月提綱》，由江青、林彪操縱的《林彪同志委託江青同志召開的部隊文藝工作座談會紀要》很快出籠，並轉發全黨。這份《紀要》批判的對象，當然不是郭沫若，可是讓郭沫若頭疼的，是這份《紀要》對「三十年代文藝黑線」的指控：十七年的文藝黑線專政，就是現代修正主義的文藝思想和所謂三十年代文藝的結合。當年郭沫若和魯迅的過節，以及在「兩個口號」論戰中贊成「國防文學」等歷史問題，一直是令郭沫若惴惴不安的心病。《紀要》的出籠和這些歷史後遺

症，讓許多人批郭有了政治和歷史依據。

　　一些群眾特別是青年學生「鬧革命」的烈火，不可避免地燒到了郭沫若頭上。有的撰寫揭發郭沫若的材料，有的散播郭沫若的「劣跡」，有的向有關部門和報社投訴，甚至還有不少的人直接寫信，嚴厲質問和指責郭沫若的反革命動機。比如，有人翻出歷史老帳，嚴厲指責郭沫若：「國防文學」是投降主義口號，是王明右傾機會主義路線，你為什麼支持這個口號？更有的人挖空心思、上綱上線：你郭沫若《滿江紅・領袖頌》的詩句「聽雄雞一唱遍寰中，東方白」，全國人民都在唱《東方紅》，你為什麼要說「東方白」？居心何在？

　　固然有毛澤東的保護，但諸如此類的指責，讓郭沫若實在是無法安心。誰曉得這些蓋子揭開後，會不會發展到公開大批判的嚴重程度？「東方白」之類屬無稽之談，可以置之不理。可是支持「國防文學」口號一事，卻是「人贓俱在」，不容否認。這些揭批信件和材料，都是群眾的個人革命行為，不代表任何一級組織。好的方面說，不是有組織的批判；壞的方面說，很難保證不愈演愈烈。這些，郭沫若無從向組織直接辯解，可也不能放任自流。

　　坐臥不安、心神不寧的郭沫若，經過再三思考，選擇了向祕書[4]訴說這一「半正式」的政治渠道，來表達自己的政治態度：

　　　　年輕人對我一些看法和用語不太懂，不瞭解，這都沒有什麼。年輕
　　　　人簡單一點，偏激一點，是可以理解，也是應該原諒的。只是有人
　　　　批判「國防文學」是投降主義的口號，恐怕就不只是簡單偏激。我
　　　　在日本時，寫過幾篇贊成國防文學口號的文章，如《國防・污池・
　　　　煉獄》、《我對於國防文學的意見》、《蒐苗的檢閱》、《在國防

---

[4]　郭沫若的祕書，大多是黨派來照顧郭沫若的工作和生活的，除了這些職責外，還負責郭沫若和黨的聯繫，負責向組織彙報郭沫若的思想動態和行為動向。

的旗幟下》。那時，日本的便衣警察和憲兵三天兩頭要來找我的麻煩，寫這類反帝、愛國的文章要擔很大的風險的。這就是投降嗎？向誰投降？向蔣介石國民黨投降嗎？1927年3月蔣介石委任我當他的「總司令行營政治部主任」，我沒有接受，反而寫了《請看今日之蔣介石》。蔣介石下令全國通緝，亡命日本時，千辛萬苦寫了一部《甲骨文字研究》，託國內的朋友找地方出版。許多出版社不識貨，不肯出。國民黨中央研究院的傅斯年看了，答應在該院集刊上發表，以後再印單行本，稿費還相當優厚。但我拒絕了，因為中央研究院是官辦的，我便回信說「郭某恥食周粟」，講的是一點骨氣。抗戰爆發後，我便馬上回國參加抗日戰爭，不願當他們的官，願在群眾性的抗日團體裏工作，也有恥食周粟的味道。後來好多同志勸說，特別是周恩來同志的開導，才接受三廳廳長職務，利用這一特殊身份和他們鬥。這些來稿說「國防文學」是投降主義口號，那是不能服人的。[5]

以自己多年來的「運動」經驗，郭沫若應該早就嗅出了這場牽扯到國家最高權力層鬥爭的批判運動，以及具有了不同以往的氣味。他很清楚，遞交辭職信、向祕書陳情之類的方式，實際上都是消極被動的無奈選擇。

要想在這場運動中過關、經得住考驗，還要有更積極的政治姿態。毛澤東對他的明令保護，他心知肚明，也心存感激。他要在合適的時間、合適的機會，以合適的方式，公開表達自己對運動的積極政治態度，表達對毛澤東的衷心擁戴。這才是上上策。

機會屬於有準備的人。郭沫若開始仔細琢磨文化革命發展的動向，認真領會各種政治文件的「精髓」，搜集與己沾邊的各類時事材料，準備主

[5] 張恩和、張傑宇編著：《長河同泳——毛澤東與郭沫若的友誼》，華文出版社年版，第260-261頁。

動出擊。在4月14日召開的全國人大常委會第30次會議上，文化部副部長石西民根據《紀要》精神，作了「關於社會主義文化大革命」的主題報告，向與會人員發出警示。

這次，郭沫若沒有舉舉手、鼓鼓掌了事，而是敏銳地抓住了這個難得的表態機會，公開暢談他蓄謀已久要展示的政治態度：

> 石西民同志的報告對我來說，是有切身的感受。說得沉痛一點，是有切膚之痛。因為在一般朋友們、同志們看來，我是一個文化人，甚至於好些人都說我是一個作家，還是一個詩人，又是一個什麼歷史學家。幾十年來，一直拿著筆桿子在寫東西，也翻譯了一些東西。按字數來講，恐怕有幾百萬字了。但是，拿今天的標準來講，我以前所寫的東西，嚴格地說，應該全部把它燒掉，沒有一點價值。主要原因是什麼呢？就是沒有學好毛主席思想，沒有用毛主席思想來武裝自己，所以階級觀點有的時候很模糊。

> 文史方面，近來在報紙上開展著深入地批評，這是很好的，我差不多都看了。我是聯繫到自我改造來看的，並不是隔岸觀火。每一篇文章，每一個批評，差不多都要革到我自己的「命」上來。我不是在此隨便說的，的確是這樣，我自己就是沒有把毛主席思想學好，沒有把自己改造好。

> 當然，我確實是一個文藝工作者，而且我還是文聯的主席。文藝界上的一些歪風邪氣，我不能說沒有責任。……

> 慚愧得很。……我自己感到很難受，實在是沒有改造好。

> ……報告裏講到的《歐陽海之歌》，這是一部劃時代的小說。……這本書，我看是非讀不可，今天在座的，無論哪一位能夠想辦法找到一本《歐陽海之歌》，我推薦各位好好地讀它一遍。他真把歐陽海寫活了，把毛澤東思想寫活了。……所有黨的方針、政

策,把主席的思想,差不多都容納在這一部長篇小說裏。⋯⋯

　　報告裏提到大型泥塑《收租院》,是雕塑的革命化,現在還在美術館展覽。我自己是看了三遍,那是很感動人的。⋯⋯它之所以能成功的原因,就是把主席思想掌握了,活用了主席的思想。活學活用,用在雕塑上來,便收到了劃時代的成果。⋯⋯

　　我們實在慚愧,特別是我很慚愧。各位不至於慚愧。我自己作為一個黨員,又是一個作家,眼淚要朝肚子裏流。⋯⋯

　　今天的話好像是表態,確實是表我的心態,說出了我心裏想說的話。⋯⋯我雖然已經七十幾歲了,雄心壯志還有一點。就是說,要滾一身泥巴,我願意;要沾一身油污,我願意;甚至於要染一身血跡,假使美帝國主義要來打我們的話,向美帝國主義分子投幾顆手榴彈,我也願意。⋯⋯

　　發言中的郭沫若,彷彿又恢復了文學家和演說家的本色,時而慷慨激昂,時而沉痛動情,從毛澤東思想到工農兵,從自我改造到政治形勢,真真假假、虛虛實實,在人大常委會的講臺上,一下子把世人的目光吸引了過來。

　　這就是轟動一時的郭沫若「焚書」說。

　　還是康生懂得郭沫若的真實心思。此時,身為政治局委員、人大副委員長的康生,在某種程度上,已成了毛澤東和中央政治局的聯絡人,正身負重要使命,與江青等人祕密起草「文革」的重要文件《五・一六通知》。獲知郭沫若講話的情況後,康生馬上意識到,這不但是可以拉老朋友一把的機會,更重要的是,以郭沫若的身份,這份發言恰好可以作為《五・一六通知》出籠的前奏和鋪墊。於是康生緊急指示,馬上公開發表。當時的人大祕書長連貫,當即奉命將人大會議記錄稿送郭沫若修改潤色,報送康生。經毛澤東親筆批示後,4月28日,《光明日報》為之擬

定了《向工農兵群眾學習；為工農兵群眾服務》的標題，全文刊登郭沫若講話。

郭沫若的講話一出，是幾家歡喜幾家憂。郭沫若以中國第一文人的身份出此驚人之語，令國內外為之瞠目結舌。以郭沫若的政治地位、顯赫身份，況且如此，文藝界、學術界的其他人士，想必更感到要「瞠然自失」了。郭沫若是國際文化名人，一時間國際上也是大為不解、議論紛紛。尤其是在日本，郭沫若享有很高的威望，日本的一些敬仰郭沫若的友好人士，如松村謙三、黑田壽男、宮崎世民等人，竟然要求親赴中國，想當面詢問郭沫若「焚書」的真意。

然而，當國內外物議四起的時候，郭沫若卻一身輕鬆地踏上了西去巴蜀的列車。

郭沫若的這次大西南之行，是以視察、參觀成都和攀枝花等地社會主義建設成就的名義入川的。與他同行參觀攀枝花鋼鐵基地的，還有當時主管經貿口的副總理薄一波。與他慣常的作派一樣，郭沫若每到一地，必有詩詞歌賦問世，且緊密聯繫當前政治形勢。在劍門，有「主席思潮壯，人民天下雄」的讚詩；在大邑，又參觀了曾經連看三遍的《收租院》泥塑，憤而賦詩：「收租院裏三次來，怒徹心脾恨滿懷。觀眾如潮門外湧，五洲震盪激風雷。」在攀枝花，為熱火朝天的社會主義建設高潮感染，縱情歌頌：「主席思想掛帥，物質精神互變，滿望新愚公」……

郭沫若邊行邊唱讚詩，可謂是一路凱歌飛旋。

這次行程，還有一個微妙的私人意圖。這就是計畫回久別27年的老家樂山沙灣鎮看看。郭沫若此時有了回鄉的計畫，顯然不是一時大發思鄉之情。在政壇平步登雲，會讓人喜出望外，可政界的複雜詭譎，也會讓人心生厭倦。尤其年逾古稀，又遇險風惡浪，無可奈何之際，回歸故鄉，亦是自然反應。「告老還鄉」的念頭，或許在郭沫若的腦際幾經盤旋，借公務之機回鄉探視，是否是為最壞的結局打前站呢？

正當郭沫若在觀望之中準備返鄉時，5月1日晚上，接到中共中央辦公廳電令，回京參加5月4日召開的中共中央政治局擴大會議。作為一個沒有黨內職務的普通黨員，能參加中央政治局會議，顯然表明郭沫若還是可以借重的人。這次會議也不是一般的擴大會議，而是拉開「文革」大幕的總動員會議。參加這次會議的，有中共中央政治局委員、候補委員及有關人士共76人。會議由劉少奇主持，但會議議程和主題，卻掌控在沒有出席會議的毛澤東手中，由康生負責請示彙報。在大會上作主題發言的，都是當時毛澤東的紅人，如康生、陳伯達、張春橋等人。

這次擴大會議，通過了《中國共產黨中央委員會通知》，也就是通常所說的《五・一六通知》。《通知》向國內外公開宣佈，撤銷原來的「文化革命五人小組」，重新設立隸屬政治局常委會的文化革命小組，號召全黨和全國人民：

> 高舉無產階級的文化大革命的大旗，徹底揭露那批反黨反社會主義的所謂「學術權威」的資產階級反動立場，徹底批判學術界、教育界、新聞界、文藝界、出版界的資產階級反動思想，奪取在這些文化領域中的領導權。而要做到這一點，必須同時批判混進黨裏、政府裏、軍隊裏和文化領域的各界裏的資產階級代表人物，清洗這些人，有些則要調動他們的工作。
>
> 混進黨裏、政府裏、軍隊裏和各種文化界裏的資產階級代表人物，是一批反革命的修正主義分子，一旦時機成熟，他們就會奪取政權，由無產階級專政變為資產階級專政。這些人物，有些已被我們識破了，有些則還沒有被識破，有些正在受到我們信任，被培養為我們的接班人，例如赫魯雪夫這樣的人物，他們現在正睡在我們的身旁，各級黨委必須充分注意這一點。

　　這段話，為《五・一六通知》定稿時，毛澤東親筆所加。

　　《五・一六通知》實際上向國內外發出了打倒以劉少奇為代表的所謂走資派的信號。在通過這樣一份重要文件的政治局擴大會議上，郭沫若自然沒有什麼發言權。據說，只是奉命對文稿進行修飾。《郭沫若的晚年歲月》一書提到：會議期間，陳伯達在介紹討論情況時，談到郭沫若曾提出文件的幾處標點和用語不妥，建議某處增加「的」字，某處去掉引號等。被排斥於局外的劉少奇憤憤不平，拿郭沫若說事：開政治局會議叫大家討論，結果提了意見不改，連幾個字都不能改，這不是獨斷專行嗎？這不是不符合民主集中制嗎？[6] 不知道郭沫若聽到劉少奇發言時拿自己說事，是不是後悔自己多嘴提那個意見幹嘛。但心中小鼓狂敲，大概是難免了。

　　但這件事並沒有給郭沫若帶來危險。因為領袖對郭沫若依然信任。在《五・一六通知》公佈的第二天，林彪控制的《解放軍報》，又給了郭沫若很大的信任和榮耀，在頭版刊發了郭沫若《水調歌頭・讀〈歐陽海之歌〉》的手跡：

　　　　燦爛英雄象，
　　　　輝煌時代光。
　　　　偉大熔爐威力，
　　　　好鐵煉成鋼。
　　　　階級感情充沛，
　　　　主席思潮澎湃，
　　　　滾滾似長江。
　　　　一氣呵成後，
　　　　錘煉百千方。

6　　馮錫剛：《郭沫若的晚年歲月》，中央文獻出版社2004年版，第75頁

　　三過硬，

　　三結合，

　　幾星霜。

　　屠熊刳虎，

　　激盪風雷震八荒。

　　實踐延安講話，

　　體現建軍綱領，

　　筆桿變真槍。

　　億萬歐陽海，

　　工農待頌揚。

　　種種跡象顯示，1966年前後因批判《海瑞罷官》帶給郭沫若的政治壓力，似乎可以解除了。郭沫若也堅決響應偉大領袖號召，趕上了偉大領袖的前進步伐，為領袖的彈指一揮而效忠。當然，畢竟是文人參政，郭沫若沒有康生、陳伯達等人的政治才幹，也不同於康、陳等人的政治狡詐和投機。此時他最大的本事，也只能是在自保的情況下敲鑼打鼓。

　　不管郭沫若理解還是不理解，「無產階級文化大革命」的熊熊烈火，終於按照毛澤東的意志點燃了。當各類文化界中的許多同僚、許多同事、許多同仁紛紛落馬的時候，郭沫若還算是「亂雲飛渡仍從容」，仍然被毛澤東和中央文革視為中國文化界的頭面代表人物。

　　1966年6月22日，郭沫若被宣佈任命為參加亞非作家緊急會議的中國代表團團長。這次國際會議在北京舉行。郭沫若也借這次會議，擔當了向外界傳達和介紹「文革」情況的重任。1967年7月5日的《人民日報》，發表了郭沫若於7月4日在亞非作家緊急會議上的長篇發言，題為《亞非作家團結反帝的歷史使命》。發言的最後，郭沫若就自己在4月份人大常委會上

有關「焚書」的論調，向國內外同行進行解釋和澄清，對國內外的非議進行辯解和反駁：

> 我檢討了自己，我用今天的標準看來，我以前所寫的東西沒有什麼價值，嚴格地說這是我責任感的昇華，完全是出自我內心深處的聲音。但我把這話傳播出去，出乎意外地驚動了全世界。有不少真摯的朋友對我表示了深切的關懷，我向他們致以謝意。但在資本主義國家和現代修正主義國家的報紙和刊物上，卻捲起了一陣相當規模的反華浪潮。他們有意歪曲我的發言，藉以反對我國的文化大革命。有趣的是日本有一位批評家，說我是被迫檢討，要燒自己的書，比兩千多年前焚書坑儒的秦始皇還要殘暴和傲慢，……作為對人民負責的革命作家要不斷地進行自我改造，不斷地進行嚴格的自我批評，在我們這裏是極其正常的事。

亞非作家緊急會議結束了在北京的議程後，郭沫若陪同會議代表南下，等待毛澤東的接見。7月17日，毛澤東在郭沫若的陪同下，在武漢接見了參加亞非緊急會議的各國代表和觀察員。

此時的毛澤東，在點燃文革導火索後，有意讓劉少奇等一線領導人，來收拾如火如荼的動盪政局，自己則在「西方的一個山洞」、「白雲黃鶴的地方」閒庭信步，靜觀其變。

在看似悠閒的南巡中，毛澤東又借詩言志：

> 正是神州有事時，
> 又來南國踏芳枝。
> 青松怒向蒼天發，
> 敗葉紛隨碧水弛。

一陣風雷驚世界，

滿街紅綠走旌旗。

憑欄靜聽瀟瀟雨，

故國人民有所思。

　　經過一段時間的觀察，毛澤東對政治局勢的掌空，已經成竹在胸。

　　就在受到毛澤東接見的前一天，也就是7月16日，郭沫若和亞非作家緊急會議代表們，在武漢長江的遊輪上，親眼目睹了偉大領袖橫渡長江的壯觀景象。這一恰似巧合的安排，無異於以這種特殊的象徵方式，向中外人士宣佈，已經73歲高齡的毛澤東，依然有強健的體魄、旺盛的精力，去領導中國人民進行無產階級文化大革命。果不其然，7月26日的《人民日報》，就發表社論：《跟著毛主席在大風大浪中前進》。

　　在毛澤東離京的這段時間，由於一線領導人劉少奇、鄧小平等派出工作組，文化大革命的浪潮暫時得到抑制，運動由轟轟烈烈變得冷冷清清。對局勢甚為不滿的毛澤東，決定親自出山，領導文化大革命的順利進行。

　　經過和一線領導人劉少奇就「派、撤工作組」問題發生激烈衝突後，毛澤東決心要在組織、人事上，徹底解決問題。這就是8月1日至12日召開的中共八屆十一中全會。這次會議的鬥爭，異常激烈。在會議期間的8月5日，毛澤東寫了《炮打司令部——我的一張大字報》，向全黨、全國正式發出了倒劉號令：

　　　　全國第一張馬列主義的大字報和人民日報評論員的評論，寫得何等的好呵！請同志們重讀一遍這張大字報和這個評論。可是在五十多天裏，從中央到地方的某些領導同志，卻反其道而行之，站在反動的資產階級立場上，實行資產階級專政，將無產階級轟轟烈烈的文化大革命運動打下去，顛倒是非，混淆黑白，圍剿革命派，壓制不

同意見，實行白色恐怖，自以為得意，長資產階級威風，滅無產階級志氣，又何其毒也！聯繫到1962年的右傾和1964年的形「左」而實右的錯誤傾向，豈不是可以發人深省的嗎？

八屆十一中全會經過激烈鬥爭，通過了《關於無產階級文化大革命的決定》（簡稱《十六條》），改組了中央政治局。林彪緊隨毛澤東之後名列第二位，康生、陳伯達成為常委，劉少奇則由第二降至第八位。這次會議雖然沒有重新選舉副主席，但自此之後只有林彪被稱為副主席，其他人則不再被提及這一職務。這次會議替換了接班人，從組織和人事上，為文化大革命掃清了障礙，在黨內鋪就了順利進行文化大革命的法定程序。

隨著八屆十一中全會的結束，一支新生的青年激進政治力量，在短短一年時間裏，橫掃神州大地。這就是狂熱的紅衛兵運動。

這一運動，是在毛澤東支持下迅速崛起的。在八屆十一中全會召開第一天，就印發了毛澤東給清華大學附中紅衛兵[7]的覆信，號召說：「在文化大革命中，凡是同你們採取同樣革命態度的人們，我們一律給予熱烈的支持。」毛澤東對青年學生自發革命組織的回應，激起了紅衛兵小將們的狂熱革命激情。

1966年8月18日，毛澤東身穿軍裝、佩帶紅衛兵袖章，在北京天安門城樓，首次接見來自五湖四海的紅衛兵小將。在短短三個月的時間裏，毛澤東先後八次接見了來自全國各地的紅衛兵和革命師生，達一千三百多萬人。在毛澤東的大力支持下，狂熱的紅衛兵，終於把無產階級文化大革命推向了高潮。

紅衛兵這支來自民間的自發的學生力量，是毛澤東在理論綱領和組織人事上解決了文化大革命的所有重要問題後，推出的一支「革命的急先

7　這是中國最早的紅衛兵組織，是在1966年5月29日，由清華大學附中的一些高幹子女倡議成立的。

鋒」。紅衛兵成為1966至1968年間中國最革命、最神聖的政治力量。「造反有理，革命無罪」，紅衛兵們「炮打一切」的浪潮，席捲神州大地。在捍衛偉大領袖的神聖使命鼓舞下，紅衛兵小將們走上街頭，走遍全國，「破四舊」、「大串聯」，到處煽風點火，橫掃一切牛鬼蛇神，衝擊黨政機關，揪鬥幹部和知名人士，打倒一切走資產階級道路的當權派，打倒一切資產界反動權威，打倒一切資產階級保皇派。

　　紅衛兵小將們「掃除一切害人蟲，搬掉一切絆腳石」的氣勢，令世界震驚，一時間全國大亂、舉國驚恐。全國各地「四大」（大鳴、大放、大字報、大辯論）熱火朝天，「四舊」（舊思想、舊文化、舊風俗、舊習慣）灰飛煙滅，「資產階級當權派」人心惶惶，「資產階級反動學術權威」垂頭喪氣，特別是那些曾經耀武揚威、趾高氣揚的掌權者，更是驚慌失措，猶如驚弓之鳥。紅衛兵所到之處，天翻地覆，一片狼藉。正如人民日報社論所說的：「他們真正把整個社會震動了，把舊世界震動了。他們的鬥爭鋒芒，所向披靡。一切舊剝削階級的舊風俗、舊習慣，都像垃圾一樣，被他們掃地出門。一切藏在暗角裏的老寄生蟲，都逃不出紅衛兵銳利的眼睛。」[8]

　　不分青紅皂白的紅衛兵們，把革命的烈火，燒遍了全國各個角落。郭沫若自然沒有逃出紅衛兵銳利的眼睛。早在紅衛兵運動崛起之前，北京大學的激進學生們，就在北大闢出專門教室，張貼「打倒郭沫若」的大字報，那時紅衛兵們尚未走上街頭。「八・一八」毛澤東接見紅衛兵後，無比自豪、鬥志昂揚的紅衛兵們，終於可以合法地宣洩革命激情了。「打倒反動文人郭沫若」的大字報，不但貼滿了前海西街郭沫若府第的大街小巷，更有群情激昂、義憤填膺的大批紅衛兵聚集門前，鑼鼓喧天，口號陣陣，勒令郭沫若老實交待問題，接受革命群眾的批鬥，特別要限期交待

---

[8]　《向我們的紅衛兵致敬》，1966年8月29日《人民日報》。

「反毛澤東」的反動罪行。

　　紅衛兵們給郭沫若羅織了百般罪名，郭沫若就是有一千張口也難辯清。批鬥郭沫若的大字報，內容五花八門、千奇百怪，既捕風捉影，又似乎確有其事。最讓郭沫若膽戰心驚的，是「流氓」和「叛徒」的罪名，這些指控，戳到了郭沫若的痛處。最有意思的是，紅衛兵們竟然在郭沫若為新近出版的《歐陽海之歌》的題簽中，看出「海」字是由「反毛澤東」四個字組成。在激進學生穿鑿附會的「文字獄」面前，郭沫若大概要哭笑不得、欲哭無淚。

　　那時的紅衛兵還沒有完全喪失理智，尚不敢破門而入、揪出「反動文人郭沫若」。但門外的造反怒火、革命氣焰，足以讓郭沫若不寒而慄。郭沫若知道，一旦落入紅衛兵之手，絕沒好果子吃。面對紅衛兵們要求自己限期、當面交待「反革命罪行」的號令，郭沫若真擔心他們失去耐心採取「革命行動」，那時，可就叫天天不應、叫地地不靈了。

　　萬般無奈之中，亂了分寸的郭沫若，竟然懇求祕書施以援手，替他出面：「附信一件，請閱。我想推薦你跟他們談，請由你直接回信約談（地點、時間由你定）。你可同意嗎？同意便請費心照辦。」[9]幾曾風光無限的郭沫若，在紅衛兵的囂張氣焰前，竟然淪落到如此地步，不知其內心深處作何感想。不過，在鬥志昂揚的紅衛兵面前，領導都失魂落魄、無可奈何，區區一介祕書，又如何能讓革命小將撤兵？

　　這次，是周恩來為郭沫若解了圍。說實話，不管郭沫若願不願意，總應該還要感謝另外一個人。這個人，就是章士釗。

　　造反造紅了眼的紅衛兵們，也太不知天高地厚，竟然把抄家的烈火，燒到了章士釗的府第。在紅衛兵眼中，章士釗當過北洋軍閥的教育總長，又是魯迅的老對頭，理所當然是革命的對象。或許他們不知道章士釗是毛

9　黃淳浩編：《郭沫若書信集》（下），中國社會科學出版社1992年版，第351頁。

澤東的上賓，在被抄家的第二天，章士釗的緊急上書，就到了毛澤東哪兒。他們更不知道，革命有時也要講究「溫、良、恭、儉、讓」，毛澤東接到章士釗的求救信後，當即指示周恩來「予以保護」。

接到指令後，周恩來迅速草擬了一個應予以保護的幹部名單，獲毛澤東批准。在名單上面，特別列出了應予以重點保護的13位人士：宋慶齡、郭沫若、章士釗、程潛、何香凝、傅作義、張治中、邵力子、蔣光鼐、蔡廷鍇、沙千里、張奚若、李宗仁。在這份名單中，除了郭沫若是黨員外，其他人均是頂級的民主黨派和無黨派人士，而且郭沫若僅位於宋慶齡之後，可見周恩來對郭沫若關心之切。有了這把尚方寶劍，周恩來迅速採取有力措施，保護這些最有影響的黨外人士。這一指示，也通過各種渠道向下傳達，去做通紅衛兵的工作。

早就知道郭沫若艱難處境的周恩來，派得力人員童小鵬來到郭沫若寓所，傳達指示：為防止紅衛兵失控而發生意外事件，郭沫若應迅速攜于立群出外避難。周恩來特地讓童小鵬再三囑咐，外出避禍一事，要千方百計保密，不要告訴機關，不要告訴家人，只帶祕書和司機隨行。在周恩來的親自安排下，郭沫若和于立群悄無聲息地來到了專為中央高層領導服務的新幹六所，避禍一月有餘。新幹六所是重兵保護的祕密之地，紅衛兵縱有天大本事，革命烈火也燒不到這裏。驚魂未定的郭沫若，在這裏得到了暫時的喘息。

沒有了風吹浪打，也可閒庭信步，避居六所的郭沫若，回首那段短短的「白雲蒼狗」般的歲月，可怕、可驚、可惱、可恨、可笑……，各種滋味或許一齊湧上心頭。無可奈何之際，賦詩一首《水調歌頭》，既紀實，又似自嘲：

> 海宇生糾葛，
> 穿鑿費深心。

爰有初中年少，
道我為僉壬。
誣我前曾叛黨，
更復流氓成性，
罪惡十分深。
領導關心甚，
大隱入園林。

初五日，
零時頃，
飭令嚴。
限時交待，
如敢違抗罪更添。
堪笑白雲蒼狗，
鬧市之中出虎，
朱色看成藍。
革命熱情也，
我亦受之甘。

　　在這首《水調歌頭》的前面，郭沫若還賦有一小序：「《歐陽海之歌》，書名為余所書，海字結構本一筆寫就。有人穿鑿分析，以為寓有『反毛澤東』四字，真是異想天開。」綜觀郭沫若建國後所寫詩文，其心境、想法如這首真實者，大概絕無僅有。除了詞尾「我亦受之甘」是違心之說，郭沫若算是徹底倒出了自己深藏心底的酸甜苦辣鹹。如果不是怕這首詞一旦公開，會惹來禍端，大概郭沫若會說「我亦心不甘」。
　　紅衛兵的造反行動，讓郭沫若是談虎變色。「文革」初期，一位當

年曾經為調查田漢事找郭沫若「談話」的人記載說，當時談話正在進行，「這時，門外街上有紅衛兵的卡車開過，聽得見車上紅衛兵高喊著的戰鬥口號。郭老聽到後突然變了神色，中斷了談話，下意識地一顆一顆解開又扣上自己中山裝上的衣扣。」[10]

紅衛兵揭批郭沫若，不但對郭沫若本人傷害很大，也牽連到了子女。文革初期，在人民大學讀書的郭平英（郭沫若的小女兒）也參加了紅衛兵運動，因為政治意見分歧，被別的激進學生排斥。這其中，也有因郭沫若的問題產生的影響。郭平英回憶說：「當時有位同學非常真誠地給我提意見說，『你為什麼輕易放棄自己的觀點，有這樣的舉動，應該好好想一想家庭的因素。你父親就是在革命低潮時作過軟骨頭的。』」[11]

不管怎麼樣，與其他落馬的那些高官和名人相比，郭沫若畢竟得到了毛澤東、周恩來的明令保護。在驚天動地的造反風暴面前，郭沫若是幸運的。或許，也再一次使郭沫若感受到了毛澤東一言定乾坤的偉力。感慨之餘，郭沫若不能不對毛澤東的信任和保護心存感激，也不能不在革命的狂風暴雨中有所表示，以示擁戴、以示與時俱進。

在1966年的9月5日，從驚恐中恢復過來的郭沫若，又故技重操，寫了一首響應毛澤東號召的詩詞：《水調歌頭・讀毛主席的第一張大字報〈炮打司令部〉》：

　　一總分為二，
　　司令部成雙。
　　右者必須炮打，
　　哪怕是銅牆！
　　首要分清敵友，

10　錢文輝：《「文革」初期走訪郭沫若》，2001年5月12日《人民政協報》。
11　《真誠懷念我的父親郭沫若》，2002年11月24日《南方週末》。

不許魚龍混雜，
長箭射天狼。
惡紫奪朱者，
風雨起蒼黃。

觸靈魂，
革思想，
換武裝。
光芒萬丈，
綱領堂堂十六章。
一鬥二批三改，
四海五湖小將，
三八作風強。
保衛毛主席，
心中紅太陽！

　　當那些所謂的資產階級當權派、反動權威、死硬保皇派們，在猛烈的暴風雨面前瑟瑟發抖的時候，郭沫若因為領袖的信任和借重，依然以國家領導人的身份，出席各種國務和外事活動，依然能登上天安門，隨毛澤東檢閱海內風雲。此時的郭沫若似乎更明白了一個真理，一句話：緊跟、緊跟、再緊跟。

　　「海字生糾葛」是穿鑿分析、異想天開，郭沫若在擁戴毛澤東、擁戴中央文革的行動上，有時的穿鑿和異想，也有過之而無不及。此期間寫的詩詞文章，發表的講話聲明，大多難逃牽強附會之嫌。比如，在由中央文革組織的首都各界紀念魯迅逝世30週年大會上，郭沫若竟然匪夷所思地發表講話曰：《紀念魯迅的造反精神》。終其一生對「革命」都心存疑慮的

魯迅，倘地下有知，聽到這個發言，該會一躍而起。為配合政治上的造反風潮，郭沫若竟別出心裁，假設魯迅活著，一定會和紅衛兵們一樣，為文化大革命衝鋒陷陣。這也真難為郭沫若了。

「緊跟」不錯，可「緊跟」畢竟需要察言觀色，更需實際行動配合。郭沫若畢竟是文人出身，與那些靠政治為生的政客們，畢竟有所不同。「仰人鼻息」本身，對作為文人的郭沫若就是一種折磨，況且還要言不由衷、假話空話連篇？身為高官的郭沫若，又不能真的「告老還鄉」，不得不在殘酷的現實面前摧眉折腰、匍匐前行。據陳明遠講，文革前夕，郭沫若對眼前的現實已經煩透了頂，他告訴陳明遠：

> 我一生最厭惡最憎恨的就是虛偽造作。不過，我們自己有時也不幸沾染了這種惡習。「出污泥而不染」只是形容罷了，像我們這樣從污泥中鑽出來的人，誰都難免沾染上污泥的。應該不斷地沖刷掉身上的骯髒。當然也不要傾盆大雨似地猛衝下來，沖得個落花流水，葉敗枝殘。……如果大家都回覆純真的童心，那多麼好啊。不要有這麼多的假面具，這麼多裝腔作勢的表演。大家都恢復赤子之心吧！純真、樸實，那是詩歌的最美境界，也是人生的最佳境界，讓我們永遠去追求它吧！[12]

嚴峻的形勢，本來就使「赤子之心」可望而不可即。文革的爆發，更是讓這點渺然的期望，變成了天方夜譚。在讓暴風雨來得更猛烈些的時代，除了委曲求全，郭沫若還有什麼境界能去追求呢？

---

[12] 陳明遠：《追念郭老師》，《新文學史料》1982年第2期。

十四、「獻給在座的江青同志」

《劍橋中華人民共和國史》的專家們，在分析文革爆發的原因時談到：

> 領導班子從基本上團結一致的狀態變成嚴重的分裂狀態；中國共產
> 黨完全合法的統治地位受到了很大的削弱；本來紀律嚴明、精神振
> 奮的黨員群眾變得萎靡不振，鬆鬆垮垮；由於對解決黨內緊張關係
> 的基本準則意見分歧，致使原來一致同意的處理黨內矛盾的辦法名
> 存實亡。總而言之，在1958年至1965年期間，不論從黨所擁有的組
> 織手段還是起在人民群眾中孕育的合法性來看，中國共產黨失去了
> 不少寶貴的政治財富。這些財富的丟失加深了黨內的分裂，並因此
> 導致了文化大革命。[1]

文革是中華民族心靈史上的一個巨大瘡疤。從政治理想的分道揚鑣，
從權力意志的刀光劍影，從國家體制的弊端叢生，從一黨執政的尾大不
掉，甚至從個人政治品質、道德水準的優劣，都可以窺見這場災難發生的
誘因。一個古老民族近一個世紀積累下來的憤怒、不平、嫉妒、仇恨等失
衡的心理，伴隨著對神聖、純潔的理想社會的熱烈渴盼，在短短的十年間
爆發了出來，宣洩了出來。人性的劣根和人性的崇高，借助這樣一場浩
劫，一洩無餘地顯露世間。

---

[1]　《劍橋中華人民共和國史1949-1965》，上海人民出版社1990年版，第320頁。

　　歸罪於某個人，歸罪於某件事，甚至歸罪於某種制度、某種形態，還不足以讓這個民族進行深刻的反思。因為，正是生活在這塊土地、這塊國度上的大多數群眾，自願選擇了這些。先不要說受騙，先不要說被迫，真正的反思，首先因該來自於每一個個體。正是每一個個體，首先把最基本的自由和權力進行了讓渡，正是芸芸眾生，首先為悲劇的演出構造了一個舞臺。

　　今天，我們已經能以局外人的身份，較為冷靜地看待那場悲劇了。可是，當年置身其間的那些男男女女們，有誰有著超越時代的銳利目光？有誰有著洞悉前塵往事的睿智？文革期間的郭沫若，能看清廬山真面目嗎？試想，那樣一個年代，除了偉大領袖能旋轉乾坤外，還有幾人能讓波瀾四起？郭沫若一邊高舉、一邊緊跟，私下裏、內心深處，未必不在懷疑、在反思、甚至是厭惡，但這又能怎麼樣？能改變時代怒潮中被挾裏的命運嗎？

　　能在時代狂潮中不被沖刷掉，已經顯出郭沫若過人的生存本領。

　　因為自己長期修煉的政治智慧，因為領袖不離不棄的保護，郭沫若得以在狂濤駭浪中逢凶化吉。文革前的大風大浪，沒有讓郭沫若傷筋動骨。可是文革的全面內訌，卻讓郭沫若在屢次的化險為夷之後，要為之付出內心難以承受的沉重代價。他的家庭，他的心理，他的人格，甚至他留戀不已的仕途，都留下了步履維艱、戰戰兢兢的印跡。

　　如果說文革初期，面對紅衛兵的文攻武衛，郭沫若僥倖脫險，那麼文革中的喪子之痛，卻是無法彌補的創傷。1967年4月12日，郭沫若年近24歲的兒子郭民英，以自殺之舉謝世。郭民英自殺的原因，至今還難以說清楚。個人的心理狀態、精神氣質、疾病，或許是直接的原因，但時代所賜的壓抑和刺激，更是難以推脫的因素。

　　郭民英從小就有音樂天賦，一度入中央音樂學院修煉小提琴。然而，1964年的一個事件，卻無情摧毀了一個青年的音樂之夢。事情的起因是一

架答錄機。郭民英曾將家中的一台答錄機攜至學校，和同學一起欣賞古典音樂。不知是因為由羨生妒還是革命義憤，引起了一些同學的強烈不滿，有人將之視為音樂學院的「嚴重問題」，上書毛澤東，打著揭露和批判「封、資、修」、「大（人）、洋（人）、古（人）」的旗幟，指責郭民英搞「特殊化」。

在那樣的歲月，此事一經曝光，便不可挽回。郭民英無法承受「炫耀資產階級生活方式」的責難和壓力，心理和精神遭到沉重挫傷，可能就此患上了憂鬱型神經分裂症。身受精神疾病折磨的郭民英，已無法在音樂學院的壓抑環境中待下去，無奈之中只好於次年退學。

本來，郭沫若還曾想讓郭民英轉到人民大學學習，哪怕從一年級開始也可以。郭沫若專門委託祕書王戎笙辦理此事，並寫信給郭民英徵求意見（此時郭沫若正應毛澤東之命輾轉於井岡山區）。但對學校生活深感恐懼的郭民英沒有答應。

無可奈何之際，郭沫若夫婦決定送郭民英參軍，或許寄希望於軍隊這個大熔爐，能改造郭民英的性情。郭沫若為此事，親自登門拜訪時任解放軍總參謀長的羅瑞卿。這對高層人物來說，乃區區小菜一碟。不費吹灰之力，自幼嚮往海洋的郭民英參加了海軍。郭民英作為一個音樂人才，在軍隊是很難得的，又加上是參謀總長親自安排，頗受重用，成了中共預備黨員。但是，不知是文革的猛烈批鬥風暴又喚起他的創傷記憶，還是什麼其他的原因，郭民英突然自殺。

那年頭，自殺意味著自絕於人民、自絕於黨。不僅沒有贏得半點同情，郭民英死後還被追認著撤銷軍籍、黨籍。獲知兒子自殺消息的郭沫若夫婦傷心欲絕，可還要向組織交代情況，為「沒有教育好子女」而檢討。這次，郭沫若的眼淚真的要「朝肚子裏流」了。聞訊後的周恩來，也親自來到郭沫若府第，加以安慰。

但是，在生命消失面前，誰有回天之力呢？就在郭沫若沉浸在喪子之

痛的時候，上蒼並沒有憐憫和垂青這個早過古稀之年的老邁之人。政治上
翻船的危險，並沒有因為他失去了兒子，而戛然止步。

　　1967年5月25日至28日的《人民日報》，先後公開發表、重新發表了
毛澤東《看了〈逼上梁山〉以後寫給延安平劇院的信》、《應當重視電影
〈武訓傳〉的討論》、《關於紅樓夢研究問題的信》和《關於文學藝術的
兩個批示》。這五份文件，件件讓郭沫若惴惴不安。更要命的是，在《看
了〈逼上梁山〉以後寫給延安平劇院的信》中，原信中「郭沫若在歷史劇
方面作了很好的工作，你們則在舊劇方面作了此種工作」一句，竟然無緣
無故的被刪去了。

　　稍微熟悉當代中國政治狀況的人，誰都知道這種情況的發生，意味著
什麼。

　　這件事與當時一個大紅大紫的女人有關。這個女人，就是江青。

　　眾所周知，江青是文革十年間中國政壇最為叱吒風雲、囂張猖狂的
人。此時已經進入中央文革的江青，正野心勃勃地攫取政治資本，以「樣
板戲」為突破口，意圖在政壇施展拳腳。其實，這個女人除了在三十年代
上海當過二流三流電影演員、有些文藝方面的修養外，最大的本領就是政
治野心。當然，她最大的政治資本是毛澤東的夫人，並且在打倒劉少奇的
運動中，為毛澤東立下大功。據民間所傳，八十年初審判林彪、江青反革
命集團時，江青在法庭上為自己辯解說：「我是毛主席的一條狗，毛主席
讓我咬誰我就咬誰。」不管這條傳聞確切與否，在文革中，江青的的確確
是毛澤東政治佈局中一顆重要的棋子。

　　既然名之曰無產階級文化大革命，江青的那點文藝修養，總算派上了
用場。大搞京劇革命，編排樣板戲，也算是從自身實際出發的獨闢蹊徑之
舉。可是在「炮打一切」的革命風暴中，那些有真才實學的戲劇家、藝術
家，大多變成了資產階級反動權威；有頭有臉的文藝界名人，大多被掃地
出門。樣板戲畢竟是戲，而且要成為全國人民膜拜的「經典」，需要有能

力的人做具體編排工作,更需要有影響的名人撐門面,但江青可用之人實在是寥寥無幾。

無論是論真才實學,還是論社會名望,更不要說論政治立場,郭沫若都是首屈一指的人選。於是,康生向江青推薦了郭沫若。江青也熱情地向郭沫若伸出了「友好」之手:

> 為了收買郭沫若,江青決定請郭沫若搬到釣魚臺去住。江青的意思,這實在是最高的禮遇了。她計畫把郭沫若的住處安排在康生和江青住房之間的一棟,甚至還親自領郭沫若、于立群夫婦去釣魚臺看房子。江青還親自為郭沫若拍彩色照片。要知道當時拍彩色照片可新鮮,不是一般「消費水平」的人所能享受到的。又有一次,在京西賓館師以上幹部看「樣板戲」,江青還熱情地親自攙扶郭沫若入座,一時引起議論紛紛。[2]

不知是郭沫若最終推脫了,還是什麼其他原因,結果是郭沫若最終沒有搬進釣魚臺,也沒有為江青的革命樣板戲服務。不管什麼原因,沒有領江青的情,就是讓江青下不了臺,就算是和江青結下了樑子。郭沫若或許為此事憂心忡忡,但讓他沒想到的是,報復竟然兵貴神速般的降臨了。

1967年5月23日,首都各界隆重集會,紀念毛澤東《在延安座談會上的講話》發表25週年。中央文革借集會之際,大肆吹捧、粉飾江青,把江青塑造成「一貫堅持和保衛毛主席的革命文藝路線」的「文藝革命披荊斬棘的人」,向全黨、全軍、全國人民,推出這位「無產階級文化大革命的英勇旗手」。上述五個文件,就是為配合這一政治動作而發表的。意圖很明顯,為江青的樣板戲等文化革命實踐,提供理論依據和政治支持。

---

[2] 張恩和、張傑宇編著:《長河同泳——毛澤東與郭沫若的友誼》,華文出版社年版,第269頁。

此時的郭沫若，或許才真正意識到江青的厲害，意識到江青的重要，意識到江青在毛澤東政治棋盤中的分量。看看周圍那些處境艱危的牛鬼蛇神們，郭沫若或許要不寒而慄了。掃地出門的危險，可謂迫在眉睫。剛剛喪子才一個多月的郭沫若，或許還沒有從痛苦中會過神來。但是，已經顧不了那麼多了，郭沫若毅然決然地做了一件驚人之舉。

1967年6月，設在北京的亞非作家會議常設局，為紀念毛澤東《在延安文藝座談會上的講話》發表25週年，舉行討論會。在6月5日舉行的大會閉幕式上，郭沫若作了《做一輩子毛主席的好學生》[3]的發言。在表達了「我們的討論會是第一次宣揚毛澤東思想的國際會議，而且是一次成功地會議」之後，面對著老朋友周恩來，面對著中央文革的江青、康生、陳伯達，面對國內外知名人士和會議代表，郭沫若慷慨激昂、熱情洋溢地宣佈：「昨天晚上作了一首詩來表達我深刻的紀念情緒，請允許我把這粗糙的詩朗誦出來，獻給在座的江青同志，也獻給各位同志和各位同學」：

> ⋯⋯
>
> 親愛的江青同志，你是我們學習的好榜樣，
> 你善於活學活用戰無不勝的毛澤東思想。
> 你奮不顧身的在文藝戰線上陷陣衝鋒，
> 使中國舞臺充滿了工農兵的英雄形象，
> 我們要使世界舞臺充滿著工農兵的英雄形象！
> ⋯⋯
>
> 毛主席的光輝著作是我們永遠的精神食糧，
> 我們要毫不利己、專門利人，學習白求恩那樣高尚，
> 我們要做新愚公，把帝修反三座大山投入海洋！

---

[3]　1967年6月6日《人民日報》。

　　毛主席啊，你是我們心中最紅最紅的紅太陽，

　　我們祝願你萬壽無疆，萬壽無疆，萬萬壽無疆！

　　不知道當時是不是語驚四座，也不知道郭沫若當時是何種心情。他或許不知道江青這位紅極一時的「文革旗手」，以後要淪為歷史罪人；或許也不知道他為此，要付出沉重的道德和人格代價。儘管民望極高如周恩來者，都喊過歌頌江青的口號，但在人們心目中，郭沫若畢竟曾經是代表過一個時代的大氣磅礴、浪漫至極的頂級文人呵。

　　不管怎麼說吧，這一關總算闖過了。郭沫若或許長長舒了一口氣。

　　可是，摁下葫蘆浮起瓢，一波未平一波又起。

　　正當郭沫若戰戰兢兢緊緊追隨文化大革命的前進步伐時，文化大革命的酷烈，並沒有放過他。1968年4月22日，文革的風暴又吞噬了他的愛子郭世英。據世人評論，郭世英是郭沫若眾多子女中最有才華者，而且精神氣質酷似青年時期的乃父。如果說郭民英的自殺，尚有疾病折磨的緣由，可是郭世英的罹難，卻完全是文革一手造成的。

　　據郭沫若的小女兒郭平英講：1968年時，中國農業大學的同學對郭世英進行了監視，因為他經常說一些有點獨立思考的話，比如說毛澤東思想應該一分為二、八個樣板戲未必沒有值得改進的地方。直接遇害的原因，是他跟女朋友打電話時用了英語，當時是為了練習英語口語，結果被同學聽見，說他裏通外國，把他抓了起來。其間郭世英曾經逃出過一次，躲在一個清潔室裏，但還是被同學發現，結果招來了嚴刑拷打。郭世英被造反派抓起來是在4月19日，當天是星期五。家人期待事情能緩下來，可是到了星期天人還沒有回來。星期一一大早，郭沫若的祕書（當時已經知道了郭世英死亡的消息）就喊著郭平英、郭世英的女朋友，一起趕往農大。農大革委會選派的代表，跟隨郭平英等人回家，向郭沫若夫婦報告說：「郭世英已經自絕於人民了」。事後在郭家的強烈要求下，法醫做出鑒定，結

果是：高空墜落。據郭平英說，死去的郭世英遍體鱗傷，手腕、腳腕被繩子捆綁得血肉模糊……。

郭平英還回憶說，在郭世英被綁架、關押的這天晚上，郭沫若參加了由周恩來主持的解決第七機械工業部兩派群眾「派戰」的會議。郭沫若本來可以請求周總理出面，但郭沫若沒有向周總理說。郭世英遇難後，于立群責怪郭沫若：你見到總理的時候為什麼不跟他說？郭沫若顫抖著解釋說：我也是為了中國好。周恩來得知郭世英遇害後，專門來到郭家安慰：「革命總是要有犧牲的。為有犧牲多壯志，敢教日月換新天。」周恩來為郭世英之死，專門派聯絡員負責調查，但一直沒有結果，最後不得不不了了之。[4]

有人說，郭世英是不甘凌辱，以自殺表達他血的抗議；有人說，郭世英是被反綁著從三樓上扔下來，肝腦塗地而死。郭世英直接的死因，迄今還是一個謎。可是無論如何，一個年輕的生命，一個有思想的生命，總歸是死了。從大處說，郭世英是不見容於那個時代；從小處說，郭世英之死，還要追溯到那個已經讓他付出過代價的X詩社。

還是先讓我們來看看，在親人、朋友和同學眼中，郭世英是一個什麼形象。

據郭氏姐妹回憶：

> 在郭家的子女中，郭世英最喜歡文學，很早就開始寫詩、寫劇本，經常與郭沫若討論問題，而且性格豪爽，知錯必改。郭沫若格外喜愛他。[5]

---

[4]　《真誠回憶我的父親》，2002年11月24日《南方週末》；郭庶英、郭平英：《回憶父親》，載《郭沫若專集1》，四川人民出版社1984年版。

[5]　參見郭庶英、郭平英：《回憶父親》，載《郭沫若專集1》，四川人民出版社1984年版。

據萬里的兒子萬伯翱回憶：

> 郭世英身高一米八零，在北京101中學讀書時，酷愛運動、體力充
> 沛，是學校的足球門將，而且聰穎過人，20多萬字《古文觀止》，
> 默讀兩遍就可以基本背誦。[6]

據曾經參加過X詩社活動的牟敦白回憶：

> 郭世英身材結實勻稱，前額寬闊，一張馬雅科夫斯基式的線條分
> 明的面孔，服飾得體，氣質高雅，頗像五四時期的大學生、知識
> 份子。一個現代型的青年知識份子。一個真誠的、執著的理想主
> 義者。[7]

據郭世英的同學周國平回憶：

> 我那時17歲，人生的觀念正在定向，當時我有一個好朋友，也
> 是大一的同學，郭沫若的兒子郭世英，他大我三歲，讀書面很廣，
> 愛思考問題，在他的影響下，我讀了很多名著，感覺突然有了一個
> 很開闊的天地。我在中學時的理想是成為一個非常有學問的人，後
> 來和他的接觸，使我覺得有比學問更重要的東西，那就是生活本
> 身。從那以後，我開始更多地思考生活的意義，他改變了我的人生
> 方向。……

---

[6] 參見楊健：《文化大革命中的地下文學》之《小組的覆沒及郭世英之死》，朝華出
版社1993年版。

[7] 參見牟敦白：《X詩社與郭世英之死》，載《沉淪的聖殿》，新疆青少年出版社
1999年版。

> 我一見到他就覺得，這是一個我17年中從未遇到過的人，是個
> 真正過精神生活的人。……
>
> 上大學的時候，大家都在忙功課，為未來的前途努力。但是
> 他不一樣，他可以為一個問題連續幾天失眠，冥思苦想。在別人眼
> 中，那些問題和日常的生活起居沒有任何關係。他對當時的政治環
> 境和政治思想有很多想不通的地方，又不能公開說，他的痛苦是發
> 自靈魂的。[8]

　　不用過多羅列了。郭世英，是一個真正過精神生活的人，是一個真誠
思考時代矛盾的靈魂痛苦者，是一個具有獨立精神的青年思想者。但是，
在那樣一個時代，這些，註定要成為悲劇的肇端。

　　如果說1962年進入北京大學哲學系學習後，郭世英更加有能力思考那
些讓他痛苦不已的問題，那麼在中學時代，郭世英就顯示出了他獨立倔
強、好學深思的品格。在公之於世的郭沫若的有關文字之中，最早涉及到
郭世英的，是在1960年11月18日致陳明遠的一封信中：

> 您跟世英、民英的通信，他們倆人拿給我看了。近年以來，你們交
> 了好朋友，推心置腹，相互切磋學問，探討文藝與哲理的問題，我
> 很欣慰。你們年輕時期就這樣好學不倦，將來大有可為。但是，
> 世英提出要整理你們的通信，搞出一本《新三葉集》送去公開出
> 版，我覺得沒有必要。本來不過是隨筆寫來的私信，自己留著看看
> 就可以了。須知現在的許多想法，並不一定都正確，將來可能還要
> 改變。特別在哲學方面的文字，必須謙虛謹慎、戒驕戒躁、反覆修
> 改。現在早已不是五四時期。尚未成熟的東西，方不可冒失地拿出

去發表！對於自己更應該嚴格要求，不能任性。這個意見，我已經
跟世英、民英都談過。最近接到你的信，得知你也不同意世英的做
法，我就放心了。請您再給他寫信，加以勸告。祝好！[9]

　　從這封信的內容來判斷，郭沫若的主要意圖，是勸告陳明遠、郭世
英、郭民英三人打消出版《新三葉集》的念頭。看來，郭沫若已經說服了
陳明遠甚至是郭民英，但郭世英沒有被說服。是故，郭沫若請陳明遠再寫
信勸告郭世英。

　　少年心高氣傲，哪知世事艱危。郭世英那裏能體會到父親的良苦用心。

　　《新三葉集》固然沒有出版，進入北京大學哲學系的郭世英，離那
個時代的主流思想，卻越來越遠了。他和志趣相同的要好朋友與同學張鶴
慈、孫經武、葉蓉青、金蝶等人，組織了一個地下文學組織X詩社。在他
們眼中，「X」代表未知數、十字架、十字街頭……。在當時革命群眾和
公安部門眼中，赫魯雪夫名字的第一個字母就是「X」，「X」詩社的「修
正主義」罪行，是昭然若揭。或許，今天的人們，更應該將「X」，看成
是一代有思想的青年，在真理王國獨立探險的象徵。

　　當時X詩社成員們探討的問題，諸如共產主義理想的確定性、思想文
化界流行的專橫、文藝批評的單一標準、社會主義的基本矛盾是不是階級
鬥爭……，這些疑問在那個時代出現本身，就無異於是向當時主流思想發
出的尖銳挑戰。

　　據網上一份未經證實的X詩社成員張鶴慈訪談中所說，當年他們在孫
經武家找到一把女士手槍，內有八顆子彈，他們在騎車途中便說應當分給
八個中央領導人，第一個就是毛澤東、自然還有劉少奇、彭真、周恩來
等。如果這個材料屬實的話，可見X詩社成員的思想是多麼激進。幸好這

---

[9]　黃淳浩編：《郭沫若書信集》（下），中國社會科學出版社1992年版，第114頁。

是張鶴慈多年以後才講出來的，否則如果當時交待了，不說殺頭吧，也要
把牢底坐穿。

郭世英是懷著深刻的懷疑精神，帶著濃郁的理想主義熱情，痛苦而真
誠地思索著一代青年所碰到的時代困惑。據牟敦白回憶，當他目睹了郭家
深宅大院裏的特權景象後，問郭世英：為什麼處在這樣優裕的環境，還要
自尋煩惱？郭世英回答說：人並非全部追求物質。俄國貴族多了，有的人
為了追求理想，追求個性解放，追求社會進步，拋棄財富、家庭、地位，
甚至生命，有多少十二月黨人、民粹黨人是貴族，是公爵、伯爵、男爵。
他們流放到西伯利亞，受鞭笞，做苦役，拋棄舞場、宮廷、情人、白門簾
和紅玫瑰，他們為了什麼？

當X詩社面臨著非常嚴峻的形勢後，在北大校園中，郭世英還對最後
一次見他的牟敦白說：

> 如果你是一個有良知良心，講真話的人，生來便是不幸的。沒有自
> 我，沒有愛，沒有個性，人與人之間不能溝通和交流，自相矛盾，
> 互相折磨，這是非常痛苦的。我在中學時代是「正統的」，我真誠
> 相信一切是美好的。但是我們漸漸成熟了，視野開闊了，我一直在
> 看書，在思考，我的接觸面當然比一般人廣泛，我明白了許多事
> 情。上大學以來，我不再欺騙自己。我應該獨立思考，我開始記錄
> 自己的思想，我不是學哲學的嗎？我應該獨立思考。……我母親說
> 我，不應該自尋煩惱。我對她說，你看看父親青年時代的作品，他
> 可以自由地表白自我，為什麼我不行？[10]

10　參見牟敦白：《X詩社與郭世英之死》，載《沉淪的聖殿》，新疆青少年出版社
1999年版。

　　或許，看看父親青年時期作品中的豪放個性，再對比一下現實政治中
父親的唯唯諾諾，這更是讓郭世英感到無比痛苦和迷惑之處。

　　應該說，郭世英以父親青年時期的精神形象相期許，對眼前的父親的
言行頗不以為然。他曾對第一次見到郭沫若的牟敦白說：「這就是你崇拜
的大偶像，裝飾這個社會最大的文化屏風。」X詩社成員張鶴慈的哥哥張
飴慈也說過：弟弟幾次和他談起郭世英對他父親的劇本及報紙上的詩作的
苛評。私下裏這些對父親的非議，恰恰說明，郭世英對青年郭沫若的形
象是多麼的渴慕！可是，他卻沒有像父親青年時代那樣恰逢放縱個性的
時代。

　　郭世英和X詩社的離經叛道，終於遭到了厄運。公安部門根據截獲的
私人信件、油印刊稿，給他們羅列了一系列罪名：反黨、反社會主義，攻
擊三面紅旗、攻擊黨的政策，反對馬列主義、宣揚修正主義，收聽敵臺、
密謀逃往境外……。或許是因為涉案者主要是高幹子弟和名人之後（孫經
武是解放軍衛生部長孫儀之之子，張鶴慈是北大名教授張東蓀的孫子），
案件性質雖然屬「敵我矛盾」，但按「人民內部矛盾處理」，定性為「幹
部子弟蛻化變質」。這一案件影響很大，據說毛澤東、劉少奇、周恩來都
對此案有批示。或許，正是在周恩來的庇護下，X詩社成員才得以從輕發
落，張鶴慈、孫經武被判勞教兩年，郭世英送農場勞動改造。

　　X詩社具體是怎麼被查獲的，說法不一。

　　據羅點點說，X詩社是在社會主義教育運動中，被一個同學檢舉揭發
出來的。這個同學的父親在鎮反運動中被定為反革命關進監獄。這個同學
生計無著，經常窘迫到挨餓的地步。郭世英非常同情這位同學，經常接濟
他。接觸的多，談得也多。沒想到這個同學竟告發了郭世英。

　　有人說，在X詩社案中，郭沫若的祕書起了一定作用：「郭世英的
『修正主義反動思想』案是從他的通信被『截獲』中找到『罪證』的。其
中，組織關係屬於『機要局』的王祕書，起了一定的作用。這給郭沫若

很大刺激。因此，他幾次找出陳明遠給他的私人信件，退還給陳，就是
為了防止陳的信件再次被『截獲』、被『無限上綱』、『攻其一點不及
其餘』，被當作「修正主義思想」的罪證。」[11]陳明遠似乎也贊成這一看
法，他在訪談中說：「當時問題是從信件中查出的。家信是怎麼被查出
去？可想而知，郭沫若有些事不願意讓身邊的人知道，要避著祕書。郭世
英出事後，郭沫若把我的信還給我。」[12]

　　網上那份未經證實的當事者張鶴慈訪談，更有聳人聽聞之說，認為是
「郭沫若夫婦勃然大怒出賣親生兒子」。由於真相迄今不得而知，現將這
一材料抄錄於下，供識者辨察：

> 　　當時郭世英有個北大的同學曹天予，參加了X社活動，後來曹
> 寫信給郭沫若的祕書（可能還通知了公安局），告他們的反動活
> 動，而驚動當局。由於兒子牽涉在內，最初郭沫若和于立群還想把
> 他們保下來，說要帶張鶴慈和郭世英南下，去參觀社會主義建設，
> 進行愛國主義教育。張鶴慈說，實際是想避一下風頭。

> 　　對郭沫若，X社的這批有獨立思考的年輕人很瞧不起他，對他
> 之為人為文都是否定的，私下說了很多大不敬的話。郭世英也同意
> 他們對其父的評價，只是強調，「他是我的父親」，郭世英的生母
> 是于立群。

> 　　這個告密者曹天予第二次到郭家告密時，將X社年輕人私下對
> 郭沫若夫婦「一些全面否定的大不敬的話」，告訴了于立群。張鶴
> 慈說，「這使郭和于勃然大怒，決定大義滅親。這樣才有了五月十
> 八日公安部的大逮捕。」

---

[11]　王天成：《1963-1966年郭沫若與陳明遠的交往紀實》，《反思郭沫若》，作家出版
　　　社1998年版。
[12]　胡化：《高處不勝寒──關於郭沫若的訪談》，《反思郭沫若》，作家出版社1998
　　　年版。

　　這一說法，可能是過多的猜想所致。該說法漏洞百出，比如據牟敦白說，X詩社案由北京市公安局文化保衛處（13處）處長李岩老太太負責，根本不是公安部管轄的。即使這一材料的情節屬實，那麼「郭氏夫婦出賣兒子」的說法也屬妄斷。即使郭沫若知道了X詩社成員對他的大不敬，也不會糊塗到不分輕重、意氣用事的地步。更何況對郭世英的從輕發落，何嘗不是出於周恩來和郭沫若多年的友情？

　　這件事過去多年了。正如牽涉進X詩社案件中的牟敦白所說的，「如果蒼天有眼，希望這些信件至今仍然靜靜地躺在市公安局哪個檔案庫裏，總有一天會曝光，看看我們到底觸犯了什麼刑律」[13]我們也期望有一天，這一案件的檔案能夠曝光，看看到底郭世英是如何犯的案。

　　X詩社案件，毫無疑問為郭世英罹難，種下了直接的禍根。在周恩來的指示下，被從輕發落的郭世英到河南西華農場，跟隨一個植棉勞動模範參加農業勞動。1965年秋天，返回北京進入中國農業大學學習。沒想到，回來還不到三年，年輕的生命就葬送在造反派之手，死時還不到26歲。一個年輕的生命，一個有思想的生命，一個精神戰士，就這樣在殘暴中，凋零了青春的生命之花。這是一個值得尊敬的、「過精神生活」的傑出的青年人。這也是那樣一個時代，少數值得歷史留下一筆的曾發出過燦爛光彩的青年人。

　　據羅點點說，多年後聽到一個說法：周恩來曾痛心地說「世英是為我而死……」。還有人說，周恩來曾憤怒地對郭沫若說：「迫害世英，不僅是針對你郭沫若，也是針對我周恩來。」那時分管農業大學紅衛兵運動的，是王力、戚本禹、關峰等人，這些激進的「五一六」分子，造反造昏了頭，很有可能將矛頭對準了周恩來，妄想揪出從輕發落郭世英背後的周恩來。

---

[13]　牟敦白：《X詩社與郭世英之死》，載《沉淪的聖殿》，新疆青少年出版社1999年版。

郭世英到底為何原因被迫害致死，迄今仍然是個謎。或許謎底已經不是很重要了。對郭世英來說，求仁得仁，以死換來思想和生命的尊嚴。對郭沫若來說，老年喪子，人生之大悲劇。在短短一年的時間裏，兩個兒子先後離他而去，這是人世間多麼殘忍的事情。

暮年已至，死去的兒子讓他魂牽夢繞。懷著巨大的創痛，郭沫若把郭世英生前的日記，用毛筆工工整整地抄寫了一遍，總共抄了八大本。至今仍然靜靜地躺在郭沫若故居中的辦公桌上。這八本日記，一筆一劃、剛勁清晰，沒有了龍飛與鳳舞，增添了凝滯和沉重，似乎寄託著郭沫若內心深處難以言說的痛苦與孤獨。

或許郭沫若在惶惑：自己多年以來是這麼堅定的追隨領袖、追隨黨，為什麼厄運還是不期而至？自己是多麼任勞任怨的一個「黨喇叭」，為什麼不但自己屢遭譏讒，連兒子的性命都搭了進去？貌似身居高位，可有時不但自身難保，還只能眼睜睜看著兒子死去而束手無策？自己早知已不是五四時代、早已夾起了尾巴做人，可為何還屢次被捲入鬥爭的漩渦？

衰老的郭沫若，在抄寫郭世英的日記時，是懷著怎樣的心緒？或許為沒能挽救兒子的生命而深深自責，或許又想起兒子那些生龍活虎、深思好學、倔強豪爽的歲月，或許從兒子的身上看到了自己當年獨立不羈的豪放身影，或許兒子的身影讓他看到了曾經失落已久的自我，或許兒子的鮮血讓他的眼睛變得明亮，或許他要在沉默中發出無聲的抗議……

不是在沉默中滅亡，就是在沉默中爆發。可是，郭沫若只能在沉默中忍耐。

局勢的動盪，變化莫測；政治的風雲，陰晴不定；人世的糾葛，冷暖未知。在那樣一個人人自危、遍地陷阱的歲月，郭沫若內心深處的苦楚，可以向誰人言說？田園將蕪兮，胡不歸？不知郭沫若有沒有想起幾年前陳寅恪讀《再生緣》時的感歎：不做無聊之事，何以遣有生之涯！郭沫若或許也感到：不做有益之事，何以遣無聊生涯？

田園早已無法歸去，紛亂的世事又必須去應付。如履薄冰的郭沫若，一轉身，在那曾經為他帶無比榮耀的詩文、學術世界，彷彿再一次感受到，這裏似乎是唯一可以讓靈魂休憩的場所。

誠可記者，非《英詩譯稿》、《李白與杜甫》莫屬。或許只有在這裏，我們才能發現，這個活躍於政治舞臺上文化名人，內心深處有著怎樣的渴望；這個第一文人脆弱的靈魂深處，怎樣埋藏著無法泯滅的文人氣息。

《英詩譯稿》大約作於1969年的春天。郭沫若所依據的原本，是日本友人山宮允編選並加日文譯注的《英詩詳譯》。該書是英日對照詩集，共選錄英美詩人的短詩約六十首。1956年該書出版後，山宮允曾贈送郭沫若一冊。十多年以來，郭沫若閒暇時，或許常常撫讀吟詠，卻很少向人提及，更沒有流露出翻譯之意。

或許現實世界的風刀霜劍屢屢相逼，或許無法抗拒的苦痛難以釋懷，終於在愛子郭世英死去之後的第一個春天，垂垂老矣的郭沫若，顫抖著握筆之手，在無人知曉的另一個世界，開始了尋找心靈撫慰的歷程。

《英詩譯稿》既不是為了出版，也不是為了示人，而是真正發自郭沫若內心深處的獨語，是文人高官郭沫若心靈的另一個側面。郭沫若的譯作，直接寫在山宮允《英詩詳譯》一書的空白處，約有五十首，而且還有不少的批註。譯作既未謄抄，也未整理，他死去之後，家人在整理遺物時才發現。他的女兒郭平英、郭庶英，曾經錄出《春之女神著素裝》等十首，在1980年發表。1981年，由郭沫若的後人整理後，全書由上海譯文出版社出版，定名為《英詩譯稿》。

細細觀察，郭沫若的譯詩和批註，彷彿應對著他本身的雙重性格。其批註，多為居高臨下、隨意揮灑的率性點評；其譯作，更像一個浸潤其中的沉迷歌者在吟哦。或許正是在隨意點評、任性褒貶之中，或許正是在兩種語言進行置換的創造中，郭沫若的心靈獲得了的共鳴，痛苦得到了的緩釋。

不用多說了，先讓我們稍稍品味一下一度打動年邁詩人的那些詩作：

睡中之夢，

風中之花。

薔薇顛倒，

睡夢之涯。

水中有魚，

心中有君。

魚難離水，

君是我心。

這是翻譯的英格蘭詩人史蒂芬斯（Stephenson）的《風中薔薇》中的一節。再看看翻譯的華茲華斯（Wordsworth）《黃水仙花》的一節：

晚來枕上意悠悠，

無慮無憂殊恍惚。

情景閃爍心眼中，

黃花水仙賦禪悅。

我心乃得溢歡愉，

同心共舞天上曲。

還有翻譯的沃爾夫（Wolff）《爵士約翰·摩爾在科隆納的埋葬》的一節：

徐徐地悲傷地讓他躺下，

渾身都還帶著榮譽陣地的血花，

我們沒刻一行字，沒立一道碑，

但只讓他的光榮永遠伴著他。

或許，更讓人感到郭沫若內心深處不平靜的，是葛琳（Gelin）的《默想》：

我看到星星在夏夜的天空中閃光，

就和從遙遠的世界有光照射著它們

的時候那樣，它們依然在閃光。

我不能讓我尊嚴的人性低頭，

在那冰冷的無限面前跪叩，

我既年輕而有愛情，求知慾旺盛──

它們，──只是在大氣潮汐上的破片浮沉，

我有希望、苦悶、大願，精神有如火焚，

而它們是無動於衷的毫無生命。

它們並不比我有更高的全能力量，

它們不能見，不能夢，不能變，不能死亡。

我不能在無量數的星星面前低頭，

那無聲的矜莊並不能使我投降。

不必過多的玄想，毫無疑問，曾經感歎自己「恐怕再也寫不好詩了」的郭沫若，在經歷了狂風巨浪的沖刷，在垂垂老矣的暮年，在大洋彼岸異國詩人的詩作中，終於又感到了詩神的召喚，終於又找到了那放逐久已的

湮滅的自我，終於在有限的空間獲得了無限的遐想與寄託。

《李白與杜甫》，是郭沫若皇皇鉅著叢中，一部別有異樣、別賦心聲的作品。

這部著作，正式出版於1971年10月。其寫作時間還沒有定論，一說從1967年醞釀到1969年正式寫成，一說《英譯詩稿》完成後，就開始寫作，到1970年初夏完成。對於《李白與杜甫》一書的出版問世情況，知情者寥寥。該書既無前言，也無後記，故其寫作動機、寫作過程之類情況，人們自然無從得知，猜測亦頗多。

據《郭沫若學術論辯》一書說，這部著作為世人所知，是因為中蘇兩國在珍寶島的武裝衝突。當時蘇聯為侵華罪行辯解，詭稱巴爾喀什湖以東、以南地域，在18世紀40年代就臣服於沙皇。當時的外交部長喬冠華、副部長余湛，就此歷史爭議問題，奉命走訪郭沫若，郭沫若告知唐代大詩人李白出生於碎葉的證據和相關材料。外交部在題為《中華人民共和國政府外交部文件——駁蘇聯政府1969年6月13日聲明》中，就用上了郭沫若的學術成果：「八世紀，中國唐朝大詩人李白就出生在巴爾喀什湖南的碎葉河上的碎葉。」以鐵的史實，駁斥了蘇聯人的叫囂。由此，人們也知道郭沫若寫了一部《李白與杜甫》。

《李白與杜甫》的出版，頗令時人側目。但在文禁森嚴的時代，鮮有公開評價者。文革結束之後，論者驟增，但多為批評之聲，蓋源於該書對「詩聖」杜甫的貶低，以及對該書寫作動機的猜測。時至今日，對《李白與杜甫》辯駁和評論，仍屢見不鮮。統觀之，多數論者著眼之處，是該書鮮明的「揚李抑杜」旨向。有人說，毛澤東喜歡三李（李白、李賀、李商隱）而不喜歡杜甫，郭沫若「揚李抑杜」，是打著反潮流的旗號，投上之所好。有人反駁說，郭沫若本身就一貫喜歡李白而不喜歡杜甫，早就反感「千家注杜，一家注李」的學術局面，故而大做翻案文章，與毛澤東關係不大。還有人說，郭沫若對杜甫也有過公允的評價，但因反對把杜甫當作

「聖人」、「圖騰」，故有矯枉過正之舉。

可以說在此問題上，論者紛紜、莫衷一是。粗略來看，人們的觀點可大致分為兩派：一派以同情的態度追源溯流，為郭沫若的「揚李抑杜」辯解；一派因《李白與杜甫》的「抑杜」和「悅上」傾向，痛加駁斥。

可以說，不論是褒也好、貶也罷，人們是圍繞著對「李、杜」孰優孰劣的評價，來切入這部著作的。或者說，大多數人是從學術的視野，以專業的眼光來考量《李白與杜甫》。因為在人們眼中，《李白與杜甫》首先是一部學術著作。這當然沒有什麼錯。看看該書對李白出生地、家世的考證，對李白家室的索引，對李白政治活動的梳理，對李杜思想和信仰的考釋，甚至對李杜疾病和死因的研究，等等，無一不是學術問題。

可是，細細品讀《李白與杜甫》，似乎總讓人感到，它和正宗的學術研究，總有些南轅北轍。要知道，李杜之所以為後世敬仰，是因為他們的詩歌「光焰萬丈長」。但是，該書並沒有從文學和藝術的角度，比較兩人詩作孰優孰劣，並以此來證明「揚李抑杜」的正確性。這似乎有失學術常理。儘管書中有對不同學術觀點的駁議，但往往是信筆所至，缺乏在學術上繼往開來的意圖。簡單來說，《李白與杜甫》有些不按學術常規出牌。按正統的學術常理來看，《李白與杜甫》頗有野狐禪的味道。

如果我們先不把它作為一部學術著作，而是當作散文或者是小說片段來讀，那麼，是否能讓我們換一種眼光呢？仔細琢磨，《李白與杜甫》並沒有按照正常的學術套路切入歷史人物，而是選擇了一些自己「有話要說」的問題，走進李杜的世界。並且，郭沫若以自己的興趣點為轉移，邊議邊敘、邊敘邊議，洋洋灑灑，任意發揮，看起來像是借串聯起來的學術資料，進行一種獨特的創作。從這個角度說，該書更像是一部片斷式的李杜傳記。

當然，這也不是一部通常意義上的李杜傳記，而是一部「借他人之酒杯，澆自己之塊壘」的隱喻之作。其實，已經有識者對此做出了判斷：

　　「活天冤枉」這四個字所迸濺的強烈的感情電火，映照出郭沫若內心急於排洩的哀痛和憤激。這鋒芒畢露的宣洩僅僅是為李白抱屈嗎？且不必到歷史與記憶裏打撈，就在郭沫若寫作的當時，中國詩人、文人中橫遭「活天冤枉」的就大有人在。連他自己鍾愛的兒子，也「活天冤枉」地慘死在棍棒之下。「任意裁誣」的事，郭沫若親見、親聞的該太多了！他本人總算是受到特別「保護」的，也不過在小心與違心之間深有忌憚地度過日子，難保不會有不測之禍突然降臨。那幾年間，郭沫若孤零零地在政治活動中扮演著需要他扮演的角色，但當夜深人靜，寂寥默思中，他不會扼腕長歎、仰天長噓嗎？評古論今，他所發出的「活天冤枉」的呼喊裏能不包含著就事論事以外的內容嗎？……

　　寫作《李白與杜甫》的時候，郭沫若也到了該總結人生的年齡。他比以前許多時候都「清醒」。面對兩位古代大詩人的命運，他有所思，有所憶，有所悟，他當時的真實心境在這本書中有脈絡可循。倘若把《李白與杜甫》看作一本意在討好邀寵的書，借用郭沫若為李白打抱不平的話來說，那真是「活天冤枉」。[14]

更有識者以乾脆的口吻說：

　　郭沫若在「文化大革命」中寫的《李白與杜甫》，基本上不是一部學術研究之作，也不是為了李白鳴不平，更不是為了投毛澤東之所好，而是一部借歷史亡靈進行自我解剖、自我總結的文人與政治關係的沉思錄。[15]

[14] 劉納：《重讀〈李白與杜甫〉》，《郭沫若百年誕辰紀念文集》，社會科學文獻出版社1994年版。
[15] 劉茂林：《向暮春風楊柳絲──再論郭沫若的〈李白與杜甫〉》，《郭沫若與二十世紀中國文化》，福建人民出版社年2002年版。

這些判斷，或許才真正逼近了郭沫若寫作《李白與杜甫》的真實意圖。

或許，在學術上的承前啟後，根本就沒有成為郭沫若的主要動機，學術追求和學術真理也沒有成為《李白與杜甫》的圭臬。

以古況今、借古言志，向來是中國文人知識份子的傳統，浸潤其中如郭沫若者，屢遭變故如郭沫若者，大概不會僅僅止步於學術的趣味。或許，在世人推崇備至的李杜身上，郭沫若看到了與己相似的人生脈絡。或許，在這兩個名垂青史的文學人物身上，郭沫若看到了自己心靈和精神追求的痕跡。他要借這兩個歷史人物，來述說、來抒發自己的人生感慨。

這不能不使我們想起他寫歷史劇《蔡文姬》時的呼喊：「蔡文姬就是我！」如果說，歷史劇《蔡文姬》是郭沫若自證身世、尋求角色認同的象徵性作品；那麼，《李白與杜甫》一書，則是郭沫若以學術為依託，對自我進行剖析、對靈魂進行審視的寄寓之作。

郭沫若在《李白與杜甫》中，曾經這樣解釋李杜詩作中顛倒事實的現象：「把歷史事實前後錯綜，這是詩人的常用手法（寫詩不是在寫史），不足為異。」[16] 又對李白的詩言志情形，作這樣的理解：「李白在遊幽州的當時非常傷心，傷心他自己知而不能言、言而無人聽。……只是把地上的舞臺移到了天上或者把今時的人物換為了古時，在現實的描繪上，加蓋了一層薄薄的紗幕而已。」[17] 如果我們也從這樣的視角審視《李白與杜甫》，會看到什麼呢？

還是先讓我們到《李白與杜甫》的世界，去尋找郭沫若靈魂深處留下的蛛絲馬跡。

或許，讓郭沫若大發感慨的，首先應該是李杜的共性和同樣的不得志：

---

[16] 《郭沫若全集》歷史編第4卷，人民出版社1982年版，第226頁。
[17] 《郭沫若全集》歷史編第4卷，人民出版社1982年版，第266頁。

生在封建制度的鼎盛時代，他們兩人也都未能完全擺脫中國的庸人
氣味。[18]

從忠君思想這一角度來看問題時，李白和杜甫的態度有所同，也有
所不同。同，是他們始終眷念著朝廷；不同，是李白對於朝廷的失
政還敢於批評，有時流於怨悱；杜甫則對於朝廷的失諱莫如深，
頂多出以諷喻。[19]

他們的功名心都很強，都想得到比較高的地位，以施展經綸，但都
沒有可能如意。[20]

　　正是在這一基礎上，或許郭沫若發現了自我世界的不同側面，看到了
自己的靈魂，在兩人身上有了不同映射。「揚李」，是否是因為作者在李
白身上看到了自己頗為珍視的那個自我形象？或者，作者進一步聯想到了
作為文人的自我？還是讓我們沿著《李白與杜甫》的敘事線索，對作者的
分析、判斷、引申和發揮，進行細細的回味。

　　在涉及李白的家事、家庭、和親人的關係時，郭沫若是這樣認識和引
申的：

一方面他想提高自己的門第以獲得一定的權勢，這一意識便結想而
為涼武昭王九世孫的傳說。另一方面卻又使他能保持著一定的平民
性，能和中下層的民眾接近，有時彷彿還能浮雲富貴而糞土王侯。
又庸俗又灑脫，這就是李白之所以為李白。[21]

18　《郭沫若全集》歷史編第4卷，人民出版社1982年版，第221頁。
19　《郭沫若全集》歷史編第4卷，人民出版社1982年版，第258頁。
20　《郭沫若全集》歷史編第4卷，人民出版社1982年版，第259頁。
21　《郭沫若全集》歷史編第4卷，人民出版社1982年版，第224頁。

李白對於他的家室的感情也非常認真。[22]

李白儘管南北漫遊，登山臨水，求仙訪道，飲酒賦詩，彷彿忘記了身外的一切，然而他對於自己的幼兒幼女是非常關心的。[23]

……他認為宗氏能和前妻的子女能和睦相處。[24]

對於李白在政治活動中的表現，對於李白在實際政治中的真實位置，對李白的政治心理，郭沫若作了精闢而深刻的分析與總結：

其實李白的值得譏評處是在他一面在譏刺別人趨炎赴勢，而卻忘了自己在高度地趨炎赴勢。[25]

和他視被徵召為十分光榮一樣，他也視被讒逐為十分遺憾。[26]

唐玄宗眼裏的李白，實際上和音樂師李龜年、歌舞團的梨園子弟，是同等材料。兩千多年前漢代的司馬遷曾經說過：「文史星曆，近乎卜祝之間，固主上所戲弄，倡優畜之，流俗之所輕也。」[27]

其實不過是御用文人的幫閒獻技而已。[28]

[22] 《郭沫若全集》歷史編第4卷，人民出版社1982年版，第228頁。
[23] 《郭沫若全集》歷史編第4卷，人民出版社1982年版，第229頁。
[24] 《郭沫若全集》歷史編第4卷，人民出版社1982年版，第236頁。
[25] 《郭沫若全集》歷史編第4卷，人民出版社1982年版，第248頁。
[26] 《郭沫若全集》歷史編第4卷，人民出版社1982年版，第249頁。
[27] 《郭沫若全集》歷史編第4卷，人民出版社1982年版，第251頁。
[28] 《郭沫若全集》歷史編第4卷，人民出版社1982年版，第251頁。

李白的性格是相當矛盾的，他有時表現得很清高，彷彿頗有浮雲富貴、糞土王侯的氣概，但他對於都門生活乃至宮廷的生活卻又十分留戀。[29]

然而李白的心境始終存在著矛盾。他一方面明明知道朝廷不能用他；但另一方面他卻始終眷念著朝廷。[30]

李白是被夾在兩種私心之間遭受到災難，他對於李璘的忘公誼而急私忿固然早就失望，而對於肅宗李亨的先安內而後攘外也是十分痛心。但他不敢明言，卻屢屢借題諷喻。[31]

李白豪放，寫了不少憂饞畏譏、憤世嫉俗之作，有時非常沉痛，非常激烈。這其實就是打中蜂窠的彈子了。[32]

　　對李白的惺惺相惜，並沒有妨礙作者對李白作出清醒而真實的判斷。所以，郭沫若以傷感的筆觸，述說著李白的悲慘結局，似乎也預言著自己的恐懼：「要之，永王的迅速敗亡，是李白在政治活動中的又一次大失敗，而且失敗得更慘，更加突如其來。他雖然沒有被殺，但尋陽的監獄在等待著他，夜郎的流竄在等待著他，迅速的衰老和難治的疾病在等待著他，李白所表演的悲劇逐步地快要接近尾聲了。」[33]

---

[29]　《郭沫若全集》歷史編第4卷，人民出版社1982年版，第252頁。
[30]　《郭沫若全集》歷史編第4卷，人民出版社1982年版，第257頁。
[31]　《郭沫若全集》歷史編第4卷，人民出版社1982年版，第279頁。
[32]　《郭沫若全集》歷史編第4卷，人民出版社1982年版，第487頁。
[33]　《郭沫若全集》歷史編第4卷，人民出版社1982年版，第282頁。

　　也許基於對李白命運的清醒判斷，使郭沫若對於李白的迷信和覺醒，才有了更深的感悟：

> 他雖然懷抱著「達則兼善天下，窮則獨善其身」的儒家教條；「兼善」的希望，他沒有達到；「獨善」的實際，卻害了他的一身。他在「獨善」方面，是深深陷沒在道教的泥沼裏，直至他的暮年。[34]
> 讀李白的詩使人感覺著：當他醉了的時候，是他最清醒的時候；當他沒醉的時候，是他最糊塗的時候。[35]

> 李白從農民的腳踏實地的生活中看出了人生的正路；當然，也是他有了覺醒，才能體會到農民生活的真諦。[36]

　　「雲遊雨散從此辭」，最後告別了，這不僅是對於吳筠的訣別，而是對於神仙迷信的訣別。想到李白就在這一年的冬天與世長辭了，更可以說是對於爾虞我詐、勾心鬥角的整個市儈社會的訣別。李白真像是「了然識所在了」。

　　然而，李白在一千多年前的當代，要說已經覺悟得那麼徹底，也是不可能的。他還有不少的牽掛，而且也無心去斬斷那些牽掛。「向暮春風楊柳絲」，就是那些千絲萬縷的牽掛的「絲」了。

　　這首詩，我認為是李白最好的詩之一，是他六十二年生活的總結。這裏既解除了迷信，也不是醉中的豪語。人是清醒的，詩也是清醒的。天色「向暮」了，他在向吳筠訣別；生命也「向暮」了，他也在向塵世訣別。[37]

---

[34] 《郭沫若全集》歷史編第4卷，人民出版社1982年版，第302頁。
[35] 《郭沫若全集》歷史編第4卷，人民出版社1982年版，第312頁。
[36] 《郭沫若全集》歷史編第4卷，人民出版社1982年版，第316頁。
[37] 《郭沫若全集》歷史編第4卷，人民出版社1982年版，第316-317頁。

然而，李白覺醒了，生命卻已是盡頭。作者清醒了，生命還有幾年可以「向暮春風楊柳絲」？

如果說郭沫若是懷著深深的同情走入李白，那麼對世人景仰的「詩聖」杜甫，作者似乎就有些嫉惡如仇、鄙薄不已。或許，作者在杜甫身上，看到了那個熱衷於仕途而不能自拔的政客郭沫若的影子；或許，借貶抑杜甫，文人的郭沫若對政客的郭沫若，展開了深刻的自我批判。還是讓我們細細品味郭沫若是如何的批判杜甫：

> 舊時代的詩人能寫出這樣的詩來，的確是很少見的。但是，使人民受到這樣的災難到底是誰的責任？應該怎樣才能解救這種災難？詩人卻是諱莫如深，隱而不言；而只是怨天恨地，只是對於受難者一味的勸解和安慰。故詩人的同情，應該說是廉價的同情；他的安慰，是在自己安慰自己；他的怨天恨地，是在為禍國殃民者推卸責任。[38]

> 杜甫是站在地主階級的立場上的人，六首詩中所描繪的人民形象，無論男女老少，都是經過嚴密的階級濾器所濾選出來的馴良的老百姓，馴善得和綿羊一樣，沒有一絲一毫的反抗情緒。這種人正合乎地主階級、統治階級的需要，是杜甫理想化了的所謂良民。[39]

> 杜甫是有雄心壯志的人，他總想一鳴驚人，一舉而鵬程九萬里。但這種希望，他一輩子也沒有達到。很強的功名心不能落實，結果可以化為很強的虛榮心。杜甫也就為這種毛病所侵犯，他的虛榮心也

---

[38]　《郭沫若全集》歷史編第4卷，人民出版社1982年版，第354頁。

[39]　《郭沫若全集》歷史編第4卷，人民出版社1982年版，第357-358頁。

十分驚人。[40]

他不願意做小官，但實際上他也缺少辦事務的才幹。[41]

大詩人不耐煩做刀筆小吏的神態，寫的活現。天氣滿熱，飯都吃不下；晚上既多蠍子，秋後反而又多蒼蠅；真是叫人發狂大叫了。公文堆滿案頭，不斷地來麻煩我。朝南望，華山上的青松橫躺在狹窄的山谷上，多麼自在呵！我恨不得打著赤腳去踏上深厚的堅冰呵！可以看出詩人是多麼不耐煩！[42]

杜甫畢竟只是詩人而不是政治家。作為政治家雖然沒有成功，但作為詩人他自己是感到滿足的。[43]

李白在去世前從迷信中覺醒了，而杜甫則一直沒有覺醒，這是很值得注意的。[44]

杜甫是淑世心切的人，以契稷自比，想拯救天下蒼生，但朝廷既重視道教，即使不是出於信仰的虔誠，你也非歌頌道教不可。[45]

杜甫和這樣的人相周旋，而且倚為東道主，因而有時也昧著良心大加吹捧。[46]

---

[40] 《郭沫若全集》歷史編第4卷，人民出版社1982年版，第388頁。
[41] 《郭沫若全集》歷史編第4卷，人民出版社1982年版，第388頁。
[42] 《郭沫若全集》歷史編第4卷，人民出版社1982年版，第389頁。
[43] 《郭沫若全集》歷史編第4卷，人民出版社1982年版，第392頁。
[44] 《郭沫若全集》歷史編第4卷，人民出版社1982年版，第410-411頁。
[45] 《郭沫若全集》歷史編第4卷，人民出版社1982年版，第414頁。
[46] 《郭沫若全集》歷史編第4卷，人民出版社1982年版，第444頁。

把一位飛揚跋扈、在國難期間窮歡極樂的地方軍閥，竟公然毫無保留地歌頌起來。[47]

岑參只是在美化朝廷，杜甫則美化了自己，又美化了朝廷。朝廷有了杜甫那樣好的諫官，正足證明朝廷有知人之明和用賢之美。這樣的朝廷還不休明嗎？但實際是怎樣呢？[48]

不必要再長篇引述了。不要說比附，也不要說影射，更無需說對號入座，只要想一下古詩「山色有無間」蘊含的意味和境界就可以了。

品味這些潛藏在學術深處的滄桑感觸與人生況味，是不是正如郭沫若所說的：不足為異？是不是把地上的舞臺移到了天上？把今時的人物換了古時？是不是在現實的描繪上加上了一層薄薄的紗幕？

要之，以春秋筆法闡發微言大義，向來是中國文人知識份子的拿手好戲。在明修棧道、暗渡陳倉中，實現偷樑換柱、皮裏陽秋的效果，對文史大師郭沫若來說，實乃雕蟲小技。在虛虛實實的學術世界，郭沫若通過對李杜的理解和評價，完成了一個從政文人內心深處孤獨的精神梳理，也留下了一個捲入仕途的脆弱文人向塵世訣別之前的心靈備忘錄。他或許有武則天立無字碑的心緒，早就知道了後人對他一言難盡的評說。

對郭沫若自身來說，或許「揚李抑杜」已經不重要。重要的是，他在這兩個歷史人物身上，既發現了同一個「自我」，又看到了兩個不同「自我」的精神影像。

同一個「自我」的發現，正如論者所說：李杜都沒有認清自己的位置，都有一種懷才不遇的怨恨和待價而沽的清高；李杜都是忠君主義者，

47　《郭沫若全集》歷史編第4卷，人民出版社1982年版，第445頁。
48　《郭沫若全集》歷史編第4卷，人民出版社1982年版，第460頁。

都是神佛崇拜者。[49] 或者說，在汲汲於功名利祿的李白、杜甫身上，郭沫若看到了同樣熱衷於功名利祿的自我——文人從政的郭沫若。

兩個不同「自我」的精神影像，可以說，是文人郭沫若和政客郭沫若——兩種截然不同的心靈側面的真實寫照。李白，更多地寄託著文人郭沫若的所思所想；杜甫，更多地負載著政客郭沫若的所欲所求。

或許可以簡單的說：「揚李」，是為熱衷於政治的文人郭沫若，進行自我辯解，在顧影自憐中進行自我安慰；「抑杜」，是對熱衷於政治的文人郭沫若，進行自我否定，在貶損非議中進行自我解剖。郭沫若內在精神世界的矛盾，士與仕雙重身份的心靈糾葛，都在一千多年前的古人身上，獲得了強烈的共鳴。

《李白與杜甫》之所以沒有前言後記，作者也沒有多餘的解釋辯駁，是否是作者欲借歷史人物的命運多舛、歷史人物的抑鬱不得志，來抒發自己沉痛的隱曲之聲？是否是像武則天的無字碑那樣，功過是非任憑世人解說？或許，當年指示科學院影印《李白與杜甫》的陳伯達，在詳讀了郭沫若的大作後，終於品出了其中的真味，最終不敢上呈毛澤東、周恩來。

或許，我們真的應該說，《李白與杜甫》是生命漸逝的郭沫若，回首自己的人生歷程，在一個無法打開心扉的時代，在一個文網星羅棋佈的時代，為自己、也為後世留下的一部隱祕的心靈自敘傳。

《李白與杜甫》，是一部寓複雜人生況味於學術的真誠反思之作，是仕途疲倦、步履蹣跚的郭沫若，在進退兩難的宦海浮沉後，做出的清醒自嘲與內省。這，是感時傷世、感時傷懷的郭沫若，面對大浪淘沙的歷史風流人物，發出的遙遙心靈感應！這，是朝如青絲暮成雪的郭沫若，面對悠悠千古的長空皓月，發出的世事滄桑、人生無奈的萬般感慨！

---

[49] 劉茂林：《向暮春風楊柳絲——再論郭沫若的〈李白與杜甫〉》，《郭沫若與二十世紀中國文化》，福建人民出版社年2002年版。

郭沫若：士與仕的長長背影
360

十五、「神佛都是假」

　　如果把《李白與杜甫》的寫作，比喻為一次「鳳凰涅槃」式的精神自救，那麼「鳳凰」雖然甦醒了，但是卻沒有獲得更生。俗話說，上山容易下山難，一旦上了政治這條船，就身不由己。更何況文人從政的郭沫若，對此還有著深深的「眷戀」。

　　可是，宏大的政治運動，往往並不按著人類理性的規律運行，在狂熱的氛圍中，反而常常顯露出非理性的猙獰面孔。那些身經百戰的政治家們，都很難把握住政治風向的飄搖，身受文革風暴激蕩的文人知識份子們，就更難窺其堂奧了。

　　那個身份特殊的章士釗，還曾一度書生意氣，分別致信毛澤東、劉少奇。勸劉少奇效法廉頗向藺相如肉袒負荊之誠意，到毛澤東面前長跪謝罪，勸毛、劉赤誠相待，切勿分裂，而後在潤公統一指揮下共施無產階級路線，由此各層糾紛也得以解決，「豈不大快，豈不大快！」[1]

　　郭沫若可不像章士釗那樣超然於局外，也沒有章士釗的天真與可愛，更沒有章士釗早年有恩於毛澤東的那樣舉措可以吃老本。經年累月的政治運動，早已經使他深深地明白了一個實實在在的「真理」：永遠忠於心中的紅太陽，才是唯一的政治前途。文人從政的郭沫若，內心深處是如何認識和理解那場轟轟烈烈的文革風暴，今天我們已經很難知曉了。但是，置身於那樣一場火熱的運動中，要想一路過關闖將，只能有一種選擇，那就

---

[1]　章含之：《風雨情——憶父親、憶主席、憶冠華》，上海文藝出版社1994年版，第56-59頁。

要像林彪說的那樣：「理解的要執行，不理解的也要執行」。

文人出身的郭沫若，畢竟玩不轉陰謀詭計、厚黑學。或許是有所不為，也許是緊追慢趕也趕不上，在激烈的政治鬥爭旋流中，毛澤東旗幟下文化尖兵的位置，早已被那些激進政客取而代之了。在變幻莫測的政治格局中，他愈來愈像是一架「文化屏風」，他也自嘲是一位「接客先生」。這與其說是一種無奈，毋寧說是一種幸運。否則，如果身先士卒，效法那些極端左派，郭沫若作為文人知識份子的名節和清譽，就要徹底毀壞殆盡了。

郭沫若天生的政治天分，畢竟是不容忽視的。試想，未從政前的青年時代，能組織、維繫創造社長達十餘年，就可見郭沫若政治水平之一斑。可別認為創造社只是文學社團而小瞧它，它可是現代中國文學史上最喜好挑戰、最能團結一致對外的文學社團。要知道，創造社諸君，皆青白眼之輩，眼睛朝天長，個個自命不凡，郭沫若能長期成為創造社的精神領袖，就可見其政治魅力、組織才幹的過人之處。

既不願像無恥政客那樣不擇手段、傷天害理，又不願被打入冷宮、淘汰出局，郭沫若大概要為此煞費苦心、傷透腦筋。這既需要抓住機緣，又需要深諳政治技巧和生存智慧。在這些方面，郭沫若還是能夠勝任的。從建國以來一直到去世，他一直官居高位，而且屢經大風大浪，自身也沒有傷筋動骨。這些，足以證明他也不是政界的泛泛之輩。

其實，如果從「論功行賞」的角度來看，用大俗話說，就是毛澤東待郭沫若不薄。1969年4月份，憑藉長期以來自己積累的聲望，憑藉長期以來對毛澤東的耿耿忠心，郭沫若成為了中國共產黨第九屆中央委員會委員。歷經九屆、十屆和十一屆中央委員會選舉，直到去世，郭沫若都保留著中央委員的頭銜。這當然是一種肯定和回報。

可是，政治並非整日陽光燦爛，否則，那個大漢奸周佛海也不會咒罵政治是世間最骯髒的東西。既然享受了政治回報所帶來榮耀和優裕，就

要承擔政治地震所帶來危險和恐懼。在「九大」上不可一世的林彪，隨著「搶班奪權」美夢的破滅，很快地覆亡了，中國的政治格局也驟然發生了巨大變化。林彪事件的衝擊波，是震撼性的，不但直接引發了人們對文化大革命的大範圍懷疑與憂慮，也使毛澤東的精神受到深深的刺激。

天下已然大亂，可是天下大治卻遙遙無期。人心思穩、人心思定，成為70年代初期一股不可小覷的社會思潮。從1971年10月之後，「批林整風」順理成章地搬上了中國政治的議事日程。幾乎同時，在毛澤東的支持下，全面主持中央日常工作的周恩來，也開始了社會整頓，並把「批林整風」的矛頭引向了極左思潮。

可是，這次為期僅一年有餘的整頓，卻引發了一次政治地震，也就是在這場震盪中，郭沫若又一次被迫站在了政治的風口浪尖，遭遇了他生命歷程中最後一次的政治險惡。

這就是1974年的「批林批孔」運動和「評法批儒」惡浪。

可以說，對「衛星上天、紅旗落地」的擔憂，是政治左派發動文化大革命的理論和心理基礎。隨著周恩來政治整頓措施的推行，社會各界表現出了強烈的批「左」傾向，這引發了毛澤東對文化大革命可能被否定的擔憂。與此同時，政壇上的另一股極盛的勢力——江青政治集團，也把周恩來視為最大的政治對手和政治障礙，早就欲除之而後快。

儘管在文革中，毛澤東曾提出要批判孔子思想，但和林彪事件接上茬，將「批林」和「批孔」合二為一，實在是有些令人感到莫名其妙。說林彪是軍事家人們相信，但說他是「儒家」則有些繆托知己。蓋直接的原因，是在收集林彪罪證時，發現了林彪的「悠悠萬事，唯此為大，克己復禮」、「既受於天，又受於人」等手書條幅，更在林立國《571工程紀要》罵毛澤東的材料：「已經成了當代的秦始皇」、「是一個行孔孟之道，借馬列主義之皮，執秦始皇之法的中國歷史上最大的封建暴君」、「打倒當代的秦始皇——B52」。這些，毫無疑問深深地刺激了毛澤東的

心理和情感。

出於文化大革命被否定的擔憂，出於周恩來也要搞修正主義的擔心，一場借「批林批孔」之名發起的現實政治整肅運動就在所難免。而這場運動，又被久已覬覦周恩來權力和位置的江青集團所利用。郭沫若因為長期以來的「尊儒反法」學術思想，更因為和周恩來密切的關係，就迫不得已地捲入了這場險惡的政治批判和政治鬥爭。

將「尊儒反法」問題和現實政治聯繫起來，是毛澤東早就醞釀已久的一個思想脈絡。早在1968年底中共八屆十二中擴大會議的閉幕式上，毛澤東就乘興談起過「尊儒反法」問題，那時林彪正大紅大紫，還沒有「批孔」的直接現實政治誘因。談話當然直接涉及到了郭沫若：

> 擁護孔夫子的，我們在座的有郭老，范老也是基本上有點崇孔，因為你那個書上有孔夫子的像哪。馮友蘭就是擁護孔夫子的。我這個人比較有點偏向，就不那麼高興孔夫子。看了說孔夫子代表奴隸主、舊貴族，我偏向這一方面，而不贊成孔夫子是代表那個時候新興地主階級。因此，我跟郭老在這一點上不那麼對。你那個《十批判書》崇儒反法，在這一點上我也不那麼贊成。但是，在范老的書上，對於法家是給了地位的。就是申不害、韓非這一派，還有商鞅、李斯、荀卿傳下來的。這些古董，我也不勸同志們回去研究這一套呵。[2]

那時，毛澤東彷彿是以老朋友的語氣，委婉批評郭沫若的觀點；「崇儒反法」問題，也還沒有和激烈的高層政治鬥爭掛上鉤，郭沫若當然也沒有什麼可緊張的。

---

[2] 《毛澤東讀書筆記解析》，廣東人民出版社1996年版，第1149-1150頁。

　　況且，建國以來，郭沫若為了順應毛澤東的口味，在「崇儒反法」問題上也悄悄做了修正，主要集中在對秦始皇的評價上。郭沫若從過去對暴君秦始皇的批判，開始變得有節制、有分寸的讚揚秦始皇，不再從專制的角度批判秦始皇暴政，而且在《讀〈隨園詩話〉札記》及其它文章和書信中，還對秦始皇的「焚書坑儒」作了辯解。或許，毛澤東根本就沒有在政治上要打倒郭沫若的意圖，只不過屈指算來，在學術思想界樹大招風的郭沫若，是最引人注目的「尊儒反法」典型，把郭沫若捎帶進「批林批孔」中，也算是現實政治的需要。

　　在毛澤東眼中，法家是代表歷史變革的進步派，儒家是反對歷史變革的保守派，而他親自發動的文化大革命毫無疑問是一次巨大的、進步的歷史變革，反對之聲四起，倒很像是歷史上的儒法鬥爭。為了使文化大革命不被否定、能夠順利進行，以「批林批孔」為契機，批判現實政治中的「修正主義」苗頭，就勢在必行。

　　最初，在「批林批孔」問題上，毛澤東還是比較謹慎的，他是根據國內各政治派別的反應，來不斷調整和實施自己的戰略構想。可以說，毛澤東一邊審度國內政治局勢的變化，一邊開始在不同場合表達批判「尊儒反法」的想法。至於是不是要發動一場運動，也要隨政治形勢發展而確定，既不能讓「修正主義」竄出來，也不能讓極左派一頭獨大。

　　在1973年5月的中央工作會議上，毛澤東對社會上風傳的「文化大革命失敗了」的說法，加以批駁，認為只注意生產不注意上層建築，路線不對；要注意上層建築，注意抓路線，要讀一點歷史，要批判孔子和尊儒思想。這是毛澤東在正式場合第一次提出「批林」還要「批孔」。在這次會議期間，毛澤東已經令人排印了大字本的《十批判書》，還送了江青一冊，並順口念了一首順口溜式的詩：「郭老從柳退，不及柳宗元。名曰共產黨，崇拜孔二先。」此詩也經江青之口，向外界流傳了出去。

　　1973年7月4日，毛澤東在同王洪文[3]、張春橋談話時，再次談起批孔問題。在這次談話中，毛澤東表達了對周恩來的不滿，還警告說：「大事不討論，小事天天送。此調不改動，勢必搞修正。將來搞修正主義，莫說我事先沒講。」這次談話，也把郭沫若給牽連上了：郭老在《十批判書》裏頭自稱人本主義，即人民本位主義，孔夫子也是人本主義，跟他一樣。郭老不僅是尊孔，而且還反法。尊孔反法，國民黨也是一樣啊！林彪也是啊！我贊成郭老的歷史分期，奴隸制以春秋戰國之間為界。但是不能大罵秦始皇。

　　1973年7月17日，毛澤東在接見諾貝爾獎獲得者楊振寧時，又談及了「尊儒反法」問題：

> 有人罵我，說我是秦始皇。秦始皇焚書坑儒，坑的是一派，只有460人，他崇尚法家。郭老對歷史分期的看法是對的，但是他的《十批判書》有錯誤，是崇儒反法。法家是前進的嘛！我們社會要發展，要前進……秦始皇是統一中國的第一個人。坑儒也不過坑了460人。[4]

　　如果說以前批評「尊儒反法」問題時，是捎帶著郭沫若，那麼1973年8月5日，毛澤東就直接點名了。不過方式很奇特，是讓江青記下他寫罷不久的一首新詩《讀〈封建論〉呈郭老》：

> 勸君少罵秦始皇，
> 焚坑事業要商量。

[3] 此時王洪文已被任命為中共「十大」籌委會主任，成為了欽定的接班人。
[4] 張恩和、張傑宇編著：《長河同泳──毛澤東與郭沫若的友誼》，華文出版社年2003版，第282-283頁。

祖龍魂死秦猶在，

孔學名高實秕糠。

百代都行秦政法，

十批不是好文章。

熟讀唐人封建論，

莫從子厚返文王。

在這次召見江青時，毛澤東對江青說：歷代有作為的政治家都是法家，法家主張法治，在歷史上一般都是前進的，是厚今薄古的。儒家滿口仁義道德，一肚子男盜女娼，是厚古薄今的，開倒車的。這些指示，連同那首詩，也就借江青之口，開始向外界廣為傳佈。

兩天之後的8月7日，《人民日報》就刊發了中山大學楊榮國的文章，《孔子——頑固地維護封建奴隸制的思想家》。當然，這篇文章是經毛澤東批准發表的。

1973年9月23日，毛澤東在接見埃及副總統侯賽因‧沙菲時，話題又轉到了秦始皇問題：秦始皇是中國封建社會第一個有名的皇帝，我也是秦始皇，林彪罵我是秦始皇。中國歷來分兩派，一派講秦始皇好，一派講秦始皇壞。我贊成秦始皇，不贊成孔夫子。

毛澤東的這些談話，顯然是以非正式的方式，向「修正主義」苗頭，發出警告。

可能是出於維護社會經濟發展的需要、出於平衡各派政治勢力的需要，毛澤東在1973年12月，任命鄧小平為政治局委員和軍委委員，協助周恩來主持中央日常工作，參與軍委的領導工作。此時，江青、張春橋、王洪文、姚文元在政治局中，已經結成了「四人幫」，他們的許多親信，也在「十大」後進入了中央委員會。本來，一個周恩來就讓他們們難以對付，又加上一個鄧小平，妄圖單獨「組閣」的「四人幫」集團，更加窮兇

極惡了。

　　抓住毛澤東批評「尊儒反法」這些指示，江青集團緊鑼密鼓地加快了「倒周」的步伐。

　　早在「十大」以後，江青集團就已經迫不及待地把「批林批孔」付諸實施。他們在北京大學、清華大學等全國的一些高校和其他部門，組織大批判組，大肆渲染和擴大「批孔」聲勢，連續組織發表「批孔」、「批儒」的文章，並編選《林彪與孔孟之道（材料之一）》。在此期間，江青也授意北大、清華的大批判組，將郭沫若著作中「崇儒反法」的話，全部摘錄出來，翻印下發，準備當作批判的靶子。

　　據說，當時北大教授馮友蘭迫於壓力，寫了兩篇批孔文章《對於孔子的批判和對於我過去的尊孔思想的自我批判》、《復古與反復古是兩條路線的鬥爭》，文章涉及到了郭沫若和《十批判書》。毛澤東在審讀馮友蘭的文章時，對人說：「那裏面可是指了郭老的名字的，別批郭老啊！」於是這兩篇文章在1973年12月3日、4日《光明日報》發表時，郭沫若的名字和《十批判書》的書名，才都被刪了去。[5]

　　在「四人幫」的鼓動下，毛澤東終於批准在全國大規模開展「批林批孔」運動。

　　毛澤東的目的，顯然是防止出現「修正主義」和「右傾翻案」，維護文化大革命的一貫正確性，防止周恩來成為第二個劉少奇。而「四人幫」則借「批林批孔」之機，不批林、假批孔，批「大儒」、批「周公」、批「宰相」，把矛頭對準了周恩來。喪心病狂的「四人幫」，甚至授意屬下，在大批判文章《孔丘其人》中，以「重病在身」等話語，露骨地影射和攻擊已經身患重病的周恩來。「四人幫」是打著「批林批孔」的幌子，欲將周恩來打而倒之、取而代之。

---

[5]　張恩和、張傑宇編著：《長河同泳——毛澤東與郭沫若的友誼》，華文出版社年2003版，第286頁。

1974年初，由「四人幫」集團具體組織實施的名為「批林批孔」、實為「倒周」的運動，達到高潮。1月24日，還是正月初二，江青等人未經中央政治局和中央軍委批准，擅自下令在首都體育館召開中央軍委機關、駐京部隊萬人「批林批孔」大會，大講「批林批孔」要聯繫實際，叫囂有人要翻文化大革命的案。1月25日，大年初三，江青等人再次以傳達中央1974年1號文件為名，召開中央、國務院直屬機關「批林批孔」萬人動員大會，號召「批林批孔」不要放空炮，要有的放矢、要聯繫實際。

事先毫不知情的周恩來，被迫坐在主席臺上，無奈地聆聽「四人幫」的「含沙射影」。會後，江青將張春橋、王洪文、姚文元、遲群、謝靜宜等親信，召集到釣魚臺，得意地說：「批林批孔」我是站在第一線衝鋒陷陣；今天我們把周恩來搞得狼狽不堪，這個龐然大物也得在大庭廣眾之下檢討自己的思想跟不上形勢；有什麼了不起，照樣是我們的手下敗將；眼下鹿死誰手，就看我們兩家的了。

就在這次萬人大會上，郭沫若也遭到了江青的「垂青」。

她聲稱要「保護」郭老，先大講郭沫若的「好話」：「對郭老，主席是肯定的多，大多數是肯定的，郭老的功大於過。郭老對分期，就是奴隸和封建社會的分期，是很有功勞的。他有一本書，《奴隸制時代》。郭老對紂王的翻案，郭老對曹操的翻案，這都是對的，而且最近還立了一個功，就是考證出李白是碎葉人。碎葉在哪兒呢？就在阿拉木圖，就是說，這些地方原來是我們的。郭老的功勳是很大的，這點應該同志們知道。」[6]可是，她話鋒一轉，指責郭沫若的《十批判書》是不對的，並把毛澤東的詩句「十批不是好文章」公開向外界傳達。其間，郭沫若數次被江青點名，被迫站起來接受指責長達數分鐘。說實在的，郭沫若平生還沒有遭受過如此大的羞辱。這使他又羞又怒、又驚又懼。

6　張恩和、張傑宇編著：《長河同泳——毛澤東與郭沫若的友誼》，華文出版社年2003版，第287頁。

可以說，這是江青對郭沫若施以的「胡蘿蔔加大棒」手法。江青集團的如意算盤打得很巧妙，威逼和利誘雙管齊下，迫使郭沫若反戈一擊，就會讓周恩來遭到重創。周恩來也很清楚，如果郭沫若倒向江青集團，來一個釜底抽薪，那麼將使自己置於腹背受敵的困境。可以說，政治角逐的雙方，都在密切關注著郭沫若的一舉一動

在「一‧二五」萬人大會前，周恩來曾會同張春橋到郭沫若寓所；大會後周恩來、張春橋、江青也先後來到郭家。[7]對於這幾次會談的內容，後人的敘事依據，主要來自於郭沫若夫人和郭沫若祕書的文章：于立群的《化悲痛為力量》，王廷芳的《周總理和郭老的友誼》、《光輝的一生深切地懷念》。他們都是當時的在場者，其他人的敘事多為轉述。

對於「一‧二五」萬人大會之前周恩來、張春橋的來訪，王廷芳記述了周恩來的談話內容：

> 你那些書要清理清理，但到底有什麼問題，我還說不清楚，你們大家都讀書，我回去也讀你的書，讀完之後再說，不要急於檢查。[8]

對於「一‧二五」萬人大會之後周恩來來訪時的談話，據王廷芳記述，內容和上次相似：

> 請郭老自己研究自己的著作；他自己也要研究研究郭老的著作。總理說，他沒有發言權，因為他沒有讀書，讀了書才有發言

7　于立群、王廷芳等人的文章，沒有明確說明「一‧二五」萬人大會之後，周恩來和張春橋是一起來的，還是分別來的。他們的敘述給人的感覺，似乎是周恩來、張春橋分別來到郭府。馮錫剛在《郭沫若的晚年歲月》一書（第321頁）則認為：第二次來訪，周恩來也是和張春橋一起來探視郭沫若的。

8　龔繼民、方仁念《郭沫若年譜》，天津人民出版社1992年版，第1454頁。

權。總理還對我、對郭老的子女說，咱們大家都要讀書，讀了書才有發言權，要不就沒有發言權。[9]

對於張春橋和郭沫若的談話，王廷芳是這樣記載的：

他張牙舞爪地指責、批評郭老抗戰時罵了秦始皇。郭老針鋒相對地說：我當時罵秦始皇，是針對國民黨蔣介石。把張春橋頂了回去。[10]

可以說，雙方對郭沫若的「關切」，到了「拉鋸戰」的地步。

在「一・二五」萬人大會之後的當天晚上，周恩來就派人來到郭沫若寓所，傳達深深的關切。據《郭沫若的晚年歲月》一書說：「這時情緒低落的郭沫若已就寢，讓祕書轉告有事明日再來談。待瞭解來人是為傳達周恩來的指示後，即欣然起身，在客廳裏親自接談。」[11] 直接的在場者、郭沫若的祕書王廷芳是這樣回憶的：

在「一・二五」大會後的當天晚上，總理派人來，指示說：郭老已是八十多歲的高齡了，要保護好郭老，要保證郭老的安全，而且具體地指示了四條：第一條是，郭老身邊二十四小時不能離人，要配備專人晝夜值班；第二條，要郭老從十多平方米的小臥室中搬到大房子裏去住。後來總理見到郭老時，對郭老說，為什麼讓你從小房子搬出來呢？因為房子小，氧氣少，對老年人身體不利。第三條，郭老在家活動的地方，要鋪上地毯或膠墊，避免滑倒跌傷；第四

---

[9] 王廷芳：《光輝的一生　深切的懷念》，《郭沫若專集1》，四川人民出版社1984年版。

[10] 王廷芳：《光輝的一生　深切的懷念》，《郭沫若專集1》，四川人民出版社1984年版。

[11] 馮錫剛：《郭沫若的晚年歲月》，中央文獻出版社2004年版，第320頁。

條，具體工作，由我組織執行，出了問題，由我負責。我聽了總理
的指示，感動的不得了。郭老聽了總理的指示，也感動得連連說了
幾聲「謝謝總理，謝謝總理。」[12]

深處艱難之中的周恩來，可謂是用心良苦。或許，他真的擔心郭沫
若在壓力面前心神不定以至於有所閃失；或許，他更擔心郭沫若頂不住壓
力，而為江青一夥所利用。或許，他不願再給郭沫若增添更大的政治壓
力，而是用這種特殊的、委婉的方式，來表達對老朋友的關心，表達對老
朋友的期望。

江青當然是不甘落後，她親自出馬，來到郭府威逼利誘：

敬愛的周總理這樣無微不至地關心照顧郭老，但萬惡的「四人幫」
卻對郭老進一步地進行折磨和迫害。叛徒江青，一九七四年二月十
號的下午找上門來，糾纏和折磨郭老，她逼郭老寫檢查，寫批宰相
的文章，還以安東尼奧《中國》為名，指桑罵槐地影射我們敬愛的
周總理。她在郭老家中東拉西扯地糾纏了兩三個小時，直到下午五
點多鐘才走。郭老當時咳聲不斷，很少和她答話。當天晚上，郭老
就病了，開始發燒。[13]

對於這幾次政治要人的頻繁來訪，于立群的記載則比較籠統：

江青、張春橋甚至跑到家裏來，當面逼迫他寫文章，承認他在
抗戰期間為揭露蔣介石反共賣國統治，冒著生命危險寫下的劇作和

---

[12] 王廷芳：《光輝的一生　深切的懷念》，《郭沫若專集1》，四川人民出版社1984
年版。

[13] 王廷芳：《光輝的一生　深切的懷念》，《郭沫若專集1》，四川人民出版社1984
年版。

論著，是王明路線的產物，是反對毛主席的；要他寫文章「罵秦始皇的那個宰相」。

江青一夥的狂妄無知、居心叵測，使郭老反感、忿怒到了極點，他當即駁斥張春橋：「我當時是針對蔣介石的。」張春橋頓時無言以對。郭老蔑視這夥無恥之徒，他冷靜地對我說：「歷史自有公論。」……

深切的憂慮和無情的壓力，使郭老的身體衰弱了。就在江青到家裏來糾纏了整整三個小時的當天晚上，沫若的體溫驟然升高，肺炎發作，病情一下子就到了十分危險的地步。[14]

對於江青一夥的舉動，郭沫若當然很清楚是怎麼回事。粉碎「四人幫」之後，他曾告訴侯外廬說：「你看，對我是一打一拉，手腕不低啊！」[15] 也多次告訴家人和祕書：「他們是針對總理的。」郭沫若心裏很清楚，「批林批孔」運動背後，有著你死我活的政治玄奧。

政治鬥爭雙方的「密切關照」，對郭沫若來說，是一次艱難而嚴峻的政治考驗。

一方面是毛澤東的夫人，正在奉命推行毛澤東的指示；另一方面是多年的老朋友周恩來，長期以來對自己關照有加，而且為國操勞有目共睹。江青一夥氣焰正盛，並且處處打著毛澤東的旗號，不服從吧，政治後果可想而知。服從吧，那可是要對自己多年的朋友背信棄義，可是這個朋友無論於公於私，都獲得了他內心深處的尊敬。

且不說如何平衡和那些政治要人的關係，也不說政治路線的對錯，就是從自身角度來說，如果公開作出自我批判，批大儒、批宰相，那他將置自己的名譽，於萬世唾罵之地。郭沫若不可能不懂得：人要像鳥兒愛惜自

---

[14] 于立群：《化悲痛為力量》，《悼念郭老》，三聯書店1979年版。
[15] 侯外廬：《深切懷念郭沫若同志》，《悼念郭老》，三聯書店1979年版。

己的羽毛那樣，愛惜自己的名譽，郭沫若更懂得「歷史自有公論」的深刻含義。

　　郭沫若終於頂住了泰山壓頂般的政治壓力，以沉默和無聲，表達了自己的政治態度。

　　他沒有像建國初期「武訓批判」時期那樣，迅速作出「瞠然自失」的自我批判；他也沒按照江青集團的意願，寫出批大儒、批宰相的「倒周」文章。也許，如果「批林批孔」的矛頭不是對準周恩來，郭沫若可能會做出自我批判。可是這一次，他終於沒有迷失自我，終於堅守住了文人傳統中「有所不為」的人格自尊。

　　可以說，這是建國之後，郭沫若生命歷程中一道最為光彩奪目的人生風景，這也是郭沫若從政以來，最足以捍衛文人氣節的壯舉。

　　但是，在嚴峻的政治抉擇的壓力下，郭沫若病倒了。病情時重時輕，時緩時急，郭沫若開始和另一個更為強大的敵人——死神，進行搏鬥。儘管他頑強地同疾病鬥爭著，「但是，畢竟病情太重，又幾經反覆，他已經無法恢復當年的健康了。」[16]

　　病中的郭沫若，獲得了同樣已患重病的周恩來的無微不至的關照。在險惡的政治風浪面前，兩個多年的老朋友最終還是站在了一起。

　　病中的郭沫若很清楚，執掌乾坤的是毛澤東，儘管他以沉默拒絕了江青集團的拉攏，沒有加入到「倒周」陣營，自我批判和批大儒、批宰相的文章固然也不能寫，但是他必須以其他的特殊方式，向毛澤東表明自己的政治態度。這就是世間廣為流傳兩首七律《春雷》：

　　　　春雷動地布昭蘇，
　　　　滄海群龍競吐珠。

---

[16]　于立群：《化悲痛為力量》，《悼念郭老》，三聯書店1979年版。

肯定秦皇功百代，

判宣孔二有餘辜。

十批大錯明如火，

柳論高瞻燦若朱。

願與工農齊步伐，

滌除污濁繪新圖。

讀書卅載探龍穴，

雲水茫茫未得珠。

知有神方醫俗骨，

難排蠱毒困窮隅。

豈甘樗櫟悲繩墨，

願竭駑駘效驅策。

最幸春雷驚大地，

寸心初覺識歸途。[17]

　　七律《春雷》寫於2月7日，也就是江青「打上門來」的前兩天。當然，也就是2月10日江青走後的那天晚上，郭沫若開始病至沉痾。

　　具體的呈送細節還不得而知，但是呈送詩作本身，既是向毛澤東表明自己對「批林批孔」的政治態度，也是把自己的政治困境、政治難題擺到毛澤東面前，請毛澤東裁斷。這是郭沫若萬般無奈中一項充分展示政治智慧的舉措。毛澤東當然不想對郭沫若大動干戈，也不想讓忠誠於自己的周恩來下臺。毛澤東如果公開表態，無異於自我否定，無異於打破政治鬥爭

---

[17]　《春雷》的第二首，可能不是郭沫若之作。據馮錫剛《郭沫若的晚年歲月》一書說，第二首被收入《胡繩詩選》，該詩附於胡繩1972年向黨中央寫的檢討的後面。詳見《郭沫若的晚年歲月》，中央文獻出版社2004年版，第324頁。

的平衡。他採取了一個模糊但是非常巧妙的方式：在郭沫若病中，親自派人探視，並特意要去了郭沫若的《讀〈隨園詩話〉札記》。

毛澤東的這一舉措，或許才真正讓郭沫若吃了一顆定心丸。因為《讀〈隨園詩話〉札記》的第八則中，有著對秦始皇「焚書」之舉的充分解釋和肯定：

> 以焚書而言，其用意在整齊思想，統一文字，在當時實有必要。然始皇所焚並不多，書多收藏在官家，民間欲學者可就官家學習，此猶今之圖書館也。其焚書最多者實為楚霸王，焚秦宮室，火三月不絕，即所謂「阿房火」也。這不知焚了多少古書！項羽乃楚國沒落貴族，為楚將項燕之孫，幼時「讀書不成」，故不知文物之可貴。何能歸罪於始皇也？……
>
> 又秦始皇收天下兵器，毀之以為鍾鐻，所收者乃銅而非鐵。秦前用兵率用青銅為之，秦以後始專用鐵。故始皇毀兵，在中國為銅器時代向鐵器時代之過渡。且毀兵器而為鍾鐻，不更有偃武修文、賣刀買牛之意耶？[18]

儘管郭沫若對秦始皇的開脫，有強作解人之嫌，但毛澤東重新關注《讀〈隨園詩話〉札記》，已經表明他認可了郭沫若的政治態度。而且，江青一夥準備將「一‧二五」萬人大會的講話稿和錄音帶發派全國的舉動，也被毛澤東所明令禁止。毛澤東是用一種特殊的方式，來安慰驚魂未定的郭沫若。毛澤東對「批林批孔」的態度，實在是很微妙得很，他既要繼續「反修」、「防修」來維護文化大革命，可對文革的正確性，似乎又沒有了當初的雄心勃勃。

---

[18] 《郭沫若全集》文學編第16卷，人民文學出版社1989年版，第315-316頁。

一場嚴峻的政治風險，終於化險為夷了。因為有毛澤東的保護，沒人再敢對郭沫若明目張膽地施以政治壓力。可是政治餘震卻還接連不斷。

江青一夥不甘就此甘休，給郭沫若施點小顏色，可是舉手之勞。1974年的「五一」遊園活動，郭沫若因情緒不佳，沒有參加。但很快政治謠言就紛紛四起，而且由於「四人幫」控制著輿論工具，報紙上領導人的名單中，也就沒有了郭沫若的名字。

還有一事或可一記。據王廷芳記載，這一年的7月，趙茂峰帶來周恩來一封親筆信，內容是請教一個問題。郭沫若一看此信就號啕大哭，說自己對不起總理，連累了總理。[19]周恩來到底要向郭沫若請教什麼問題？郭沫若為什麼看後大哭，並且說對不住總理？周恩來這封信我們無緣得見，但據王廷芳的這個描述來推斷，是因為郭沫若的原因，周恩來才遇到了麻煩。

類似這樣的政治餘震，或許還有不少，但對郭沫若已無大礙了。細查郭沫若的從政歷史，「批林批孔」運動，堪稱是他一生中遇到的最為兇險的政治關口。但是，在大是大非、大節大義面前，郭沫若終於挺了過來。

度過了這場極度艱險的政治風波，郭沫若依然像往日那樣，擔當著「文化屏風」和「接客先生」的角色，抱病參加著各項需要他參加的國務和外事活動；依然以他早已練就的政治姿態和政治技巧，在政治的大風大浪中追隨毛澤東。

可是，他的時日已經不多了。

冬去春來，春來又冬去。

抱病在宦海浮沉的郭沫若，度過了1974年，也度過了1975年。

1976年的元旦才過去沒幾天，1月8日，他的老朋友周恩來去世了。衰邁的郭沫若，用顫抖的筆，在他的日記中，寫下了兩行模糊的幾乎不能辨

---

[19] 龔繼民、方仁念《郭沫若年譜》，天津人民出版社1992年版，第1459頁。

認的字跡：「風蕭蕭兮易水寒，壯士一去兮不復還。」[20] 1976年1月13日，郭沫若寫下了他一生之中或許是最真摯、最沉痛的輓詩之一《懷念周總理》：

> 革命前驅輔弼才，
> 巨星隱翳五洲哀。
> 奔騰淚浪滔滔湧，
> 弔唁人濤滾滾來。
> 盛德在民長不沒，
> 豐功垂世久彌恢。
> 忠誠與日同輝耀，
> 天不能死地難埋。

　　郭沫若只能用詩歌，來表達他對亡友在天之靈的告慰了。這是生者對死者的深深的感激、敬佩和傷感。可能，還有因為給老友帶來過麻煩而產生的些許愧意。

　　郭沫若政治生涯中另一個更舉足輕重的人物——毛澤東，也在這一年的9月9日去世了。

　　在參加毛澤東追悼大會的9月18日這一天，郭沫若寫下了兩首七律，悼念他的這位可敬可畏的朋友、曾經佩服得五體投地的領袖——《毛主席永在》：

> 偉哉領袖萬民親，
> 改天換地絕等倫。

---

[20]　于立群：《化悲痛為力量》，載《悼念郭老》，三聯書店1979年版。

三座大山齊掃地，

五星紅旗高入雲。

反抗霸修防復辟，

發揚馬列育新人。

旰食宵衣躬盡瘁，

英雄兒女淚盈巾。

革命風雲蒸海嶽，

光芒四射永生時。

工農熱淚如潮湧，

中外唁章逐電飛。

悲痛化為新力量，

繼承競作大驅馳。

天安門上音容在，

強勁東風日夕吹。

　　周恩來、毛澤東，可以說是郭沫若政治生命中的兩根支柱。郭沫若和他們，在詭譎的政治風雲中，也結下奇特而深厚的私人友誼。在黨中央對他進行最終評價的悼詞中，這一點都明顯地提了出來：「對偉大領袖和導師毛主席、對敬愛的周總理懷有深厚的無產階級感情。」周恩來、毛澤東的相繼去世，給郭沫若留下的，是悲痛？是沉重？還是迷惘？

　　毛澤東去世後，中國的政治格局，發生了天翻地覆的變化。作惡多端的「四人幫」集團垮了，毛澤東欽定的接班人華國鋒上臺了。

　　長年以來形成的政治慣性和思維定勢，已然化成了條件反射。郭沫若又以他的老本行，表達他的政治姿態，表達他對新當權者的擁護，代表作品，就是1976年10月21日寫的《水調歌頭‧粉碎四人幫》：

大快人心事，
揪出四人幫。
政治流氓文痞，
狗頭軍師張。
還有精生白骨，
自比則天武后，
掃帚掃而光。
篡黨奪權者，
一枕夢黃粱。

野心大，
陰謀毒，
詭計狂。
真是罪該萬死，
迫害紅太陽。
接班人是俊傑，
遺志繼承果斷，
功績何輝煌。
擁護華主席，
擁護黨中央。

　　粉碎「四人幫」之後的郭沫若，依然風光無限的在新一屆政府中，繼續擔任過去的政治職務。郭沫若也彷彿恢復了過去政治生涯中的常態，謳歌「新歷史重整機杼」，謳歌「粉碎四人幫春回宇內；促進現代化勁滿神州」，謳歌「四害必須肅清飛雪迎春到；三年肯定大治心潮逐浪高」。

最常為人津津樂道的，還有他在全國科學大會上的書面講話《科學
的春天》[21]。在這次會議的閉幕式上，當時的中共中央主席、中央軍委主
席、國務院總理華國鋒，親自來到坐著輪椅的郭沫若身邊，俯身勸郭沫若
不要太勞累、提早退席。以這種方式，表達對郭沫若的關切。

可是，呼喚「革命的春天，人民的春天，科學的春天」的郭沫若，卻
在政治的春天剛剛透露出一絲暖意的時節，離開了這個世界。

1978年6月16日，郭沫若徹底告別了這個給了他喜怒哀樂、悲歡離合的
塵世。

在1978年6月18日，一場高規格的葬禮，在人民大會堂隆重舉行。6月
18日這一天，天安門廣場、新華門、外交部，為郭沫若下半旗誌哀。華國
鋒、葉劍英、鄧小平、李先念等當時黨和國家的最高領導人，悉數參加追
悼會，還有黨、政、軍各部門負責人，各界知名人士及首都群眾兩千多
人，參加了追悼會。

以一介文人，死後倍享如此高政治規格的哀榮，郭沫若可能是中國歷
史上的第一人。郭沫若的追悼會，由當時最有權威的葉劍英主持。一個將
要扭轉乾坤的人物——鄧小平，代表黨和國家，為郭沫若致悼詞。

這份悼詞，對郭沫若的政治生涯，進行了評價：「他堅持無產階級專
政下繼續革命，在黨內歷次路線鬥爭中，在思想文化界反對資產階級的鬥
爭中，在國際反帝反修鬥爭中，立場堅定，旗幟鮮明，堅決站在毛主席革
命路線一邊。」悼詞還別有深意的、特別的提及了郭沫若在文革後期和粉
碎「四人幫」時期的政治表現：

> 在郭沫若同志的晚年，經受了第十一次路線鬥爭的考驗。他熱烈歡
> 呼華主席為首的黨中央一舉粉碎「四人幫」的偉大勝利，放聲歌

---

[21]　該文係由胡平執筆起草，郭沫若修改後定稿。

唱：「大快人心事，揪出『四人幫』。」唱出了億萬人民的共同心聲：「擁護華主席，擁護黨中央。」[22]

或許，「經受了」與「經受住了」的評價，是有著人所難知的差別。而且，鄧小平的悼詞和6月14日新華社發佈的訃告，提法上還有著微妙的差異。訃告中稱：「我國偉大的無產階級文化戰士、中國共產黨中央委員會委員、全國人民代表大會常務委員會副委員長、政協全國委員會副主席、中國科學院院長、中國文學藝術界聯合會主席郭沫若同志，因病長期醫治無效，於一九七八年六月十二日逝世，終年八十六歲。」而悼詞之中這樣說：「我們懷著十分沉痛的心情，深切悼念這位為共產主義事業奮鬥終生的堅貞不渝的革命家和卓越的無產階級文化戰士。」[23]在「文化戰士」的修飾上，「偉大」變為「卓越」，是否意味著中國最高層的政要們，對郭沫若已經有了不同的評價？

要知道，在1976年5月12日，適值「批鄧、反擊右傾翻案風」，緊緊追隨毛澤東的郭沫若，曾寫過一首《水調歌頭‧慶祝無產階級文化大革命十週年》：

四海《通知》遍，
文革捲風雲。
階級鬥爭綱舉，
打倒劉和林。
十載春風化雨，

22　鄧小平：《在郭沫若同志追悼會上的悼詞》，《悼念郭老》，三聯書店1979年版。

23　最早看出訃告和悼詞中「偉大」變為「卓越」的，且形諸文字指出這一變化的，就筆者目前所看到的材料來推斷，應該是馮錫剛的《郭沫若的晚年歲月》（第433頁）一書。有興趣的讀者可以參看。

喜見山花爛漫，

鶯梭織錦勤。

茁茁新苗壯，

天下凱歌聲。

奮螳臂，

走資派，

鄧小平。

妄圖倒退，

奈「翻案不得人心」。

「三項為綱」批透，

復辟罪行怒討，

動地走雷霆。

主席揮巨手，

團結大進軍。

　　不知道致悼詞時的鄧小平，知不知道眼前的這個已逝之人，曾經寫過這樣一首詩。

　　或許，郭沫若死得其時。如果依然健在，他將怎樣面對「春天」來臨後的政治風雲？如果依然健在，華國鋒下臺後的政壇，是否還容他有一席之地？

　　不過，他不用再為政治抉擇傷腦筋了。因為，他死了。

　　死了，就是「死去元知萬事空」，就是和塵世的徹底訣別。

　　郭沫若生前，應該為自己的後事做過打算。因為，他為自己安排了一個令後人驚詫萬分的歸宿：把骨灰撒在山西大寨的層層梯田上。

　　郭沫若當年曾經非常喜愛的陳明遠，還一度質疑郭沫若遺言的真實

性。[24] 這，其實已經不重要了。照郭沫若的一貫政治作派，他完全會作出那些被認為是「政治上逢場作戲」的遺言，因為即使不為自己，也要為家人考慮，這沒有什麼可以指責的。即使郭沫若沒說，親近之人「替」他說出，或許也是在當時政治背景下為郭沫若的政治形象著想，當然還有親近之人自己的政治前景也需要考慮。

但是，選擇大寨作為死後的歸宿，應該是郭沫若的真實想法。別人沒有必要違背逝者的遺願，選擇一個逝者不認同的地方作為靈魂歸所，那會讓逝者的靈魂不能安息。

郭沫若選擇大寨這樣一個為世人迷惑不解的地方，作為死後棲息之所，除了目前已有的解釋外，是否可以聯繫一下他的信仰、他對「人民性」的深有感懷？還是讓我們再回首一下他在《李白與杜甫》之中，對「人民性」深深迷戀的心聲：

李白的性格和詩歌是比較更富於平民性的。[25]

這些歌頌工農的詩，雖然不是「揮鯨碧海中」，但也不是「翡翠蘭苕上」，而是一片真情流露的平民性的結晶。[26]

李白從農民的腳踏實地的生活中看出了人生的正路；當然，也是他有了覺醒，才能體會到農民生活的真諦。[27]

---

[24] 陳明遠：《湖畔散步談郭沫若》，《反思郭沫若》，作家出版社1998年版。

[25] 《郭沫若全集》歷史編第4卷，人民出版社1982年版，第316頁。

[26] 《郭沫若全集》歷史編第4卷，人民出版社1982年版，第341-342頁。

[27] 《郭沫若全集》歷史編第4卷，人民出版社1982年版，第316頁。

民間對於所愛好的人，是不願意他被殺乃至死亡的，李白其後病
死於當塗也被美化為入水捕月而騎鯨飛升的傳說，是出於同樣的
心理。[28]

他所傾慕的李白，因為具有「人民性」，而被民間美化。他是否會因
此而引以為效法的先賢？

或許，郭沫若早已預知了自己身後的毀譽交加。他之所以選擇歸葬大
寨的層層梯田，是期待著人民做出公論，期待著像李白那樣成為「民間所
愛好的人」。

應該說，文人從政的郭沫若，在宦海浮沉中，始終是清醒的。他知
道，郭沫若這個名字，必定要在歷史上留下深深的痕跡。所以，他曾有所
為，又曾有所不為。

他內心深處未必沒有冷靜地考慮過自己的是非功過，他內心深處未
必不曾思索過身後的毀譽褒貶。他對於這個以神聖口號壓抑自我個性的社
會，未必沒有厭倦與憎惡。他對於熙熙攘攘的現實世界，也未必沒有犀
利、清醒地認識。

但是，作為一個「高處不勝寒」的從政文人，他不可能、也沒有機
會，將他隱祕的內心世界，將他真實的所思所想、所欲所求，和盤托出。

他曾在1977年的年底，寫過一首《題關良同志畫魯智深》：

神佛都是假，
誰能相信它！
打破山門後，
提杖走天涯。

---

[28] 《郭沫若全集》歷史編第4卷，人民出版社1982年版，第340頁。

見佛我就打，

見神我就罵。

罵倒十萬八千神和佛，

打成一片稀泥巴。

看來禪杖用處大，

可以促進現代化，

開遍大寨花。

對於這首詩，有人說，這是郭沫若率先走出造神的泥沼，發出的思想解放先聲；有人說，這種評價是脫離實際的拔高。其實，我們不妨把它作為1949年之後，一個完整地的郭沫若生命流程的象徵，一個「有經有權」的郭沫若的象徵：一個眾人皆醉我獨醒的文人郭沫若，和一個汲汲於功名利祿的郭沫若；一個孤獨生活在內心世界的郭沫若，和一個在政壇緊跟慢趕追逐風向的郭沫若。這首詩，是郭沫若雙重精神世界的表達，也是郭沫若雙重人格的象徵。

「滋蘭九畹成蕭艾，桔樹亭亭發浩歌。」郭沫若的後半生，多為滋蘭成蕭艾的歲月，他沒能如屈原那樣「桔樹亭亭發浩歌」。郭沫若所推崇的屈原、所推崇的李白，都是因政治大失敗，遭放逐而死去。可是他郭沫若，卻得以壽終正寢。他或許知道，這必須以文人的名節和清譽為代價。他或許以為，這些代價的付出，是為著他心中的信仰、心中的人民性。或許，他也知道自己是在逢場作戲。

但是，他或許沒有想到，後世對他的評價，分歧是如此巨大。

他或許沒有想到，還有很多後來者，按照他當年的政治思路來褒揚他；他或許更沒想到，他罵過李白、罵過杜甫的話，被別人安在了他自己的頭上。他的前塵往事，特別是那些有隱私、機密之嫌的事件，被擁郭派死死的捂著，密不示人。他的前塵往事，特別是那些有隱私、機密之嫌的

事件，更被貶郭派捕風捉影、發揚光大。

　　對於郭沫若的那些不理智的讚揚，已經了無意趣。對於同樣不理智的貶斥，也讓人感到那是極端情緒的發洩。一時的讚美，並不意味著可以千古流芳；一時的罵名，也不意味著千古罵名滾滾來。還是讓我們重溫《聖經》之中《約翰福音》所講的那個故事：

> 於是各人都回家去了，耶穌卻往橄欖山去。清早又回到殿裏，眾百姓都到他那裏去，他就坐下教訓他們。文士和法利賽人帶著一個行淫時被拿的婦人來，叫她站在當中。就對耶穌說：「夫子，這婦人是正在行淫時被拿的。摩西在律法上吩咐我們，把這樣的婦人用石頭打死。你說該把她怎麼樣呢？」他們說這話，乃試探耶穌，要得著告他的把柄。耶穌卻彎著腰用指頭在地上畫字。他們還是在不住地問他，耶穌就直起腰來，對他們說：「你們中間誰是沒有罪的，就可以先拿石頭打她。」於是又彎著腰用指頭在地上畫字。他們聽見這話，就從老到少一個一個地都出去了，只剩下耶穌一人，還有那婦人仍然站在當中。[29]

　　簡單的褒與貶，都無法展現一個更為真實的郭沫若。

　　已成為歷史人物的郭沫若，不需要諛辭，也不需要罵名。

　　長眠不醒的郭沫若，只需要一個穿越時空長河的自身真實影像。

　　漫漫歷史長河的大浪淘沙，會不可阻擋地沖刷掉別人描繪在這個人身上的那些虛浮的泡沫。

　　我們期待著郭沫若那些被人為湮沒的或被誇大其詞的前塵往事，能客觀公正的浮出歷史的水面。那時，將會有一個和歷史人物郭沫若更為貼近

---

[29] 《新舊約全書》之《新約》，中國基督教協會1994年印發，第111頁。

的、更為逼真的形象，浮現在世人眼前。

讓我們對這個已經逝去的人，表達我們的尊敬、惋惜，或者其他。

最後，讓我們重新回到《李白與杜甫》的世界，用郭沫若眼中的詩人之死，來結束本書：

> 「雲遊雨散從此辭」，最後告別了，這不僅是對於吳筠的訣別，而是對於神仙迷信的訣別。想到李白就在這一年的冬天與世長辭了，更可以說是對於爾虞我詐、勾心鬥角的整個市儈社會的訣別。李白真像是「了然識所在了」。
>
> 然而，李白在一千多年前的當代，要說已經覺悟得那麼徹底，也是不可能的。他還有不少的牽掛，而且也無心去斬斷那些牽掛。「向暮春風楊柳絲」，就是那些千絲萬縷的牽掛的「絲」了。
>
> 這首詩，我認為是李白最好的詩之一，是他六十二年生活的總結。這裏既解除了迷信，也不是醉中的豪語。人是清醒的，詩也是清醒的。天色「向暮」了，他在向吳筠訣別；生命也「向暮」了，他也在向塵世訣別。[30]

---

[30] 《郭沫若全集》歷史編第4卷，人民出版社1982年版，第316-317頁。

附錄　意識形態想像與郭沫若史學研究
——以《中國古代社會研究》等為例

（一）作為問題框架的意識形態想像

　　郭沫若曾在《名辯思潮的批判》中談到：「社會在比較固定的時候，一切事物和其關係的稱謂，大體上是固定的。積久，這些固定的稱謂被視為天經地義，具有很強大的束縛人的力量。但到社會制度發生了變革，各種事物起了質變，一切的關係都動搖了起來，甚至天翻地覆了，於是舊有的稱謂不能適應新的內容，而新的內容還在紛紛嘗試，沒有得到一定的公認。在這兒便必然捲起新舊之爭，即所謂『名實之相怨』。在我們現代，正是一個絕好的例證，封建秩序破壞了，通常日用的言語文字都發生了劇烈的變化，舊的名和舊的實已經『絕而無交』，雖然還有一部分頑固分子，在死守著舊的皮毛，然而大勢所趨，聰明的人早知道新舊不能『兩守』，而採取新化一途了。」[1] 恰如郭沫若所判斷的，20世紀的2、30年代「正是一個絕好的例證」，其史學言說在學術界的橫空出世，適逢中國現代史上「名實之相怨」的劇變時代，頑固者守舊、聰明人逐新；更逢國共兩大政治勢力，為維護自身利益和獲取社會合法性，不僅在政治、軍事領

---

[1]　《郭沫若全集》歷史編第2卷，人民出版社1982年版，第252-253頁。

域廝殺，而且在思想文化領域進行激烈的角逐。滄海橫流，方顯英雄本色，風雲變幻的亂世，為郭沫若提供了一個大顯身手的歷史舞臺。

眾所周知，國民黨南京政權的確立和運行，主要是依靠政治暴力來維持的。易勞逸在分析南京政權的意識形態、結構和職能的行使時認為：「所有強大的現代民族國家的一個特點是，人口相當大的部分被動員起來支援政府的政治目標。而國民黨人在重視政治控制和社會秩序的同時，不信任民眾運動和個人的首創精神；所以他們不能創造出那類基礎廣泛的民眾擁護，在20世紀，民眾擁護才能導致真正的政治權力。」[2]一個統治階級在依靠暴力維持其統治的同時，還必須在精神和思想文化領域建立意識形態領導權，說服人們承認現政權的合理性與合法性，依靠人們某種形式的贊同來維持社會現狀。這對主要以精神勞作為志業的文人知識份子尤為重要。國民黨政權不但缺乏這樣一套行之有效的說服體系，其政治專制和獨裁反而加劇了社會整體尤其是文人知識份子的政治緊張心理。新舊不能兩「守」，「大革命」失敗給中國知識份子造成嚴重精神創傷後，開明、穩定的社會政治秩序又沒有建立。他們對國家政治進程的懷疑、對社會前景的苦悶與焦慮，得不到國家政治意識形態的合理解釋與指導時，勢必要尋求其他渠道來釋放和排解。文人知識份子們被迫以新的眼光觀察社會和革命，「革命不再是全民族的共同鬥爭，它只是階級戰爭的一個方面而已。經過白色恐怖和他們自己的信心危機之後，思想家們開始對自己有了新的認識。」[3]中國左翼文化運動的興起，就是在國民黨政治意識形態不能夠為社會政治進程提供恰當的形象和意義指導時，以一套完整的、能夠激發人們想像力的說服體系——作為新的社會想像化身的馬克思主義意識形態，向它提出挑戰，解構和顛覆其合法性、合理性，以社會狀態的科學認識論的先進形象，關注社會下層民生疾苦，追求建立平等、合理的社會

---

[2]　《劍橋中華民國史》下卷，中國社會科學出版社1994年版，第157-158頁。
[3]　微拉・施瓦之《中國的啟蒙運動》，山西人民出版社1989年版，第222頁。

政治秩序，強調社會的有目的、合規律的發展，對社會發展前景做出了嶄
新的說明和構想，滿足了人們對社會政治意識形態說明的渴望。

　　我們知道，每一種意識形態都有其問題框架，接受了某種意識形態的
人總是把它蘊含的問題框架作為觀察、分析和解決問題的出發點。左翼文
化運動期間，馬克思主義意識形態理論在思想文化領域初步確立領導權，
有兩點原因不容忽視：第一，它建構了自身問題框架的真理形象，即強調
資產階級及一切剝削階級的意識形態都是「虛假意識」，而馬克思主義意
識形態是「科學的意識形態」，是科學性與階級性的辯證統一，既是無產
階級根本利益的體現又是社會發展規律的正確表達，只有運用「科學的意
識形態」馬克思主義來指導革命鬥爭，才能推動社會的進步與發展。第
二，在思想文化領域尋找這一真理形象的代言人和宣傳者，使其在具體的
思想文化層面論證和傳播馬克思主義意識形態，從而更廣泛地獲得社會各
階層尤其是文人知識份子的大力支持。文人知識份子加入本來並不從屬的
階級之所以成為可能，是因為他們能在建構和宣傳該階級的意識形態追求
上發揮重大作用；同時社會政治鬥爭對文人知識份子的爭奪，又為他們穩
居思想文化的話語權力中心、確保社會角色和功能的實現，提供了一條合
乎社會認同標準的自我確證之路。馬克思主義意識形態理論，既是左翼文
人知識份子理論和自我確證的思想基礎，又因為他們的宣傳與傳播而羽翼
豐滿。

　　具體言之，郭沫若史學研究產生重大影響的思想文化背景，或者說
專業的學術文化語境，是從1928年開始的長達近十年之久的關於中國社會
性質和中國社會史問題的大論戰。這既是當時中國思想文化界關於中國社
會發展前景問題和中國革命走向問題的大爭論，也是當時主要的政治勢力
企圖在思想文化界建立意識形態霸權的輿論戰場。郭沫若在《中國古代社
會研究》自序中宣稱：「對於未來社會的待望逼迫著我們不能不生出清算
過往社會的要求。古人說：『前事不忘，後世之師。』認清楚過往的來程

也正好決定我們未來的去向。……目前雖然是『風雨如晦』之時，然而也正是我們『雞鳴不已』的時候。」[4]郭沫若這種強烈關注社會現實的治史傾向，使他從沒有將視野侷限於純粹的學術領域，而是「目的意識」非常明確地將學術層面的史學命題推進到政治實踐層面。他的《中國古代社會研究》，以馬克思主義唯物史觀為理論和方法指南，以中國歷史存在過奴隸制為學術核心，認為中國從遠古到近代經歷了原始共產制、奴隸制、封建制和資本制諸種社會形態的更替，建構了在馬克思主義問題框架觀照下的中國歷史和社會發展的闡釋體系。這種對中國歷史和社會發展體系的闡釋，不僅是對當時鼓吹「中國國情特殊論」、反對馬克思主義的「動力派」和「新生命派」等右翼思想文化派別的有力回擊，而且是以中國歷史發展體系為例證，確證了馬克思主義理論關於人類社會發展規律的科學性、普適性和真理性。郭沫若關於中國歷史分期和中國社會性質的論斷，不僅「在中國社會科學界有劃時代的貢獻」[5]，「確為中國古史的研究，開了一個新紀元」[6]，也不僅是「為我們的理性開闢了一條通到古代人類社會的大道，……毫無疑義地成為一切後來者研究的出發點」[7]，更為重要的是在廣泛的社會政治領域和社會價值評判系統中，為馬克思主義指引下的社會政治革命提供了歷史精神資源的合法支撐，正如郭沫若在《中國古代社會研究》中所期望的：「瞻往可以察今，這是一切科學的豫言的根本。社會科學也必然地能夠豫言著社會將來的進行。社會是要由最後的階級無產者超克那資本家的階級，同時也就超克了階級的對立，超克了自己的階級而成為無階級的一個共同組織。這是明如觀火的事情，而且事實上已經在著著地實現了。」[8]

---

[4]　《郭沫若全集》歷史編第1卷，人民出版社1982年版，第6-10頁。

[5]　何干之《中國社會史問題論戰》，生活書店1937年版，第95頁。

[6]　何干之《中國社會史問題論戰》，生活書店1937年版，第104頁。

[7]　李初梨《我對郭沫若先生的認識》，1941年11月18日《解放日報》（延安）。

[8]　《郭沫若全集》歷史編第1卷，人民出版社1982年版，第17-18頁。

　　以《中國古代社會研究》為代表的郭沫若史學研究，不僅在學術領域
構成了當時中國史學革命的重要一環，而且在政治領域為馬克思主義的普
泛化提供了理念實證基礎，成為政治意識形態鬥爭的現實承載物。顯然，
馬克思主義意識形態問題框架，成為其史學研究本體和實現社會功能的價
值中軸，並與郭沫若史學研究實現了雙贏。當時一個認為郭沫若史學「著
作的本身並無諾大價值」的批評者，就已經指出了郭沫若史學研究超出歷
史學範疇本身的政治實踐價值：「全是因為此著作出世之時代關係和它應
給了某種社會勢力的待望」[9]。郭沫若史學研究之所以被譽為劃時代的、破
天荒的貢獻，關鍵就在於它以馬克思主義意識形態問題框架為指引，不
但對中國古代史進行了重新闡釋，開闢了中國史學研究的新格局，而且在
史學這一現代學術領域證明了馬克思主義意識形態想像的真理性，為現
實政治鬥爭提供了合法性與合理性的歷史前提，實現了學術與政治的高度
融合。

（二）黨派聖哲的追求

　　文人知識份子是現代思想精神資源的佈道者，在以黨治為主要政治形
式的現代中國，文人知識份子與現代革命的互動關係，對現代中國文化體
系和學術體系的形成有著重要意義。政治革命成功的關鍵在於民心向背，
一個政黨一個階級不可能完全依靠暴力獲得社會各階層的廣泛贊同，必須
有一套宣傳、說服機制向社會各階層言說政治革命的合理性與合法性，獲
得理解與支持。文人知識份子是最有資格實踐這一功能的社會力量。共產
黨政治革命依據列寧社會主義意識只能依靠知識份子從外部灌輸進去的理
論，高度重視和利用文人知識份子宣傳馬克思主義意識形態的作用。一旦

---

[9]　李麥麥《評郭沫若底〈中國古代社會研究〉》，1932年6月《讀書雜誌》第2卷第6期。

文人知識份子支持社會政治革命，意味著他們將會在自己熟悉和擅長的領域，履行宣傳、教育和說服的職能，以專業的權威身份，將他們所接受的信仰學說和價值觀念向社會各階層廣泛傳播和推廣。

這類文人知識份子兼具知識人和革命家的雙重社會角色。郭沫若是最為叱吒風雲的典型。成為這類文人知識份子，最為基本的條件是必須具有被社會評判系統所認可的知識和精神資源；其次是成為一個或多個專業領域的精英，具有向社會發言的權力；再次，自願加入到政治鬥爭的行列，成為某一黨派的工作人員，為該黨派實現政治理想服務。化用弗·茲納涅茨基的社會學術語，這類文人知識份子可稱之為「黨派聖哲」[10]，即依賴一種或多種專業的精神和知識資源，為某一黨派或集團的政治實踐和目標，提供意識形態闡釋和評判的人。在政治鬥爭激烈的社會中，黨魁們通常缺乏時間或能力承擔這一任務，而一個黨派或集團傳播和宣揚新的思想文化秩序時，又往往會遭遇到舊秩序擁護者的公開或潛在抗拒，黨派聖哲的基本任務和職責就在於「證明」新秩序相對於舊秩序的絕對優越性，從而使該黨派或集團的政治鬥爭合法化、合理化。

以郭沫若為代表的中國左翼文人知識份子在2、30年代政治鬥爭潮流中所承擔的，就是實現馬克思主義意識形態普遍性、合理性與合法性形象的現實功能，在思想文化領域論證共產黨代表社會歷史發展的大趨勢，是追求人類真善美的化身。郭沫若的與眾不同之處，在於他是在多個專業領域或者說更為廣泛的思想文化領域，承擔了黨派聖哲的職能，最有影響的當然是文學和史學領域。王富仁曾這樣評價郭沫若在文學領域的成就：「以郭沫若為代表的創造社、太陽社的文學作家是以馬克思主義理論為號召最早提出革命文學口號的左翼知識份子，他們其中的大多數更以自己政治上的先進性意識自己的先進性，從而忽視了對中國文化和意識形態的切

---

[10]　弗·茲納涅茨基《知識人的社會角色》，譯林出版社2000年版。

近的感受和理解，他們在政治觀點變化之後反而沒有取得在文學創作上的更加自由的心態，也沒有超過他們20年代文學創作的新的成就。」[11] 如果說在文學領域實踐黨派聖哲功能的郭沫若，遭到了人們的詬病和非議，至今不絕於耳，那麼郭沫若在史學領域以《中國古代社會研究》為代表的成就，則被譽為「馬克思主義史學的拓荒之作，開闢了『科學的中國歷史學的前途』。」[12] 諸如此類。更為重要的是，它以學術資源為話語基石，淋漓盡致地展現了郭沫若運用專業知識技能，實踐意識形態闡釋和評判的黨派聖哲功能。

「沒有革命的理論，就沒有革命的行動」，但革命理論轉化為革命行動之前必須獲得信徒、掌握群眾，這就需要黨派聖哲類型的文人知識份子作為中間環節進行滲透、溝通和指導，因為他們被賦予了對社會各界所持知識和信念的可靠性、有效性與真理性進行裁判的權力。眾所周知，馬克思主義意識形態學說在中國思想文化界初步確立話語權力，與以郭沫若為代表的創造社、太陽社成員的大力鼓吹密不可分。但這種鼓吹如果僅僅停留在「標語口號」階段，是無法以情動人、以理服人的，更需要在社會慣例和常識所認可的知識系統與價值系統獲得切實的支援。正如後期創造社所宣稱的雄心壯志：「政治，經濟，社會，哲學，科學，文藝及其餘個個的分野皆將從《文化批判》明瞭自己的意義，獲得自己的方略。」[13] 向來作為中國學術系統之顯學的史學，自然成馬克思主義意識形態爭奪的重要分野，成為獲得話語領導權的學術陣地。套用一句老話來說，意識形態領域資產階級不去佔領，無產階級就去佔領。

關於中國社會性質和社會史問題的論戰，就是這樣一場有著強烈政治關懷的學術大論爭。郭沫若曾明確申述自己的治史目的：「要使這種新

---

[11]　王富仁《「左聯」的誕生和「左聯」的歷史功績》，《紀念中國左翼作家聯盟成立70週年文集》，上海文藝出版社2000年版。

[12]　侯外廬《韌的追求》，三聯書店1985年版，第223頁。

[13]　成仿吾《祝詞》，1928年1月《文化批判》創刊號。

思想真正地得到廣泛的接受，必須熟練地善於使用這種方法，而使它中國化。使得一般的、尤其有成見的中國人，要感覺著這並不是外來的異物，而是泛應曲當的真理，在中國的傳統思想中已經有著它的根蒂，中國歷史的發展也正是循著那樣的規律而來。因而我的工作便主要地傾向到歷史唯物論這一部門來了。我主要是想運用辯證唯物論來研究中國思想的發展，中國社會的發展，自然也就是中國歷史的發展。反過來說，我也正是想就中國的思想，中國的社會，中國的歷史，來考驗辯證唯物論的適應度。」[14] 馬克思主義關於社會發展的五階段論，畢竟是針對西方歷史文化系統所做出的歷史辯證描述，要「考驗辯證唯物論的適應度」，必須以中國歷史的實證和論者自身的專業能力為話語基礎。正如許華茨評價的那樣：「按照馬克思主義的用語來確定中國當前的『生產方式』，事實證明卻不是一件容易的事。這完全合乎邏輯地導致對中國悠久社會歷史的週期性關注。在探討所有這些問題當中，參加者不知不覺地只好從『理論是行動的指南』的討論轉向馬克思主義學說當其應用於過去時的更具決定性質的方面。」[15] 以當時中國社會性質和社會史論戰的三個焦點命題——「亞細亞的生產制」、「奴隸制」和「商業資本制」為例，陶希聖、李季、王禮錫、胡秋原等「思想界的驕子」，認為中國長期存在「亞細亞生產方式」，取消奴隸制，縮短封建制，誇大資本制，無異於否認馬克思主義學說的真理性和有效性，更是抽空了共產黨政治革命合理性與合法性的歷史根基。郭沫若運用自身豐厚的歷史知識資源和嫻熟的專業技能，以馬克思主義意識形態想像為價值支點和方法論，「詮索」馬克思主義學說的真理性：「他這兒所說的『亞細亞的』，是指古代的原始公社社會，『古典的』是指希臘、羅馬的奴隸制，『封建的』是指歐洲中世紀經濟上的行幫制，政治表現上的封建諸侯，『近世資產階級的』那不用說就是現在的資

---

[14]　《郭沫若全集》文學編第13卷，人民文學出版社1992年版，第330-331頁。

[15]　《劍橋中華民國史》上卷，中國社會科學出版社1994年版，第502頁。

本制度了。／這樣的進化的階段在中國的歷史上也是很正確的存在著的。大抵在西周以前就是所謂『亞細亞的』原始公社社會，西周是與希臘、羅馬的奴隸制時代相當，東周以後，特別是秦以後，才真正地進入了封建時代。」[16] 這種評判除卻其學術內涵，潛臺詞無非就是推導出他那誇張式的預言：「現在是電氣的時代。電氣的生產力不能為目前的資本制所包容，現在已經是長江快流到崇明島的時代了！」[17]

像大多數的黨派聖哲一樣，郭沫若包括史學研究在內的思想文化創造行為，並不僅僅侷限於證明所屬黨派和集團政治鬥爭的合法化與合理化，而是參照馬克思主義的意識形態想像，力圖將歷史與現實納入到新的公理系統之中，創造出比舊有思想文化秩序更優越、更合理、更全面的價值標準和行動指南。如果說郭沫若的文學成就尚不足以使許多行家裏手心悅誠服，可是他的史學成就在學術界沉澱了政治因素之後，到了1935年以後，變成了「大家共同信奉的真知灼見，甚至許多從前反過他的人，也改變了態度。」[18] 其實早在1924年，郭沫若在批判整理國故運動時就隱含了自己的學術志向：「整理的事業，充其量只是一種報告，是一種舊價值的重新估評，並不是一種新價值的重新創造，它在一個時代的文化的進展上，所效的貢獻殊屬微末。」[19] 郭沫若包括史學在內的思想文化成就，在「一種新價值的創造」和「一個時代的文化的進展上」，也就是中國馬克思主義思想文化體系的充實和形成上，具有舉足輕重的作用。1941年11月16日《新華日報》發表了周恩來《我要說的話》一文，高度評價郭沫若在新的思想文化秩序創造上的成就：「魯迅是新文化運動的導師，郭沫若便是新文化運動的主將。魯迅如果是將沒有的路開闢出來的先鋒，郭沫若便是帶著大家一道前進的嚮導。魯迅先生已不在世了，他的遺範尚存，我們會愈

---

[16]　《郭沫若全集》歷史編第1卷，人民出版社1982年版，第154頁。

[17]　《郭沫若全集》歷史編第1卷，人民出版社1982年版，第18頁。

[18]　何干之《中國社會史問題論戰》，生活書店1937年版，第49頁。

[19]　《郭沫若全集》文學編第15卷，人民文學出版社1990年版，第162頁。

感覺到在新文化戰線上，郭先生帶著我們一道奮鬥的親切，而且我們也永遠祝福他帶著我們奮鬥到底的。」顯然，這是一個政黨領袖代表該黨派，對充當黨派聖哲的郭沫若思想文化創造績效的認可、肯定與獎賞。

（三）真理戰士的限度

郭沫若在《韓非子的批判》中曾提及治學態度問題：「大約古時候研究學問的人也是有兩種態度的，一種是為學習而研究，另一種是為反對而研究。」[20] 其潛臺詞無非是說：自古已然，於今尤是。實際的治學狀態固然不會如此界限分明，但主導傾向還是可以清析辨別的。就郭沫若這樣一個成就卓然的史學大家來說，儘管他的意識形態衝動是如此強烈，但是其「為學習而研究」的態度也是絕對不能忽視的，這在他對史料的極度重視上可見一斑：「研究歷史，和研究任何學問一樣，是不允許輕率從事的。掌握正確的科學的歷史觀點非常必要，這是先決問題。但有了正確的歷史觀點，假使沒有豐富的正確的材料，材料的時代性不明確，那也得不出正確的結論。」[21] 且不說他在史料的輯逸勾沉方面所下的學術苦功，僅是他在許多具體史學觀點上敢於不斷自我否定，「常常是今日之我在和昨日之我作鬥爭」[22]，就表明他治學態度上的嚴肅、認真和慎重。

這是一種真理戰士的治學態度。如果說黨派聖哲所需要的，是利用他對作為材料的思想文化世界進行研究後所獲得的結果，來設計和論證新的思想文化秩序，是力圖找到實證根據證明新思想文化秩序的真理性，從而雄辯地說明他所代表的黨派或集團社會政治鬥爭的合理性與合法化，那麼真理戰士所重視的，是知識體系和學術系統自身的絕對客觀性、絕對真

---

[20] 《郭沫若全集》歷史編第2卷，人民出版社1982年版，第365頁。
[21] 《郭沫若全集》歷史編第1卷，人民出版社1982年版，第4頁。
[22] 《郭沫若全集》歷史編第1卷，人民出版社1982年版，第4頁。

理性和絕對超越性，必須遵守嚴格的、明確的邏輯秩序和學術規範，客觀
經驗事實是至高無上的第一根據，並且「對真正的學者來說，真理與謬誤
問題無條件地高居一切實際衝突之上，絕對知識不應降低身份充當黨派之
爭的工具。」[23] 如果說街頭巷尾任何一個對郭沫若略知一二的人，都可以
對他的文學創作指手畫腳的話，那麼可以相信，除了少數專業人士之外，
很少有人敢於對他的史學成就置喙。他的史學成就之所以被今人譽為「中
國舊史學的終結和新史學的開端」[24]，最為關鍵的是他的「新見解、新史
料」，首先遵循的是學術系統自身嚴格、明確的邏輯規範和學理秩序，其
意識形態衝動與想像也是首先遵循經驗事實的制約和規定。僅就這點而
言，他首先是一個真理戰士，其次才是一個黨派聖哲，或者說只有憑藉真
理戰士所擁有的知識權威和文化資本，他才有資格成為一個政治目的明確
的黨派聖哲。

　　但是，承認郭沫若真理戰士的治學態度，並不能否定他的黨派聖哲
的主導傾向。如果說真理戰士是郭沫若的知識人角色，那麼黨派聖哲則是
郭沫若的社會人角色，後者的集域和適用範圍遠遠大於並包括前者。我們
知道，黨派聖哲的主要現實目的，在於證明所屬黨派或集團的選擇是正確
的，而對手則是錯誤的，因此其論證方法往往將問題納入到正確與錯誤兩
大範疇之中。他總是選擇和引證大量符合自身意識形態想像要求的「經驗
事實」，從理論和事實兩個層面論證言說的真理性和有效性。況且所謂的
客觀經驗事實材料，並不能充當「充分」的真理標準，對客觀經驗事實材
料的歸納和概括，只有符合理論演繹和推導時才能說明材料的有效性，這
正如郭沫若批評郭寶鈞「抱著一大堆奴隸社會的材料，卻不敢下出奴隸社
會的判斷」，「是缺乏馬克思列寧主義的掌握」[25]，郭寶鈞的史學研究因

---

[23]　弗・茲納涅茨基《知識人的社會角色》，譯林出版社2000年版，第95頁。
[24]　林甘泉、黃烈主編《郭沫若與中國史學》，中國社會科學出版社1992年版，第3頁。
[25]　《郭沫若全集》歷史編第3卷，人民出版社1984年版，第83頁。

為缺乏有力的理論來闡釋和說明已有材料，其史學判斷和材料的有效性也就變得可疑。但是反過來看，由於人文社會科學研究所運用的往往是不完全歸納法，其演繹和推論缺乏絕對可靠性，豐富的材料本身也就只能「相對」充分地證明理論，因此黨派聖哲在行使自己的職能時，「他只能使自己及其皈依者心滿意足，因為在大量七零八落的文化資料中，總能找到事實，在對它進行『恰當』說明以後，能證明他接受為真的概括就是真的，而他斥之為假的東西就是假的。」[26] 當然這種方式具有普遍性特徵，對黨派聖哲和其對手是同等的，正如有的學者對中國社會史問題論戰所作的評價：「如果說這場爭論有勝負，那也是靠認可而不是靠論證取勝的。」[27]

因此從嚴格的邏輯視角來看，郭沫若的史學言說與馬克思主義意識形態想像之間，存在著潛在的循環論證：新材料的運用，論證了馬克思主義理論的普遍性；而馬克思主義理論的新視野，則闡釋了新材料的有效性，二者構成了一個自足、自閉系統。從功能與效果來看，似乎是相得益彰，但是就純粹的學術論證規則來看，因為都不具有「充分」的邏輯概括和邏輯推論上的完全性，二者產生難以消除和彌合的內在矛盾，就是難以避免的。就本文論題範圍而言，這種論證所產生的真空地帶和漏洞，是黨派聖哲和真理戰士兩種角色所持的不同價值標準所造成的。進一步而言，對郭沫若史學研究來說，是黨派聖哲的價值追求壓倒了真理戰士的價值追求，即如他對自己初期研究方法的反思，「是犯了公式主義的毛病」，「差不多死死地把唯物史觀的公式，往古代的資料上套，而我所據的資料，又是那麼有問題的東西。」[28]。既要闡明自己的意識形態想像，又要尊重客觀經驗事實，要做到學術與政治的統一，此事難兩全。他的諸多具體史學論斷的幾經變換，究其根源，主要就是由於兩種價值取向的不同標準和內在

---

[26] 弗・茲納涅茨基《知識人的社會角色》，譯林出版社2000年版，第52頁。

[27] 《劍橋中華民國史》上卷，中國社會科學出版社1994年版，第503頁。

[28] 《郭沫若全集》文學編第13卷，人民文學出版社1992年版，第357頁。

矛盾所致，他以後的學術研究固然在努力消除這種矛盾，但是也只能是原有「秩序」內的修補和完善。真理戰士的追求最終要以黨派聖哲的價值取向為限度。

任何人都有自主選擇自己社會角色的權力和自由，郭沫若的政治傾向和社會角色選擇無可厚非。僅就造成郭沫若作為知識人和社會人、或者說黨派聖哲和真理戰士內在衝突的精神根源而言，意識形態想像本身的遮蔽性和虛假性，是更為內在的思想精神源頭。元典馬克思主義向來將意識形態理解為虛假意識的代名詞，強調「人們迄今總是為自己造出關於自己本身、關於自己是何物或應當成為何物的種種虛假的觀念。他們按照自己關於神、關於模範人等等觀念來建立自己的關係。他們頭腦的產物就統治他們。他們這些創造者就屈從於自己的創造物。我們要把他們從幻想、觀念、教條、和想像的存在物中解放出來，使他們不再在這些東西的枷鎖下呻吟喘息。」[29]（當然馬克思也認為意識形態有時可能是真實狀況的反應）但是，出於實際的政治鬥爭以及自我確證的需要，20世紀絕大多數馬克思主義的追隨者和實踐者，拋棄了馬克思主義創始人對待意識形態問題的謹慎態度，致力於建構一種引導人類行動的「真」的觀念體系，將過去所有統治階級的意識形態斥為虛假的，將馬克思主義意識形態本身視為真理的化身，從而使自己處於「絕對正確」的位置上。但是任何一種觀念系統形成之後，日積月累往往就被視為天經地義，「具有很強大的束縛人的力量」。

對於馬克思主義意識形態的真理性與否，我們今天還不具有充足的言說空間。但是從郭沫若兼具黨派聖哲和真理戰士雙重角色的實際狀況來看，政黨意識形態的侷限與束縛是顯而易見的，郭沫若既是受益者，也受到相當程度的限制，這在他的文學創作和史學研究中，表現的尤為突出。意識形態研究權威卡爾‧曼海姆曾經說過，政黨「是公開的組合和戰鬥的組織。這一

---

[29]　馬克思《德意志意識形態》序言，《馬克思恩格斯全集》第3卷，人民出版社1960年版。

事實本身已經迫使他們具有了教條主義的偏向。知識份子愈是成為黨派的工作人員，他們便愈是失去了他們從他們原先的不穩定狀況所帶來的理解力和彈性的優點。」[30] 照此來看，如果說郭沫若在左翼文化運動時期，在他信奉的意識形態還沒有成為國家意識形態時，其史學言說還能在黨派聖哲和真理戰士兩種角色之間自由、自主的轉換和選擇，那麼其日後的史學言說，則失去了進行再選擇的權力和自由，只能沿著政黨和國家意識形態規定的天條鐵律前行，無論是自願還是被迫，都沒有了尋找其他言說空間的可能。相反，還必須借助於政黨領袖的政治言論，來確證自己的史學判斷。最典型、也最耐人尋味的例證，大概是他曲解和注釋毛澤東關於「周秦」一詞的內涵：「『自周秦以來，中國是一個封建社會』，換一句話說，便是：中國古代奴隸社會與封建社會的交替，是在春秋與戰國之交。」[31]

毫無疑問，意識形態想像是郭沫若史學研究的價值座標和思想基石。馬克思主義意識形態的真理性（郭沫若也為證明其真理性做出了貢獻），規定了郭沫若史學研究所能達到的學術高度，並構成了評判郭沫若史學研究價值的大前提。儘管人們從沒有小覷郭沫若史學研究的學術價值，但是，假設（只是假設）像有的學者所說的那樣：「西方舊的有產階級可能會發現它與東方政治精英最深刻的歷史共同點在於他們都是過渡階級。在東方，先鋒隊政黨相當於新教改革的共產主義的對應物，一旦為新階級鋪平了道路，它（像新教一樣）就成了一個中空的意識形態外殼。……地位最低的階級從來沒有獲得過政權。今天看來，依然如此。」[32] 那麼在這種問題框架下，人們該如何評說郭沫若史學研究、或者說像郭沫若這樣類型的文人知識份子呢？

---

[30] 卡爾·曼海姆《意識形態與烏托邦》，商務印書館2000年版，第39頁。
[31] 《郭沫若全集》歷史編第3卷，人民出版社1984年版，第13頁。
[32] 艾爾文·古德納《知識份子的未來和新階級的興起》，江蘇人民出版社2002年版，第93頁。

附錄　郭沫若大事年表[1]

1892年

11月16日，生於四川省樂山縣沙灣鎮。學名開貞，號尚武。

1897年

春，入家塾「綏山山館」

1903年

開始接觸新書刊

1904年

夏，作五律《邨居即景》，此係目前已知的郭沫若最早的詩作。

1905年

夏，入樂山縣高等小學。

1906年

夏，因考第一名，發生風波。自稱「開始接觸了人性的惡濁面」，是一生的「第一個轉扭點」。

---

[1]　本年表係參考多種郭沫若年譜編訂而成，僅取自認為重要者編錄。因參照年譜較多，恕不能一一列舉致謝，敬請諒解。

1907年

秋，升入嘉定府中學。

1908年

秋，因患腸傷寒，導致兩耳半聾和脊椎症，困擾終生。

1910年

考入四川省高等分設學堂。

1911年

6月，參見四川保路同志會成立大會。

1912年

春，與張瓊華結婚。

1913年

2月，入成都高等學校理科學習。

7月，考入天津陸軍軍醫學校。

11月，赴津後，不願入學就讀，準備另謀出路。

1914年

1月，抵達東京。

7月，考入東京第一高等學校預備班醫科。與郁達夫、張資平同校。

1915年

7月，升入岡山第六高等學校第三部醫科就讀。

9月，結識成仿吾。

1916年

8月，與佐藤富子一見鍾情。

秋，曾作《死的誘惑》，係郭沫若最早的新詩作品。發表於1919年9月的《時事新報・學燈》，曾譯成日文發表在大阪的日文報紙，得到廚川白村的讚賞。

12月，與佐藤富子同居。

1917年

8月，輯譯《太戈爾詩選》。

12月，長子和生出生。

1918年

夏，譯《海涅詩選》。

8月，升入九州帝國大學醫科。與張資平、郁達夫、成仿吾動議創辦文學刊物。

1919年

春，作小說《牧羊哀話》。

5月，與同學組織「夏社」。

7月，譯《浮士德》第一部。

9月，第一次發表新詩，詩作為《抱和兒浴博多灣中》、《鷺鷥》。

始用「沫若」之名。

12月，作《雪朝》、《匪徒頌》等詩。

1920年

1月，發表《晨安》、《鳳凰涅槃》、《天狗》等詩作。

2月，與田漢訂交。

5月，書信合集《三葉集》出版。

12月，作詩劇《湘累》。

1921年

4月，與成仿吾啟程赴上海，應聘泰東書局。

5月，與鄭振鐸、沈雁冰等人相會，謝絕加入文學研究會。作《〈女神〉序詩》。

6月，與郁達夫、張資平、田漢等人成立創造社。

7月，譯《少年維特之煩惱》。

8月，詩集《女神》出版。

9月，與田漢、郁達夫、張資平、穆牧天、成仿吾、鄭伯奇聯名發表《創造》季刊出版預告。

1922年

4月，作小說《殘春》等。

5月，發表歷史劇《棠棣之花》第二幕。

7月，為編輯《創造》季刊，返回上海。

1923年

2月，作歷史劇《卓文君》。

3月，畢業於九州帝國大學，獲醫學學士學位。

4月，攜家眷回國。

5月，為《創造週報》作發刊詞。譯《查拉圖司屈那》。

7月，作歷史劇《王昭君》。

10月，詩集《星空》出版。

1924年

1月，作《整理國故的評價》。

2月，開始作自傳體小說《歧路》、《煉獄》、《十字架》等。

4月，開始譯河上肇的《社會組織與社會革命》。

8至10月，作小說《喀爾美蘿姑娘》、《葉羅提之墓》、《行路難》等。

11月，擬譯《資本論》。

1925年

2月，作組詩《瓶》等。

6月，作歷史劇《聶嫈》。

8月，任上海學藝大學文科主任。

11月，作《馬克斯進文廟》

12月，《文藝論集》出版。

1926年

2月，受陳公博之邀，應聘為廣東大學文科學長。

3月23日，在廣州林伯渠家，第一次見到毛澤東。

4月，作《革命與文學》。

4、5月間，第一次見到周恩來。

5月，曾應毛澤東之邀，到廣州農民運動講習所作報告。

6月，從軍參加北伐，任北伐軍政治部宣傳科長，軍銜上校。

7月，參加北伐誓師大會後，隨軍北伐。

10月，升任北伐軍總政治部副主任，中將軍銜。

1927年

2月，被蔣介石祕密委任為「總司令行營政治部主任」。本月，作討蔣檄文《請看今日之蔣介石》。

5月，被國民黨南京政府通緝。

8月，參加南昌起義。加入中國共產黨。

1928年

1月，發表《英雄樹》。

2月，開始流亡日本。

7月，作《周易的時代背景與精神生產》。

8月，發表《文藝戰線上的封建餘孽》。本月，開始研究甲骨文。

10月，作《中國社會之歷史的發展階段》。

1929年

9月，作《甲骨文字研究》。《反正前後》出版。

11月，作《周金中的社會史觀》。

1930年

1月，作《文學革命之回顧》。

3月，《中國古代社會研究》出版。

5月，作《「眼中釘」》。

1931年

6月，《殷周青銅器銘文研究》影印出版。

8月，所譯《戰爭與和平》第一分冊出版。

9月，《文藝論集續集》出版。

1932年

1月，《兩周金文辭大系》在日本影印出版。

9月，《創造十年》出版。

1933年

5月，《卜辭通纂》影印出版。

1934年

12月，作《〈兩周金文辭大系圖錄〉附錄》。

1935年

5月，參加「左聯」東京支部活動。

8月，《兩周金文辭大系考釋》影印出版。

1936年

2月，發表《屈原時代》。

6月，開始發表文章，參與「兩個口號」論爭。

10月，與魯迅、茅盾等聯名發表《文藝界同人為團結禦侮與言論自由宣言》。小說集《豕啼》出版。作《民族的傑作》等文悼念魯迅。

1937年

7月，結束流亡生活，祕密回國。30日，往中國公墓憑弔於立忱。

8月，創辦《救亡日報》。作《國難聲中懷知堂》。

9月，在南京見蔣介石。其間，與國民黨政要汪精衛、孫科等會晤。

12月，與于立群相愛。

1938年

3月，被推舉為中華全國文藝界抗敵協會理事。

4月，出任國民政府軍事委員會政治部第三廳廳長。

夏，中共中央根據周恩來提議，作出黨內決定：以郭沫若為魯迅的繼承者，中國革命文化界的領袖，並由全國各地黨組織向黨內外傳達，以奠定郭沫若文化界領袖的地位。

1939年

5月，與于立群補行婚禮。婚禮由周恩來主持。

7月，回沙灣奔父喪。

1940年

5月，作《「民族形式」商兌》，參與有關「民族形式」問題的論爭。

10月，任國民政府軍事委員會政治部文化工作委員會主任委員。

1941年

9月，作《五十年簡譜》。

11月，在周恩來直接領導下，郭沫若五十壽辰暨創作生活二十五週年活動，在重慶、桂林、延安、香港等地舉行。

1942年

1月，作歷史劇《屈原》。

2月，作歷史劇《虎符》。

5月，作歷史劇《高漸離》。

9月，作歷史劇《孔雀膽》。

1943年

3月，作歷史劇《南冠草》。

1944年

3月，作《甲申三百年祭》。

11月，毛澤東覆信郭沫若，稱把《甲申三百年祭》當做整風文件。

1945年

2月，作《青銅時代》。

3月，文化工作委員會被裁撤。

6月，赴蘇聯考察。

8月，攜于立群，歡迎參加重慶談判的毛澤東。

9月，《十批判書》出版。

1946年

1月，以社會賢達身份，出席政治協商會議。

2月，遭遇較場口事件，被國民黨特務打傷。

5月，離開重慶，飛赴上海。

8月，發表《談解放區文藝創作》。

11月，拒絕參加「國民大會」，勸張君勱、羅隆基等人切勿參加。

1947年

5月，《革命春秋》出版。

8月，《歷史人物》出版。

11月，在地下黨安排下，離開上海，赴香港。

1948年

2月，作《斥反動文藝》。

5月，與李濟深等聯名致電毛澤東，擁護中共中央「五一」勞動節的號召。

8月，始作《抗戰回憶錄》。秋，安娜從《抗戰回憶錄》獲知郭沫若在香港，即攜子女輾轉臺灣來港見郭沫若。

11月，祕密離港，赴東北解放區。

1949年

1月，與李濟深等聯名，發表《我們對於時局的意見》。出席東北各界為民主人士舉行的歡迎會。

2月，抵北平。參加中共北平市委、人民政府的歡迎大會。

3月，被選為世界擁護和平大會中國代表團團長。往西苑機場，迎接毛澤東。

6月，被選為新政治協商會議籌備委員會副主任。

7月，當選為中華全國文學藝術工作者聯合會全國委員會主席。

9月，作詩《新華頌》。當選為政協全國委員會委員、中央人民政府委員。

10月，被選為中國保衛世界和平大會委員會主席。當選為第一屆政協

副主席。出任政務院副總理兼文化教育委員會主任。

　　11月，出任中國科學院院長。

1950年

　　9月，作詩《突飛猛進的一年》。

　　11月，被選為第二屆世界保衛和平委員會執行局副主席。

1951年

　　6月，發表《聯繫著武訓批判的自我檢討》。發表《頂天立地的巨人》。

　　8月，發表《讀〈武訓歷史調查記〉》。

　　12月，獲「加強國際和平」史達林國際獎金。

1952年

　　5月，發表《在毛澤東旗幟下長遠做一名文化尖兵》。

　　6月，《奴隸制時代》出版。

1953年

　　1月，受到史達林接見。被確定為中華人民共和國憲法起草委員會委員。

　　6月，發表《偉大的愛國詩人——屈原》。

　　10月，當選為中國作協理事。

1954年

　　4月，兼任中國科學院社會科學部主任。

　　6月，《金文叢考》修訂本出版。

　　9月，當選為第一屆全國人民代表大會常務委員會副委員長。

11月，參加「俞平伯《紅樓夢》研究」批判活動。

12月，被推定為胡適思想批判委員會主任。當選為第二屆政協副主席。

1955年

5月，發表《請依法處理胡風》。

12月，率中國科學代表團訪日。這是建國後第一次到日本。

1956年

3月，任國務院科學規劃委員會副主任。

5月，邀請陸定一為科學界、文藝界人士作《百花齊放、百家爭鳴》報告。

7月，發表《演奏出雄壯的交響曲》。

12月，發表《談詩歌問題》。

1957年

3至，《沫若文集》開始出版。

6月，發表《撥開雲霧見青天》。開始參加反右鬥爭。

1958年

5月，赴河北參觀「大躍進」。

6月，作《〈大躍進之歌〉序》。作《浪漫主義和現實主義》。

7月，《百花齊放》出版。

9月，兼任中國科技大學校長。

12月，被宣佈入黨。

1959年

1月，與周揚合編的《紅旗歌謠》出版。

2月，歷史劇《蔡文姬》寫畢。

3月，發表《替曹操翻案》。

4月，當選為第二屆人大副委員長。

9月，發表《人民公社萬歲》。

11月，《潮汐集》出版。

12月，《駱駝集》出版。

1960年

1月，始作歷史劇《武則天》。

12月，始讀《再生緣》。

1961年

1月，《文史論集》出版。

10月，作七律《看〈孫悟空三打白骨精〉》。

12月，《讀〈隨園詩話〉札記》完成。

1962年

5月，發表《喜讀毛主席的「詞六首」》。

8月，始作電影文學劇本《鄭成功》。

1963年

1月，發表《滿江紅──1963年元旦抒懷》。

11月，遷居前海西街18號（現為郭沫若故居）。

1964年

1至6月，連續發表解讀毛澤東詩詞的文章。

1965年

1月，當選為第三屆人大副委員長，第四屆政協常委。作《「紅旗躍過汀江」》。

3月，作《由王謝墓誌的出土論到蘭亭序的真偽》，引發「蘭亭論辯」。

6至7月，根據毛澤東提議，尋訪井岡山。

12月，到大寨，參觀社會主義教育運動成就。

1966年

1月，致信張勁夫，請求辭職。

4月，在人大常委會第三十次會議上，作關於「焚書」的發言。

5月，參加中共中央政治局擴大會議。

6月，被宣佈為參加亞非作家緊急會議中國代表團團長。

8月，開始受到紅衛兵衝擊。

10月，在首都紀念魯迅大會上，發表講話《魯迅的造反精神》。

1967年

4月，兒子郭民英自殺身亡。

6月，發表《做一輩子毛主席的好學生》。

1968年

4月，兒子郭世英被迫害致死。

6月，受命指導河北滿城漢墓的發掘工作。

1969年

3至5月間，譯《英詩詳釋》。

4月，在「九大」上當選為中央委員。

1971年

10月，《李白與杜甫》出版。

12月，作《〈坎曼爾詩箋〉試探》。

1972年

5月，發表《古代文字之辯證發展》。

7月，發表《中國古代史分期問題》。

8月，《出土文物二三事》出版。

1973年

8月，在十大上當選為中央委員。

1974年

1至7月，遭遇「批林批孔」衝擊。

1975年

1月，當選為第四屆人大常委會副委員長。

1976年

1月，作《懷念周總理》。

5月，作《水調歌頭·慶祝文化大革命十週年》。

9月，作《毛主席永在》。

10月，作《水調歌頭·粉碎「四人幫」》。

1977年

7月，作《滿江紅·歌頌十屆三中全會》。

12月，作《題關良同志畫魯智深》。

1978年

3月，當選為第五屆全國人大副委員長，第五屆政協副主席。在全國科學工作會議上，發表書面講話《科學的春天》。

6月16日，去世。

後 記

　　拙作最早是應中央民族大學敬文東教授邀約而寫，當時寫了近30萬字，出版時更名為《郭沫若的最後29年》。在出版過程中，刪改至18萬字（按版權頁所示）。後心有不甘，借一套研究生教材出版的機會，增加了幾篇有關郭沫若的研究文章，重新編訂為《郭沫若研究16講》。由於有了以前如履薄冰的被刪改經驗，在提交出版社之前就做了刪減，又加之責編和特約責編審查比較開明，是書和最早的原文相比，大約只有2萬字左右的刪改。當然這個教材版，遭到了一些人士的青睞，據說人手一冊，要認真研究並加以圍剿，這大約是去年和前年的事了。

　　如今，經香港大學黎活仁教授介紹，得以結識蔡登山先生，經蔡先生首肯，與秀威簽約在臺灣出版。文人知識份子一般都有敝帚自珍的習慣，本人之珍視最早版本的出版，不是因為一字、一句動不得，乃是因為那裏面有自由表達的心境。所以，拙作未經刪改的版本能問世，要感謝黎活仁先生、蔡登山先生和責編劉璞先生。

　　是為後記。

賈振勇

2013年8月12日

要人物01　PC0361

✿ 要有光
FIAT LUX　　郭沫若：士與仕的長長背影

作　　者　賈振勇
主　　編　蔡登山
責任編輯　劉　璞
圖文排版　詹凱倫
封面設計　秦禎翊

出版策劃　要有光
發 行 人　宋政坤
法律顧問　毛國樑　律師
印製發行　秀威資訊科技股份有限公司
　　　　　114台北市內湖區瑞光路76巷65號1樓
　　　　　電話：+886-2-2796-3638　傳真：+886-2-2796-1377
　　　　　http://www.showwe.com.tw
劃撥帳號　19563868　戶名：秀威資訊科技股份有限公司
　　　　　讀者服務信箱：service@showwe.com.tw
展售門市　國家書店（松江門市）
　　　　　104台北市中山區松江路209號1樓
　　　　　電話：+886-2-2518-0207　傳真：+886-2-2518-0778
網路訂購　秀威網路書店：http://store.showwe.tw
　　　　　國家網路書店：http://www.govbooks.com.tw
總 經 銷　聯合發行股份有限公司
　　　　　231新北市新店區寶橋路235巷6弄6號4F
　　　　　電話：+886-2-2917-8022　傳真：+886-2-2915-6275

出版日期　2013年12月　BOD一版
定　　價　550元

國家圖書館出版品預行編目

郭沫若：士與仕的長長背影 / 賈振勇著. -- 一版. -- 臺北
市：要有光，2013, 12
　面；　公分. -- (要人物；PC0361)
BOD版
ISBN 978-986-99057-3-2 (平裝)

1. 郭沫若　2. 傳記

782.887　　　　　　　　　　　　102022375

讀者回函卡

感謝您購買本書，為提升服務品質，請填妥以下資料，將讀者回函卡直接寄回或傳真本公司，收到您的寶貴意見後，我們會收藏記錄及檢討，謝謝！
如您需要了解本公司最新出版書目、購書優惠或企劃活動，歡迎您上網查詢或下載相關資料：http:// www.showwe.com.tw

您購買的書名：＿＿＿＿＿＿＿＿＿＿＿＿＿＿＿＿＿＿＿＿＿＿＿＿＿

出生日期：＿＿＿＿＿＿年＿＿＿＿＿＿月＿＿＿＿＿＿日

學歷：□高中 (含) 以下　　□大專　　□研究所 (含) 以上

職業：□製造業　□金融業　□資訊業　□軍警　□傳播業　□自由業
　　　□服務業　□公務員　□教職　　□學生　□家管　　□其它＿＿＿＿

購書地點：□網路書店　□實體書店　□書展　□郵購　□贈閱　□其他

您從何得知本書的消息？

　□網路書店　□實體書店　□網路搜尋　□電子報　□書訊　□雜誌
　□傳播媒體　□親友推薦　□網站推薦　□部落格　□其他＿＿＿＿＿＿

您對本書的評價：（請填代號　1.非常滿意　2.滿意　3.尚可　4.再改進）

　封面設計＿＿＿　版面編排＿＿＿　內容＿＿＿　文／譯筆＿＿＿　價格＿＿＿

讀完書後您覺得：

　□很有收穫　□有收穫　□收穫不多　□沒收穫

對我們的建議：＿＿＿＿＿＿＿＿＿＿＿＿＿＿＿＿＿＿＿＿＿＿＿＿＿

＿＿＿＿＿＿＿＿＿＿＿＿＿＿＿＿＿＿＿＿＿＿＿＿＿＿＿＿＿＿＿＿＿

＿＿＿＿＿＿＿＿＿＿＿＿＿＿＿＿＿＿＿＿＿＿＿＿＿＿＿＿＿＿＿＿＿

＿＿＿＿＿＿＿＿＿＿＿＿＿＿＿＿＿＿＿＿＿＿＿＿＿＿＿＿＿＿＿＿＿

11466
台北市內湖區瑞光路 76 巷 65 號 1 樓

秀威資訊科技股份有限公司　　　收

BOD 數位出版事業部

....

（請沿線對折寄回，謝謝！）

姓　　名：＿＿＿＿＿＿＿＿　年齡：＿＿＿＿　性別：□女　□男

郵遞區號：□□□□□

地　　址：＿＿＿＿＿＿＿＿＿＿＿＿＿＿＿＿＿＿＿＿

聯絡電話：(日)＿＿＿＿＿＿＿＿＿(夜)＿＿＿＿＿＿＿＿＿

E-mail：＿＿＿＿＿＿＿＿＿＿＿＿＿＿＿＿＿＿＿＿